中亚五国边防出入境法律法规

孙　岩　等译

中国人民公安大学出版社
·北　京·

图书在版编目（CIP）数据

中亚五国边防出入境法律法规 / 孙岩等译 . —北京：中国人民公安大学出版社，2023. 5

ISBN 978-7-5653-4675-0

Ⅰ. ①中…　Ⅱ. ①孙…　Ⅲ. ①出入境管理—法规—中亚　Ⅳ. ①D936. 021. 4

中国国家版本馆 CIP 数据核字（2023）第 054015 号

中亚五国边防出入境法律法规

孙　岩　**等译**

出版发行：中国人民公安大学出版社
地　　址：北京市西城区木樨地南里
邮政编码：100038
经　　销：新华书店
印　　刷：三河市荣展印务有限公司

版　　次：2023 年 5 月第 1 版
印　　次：2024 年 3 月第 2 次
印　　张：22. 25
开　　本：787 毫米×1092 毫米　1/16
字　　数：470 千字

书　　号：ISBN 978-7-5653-4675-0
定　　价：75. 00 元

网　　址：www. cppsup. com. cn　www. porclub. com. cn
电子邮箱：zbs@ cppsup. com　zbs@ cppsu. edu. cn

营销中心电话：010-83903991
读者服务部电话（门市）：010-83903257
警官读者俱乐部电话（网购、邮购）：010-83901775
教材分社电话：010-83901837

中亚五国边防出入境法律法规

译　者

孙　岩　张　磊　陈雅男　王金枝

韩　丹　栾　威　闫荣欣

前言
Preface

近年来，随着我国提出“一带一路”倡议，我国与沿线各国交往日益增多，交往范围愈加广泛，这使得我们在工作或者学习中接触相关国家法律法规的机会明显增多，尤其是出入国境最需要的出入境法律法规，不论是到国外工作或学习，还是在边境地区劳动作业，抑或是从事跨国运输，都需要了解相关国家的出入境法律法规。我们选择翻译中亚五国的出入境法律法规，主要是因为其中三个国家与我国为邻，有漫长的边境线，与其他两国在贸易、能源等方面也有全面的合作。

《中亚五国边防出入境法律法规》按国别分为五个部分，主要内容包括国籍法、国界法、外国人地位法、移民法和出入境规则。需要说明的是乌兹别克斯坦共和国旧的移民法已不使用，但新的移民法草案尚未通过，因此本书未收录。本书全面系统地介绍了中亚各国的边防和出入境法律、法规和制度，可以使从事相关工作的人员或者对此有兴趣的读者及时准确地了解其法律政策，有助于实践部门分析出入境形势。

在翻译过程中，我们既对原文文本进行了认真的分析研究，也借鉴了刘肖岩教授的修改意见。在此，十分感谢刘教授对我们的帮助。尽管如此，因译者水平有限，书中难免存在不妥之处，恳请读者纠正。

孙岩

2023 年 3 月

目录 Contents

第一部分 哈萨克斯坦共和国边防出入境法律法规

第二部分 吉尔吉斯共和国边防出入境法律法规

第三部分 塔吉克斯坦共和国边防出入境法律法规

第四部分　土库曼斯坦边防出入境法律法规

第五部分　乌兹别克斯坦共和国边防出入境法律法规

第一部分

哈萨克斯坦共和国
边防出入境法律法规

一、哈萨克斯坦共和国国籍法

（2021 年 8 月 10 日修订）

第 1 章 总则

第 1 条 公民与国家

哈萨克斯坦共和国的国籍规定了个人与国家之间稳定的政治和法律联系，表现为相互的权利与义务。

在哈萨克斯坦共和国，每个人都有权获得国籍。根据本法获得并终止哈萨克斯坦共和国的国籍。

哈萨克斯坦共和国公民不能被剥夺国籍，不能被剥夺更改国籍的权利，也不能被驱逐出哈萨克斯坦共和国。

只有法院对犯下恐怖主义罪行和其他严重损害哈萨克斯坦共和国切身利益的裁决，才允许剥夺哈萨克斯坦共和国的国籍。

哈萨克斯坦共和国以国家机关和官员为代表，对共和国公民负责，而哈萨克斯坦共和国公民对哈萨克斯坦共和国负责。公民必须遵守哈萨克斯坦共和国宪法和法律，保护哈萨克斯坦共和国的利益及其领土完整，尊重习俗、传统、国家语言和居住在其境内所有民族的语言，协助加强哈萨克斯坦共和国的实力、主权和独立。

第 2 条 哈萨克斯坦共和国国籍立法

1. 哈萨克斯坦共和国国籍立法是以《哈萨克斯坦共和国宪法》为基础，由本法和哈萨克斯坦共和国其他规范性法律文件组成。

2. 如果哈萨克斯坦共和国批准的国际条约规定了与本法不同的规则，则以国际条约为准。

第 3 条 哈萨克斯坦共和国国籍的归属

哈萨克斯坦共和国公民是指：在该法生效之日永久居住在哈萨克斯坦共和国的人；出生在哈萨克斯坦共和国境内，而且没有外国国籍的人；根据本法获得哈萨克斯坦共和国国籍的人。

哈萨克斯坦共和国公民不承认另一国的国籍。

哈萨克斯坦共和国为在肃反、暴力集体化时期，以及其他反人道的政治行动导致被迫离开国家的人及其后裔以及居住在其他国家的哈萨克族人返回家园创造条件。

第4条　国籍证件

证明哈萨克斯坦共和国国籍的证件是哈萨克斯坦共和国公民的身份证或护照。

16岁以下儿童的国籍由其出生证明、父母任何一方的护照证明。

第5条　哈萨克斯坦共和国公民的法律地位

哈萨克斯坦共和国国籍无论其获得依据为何，对哈萨克斯坦共和国的所有公民都是一律平等的。

哈萨克斯坦共和国公民在法律面前一律平等，不论其出身、社会和财产状况、种族和民族属性、性别、教育、语言、宗教态度、政治和其他信仰、职业类型和性质、居住地或任何其他情况。

哈萨克斯坦共和国公民享有哈萨克斯坦共和国宪法和法律宣布和保障的全部公民、政治、经济和社会权利和自由。

第6条　外国人和无国籍人的法律地位

外国人和无国籍人在哈萨克斯坦共和国享有为公民规定的权利和自由，同时也承担义务，除非宪法、法律和国际条约另有规定。

第7条　哈萨克斯坦共和国国籍的保留

哈萨克斯坦共和国公民在共和国境外居住并不导致哈萨克斯坦共和国国籍的终止。

哈萨克斯坦共和国公民与非共和国公民缔结婚姻，以及解除婚姻，不涉及国籍的改变。

第8条　不允许将哈萨克斯坦共和国公民引渡到另一个国家

除非哈萨克斯坦共和国批准的国际条约另有规定，否则不得将哈萨克斯坦共和国公民引渡到外国。

第9条　哈萨克斯坦共和国境外的公民的保护

哈萨克斯坦共和国保证其公民在哈萨克斯坦共和国境外得到国家的保护和庇护。

第2章　哈萨克斯坦共和国国籍的获得

第10条　获得国籍的依据

哈萨克斯坦共和国国籍获得：

(1) 按出生；

(2) 因加入哈萨克斯坦共和国国籍；

(3) 根据哈萨克斯坦共和国政府间条约规定的依据或方式；

(4) 根据本法规定的其他依据。

第11条　父母是哈萨克斯坦共和国国籍的婴儿的国籍

婴儿出生时，父母双方均为哈萨克斯坦共和国的公民，无论其出生在何地，均为哈萨克斯坦共和国公民。

第11.1条　父母是外国国籍的婴儿的国籍

婴儿在出生时，其父母双方均为外国国籍，无论其出生在何地，均不是哈萨克斯坦共和国公民。

第 12 条　父母国籍不同的婴儿的国籍

如果父母的国籍不同，其中一方在婴儿出生时是哈萨克斯坦共和国公民，那么婴儿是哈萨克斯坦共和国公民，如果他在以下情况下出生：

（1）在哈萨克斯坦共和国境内；

（2）在哈萨克斯坦共和国境外，但父母双方或其中一方当时在哈萨克斯坦共和国境内有永久居留权。

父母的国籍不同，其中一方在婴儿出生时是哈萨克斯坦共和国公民，如果当时父母双方在哈萨克斯坦共和国境外都有永久居留权，则在哈萨克斯坦共和国境外出生的婴儿的国籍应由父母以书面形式达成的协议确定。

婴儿出生时，其父母一方是哈萨克斯坦共和国公民，另一方是无国籍人，或者国籍不明，无论其出生在何地，都是哈萨克斯坦共和国公民。

如果确定了儿童的父亲身份，而其母亲是无国籍人，父亲是哈萨克斯坦共和国公民，则 14 岁以下的儿童无论出生在何地，都是哈萨克斯坦共和国公民。

如果该儿童在哈萨克斯坦共和国境外永久居住，其国籍应根据父母的书面申请确定。

如果父母未能就儿童的国籍达成协议，则由法院确定国籍。

第 13 条　父母不详的婴儿的国籍

在哈萨克斯坦共和国境内，父母双方不详的儿童是哈萨克斯坦共和国公民。

第 14 条　无国籍婴儿获得哈萨克斯坦共和国国籍

父母是在哈萨克斯坦共和国境内拥有永久居留权的无国籍人，他们在哈萨克斯坦共和国境内所生的婴儿是哈萨克斯坦共和国公民。

第 15 条　加入哈萨克斯坦共和国国籍

永久居住在哈萨克斯坦共和国境内的外国人和无国籍人，可根据本法申请加入哈萨克斯坦共和国国籍。

哈萨克斯坦共和国总统就加入哈萨克斯坦共和国国籍的申请做出决定。

第 16 条　加入哈萨克斯坦共和国国籍的条件

加入哈萨克斯坦共和国国籍的条件有：

（1）在哈萨克斯坦共和国境内合法居住至少五年或与哈萨克斯坦共和国公民结婚至少三年的人。

未成年人、无行为能力人和对哈萨克斯坦共和国有特殊成就或具有专业资格并符合哈萨克斯坦共和国总统制定的名单要求的人及其家属加入哈萨克斯坦共和国国籍时，不需要本项第一段规定的条件。

（2）为永久居留而来到哈萨克斯坦共和国的前苏联加盟共和国的公民，其近亲之一是哈萨克斯坦共和国公民：子女（包括被收养的子女）、配偶、父母（养父母）一方、姐妹、兄弟、祖父或祖母，无论他们在哈萨克斯坦共和国的居住时间多长。

驻扎在哈萨克斯坦共和国境内正服兵役军人的国籍问题，由哈萨克斯坦共和国国家间条约确定。

第 16.1 条 以简易（登记）程序加入哈萨克斯坦共和国国籍的条件

下列人员可以以简易（登记）程序加入哈萨克斯坦共和国的国籍：

（1）合法居住在哈萨克斯坦共和国境内的归国哈侨，无论其居住期限多长；

（2）大规模政治镇压又被平反的受害者及其后代，在没有自由表达意愿的情况下被剥夺或丧失国籍，合法永久居住在哈萨克斯坦共和国境内，不论其居住期限多长；

（3）在哈萨克斯坦共和国高等教育机构就读的哈萨克族人。

以简易（登记）方式审查获得国籍材料的期限自申请之日起不得超过 3 个月。

第 17 条 拒绝入籍和恢复哈萨克斯坦共和国国籍的依据

如果申请人有下列情况，加入哈萨克斯坦共和国国籍和恢复国籍的申请将被拒绝：

（1）犯下国际法规定的反人类罪，故意反对哈萨克斯坦共和国的主权和独立；

（2）号召破坏哈萨克斯坦共和国领土的统一和完整性；

（3）从事危害国家安全和公众健康的非法活动；

（4）煽动种族间、宗教间和宗教仇恨，反对使用哈萨克斯坦共和国国家语言；

（5）加入恐怖主义和极端主义组织，或被判犯有恐怖活动罪；

（6）被国际通缉，正在服刑，或被法院认定行为危险的累犯；

（7）有其他国家的国籍；

（8）在申请哈萨克斯坦共和国国籍时，提供了关于自己的虚假信息，或无正当理由未在哈萨克斯坦共和国法律规定的期限内提交必要的文件；

（9）在哈萨克斯坦共和国境内或境外犯下哈萨克斯坦共和国法律承认的故意犯罪，有未撤销的犯罪记录；

（10）在申请哈萨克斯坦共和国国籍或恢复哈萨克斯坦共和国国籍之前的 5 年内，在经济领域有违法行为；

（10.1）在申请哈萨克斯坦共和国国籍或恢复哈萨克斯坦共和国国籍之前的 5 年内，一再违反哈萨克斯坦共和国关于人口移民的法律；

（11）在申请哈萨克斯坦共和国国籍或恢复哈萨克斯坦共和国国籍之前的 5 年内，根据本法第 21 条第（1）、第（2）、第（5）项丧失哈萨克斯坦共和国国籍；

（12）根据本法第 21 条第（8）项丧失哈萨克斯坦共和国国籍；

（13）根据本法第 20.1 条被剥夺哈萨克斯坦共和国国籍。

本条第（7）项的规定不适用于哈萨克斯坦共和国批准的国际条约所涵盖的人员，也不适用于本法第 16 条第 1 款第（1）项、第 2 款和第 16.1 条所指的人员，以及向其所在国内务机构就国籍问题做出决定的官员提出经公证的书面申请，要求放弃外国国籍的人。

第 18 条　哈萨克斯坦共和国国籍的恢复

以前是哈萨克斯坦共和国公民的人，根据哈萨克斯坦共和国法律要求可应其申请恢复哈萨克斯坦共和国国籍。

第 18.1 条　哈萨克斯坦共和国国籍恢复的条件

（根据 2015 年 11 月 24 日哈萨克斯坦共和国第 421-Ⅴ 号法律已删除）

第 3 章　国籍的终止

第 19 条　终止国籍的依据

哈萨克斯坦共和国国籍因以下原因终止：

（1）退出哈萨克斯坦共和国国籍；

（2）失去哈萨克斯坦共和国国籍；

（3）被剥夺哈萨克斯坦共和国国籍。

第 20 条　退出国籍

根据本法规定的方式个人提出申请，允许退出哈萨克斯坦共和国国籍。

如果申请退出的人对哈萨克斯坦共和国有未履行的义务或财产责任，涉及哈萨克斯坦共和国境内的公民或企业、机构和组织、社会团体的实质性利益，则可拒绝其退出哈萨克斯坦共和国国籍的申请。

如果申请退出哈萨克斯坦共和国国籍的人被宣布为嫌疑人或正在根据已生效的法院判决服刑，或放弃哈萨克斯坦共和国国籍有悖于哈萨克斯坦共和国的国家安全利益，则不允许其退出哈萨克斯坦共和国国籍。

第 20.1 条　哈萨克斯坦共和国国籍的剥夺

只有法院对实施恐怖主义罪以及《哈萨克斯坦共和国刑法》特别部分有关条款规定的罪行做出裁决，才能剥夺哈萨克斯坦共和国国籍，这些罪行对哈萨克斯坦共和国的切身利益造成了其他严重损害。

第 21 条　国籍的丧失

在下列情况下，哈萨克斯坦共和国国籍丧失：

（1）由于个人服兵役，进入安全机构、警察机关、司法机关或其他国家的权力和管理机关，哈萨克斯坦共和国国家间条约另有规定除外；

（2）如果哈萨克斯坦共和国的国籍是通过提交虚假信息或伪假文件获得的；

（3）根据哈萨克斯坦共和国国家间条约规定的理由；

（4）（根据 2011 年 7 月 22 日哈萨克斯坦共和国第 478-Ⅳ 号法律已删除）

（5）如果一个人获得了另一国的国籍；

（6）如果与哈萨克斯坦共和国公民结婚是该人获得哈萨克斯坦共和国国籍的依据，法院认为该婚姻无效；

（7）根据被外国人收养的、作为哈萨克斯坦共和国公民的儿童的自由意愿，在其达到成年时；

（8）由于个人参与外国武装冲突、外国的极端主义和（或）恐怖主义活动。

有哈萨克斯坦共和国国籍并取得外国国籍的人，必须在获得另一国籍之日起30个日历日内，向哈萨克斯坦共和国内务机关或哈萨克斯坦共和国驻外机构报告获得外国国籍的事实，并交出哈萨克斯坦共和国的护照和（或）身份证。

在本条第2款规定的期限内不报告取得外国国籍的事实，应承担哈萨克斯坦共和国法律规定的责任。

第4章　父母国籍变更和收养时的子女国籍问题

第22条　父母国籍变更时其子女国籍的变化

在父母加入、恢复哈萨克斯坦共和国国籍或退出哈萨克斯坦共和国国籍时，其未满14岁的子女的国籍也要变更。

如果儿童的父母之一是已知的，则在其加入、恢复哈萨克斯坦共和国国籍或退出哈萨克斯坦共和国国籍时，14岁以下儿童的国籍也相应改变。

第23条　父母一方获得哈萨克斯坦共和国国籍时，子女获得哈萨克斯坦共和国国籍

如果父母一方获得了哈萨克斯坦共和国国籍，另一方仍然是另一国的公民或无国籍人，则居住在哈萨克斯坦共和国境内的14岁以下儿童，可根据其父母的书面申请获得哈萨克斯坦共和国国籍。

第24条　父母一方退出哈萨克斯坦共和国国籍时，子女保留哈萨克斯坦共和国国籍

如果父母一方退出哈萨克斯坦共和国国籍，另一方仍然是哈萨克斯坦共和国公民，14岁以下的儿童保留哈萨克斯坦共和国国籍。

根据父母的书面申请，可允许该儿童退出哈萨克斯坦共和国国籍。

第25条　儿童在被收养时，获得哈萨克斯坦共和国国籍

被哈萨克斯坦共和国公民收养的未满14岁的其他国家的公民或无国籍人，可成为哈萨克斯坦共和国公民。

被一对夫妇收养的未满14岁的其他国家公民或无国籍儿童，夫妇一方是哈萨克斯坦共和国公民，另一方不是，在养父母书面同意的情况下，儿童可成为哈萨克斯坦共和国公民。

第26条　受监护的儿童哈萨克斯坦共和国的国籍的保留

居住在哈萨克斯坦共和国境内的14岁以下儿童，应监护人的申请，在以下情况下保留哈萨克斯坦共和国国籍：

（1）如果父母双方或单亲父（母）都退出哈萨克斯坦共和国国籍，且被剥夺了父母权利；

（2）如果父母都是其他国家的公民，已经死亡或失踪，如果亲属是其父母所在国家的公民，拒绝收养或儿童不希望被他们收养；

（3）如果父母一方已经死亡或失踪，儿童的国籍将根据另一方的意愿决定。

第27条　儿童在被收养时，哈萨克斯坦共和国国籍的保留

外国人收养的哈萨克斯坦共和国儿童，保留哈萨克斯坦共和国国籍，直至

成年。

本条所述儿童丧失或退出哈萨克斯坦共和国国籍的行为，只有在该儿童达到成年并自愿的情况下才允许。

第 28 条　改变国籍时必须征得儿童的同意

14 岁至 18 岁的儿童在其父母加入、恢复哈萨克斯坦共和国国籍或退出哈萨克斯坦共和国国籍的情况下，以及在收养或监护时，只有在儿童同意的情况下才能按照本法第 33 条规定的方式改变其国籍。

第 5 章　哈萨克斯坦共和国总统和国家机关在哈萨克斯坦共和国国籍问题上的权限

第 29 条　哈萨克斯坦共和国总统的权限

在哈萨克斯坦共和国，就国籍问题做出决定的是哈萨克斯坦共和国总统。

哈萨克斯坦共和国总统就以下问题做出决定：加入哈萨克斯坦共和国国籍；恢复哈萨克斯坦共和国国籍；退出哈萨克斯坦共和国国籍。

第 30 条　内务机构的权限

内务机构：

（1）接受长期居住在哈萨克斯坦共和国的人关于哈萨克斯坦共和国国籍的申请，并连同必要的文件一起送交哈萨克斯坦共和国总统审议；

（2）根据哈萨克斯坦共和国批准的国际条约，对获得哈萨克斯坦共和国国籍和退出哈萨克斯坦共和国国籍的公民进行登记；

（3）对永久居住在哈萨克斯坦共和国境内的人丧失哈萨克斯坦共和国的国籍进行登记；

（3.1）登记永久居住在哈萨克斯坦共和国境内的人被剥夺哈萨克斯坦共和国国籍事宜；

（4）以简易（登记）程序办理加入哈萨克斯坦共和国国籍；

（5）确定永久居住在哈萨克斯坦共和国境内的人属于（不属于）哈萨克斯坦共和国国籍。

内务机构接收、办理和审议关于加入和恢复哈萨克斯坦共和国国籍问题的申请的程序，包括以简易（登记）程序，以及退出、丧失和剥夺国籍、确定哈萨克斯坦共和国国籍归属的程序，由内务部制定并批准。

第 31 条　哈萨克斯坦共和国外交部、哈萨克斯坦共和国驻外机构的权限

哈萨克斯坦共和国外交部制定和批准哈萨克斯坦共和国驻外机构关于哈萨克斯坦共和国国籍申请、哈萨克斯坦共和国国籍丧失和剥夺以及哈萨克斯坦共和国国籍申请的接收、处理和审议的规则。

哈萨克斯坦共和国驻外机构：

接收在哈萨克斯坦共和国境外永久居住的人关于哈萨克斯坦共和国国籍的申请，并连同必要的文件一起，通过哈萨克斯坦共和国外交部送交哈萨克斯坦共和国总统审议；

登记在哈萨克斯坦共和国境外永久居住的人丧失哈萨克斯坦共和国国籍事宜；

登记在哈萨克斯坦共和国境外永久居住的人被剥夺哈萨克斯坦共和国国籍事宜；

按哈萨克斯坦共和国外交部确定的方式，对长期和暂时居住在哈萨克斯坦共和国境外的哈萨克斯坦共和国公民进行登记；

确定永久居住在哈萨克斯坦共和国境外的人是否属于哈萨克斯坦共和国国籍。

如果哈萨克斯坦共和国在某一国没有驻外机构，这些机构的职能将根据有关条约由其他国家的外交代表处和领事机构履行。

第 6 章　哈萨克斯坦共和国国籍申请的受理和提交程序

第 32 条　递交国籍问题申请的程序

通过本法第 30 条和第 31 条所指机构向哈萨克斯坦共和国总统递交申请。

申请的审查或提交申请的期限不得超过 6 个月。

根据简易（登记）程序获得国籍的申请应提交给内务机关。

第 33 条　国籍问题申请表

加入、恢复或退出哈萨克斯坦共和国国籍的申请将根据申请人的书面请求进行审查。

对未满 18 岁以及按法律规定的程序被认定为无行为能力者的申请，应按其法定代表经过公证的要求，在其他国家由哈萨克斯坦共和国驻外机构审查。

在提交加入和退出哈萨克斯坦共和国国籍的申请时，14 至 18 岁的儿童必须征得其同意，以书面形式表示并经过公证，在其他国家则由哈萨克斯坦共和国的驻外机构证明。

在提交 14 岁以下儿童退出哈萨克斯坦共和国国籍的申请时，父母一方仍然是哈萨克斯坦共和国公民，还必须提交这一方父（母）的申请，表达其对儿童退出哈萨克斯坦共和国国籍的态度。

这种申请须经公证，而在其他国家由哈萨克斯坦共和国的驻外机构证明。

如果申请人因文盲或身体残疾而无法签署申请书，则应根据其要求由另一人签署，哈萨克斯坦共和国的公证机构或驻外机构应在申请书上做相应的标记。

在加入、恢复或退出哈萨克斯坦共和国国籍的申请书上，应附上证明申请人身份的文件。

第 34 条　对申请国籍问题的结论

哈萨克斯坦共和国的内务机构、驻外机构应将其对国籍问题申请或报告的结论，连同申请入籍者对遵守本法第 1 条规定的书面保证，通过哈萨克斯坦共和国内务部或哈萨克斯坦共和国外交部送交哈萨克斯坦共和国总统。

外交部和内务部应向哈萨克斯坦共和国总统提交关于给予或恢复每一位长期居住在哈萨克斯坦共和国境外的申请人哈萨克斯坦共和国国籍的合理性意见，包括他们在哈萨克斯坦共和国就业、住房和其他安排的可能性。

退出哈萨克斯坦共和国国籍的结论，应包含关于申请人未履行的国家义务或其财产义务的准确信息，这些义务与公民或组织的重大利益有关，关于他的刑事追诉、犯罪记录或根据已生效的法院判决服刑的情况，或关于此人退出国籍有违哈萨克斯坦共和国国家安全利益的事实。

第 35 条 哈萨克斯坦共和国总统下属的国籍问题委员会

为初步审议本法第 29 条所述的国籍问题，哈萨克斯坦共和国总统成立国籍问题委员会。

在受理国籍问题申请和报告时，委员会应全面评估申请人的论点、报告的内容、国家机关的结论、其他文件和正式填写的证人证词。

委员会有权要求有关国家机关和社会团体提供有关案件的文件和材料，它们应在委员会规定的时限内提交必要的信息。

委员会应就每项申请或报告向哈萨克斯坦共和国总统提出建议。

委员会的会议如有半数以上的委员出席，即为有效。委员会的决定是由简单多数票做出的。

委员会的决定应形成由主席签字的记录。

第 36 条 国籍问题的法令

哈萨克斯坦共和国总统颁布关于加入、改变国籍和拒绝申请的法令。

在上次做出决定的一年后，审议国籍问题的重复申请。

如果出现申请人不知道或不可能知道的情况，可在此期限之前审理重复提交的申请。

第 37 条 取得和终止国籍期限的计算

哈萨克斯坦共和国国籍的获得日期为：

—哈萨克斯坦共和国总统颁布关于加入国籍的法令日；

—未成年人出生日或收养日；

—哈萨克斯坦共和国总统颁布关于未成年人父母加入哈萨克斯坦共和国国籍的法令日；

—按照国家间条约规定方式的登记日；

—以简易（登记）方式登记获得哈萨克斯坦共和国国籍日。

哈萨克斯坦共和国国籍的终止日期为：

—哈萨克斯坦共和国总统关于退出国籍的法令发布日；

—法院关于剥夺哈萨克斯坦共和国国籍的判决生效日；

—国家机构以本法规定的方式对其丧失国籍进行登记日；

—以哈萨克斯坦共和国国家间条约规定的方式对退出哈萨克斯坦共和国国籍进行登记日。

第 38 条 在哈萨克斯坦共和国境内居住年限的计算

本法第 16 条第 1 款第（1）项规定的在哈萨克斯坦共和国境内居住的时间包括：

在军队服役的时间，如果该人以前在哈萨克斯坦共和国境内居住，并且从军队退役之日到抵达哈萨克斯坦共和国永久居住之日之间的间隔不超过 3 个月；

在哈萨克斯坦共和国境外学习的时间，如果从教育机构毕业或退学到抵达哈萨克斯坦共和国的间隔不超过 3 个月；

在哈萨克斯坦共和国境外出差的时间，如果从出差结束到抵达哈萨克斯坦共和国的间隔不超过 3 个月。

如因疾病、自然灾害或其他正当理由，本条规定的 3 个月期限的计算应暂停。

哈萨克斯坦共和国法院和（或）其他国家的司法机构判处的刑事判决的服刑期，以及在哈萨克斯坦共和国境内出差、医疗和其他临时居住的情况下的逗留期，不应计入在哈萨克斯坦共和国境内的居住期。

一个人被取消哈萨克斯坦共和国国籍之前的时间，不应计入在哈萨克斯坦共和国境内的居住时间。

第 7 章　国籍问题决定的执行

第 39 条　执行哈萨克斯坦共和国国籍问题决定的机构

对于长期居住在哈萨克斯坦共和国的人，执行有关国籍事项决定的是办理文件和颁发护照和身份证的授权机构，对于居住在其他国家的人，执行机构是哈萨克斯坦共和国的驻外机构。

获得哈萨克斯坦共和国国籍的人，应由办理证件和颁发护照和身份证的授权机构或驻外机构签发哈萨克斯坦共和国公民身份证和（或）护照。

在未满 16 岁儿童的证件中应标注其国籍归属。

哈萨克斯坦共和国国籍被终止的人，由内务机关颁发无国籍人证书。

第 40 条　国籍问题决定执行情况的监督

哈萨克斯坦共和国总统下属的国籍委员会，负责监督有关国籍问题决定的执行。

第 8 章　对国籍问题决定的上诉

第 41 条　对国籍决定的上诉

关于国籍问题的决定可能由哈萨克斯坦共和国总统审查。

关于国籍归属和丧失国籍决定的申诉应向哈萨克斯坦共和国总统提出。

无理拒绝接收入籍申请，违反申请审查时限，以及官员违反国籍案件审查程序和国籍问题决定执行程序的其他未经授权的行为，可以依法向官员的上级领导或法院提出申诉。

第 9 章　国际条约

（根据 2009 年 4 月 29 日哈萨克斯坦共和国法律已删除）

二、哈萨克斯坦共和国国界法

（2021 年 1 月 1 日修订）

第 1 章　总则

第 1 条　哈萨克斯坦共和国国界

哈萨克斯坦共和国国界（以下称国界或国家边界）是指穿过国界的直线和垂直平面，用于确定哈萨克斯坦共和国领土（陆地、水域、地下、领空）的边界，以及哈萨克斯坦共和国国家主权的空中界线。

第 2 条　本法使用的基本概念

本法使用以下基本概念：

（1）特殊手段，是指用于对违法分子及他们使用的交通工具和设施能造成身体、创伤、化学、电流、心理等影响的手段，以终止违法行为或为了对军人、授权机构的工作人员和参与保护国家边界的公民进行个人保护。

（2）工程设施和围栏的边界，是指在哈萨克斯坦共和国边境划拨的永久使用的区域，用于保障哈萨克斯坦共和国国家安全委员会边防局的活动。

（3）综合检验站设备，是指一种内窥检查设备（固定式、便携式和移动非侵入式检查技术手段），配有图像处理和分析系统，被授权机构用于铁路和机动车辆、车辆货舱内物品、集装箱，无须开箱通过非侵入式（非接触式）的方法检查外观。

（4）哈萨克斯坦共和国里海领水（海）宽度的基线，是指位于哈萨克斯坦共和国大陆及其岛屿上的多年平均线（在波罗的海高度系统相对于喀琅施塔得脚手架零点的负 28.0 米处），以及确定哈萨克斯坦共和国境内属于哈萨克斯坦共和国的海湾、海峡、三角湾的内水域边界的直线。

（5）哈萨克斯坦共和国领水（海）［以下简称领水（海）］，是指 12 海里宽的海带，根据国际法和哈萨克斯坦共和国法律，从哈萨克斯坦共和国主权所涵盖的里海基线测量，其外部边界为国界。

（6）哈萨克斯坦共和国大陆架（以下简称大陆架），是指从哈萨克斯坦共和国国界［领水（海）的外部界线］至国际条约确定的海床和底土面积。

（7）哈萨克斯坦共和国的边境空间（以下简称边境空间），是指哈萨克斯坦共和国的国界和毗邻的哈萨克斯坦共和国领土，直至有哈萨克斯坦领水（海）和内陆水域的边境地区外部界线，以及穿越国界的口岸地区和用于放行穿越国界的其他地点、大陆架及上面的领空，经授权的机构可在之内进行活动。

（8）哈萨克斯坦共和国驻外机构的人身安全保护（以下简称驻外机构的人身安全保护），是确保哈萨克斯坦共和国驻外机构及其人员安全的组成部分，其中包括确保哈萨克斯坦共和国驻外机构内部安全的措施和通行制度。

（9）哈萨克斯坦共和国的内水（以下简称内水），是指哈萨克斯坦共和国领土的一部分，包括以下水域：

—位于里海基线的海岸；

—海湾、港湾、三角湾，由一侧海岸到另一侧海岸的直线，位于多年平均水平的地方；

—哈萨克斯坦共和国的港口，以穿越水利工程和其他距海最远的永久性建筑物端点的线为限。

咸海水域，是从哈萨克斯坦共和国海岸一侧的国界到伯格海峡（大咸海的哈萨克部分的阿克拉克水力发电设施），其岸属于哈萨克斯坦共和国界河、界湖和其他水体。

（10）重立界标，是指修复丢失的界标和修复陈旧的界标，安装根据哈萨克斯坦共和国批准的国际条约设立的补充界标。

（11）服务性动物，是指用于加强边境巡逻的狗和马，用以预防、侦查、确定和制止边境空间的违法行为，以及对违法者施加身体、心理阻挡和其他影响。

（12）划界，是指根据与邻国的协议和哈萨克斯坦共和国批准的国际条约确定国家边界的位置和方向，并在国际条约所附的地图上以图形方式标示。

（13）允许人员、车辆、货物和商品穿越国界，是指承认人员、车辆、所运穿越国家边界的货物和商品的合法性。

（14）通过国界的口岸（以下简称口岸），是指铁路车站或汽车站，海港或河港，国际机场或飞机场内的领土（水域），以及在紧邻国界专门划定的区域，建有相应的基础设施，用以人员、车辆、货物和商品的通行。

（15）过境运输的货物和商品（以下简称货物和商品），是指过境运输的商业和非商业货物、商品、物品、材料、设备、手提行李和交通工具。

（16）国界的设备安装，是指授权机构为建立和发展国境基础设施而采取的措施。

（17）保护国界的工程和技术设施（以下简称工程和技术设施），是指预防、调查和制止偷越边境地区的设施。

（18）国界的基础设施，是指为保护国界由授权机构建造、装备和使用的一整套地界设施、水力和工程及其他建筑物和屏障的综合体。

（19）国界的设立，是指国家边界的国际法律定义、文件说明和立法登记的一系列措施。

（20）国界的分类，是指根据国界的特性（与邻国的关系、边境安全的威胁、社会政治局势和边境地区的人口密度、地形）和法律地位确定各段国界的状态。

（21）河道深泓线，是指连接河底最低部分的线。

（22）辐射检查，是指检查通过国界的货物、商品和（或）交通工具产生的电离辐射水平，并将其与自然基数进行比较。

（23）授权机构，是指在其职权范围内保护国家边界的国家机构。

（24）航道，是指在障碍物之间（岛屿、浅滩之间）安全航行的路径，通过导航标志（浮标、地标、导标）指示。

（25）立界碑，是指按哈萨克斯坦共和国批准的国际条约确定和标示国家边界。

（26）边境事件，是指与违反国家边界制度有关的事件，涉及哈萨克斯坦共和国、一个或多个邻国的利益。

（27）边境安全，是哈萨克斯坦共和国国家安全的组成部分，是对边境地区个人、社会和国家的政治、经济、信息、人文和其他利益的保护。

（28）边境地区，是哈萨克斯坦共和国领土的一部分，是行政单位内紧邻边境地带的部分。

（29）边境地带，是陆地上紧邻国界的一部分领土，在国界穿越界河、界湖和其他水域的地方，是指紧邻上述水体基岸的部分，以及实行国界制度的岛屿上。

（30）边防代表，是指从哈萨克斯坦共和国国家安全委员会边防局官员中任命的授权官员，处理与维护既定国家边界制度有关的问题。

（31）边防代表会晤站，是哈萨克斯坦共和国国家安全委员会边防局用来组织和举行边防代表会议以及国际会晤的一座有专门设施的独立建筑。

第 3 条　哈萨克斯坦共和国国界立法

1. 哈萨克斯坦共和国关于国界的立法，以《哈萨克斯坦共和国宪法》为基础，由本法和哈萨克斯坦共和国的其他法律法规组成。

2. 如果哈萨克斯坦共和国批准的国际条约规定了本法以外的其他规则，则适用国际条约的规则。

第 4 条　边防政策

1. 边防政策，是哈萨克斯坦共和国政府和授权机构协调一致的活动，旨在保障边境安全、预防和制止侵犯哈萨克斯坦共和国主权、领土的完整和不可侵犯性，保护国家边界。

2. 边防政策通过以下方式实施：

（1）国际合作；

（2）和平解决国家边界问题；

（3）授权机构协调行动。

3. 哈萨克斯坦共和国政府国家边界委员会，对制定哈萨克斯坦共和国边防政策提出建议。

4. 国家边界委员会的组成、权力和活动程序由哈萨克斯坦共和国总理批准的条例确定。

第 5 条 保卫国界的原则

保卫国界的原则是：

（1）开展国家边界保护活动时，遵守法制；

（2）确保哈萨克斯坦共和国领土的完整、不可侵犯和不可剥夺；

（3）尊重人权和公民的权利和自由；

（4）个人、社会和国家在保护国家边界方面的相互责任；

（5）遵守国际法准则。

第 6 条 保卫国界

1. 保卫国界，即确保哈萨克斯坦共和国边防空间的国家安全，由哈萨克斯坦共和国政府和授权机构，通过在其职权范围内采取政治、法律、组织、经济、边防、军事和其他措施来实行。

哈萨克斯坦共和国的公民和组织可以参与国家边界的保卫。

2. 在边防空间内，为了保卫国界实行以下制度：

（1）国家边界制度；

（2）口岸制度；

（3）边境制度；

（4）领水（海）和内水制度；

（5）大陆架制度。

第 7 条 国界的守卫

1. 守卫国界，是保卫国界的一个组成部分，即授权机构实施一系列的措施防止改变国界走向，以及查明和制止违反国界制度和口岸制度的潜在原因、迹象和事实。

2. 哈萨克斯坦共和国国家安全委员会边防局在陆地、领水（海）和内水（包括水下环境）守卫国家边界。

3. 哈萨克斯坦共和国武装部队在领空守卫国家边界。

第 8 条 保卫国家边界的措施

1. 哈萨克斯坦共和国国家安全委员会边防局和哈萨克斯坦共和国武装部队，利用授权机构、组织和公民的兵力和装备，根据本法和哈萨克斯坦共和国其他规范性法律法规开展保卫国家边界的活动。

2. 保卫国家边界的措施要考虑其地段的分类。

第 2 章 国界的确立、标示和设备安装

第 9 条 国界的确立

1. 国界是在划界、标界和重立界标的过程中确立的。

2. 与国界的划界、标示和重立界标有关的活动，由哈萨克斯坦共和国和邻国代表组成联合委员会实施。

3. 确立国界的方法：

（1）在陆地上—根据特征点、地形线或清晰可见的地标。

（2）在里海—根据哈萨克斯坦共和国领水（海）的外部边界。

（3）在咸海中—沿着将国界的出口连接到海岸边界点的线，当海岸轮廓和海平面发生变化时，国界不会移动。

（4）在航运河—在主航道或河的深泓线中间；在非航运河、小溪河道的中间或支流的中间；在湖泊和本条第 3 款的其他水域［第（5）项所指水体除外］，沿连接国界出口到湖泊或其他水域海岸的等距线、中间线、直线或其他直线。

当两岸的轮廓或水位发生变化时，以及当河流或溪流偏离时，穿过河流、溪流、湖泊或其他水域的国界不能改变。

（5）在水力枢纽的水库和其他人工水体上—根据水淹前在此地穿越的国界。

（6）在桥梁、水坝和其他穿越河流、溪流、湖泊和其他水体的建筑物上—不论国界在水上穿过哪儿，在这些建筑的中间或其技术轴线上。

第 10 条　国界的标示

1. 根据标界，在地面上用清晰可见的界标标示国界。

2. 界标的形状、大小、描述、构造和安装程序，由哈萨克斯坦共和国政府决定。

第 11 条　国界的设备安装

1. 国界的设备安装应按照哈萨克斯坦共和国规范性文件规定的程序进行。

2. 国界基础设施，是根据哈萨克斯坦共和国政府确定的等级建立的。

第 3 章　国界制度

第 12 条　国界制度

1. 根据本法和哈萨克斯坦共和国批准的国际条约，在国家边界和边境地带实行国界制度。

2. 国界制度包括以下规则：

（1）国界维护规则（里海上的国界部分除外）；

（2）穿越国界规则；

（3）人员、车辆、货物和商品通过国界规则；

（4）入境、临时居留、在边境地带居住和在边境地带上空飞行规则；

（5）从事经济、渔业或其他活动，开展社会政治、文化或其他活动的规则；

（6）解决边境事件规则。

3. 哈萨克斯坦共和国政府确定国界沿线的边境地带。

在边境地带安装国界标示。

第 13 条　国界的维护

1. 国界的维护由授权机构执行，以确保国界制度的实施。

2. 国界的维护包括安装和保证国界标示正常起作用（安装、保护和维护界标，使其保持正常状态，对其进行检查；对国界通道的便道安装设施），以及与邻国进行联合检查国界。

3. 在尚未完成划界的国界地段，维护界标及对其检查的程序，由哈萨克斯坦共和国国家安全委员会决定。

第 14 条　穿越国界

1. 穿越国界的办法如下：

（1）在陆地、界河、界湖和其他水体上—在国际铁路、公路、河流和其他交通线路上，在设置的穿越国界点穿越国界；

（2）在领空—在国际线路的穿越国界地点或沿专门为此划定的空中走廊；

（3）在海上—在国际海上运输线路上建立的海上走廊。

在哈萨克斯坦共和国法律和哈萨克斯坦共和国批准的国际条约规定的情况下，允许在其他地方穿越国家边界。

2. 哈萨克斯坦共和国国家安全委员会边防局在履行守卫国家边界的职责时，有权以与邻国边防机构商定的其他方式穿越国家边界［里海领水（海）的外部边界除外］。

3. 在与邻国的边境合作国际中心内，穿越国家边界的规则，以及人员在中心内的逗留规则，由哈萨克斯坦共和国批准的国际条约和哈萨克斯坦共和国法律调节。

3.1　人员在乘坐铁路交通工具穿越国境时，下列情况不算作进入哈萨克斯坦共和国或离开哈萨克斯坦共和国：

—从哈萨克斯坦共和国境内过境外国领土，到哈萨克斯坦共和国的其他地区；

—从外国领土，经哈萨克斯坦共和国领土过境，到同一外国领土的其他地区。

在上述情况下，按照过境哈萨克斯坦共和国或外国境内时禁止乘客上下车、装卸货物和商品的规定，不进行边防、海关和其他种类的检查。

确保铁路交通工具不停运行，监督遵守禁止乘客上下车、装卸货物和商品，是运输组织（旅客、货物和商品的承运人）的责任。

4. 为了限制和处理自然和人为的紧急情况，哈萨克斯坦共和国法律和哈萨克斯坦共和国批准的国际条约可规定事故救援部队穿越国家边界的其他规则。

5. 从国家边界到口岸的国际铁路和公路路线路段的标记和设备要求，以及位于国界上的边境合作国际中心周边的哈萨克斯坦部分的设备要求，由哈萨克斯坦共和国政府规定。

6. 人员和交通工具在从国家边界到口岸和其他过境点，或反向通行时，禁止：

（1）改变既定路线；

（2）停车、人员上下车、装卸货物和商品，任何飞行器的升空、降落或接收，包括无人机。

7. 为了确保哈萨克斯坦共和国的国家安全，并应邻国的书面申请，哈萨克斯坦共和国政府暂时限制或停止在某些区域过境。

哈萨克斯坦共和国外交部应自做出决定之日起 72 小时内，通过外交途径将有关暂时限制或停止过境的通知送达相关国家。

第 15 条　在海洋、河流、湖泊和其他水体穿越国界

1. 哈萨克斯坦和外国（水上和水下）船舶、军舰、冰上交通工具，根据哈萨克斯坦共和国法律和哈萨克斯坦共和国批准的国际条约，在海上、河流、湖泊和其他水体穿越哈萨克斯坦共和国国界。

2. 外国水下船只（设施）越过国界及在领水（海）内航行，应在水面航行并悬挂国旗。

3. 在界河、界湖和其他水域穿越国界航行，但不进入哈萨克斯坦共和国和邻国港口的情况下，由哈萨克斯坦共和国批准的与邻国的国际条约调节。

4. 哈萨克斯坦和外国（水上和水下）船舶、外国军舰和冰上交通工具在穿越国界和在领水（海）和内水航行，进入或不进入哈萨克斯坦共和国港口（锚地）的，以及从哈萨克斯坦共和国的港口（锚地）出发到国家边界时，按哈萨克斯坦共和国国家安全委员会边防局的要求，有义务：

（1）如未悬挂国旗，须出示国旗；

（2）如果正向航行禁区或临时航行危险区，以及在人工岛屿、装置或设施周围的安全区航行，或会导致其他违反航行制度的行为，则改变航向；

（3）告知进入领水（海）或内水的目的，以及偏离航行计划的原因；

（4）停船并接受检查组检查（检查船上场所），提交船舶和领航文件、船员和乘客文件、货物或商品文件；

（5）改变航向，并前往哈萨克斯坦共和国港口或其他指定地点；

（6）履行哈萨克斯坦共和国法律和国际条约规定的其他要求。

本条第 4 款第（4）项和第（5）项的规定，不适用于外国军舰和非商业目的的外国船只。

5. 本条第 4 款所列的哈萨克斯坦和外国船只，被禁止：

（1）进入未开设口岸的哈萨克斯坦共和国港口（锚地）。

（2）偏离既定的航线，进入航行禁区或临时航行危险区，以及人工岛屿、装置或设施周围的安全区，如果在航路通知中宣布了该区域。

（3）停船；上下人员；卸载（装载）任何货物和商品；将任何浮动设备放下水或接上船；将任何飞行器升空、降落或接收，包括无人机；未经授权机构许可或违反此类许可的条件进行捕鱼、科研、勘探或其他活动。

6. 外国军舰和其他用于非商业目的的外国船舶，要想进入领水（海）和内水而穿越国境，须在预定进入日期前不迟于 30 个日历日通过外交渠道，向哈萨克斯坦共和国国家安全委员会边防局申请许可。

第 16 条　哈萨克斯坦从事渔业的船舶多次在海上、河流、湖泊和其他水体穿越国界的权利

1. 在领水（海）、内水和大陆架上捕捞的哈萨克斯坦船舶，不是将捕捞产品转运到需接受边防检查的外国船舶和哈萨克斯坦船舶上，如果其捕捞的目的是将渔业产品运去销售或在哈萨克斯坦境内生产鱼类和其他产品，则根据哈萨克斯坦共和国国家安全委员会边防局的许可，在安装了确保船舶位置信息持续

自动传输的技术手段后，可多次穿越国界而无须进行边防、海关和其他种类的检查。

2. 本条第 1 款所指的哈萨克斯坦船舶禁止：

（1）进入外国的领水（海）、内水；

（2）上下人员、向需接受边防检查的外国船舶和哈萨克斯坦船舶卸载（装载）任何货物和商品，因需要救援人员、船舶或其他紧急情况除外，船长应立即将此情况通知哈萨克斯坦共和国国家安全委员会边防局。

3. 多次穿越国界许可证的发放程序，该许可证的空间和时间限制，以及对本条第 1 款所指的对哈萨克斯坦船舶检查的程序由哈萨克斯坦共和国政府确定。

第 16.1 条 参与矿产利用作业的哈萨克斯坦和外国船舶多次穿越国界的权利

1. 多次穿越国界权授予：

（1）从哈萨克斯坦共和国的港口、海运码头或码头设施进入里海哈萨克斯坦区水域，从事国家地下土的地质研究、勘探和采矿工作，以及为建造、利用和使用海上设施、浮动钻机，然后抵达哈萨克斯坦共和国港口、海运码头或码头设施的哈萨克斯坦和外国船舶；

（2）从哈萨克斯坦共和国的海港口岸通过其他国界的地方抵达里海哈萨克斯坦区水域的哈萨克斯坦共和国船舶，目的是确保采矿作业，随后抵达哈萨克斯坦共和国的海上口岸，或其他国家边界的过境点；

（3）从哈萨克斯坦共和国的港口、海上码头或码头设施驶入里海哈萨克斯坦区水域，以确保哈萨克斯坦共和国政府优先项目实施框架内的地下矿物开采作业，随后到达哈萨克斯坦共和国的港口、海港或码头设施的哈萨克斯坦和外国船舶。

在本款第（1）（2）（3）项所确定的情况下，哈萨克斯坦和外国船舶可根据哈萨克斯坦共和国国家安全委员会边防局的许可，多次穿越国界，只要机动船有自动检查设备，以确保船舶位置信息不断自动传输，就可不进行边防检查等其他种类的检查。

与船舶进出有关的海关业务，在本款第（1）（2）（3）项的情况下，应按照哈萨克斯坦共和国海关法规执行。

2. 本条第 1 款所指的哈萨克斯坦和外国船舶禁止：

（1）进入外国领水（海）、外国内水、外国港口；

（2）向离开哈萨克斯坦需要边防检查以及在到达哈萨克斯坦时没进行边防检查的外国船舶和哈萨克斯坦船舶上下人员、卸载（装载）任何货物和商品，除因需要救援人员、船舶或其他特殊情况，船长应立即将此情况通知哈萨克斯坦共和国国家安全委员会边防局。

3. 哈萨克斯坦和外国船舶从事地下矿产开采作业的多次过境的许可证签发程序，该许可证的时间限制，以及对本条第 1 款所指船舶实施检查的程序，由哈萨克斯坦共和国政府确定。

第 17 条　在空中穿越国界

1. 从过境地点到口岸返回的飞机，以及在哈萨克斯坦共和国领空过境的飞机，必须遵守哈萨克斯坦共和国武装部队及其哈萨克斯坦共和国民航领域授权机构的以下要求：

（1）在进入禁飞区或临时飞行危险区，应改变航向；

（2）报告进入哈萨克斯坦共和国领空的目的，或偏离飞行计划的原因；

（3）降落在指定位置。

2. 飞机在从国界口岸往返，以及穿越哈萨克斯坦共和国领空过境，除自然灾害、灾难、事故、紧急情况和其他危及生命或健康的情况除外，禁止下列行为：

（1）在飞行计划未指定的非国际机场或停机坪，以及在机场和停机坪外上下人员；

（2）偏离导航信息文件中公布的既定（建议）空中走廊和路线，飞越禁区和飞行限制区；

（3）上下人员、卸载（装载）任何货物和商品。

3. 在特殊情况下，在执行与技术、迫降和人道主义飞行以及国家任务的国际航班时，飞机应在非国际机场起降。上述飞行须有民航领域授权机构与哈萨克斯坦共和国国家安全委员会、哈萨克斯坦共和国国家税务机关和其他国家机构协商后，颁发的临时许可证。

4. 从哈萨克斯坦共和国领土向人工岛屿、装置、设施、浮动钻机（包括位于大陆架水上的浮动旅馆）运送人员、货物和商品的哈萨克斯坦飞机，或从指定的人工岛屿、装备、设施、浮动钻机（包括位于大陆架水上的浮动旅馆），往哈萨克斯坦共和国领土运送人员、货物和商品的哈萨克斯坦飞机，可以多次不在划定的空中走廊穿越国界，也不用通过哈萨克斯坦共和国政府确定的边防检查和其他种类的检查。上述哈萨克斯坦飞机禁止进入外国领空，禁止在离开哈萨克斯坦共和国领土和到达哈萨克斯坦时让未接受边防检查的人员登机，禁止在离开或到达哈萨克斯坦共和国领土需进行边防和海关检查时装载（卸载）任何货物、商品、货币、动物，需要营救人员、飞机或其他紧急情况除外，哈萨克斯坦机长应立即将此情况通知哈萨克斯坦共和国国家安全委员会边防局以及民用和国家航空领域的授权机构。

本条第 1 款所列的与飞机抵达（离开）有关的海关业务，应根据哈萨克斯坦共和国海关法进行。

在哈萨克斯坦共和国领土与人工岛屿、装置和设施、浮动钻机、位于大陆架水上的浮动旅馆之间飞行时，飞机从哈萨克斯坦共和国领土起飞和降落可从哈萨克斯坦共和国简易机场、直升机场和降落平台进行，包括不对国际航班开放的机场。

第 18 条　被迫穿越国界

1. 由于以下紧急情况而进行的被迫穿越国界（在非指定地点、海上或空中走廊）不违反国界制度：

（1）自然灾害、灾难、事故、紧急情况和其他危及生命或健康、危及哈萨克斯坦或外国船舶、外国军舰、冰上交通工具和飞机安全的情况；

（2）拖曳损坏的哈萨克斯坦或外国船舶、外国军舰、冰上交通工具；

（3）运送被救人员；

（4）向哈萨克斯坦或外国船舶、外国军舰、冰上交通工具的船员或乘客提供紧急医疗救助。

2. 哈萨克斯坦或外国船舶、外国军舰、冰上交通工具、飞机，在被迫穿越国界或被迫违反本法规定的从国界到口岸或返回的制度时，必须：

（1）立即通知最近的哈萨克斯坦海港或河港、机场或简易机场的行政部门，行政部门立即通知哈萨克斯坦共和国国家安全委员会边防局和哈萨克斯坦共和国国防部；

（2）按照前来协助或查明事实的哈萨克斯坦共和国授权机构、边防或军舰指挥官、海船、河船船长或机长的指示行事。

3. 其他人员和车辆，如果被迫穿越国界或被迫违反本法规定的从国界到口岸和返回的规则时，必须：

（1）立即将此情况通知哈萨克斯坦共和国国家安全委员会边防局最近的地方部门领导；

（2）根据来查明情况的哈萨克斯坦共和国国家安全委员会边防局代表的指示行事。

第 19 条 放行人员、车辆、货物和商品通过国界

1. 根据哈萨克斯坦共和国法律和哈萨克斯坦共和国批准的国际条约，在开放的口岸，以及在哈萨克斯坦共和国政府决定的其他过境地点放行人员、车辆、货物和商品通过国家边界。

2. 口岸开放（关闭）、运作（使用）、分级、分类、设备安装的规定，以及技术设备和工作安排的要求，由哈萨克斯坦共和国政府确定。

3. 口岸清单由哈萨克斯坦共和国政府批准。

4. 口岸内设置检查机构，在自己的职权范围内负责组织边防、海关、运输、卫生检疫、兽医和植物检疫的检查。

5. 在口岸以及其他穿越国界的地方放行人员时，边防检查线作为国界。

5.1 国家机关官员、在经济特区境内开展代收业务的工作人员以及因公参观经济特区的人员，按照哈萨克斯坦共和国国家安全委员会确定的方式，出入与欧亚经济联盟海关边界完全或部分重合的经济特区。

代收业务的专门交通工具进出时，应经过检查（如有必要），而无须打开铅封收款袋（手提袋）。

为了确保运输贵重物品的安全，代收业务的工作人员根据哈萨克斯坦共和国法律，有权在与欧亚经济联盟海关边界完全或部分重合的经济特区内，使用个人防护设备、储存和携带公务武器和弹药。

6. 哈萨克斯坦共和国国家安全委员会边防局负责放行人员、车辆、货物和商品通过国家边界。

7. 个人穿越国界时，须持有有权出入哈萨克斯坦共和国的证件，而且哈萨克斯坦共和国法律针对此人没有限制。

8. 交通工具、货物和商品在通过国界时，须持有国家税收机构和其他监管机构颁发的许可标记，注明允许这些交通工具、货物和商品进出哈萨克斯坦共和国。

9. 边防检查程序结束，人员、交通工具离开或货物和商品运出口岸，以及运出过境的其他地点时，算作穿越国界完成。

10. 根据哈萨克斯坦共和国法律，被禁止或限制进入哈萨克斯坦共和国的外国公民和无国籍人，以及做出决定禁止离开哈萨克斯坦共和国的人员，不得穿越国界。根据哈萨克斯坦共和国的国际条约，抵达口岸或其他可穿越国界的地方的外国公民和无国籍人，没有穿越国界的理由，应返回所来的国家或其国籍国。

第 20 条　穿越国界的简化程序

1. 穿越国界的简化程序直接在国家边界过境点设立，根据哈萨克斯坦共和国批准的国际条约，在这些地方配备简易口岸。

2. 禁止用于商业目的货物和商品在简易口岸过境。

第 21 条　在发生自然和人为紧急情况时过境

在发生自然和人为的紧急情况时，限制和处理自然和人为紧急情况的紧急救援部队应根据哈萨克斯坦共和国批准的国际条约穿越国界。

第 22 条　特殊情况下的船舶和飞机穿越国界

在特殊情况下，哈萨克斯坦共和国相应的地方国家安全机构与机场、港口管理机构共同负责人员和车辆穿越国界，并将以下情况通知哈萨克斯坦共和国国家安全委员会边防局：

（1）从非国际机场起飞的特殊国际飞行的飞机；

（2）在非指定地点进行迫降的国际飞行的哈萨克斯坦和外国飞机；

（3）进行国际运输的哈萨克斯坦的船舶和冰上交通工具、外国（水上和水下）船舶、外国军舰、被迫进入哈萨克斯坦共和国无口岸的海港或河港（锚地）的冰上交通工具、到达哈萨克斯坦码头或沿边的冰上交通工具。

第 22.1 条　在穿越国界的其他地方过境

哈萨克斯坦共和国国家安全委员会边防局，根据哈萨克斯坦共和国法律规定的程序，在穿越国界的其他地方放行下列交通工具：

（1）参与处置紧急情况及其后果活动的船舶，以及参与执行哈萨克斯坦共和国政府确定的优先项目的船舶；

（2）装载或空行的公路车辆，其重量和（或）尺寸参数超过允许的标准，无法通过公路口岸，此类车辆在紧邻口岸的区域放行；

（3）如果口岸的基础设施不允许铁路车辆停靠足够的时间进行规定的检查，或开设口岸不是出于经济考虑，放行此类车辆应在最靠近口岸又有必要基础设施或线路的车站进行；

（4）在哈萨克斯坦共和国与邻国的边境合作国际中心过境的人员、车辆、货物和商品，此种情况下，执行公务的哈萨克斯坦共和国执法人员和特别国家机关人员，应在国界与欧亚经济联盟的海关边界区完全或部分重合的专门经济区进行过境，还要有工作证和相应驻地的地方执法机构或专门机构最高领导人签名的名单，该机构应与哈萨克斯坦共和国国家安全委员会地方机构协调过并送交在特别经济区执法的国家安全委员会部队。

第 23 条　口岸的边防检查

1. 口岸的边防检查，是哈萨克斯坦共和国国家安全委员会边防局的一项边防活动。

2. 口岸对人员、车辆、货物和商品进行边防检查，包括：

（1）检查证件和人员，包括通过指纹信息确认身份、处理个人的生物信息和与人员进行面谈，以确定通过国家边界的合法性，查明偷越国家边界的人员，以及查出哈萨克斯坦共和国法律限制进入和离开哈萨克斯坦共和国的人员；

（2）检查是否有所有检查机构的许可证标志，以便确定车辆、货物和商品过境运输的合法性，查明并阻止违反过境制度的行为；

（3）检查某些人员、货物和商品，必要时进行特别（深入）检查，以发现并逮捕偷越国境者；

（4）检查有偷越国境迹象的人员；

（5）随交通工具从边境点到口岸，或从口岸到过境点。

3. 除本法第 19 条第 1 款和第 22 条及第 22.1 条规定的情况外，不允许在口岸外进行边防检查。

第 24 条　入境边境地带，在边境地带临时停留、居住、迁移，在边境地带上空飞行

1. 没有哈萨克斯坦共和国国家安全委员会边防局许可证的人，禁止进入边境地带，在边境地带临时停留、居住或迁移。

2. 哈萨克斯坦共和国国家安全委员会边防局签发了身份证件和特别通行证的人员，可以在规定地点进入边境地带。

3. 地方执法机构和其他国家机构负责人在执行公务时，要有身份证件才能进入边境地带。

4. 禁止不执行国际飞行任务的飞机在边境地带上空飞行，但哈萨克斯坦共和国国家安全机构和其他授权机构执行任务的飞行除外。持有哈萨克斯坦共和国国防部与哈萨克斯坦共和国国家安全委员会边防局协商后颁发的许可证，授权机构的航空飞行才可以在边境地带飞行。

5. 本条第 1 款和第 4 款规定的限制，也适用于从边境地带外部边界到哈萨克斯坦共和国国家安全委员会边防局工程设施和防护栏边界的区域，以及其上方空域。

6. 不执行国际飞行任务的飞机在其他边境空间上的飞行，须有哈萨克斯坦共和国国防部的许可证，并通知哈萨克斯坦共和国国家安全委员会边防局。

第 25 条　在国界和边境地带从事经济、渔业或其他活动，开展社会政治、文化或其他活动

1. 哈萨克斯坦共和国国家安全委员会边防局按哈萨克斯坦共和国政府规定的程序，发放进入边境地带和在边境地带逗留的通行证，用于在边境地带从事经济、渔业或其他活动，开展社会政治、文化或其他活动。

根据本法，哈萨克斯坦共和国国家安全委员会边防局出于保护国家边界的利益，可以限制或暂时中止通行证的有效性。

2. 自然人和法人在向哈萨克斯坦共和国国家安全委员会边防局提交获得通行证的报告时，应输入生产或进行活动的性质、地点、参加人、时间、使用的渔业和其他船只、运输工具和其他技术设备的信息，必要时提供穿越国界的地点和时间，假如这在哈萨克斯坦共和国与邻国的国际条约中已有约定。

3. 在国界和边境地带进行的经济、渔业或其他活动，开展社会政治、文化或其他活动，不得：

（1）对哈萨克斯坦共和国及其邻国的国家安全造成损害，或有造成危害的威胁；

（2）妨碍哈萨克斯坦共和国国家安全委员会边防局维护国界和执行任务；

（3）违反国家边界的既定制度。

4. 禁止在边境地带以渔业为目的狩猎。该限制也适用于从边境地带的外部边界到哈萨克斯坦共和国国家安全委员会边防局的工程技术设施线的范围。

5. 根据哈萨克斯坦共和国国家安全委员会边防局当地执法机构的建议，规定在边境地带的界河、界湖和其他水体的水域中取水、游泳、牲畜饮水的地点，如果有正面的环境影响评估报告并且水源符合卫生和流行病学要求，则此地允许暂时中止制度限制。

第 26 条　检疫地带

1. 为了防止传染病的传播，直接在国界沿线设立检疫地带。

2. 检疫地带内检疫制度的内容，由哈萨克斯坦共和国法律规定。

第 27 条　边境事件的处理

1. 边境事件的处理，按照哈萨克斯坦共和国法律和哈萨克斯坦共和国批准的国际条约所规定的程序进行。

2. 通过单方面或与邻国共同调查，并在哈萨克斯坦共和国和邻国的边防代表会议上分析，来解决边境事件。

3. 在国界建立通信交换点以交流信息。

4. 边境事件的联合调查和边防代表会议在边防代表会晤站举行。如有必要，可直接在边境事件现场进行。

5. 由哈萨克斯坦共和国国家安全委员会边防局进行解决边境事件的活动。

哈萨克斯坦共和国武装部队的代表在解决空域边境事件时，作为专家参加会议。

6. 在解决边境事件时，哈萨克斯坦共和国国家安全委员会边防局可以邀请其他授权机构的力量和装备进行调查。

7. 哈萨克斯坦共和国国家安全委员会边防局无法解决的边境事件，由哈萨克斯坦共和国外交部解决。

第 28 条　边防代表

1. 边防代表在活动中要遵守哈萨克斯坦共和国的国际条约、本法和哈萨克斯坦共和国的其他法律法规。

2. 边防代表的活动是国际合作的形式之一，目的是发展哈萨克斯坦共和国与邻国之间的友好关系。

第 29 条　违反国家边界制度

1. 不遵守以下既定制度被认为是违反国家边界制度：

（1）维护国家边界（里海段国家边界除外）；

（2）穿越国家边界；

（3）人员、交通工具、货物和商品穿越国家边界；

（4）进入边境地带、在边境地带临时停留、居住以及在边境地带上空飞行；

（5）在国界和边境地带从事经济、渔业或其他活动，进行社会政治、文化或其他活动；

（6）与外国解决和违反国界有关的边境事件。

2. 人员和交通工具的任何擅自违反既定规则穿越国家边界的行为，都是偷越国界。

第 30 条　偷越国界者

下列人员被认为是偷越国界者：

（1）以任何方式不在口岸，或在口岸和其他可穿越国界的地方违反既定过境规则穿越或试图穿越国界的人员；

（2）潜入或试图潜入哈萨克斯坦或外国开往国外的交通工具非法离开哈萨克斯坦的人员；

（3）进入领水（海）或内水以及界河、界湖和其他哈萨克斯坦水体的外国非军事船只和军舰，违反了进入这些水域的既定制度，包括外国潜艇和其他水下设施（设备），如果它们在水下穿越国界，或在哈萨克斯坦共和国的水域航行和停留期间在水下越过国界；

（4）违反既定规则越过国界的飞机和其他飞行器，包括无人机，以及从国界前往目的地的机场或在哈萨克斯坦共和国领空过境飞行时违反了既定的使用空域规则；

（5）未经允许或违反既定规则穿越或试图穿越国界的人员、技术设备和其他设备。

第 4 章　口岸制度

第 31 条　口岸制度

1. 本法规定的口岸制度是人员、交通工具及货物和商品进出口岸，在口岸停留、移动的规则。

2. 口岸是有特别制度的区域。

3. 口岸制度，应排除以下可能性：

（1）人员、交通工具、货物和商品非法越境；

（2）无关人员和出国交通工具到达口岸的封闭地点和处所（设施）。

4. 对口岸制度的监督由哈萨克斯坦共和国国家安全委员会边防局进行，监督指的是对人员、交通工具、货物和商品进入口岸、在口岸停留和移动规则的遵守情况进行检查和其他措施。

5. 本章适用于穿越国界的其他地点，以及在途中进行边防、海关和其他种类检查的铁路交通工具，并在检查完成后终止。

第 32 条　人员、交通工具、货物和商品出入口岸规则

1. 人员、交通工具、货物和商品出入口岸应在指定地点进行，人员还必须具有进出哈萨克斯坦共和国的有效证件，以及车辆文件。

2. 哈萨克斯坦共和国国家安全委员会边防局军事人员、国家税收机关和其他机构的工作人员、办理交通工具、货物和商品手续和服务的运输企业人员，以及执法机构、政府特殊机构的员工和其他授权在口岸完成任务的官员，应凭以下部门发放的通行证进入口岸：

（1）在铁路、公路、海港和河港通过口岸，由哈萨克斯坦共和国国家安全委员会边防局发放；

（2）在空港口岸，由民航领域授权机构同哈萨克斯坦共和国国家安全委员会边防局协商后发放。

3. 对上述机构和企业的公务车辆也制定允许进出口岸的程序（凭特别通行证）。

第 33 条　人员、交通工具、货物和商品在口岸的停留和移动

1. 哈萨克斯坦共和国国家安全委员会边防局与国家税务机关和其他机构，以及在口岸按自己职权进行活动的运输企业协商后：

（1）确定人员、交通工具、货物和商品在口岸的移动方案，以及公务车辆的运行规则和停靠地点；

（2）规定进入边防和其他检查场所和地点的规则，以及出国车辆的登记程序；

（3）制定措施并保障口岸制度的执行。

2. 出国车辆（汽车除外）在口岸的停车地点和时长由运输企业的管理部门与哈萨克斯坦共和国国家安全委员会边防局协商确定。

3. 只有得到哈萨克斯坦共和国国家安全委员会边防局的允许，出国车辆才

能启动离开口岸，或更改停靠点。

4. 在进行边防和其他种类的检查期间，禁止人员进入车辆（包括出国车辆）或接触运到口岸的货物和商品。

5. 出国交通工具离开或抵达口岸时，乘客须经哈萨克斯坦共和国国家安全委员会边防局的许可方可上下车；货物和商品，均需经哈萨克斯坦共和国国家税务机关与哈萨克斯坦共和国国家安全委员会边防局协商后方可装卸。

第 34 条 对交通工具、货物和商品的检查

1. 哈萨克斯坦共和国国家安全委员会边防局与哈萨克斯坦共和国国家税务机关一起，在指定的、有特殊设备的地点（在一天的任何时间，如果需要，不管运输企业规定的车辆出发时间，也可以重复检查）对交通工具、货物和商品进行检查。

2. 哈萨克斯坦共和国国家安全委员会边防局在与欧亚经济联盟成员国的国家边界，检查交通工具、货物和商品。

3. 如果包装、印章、封条的完整性受到破坏，以及有迹象表明有无关人员藏身，应哈萨克斯坦共和国国家安全委员会边防局的要求，密封的（印封的）车厢、集装箱、汽车、货舱和其他厢式车辆，以及办理了特别通行证的货物和商品，要与哈萨克斯坦税务机关共同开箱检查。

第 35 条 允许某些类别的人员进入口岸

1. 外交代表处和领事机构的工作人员，以及与其相当的派驻哈萨克斯坦共和国的国际组织代表处的工作人员，只要有哈萨克斯坦共和国外交部签发的通行证，就可进入口岸和其他种类检查的地点进行边防检查。

2. 驻哈萨克斯坦共和国的外国大使根据派驻证，可进入指定的区域。

3. 有制式通行证但未参与工作的组织和监督哈萨克斯坦共和国国家安全委员会边防局的军人、国家税务机关和其他机构的工作人员，以及为人员、车辆、货物和商品办理手续和服务的值班人员，不得进入口岸。

4. 抵达口岸的哈萨克斯坦共和国公民，在国外逗留期间丢失了哈萨克斯坦共和国入境的文件，应自愿留在口岸，以便确定他们的身份。在口岸的停留制度由哈萨克斯坦共和国国家安全委员会决定。

5. 如果抵达口岸的哈萨克斯坦公民的身份无法确认，则根据属地移交给哈萨克斯坦共和国内务机构。

哈萨克斯坦共和国内务机构应哈萨克斯坦共和国国家安全委员会边防局的请求，通报针对上述哈萨克斯坦公民所做的决定。

第 36 条 国家税务机关和其他机构、在口岸活动的运输企业在执行既定制度方面的职责

1. 参与国际运输的运输企业工作人员，包括车主，必须：

（1）采取措施防止外人潜入车辆、将无关货物和商品带上车。

（2）在口岸时，应哈萨克斯坦共和国国家安全委员会的要求，打开密封（印封）的车厢、集装箱、汽车、货舱和其他交通工具以及货物和商品，以便检查。在设有国家税务机关的分支机构的口岸，在其代表在场的情况下进行拆封。

（3）通知乘客抵达口岸和即将进行边防检查，限制旅客在车辆上的移动，并向哈萨克斯坦共和国国家安全委员会的代表告知旅客人数及其途中的行为。

2. 国家税务机关和其他机构，以及在口岸活动的运输企业的负责人，应通知哈萨克斯坦共和国国家安全委员会边防局以下信息：

（1）工作结束后还留下的工人；

（2）在口岸被解雇者或免职者的情况，并在他们被解雇、调动到另一个职位或工作地点，或出现其他情况后24小时内，上交收缴的通行证。

第37条　口岸的经济和其他活动

在口岸进行的经济和其他活动的种类清单由哈萨克斯坦共和国政府确定。

第38条　违反口岸制度

人员和交通工具不遵守本法规定的进入口岸、在口岸停留和移动，以及货物、商品不遵守运出口岸、在口岸停留和移动规则，均被视为违反口岸制度。

第5章　边境制度

第39条　边境地区

1. 哈萨克斯坦共和国政府在边境行政单位内设立一个边境地区，在该区域实行本法规定的边境制度。

2. 边境制度是指在边境地区制定的进入、临时停留、居住或行动规则，以及在边境地区进行社会政治、文化或其他活动的制度。

3. 边境制度的主要目标是通过创造保护国家边界的必要条件，确保边境地区的秩序。

4. 哈萨克斯坦共和国交通运输部在边境区域的入口处设置道路（信息）标志。

5. 在边境地区，按照哈萨克斯坦共和国法律规定的程序，为哈萨克斯坦共和国国家安全委员会边防局无偿划拨长期使用的土地，用于建造和维护工程技术设施和围栏、通信、口岸及其他国界基础设施。

6. 根据地方执法机构与哈萨克斯坦共和国国家安全委员会和哈萨克斯坦共和国内务部协商后提交的报告，确定列入边境地区的边境地段清单，哈萨克斯坦共和国政府在边境地区可以不实施或暂停实施某些制度限制。

7. 哈萨克斯坦共和国国家安全委员会边防局和哈萨克斯坦共和国内务部对边境制度的执行进行监督。

第40条　进入边境地区

1. 哈萨克斯坦共和国公民凭身份证件进入边境地区。

2. 外国人和无国籍人凭身份证件进入边境地区。

3. 如果外国人和无国籍人通过国际铁路和公路前往口岸以便离开哈萨克斯坦共和国，则凭身份证件进入边境地区。禁止此类人员改变路线。

第41条　在边境地区临时停留、居留和迁移

1. 在边境地区的人员，必须随身携带身份证件。

2. 通过简化程序进入哈萨克斯坦共和国的外国公民（邻国的边民），如果哈萨克斯坦共和国与邻国的国际条约有规定，则可以凭哈萨克斯坦共和国国家安全委员会边防局签发的身份证件和特别通行证在边境地区迁移。

3. 哈萨克斯坦共和国国家安全委员会边防局和哈萨克斯坦共和国内务部负责监督进入边境地区，以及在边境地区临时停留、居留和迁移，两个部门协商后确定进入边境地区的地点。

第 42 条 在边境地区开展社会政治、文化或其他活动

1. 在边境地区开展社会政治、文化或其他活动，须以任意的书面形式通知最近的哈萨克斯坦共和国国家安全委员会边防局部门。

2. 通知由计划活动的直接组织者提交，应当包含活动的性质、地点、时间和参加人数的信息。

3. 哈萨克斯坦共和国国家安全委员会边防局有权向地方执法机构或其他授权机构以及活动的直接组织者提出建议，以采取进一步措施，消除边境地区违法事件的根源和条件。

第 43 条 违反边境制度

不遵守本法规定的进入（过境）、临时停留或迁移规则，经济、渔业或其他活动规则，以及在边境地区进行社会政治、文化或其他活动的规则，即是违反边境制度。

第 6 章 领水（海）和内水制度

第 44 条 领水（海）和内水制度

1. 在领水（海）和内水范围实行领水（海）和内水制度，其中规定了：

—哈萨克斯坦小型自行式船只、非自行式（水上和水下）船只（设施）和冰上交通工具在领水（海）和内水的登记、维护、往返停泊点、在水面上停留的规则；

—哈萨克斯坦船只、外国船只和军舰、冰上交通工具在领水（海）和内水航行（运营）的规则；

—在领水（海）和内水进行渔业、研究、勘探或其他活动，包括保护大陆架天然矿物或生物资源的活动规则。

2. 领水（海）和内水制度，由本法和哈萨克斯坦共和国批准的国际条约确定。

3. 领水（海）和内水制度的主要目的是为保护国界创造必要的条件。

第 45 条 小型自行式船只、非自行式（水上和水下）船只（设施）和冰上交通工具的登记

1. 在哈萨克斯坦领水（海）和内水使用的小型自行式船只、非自行式（水上和水下）船只（设施）和冰上交通工具应当由哈萨克斯坦共和国国家安全委员会边防局进行登记。

2. 冰上船只和交通工具的登记，不适用于哈萨克斯坦共和国武装部队海军

和哈萨克斯坦共和国国家安全委员会边防局的军舰，也不适用于在领水（海）和内水执行任务的授权机构的哈萨克斯坦冰上小型船舶和交通工具，以及在相应的海港或河港已注册，并根据哈萨克斯坦共和国法律规定的程序，已进行国家注册的属于企业正在进行国际运输的小型船舶和冰上运输工具。

3. 公民临时乘坐哈萨克斯坦小型自行式船只、非自行式（水上和水下）船只（设施）和冰上交通工具，抵达哈萨克斯坦共和国国家安全委员会边境守卫的里海海岸、界河、界湖和其他水体岸边，这些交通工具应由哈萨克斯坦共和国国家安全委员会边防局临时登记。

第 46 条　小型自行式和非自行式（水上和水下）船只（设施）以及冰上交通工具的维护

1. 哈萨克斯坦小型自行式和非自行式（水上和水下）船只（车辆）以及冰上交通工具应当登记在相应的码头、泊位、停泊地或维持地点，并应有长期停泊位。

2. 哈萨克斯坦共和国国家安全委员会针对某些类型的哈萨克斯坦小型自行式和非自行式（水上和水下）船只（设施）以及冰上交通工具规定了不同的维护制度，在船主的登记文件上盖有特别印章。

3. 为了识别哈萨克斯坦小型自行式和非自行式（水上和水下）船只（设施）以及冰上交通工具，船主应在船首和船尾的侧面标注分配的注册号和文字。为了从空中识别船号，还必须在驾驶室上部标示，如果没有驾驶室，则在船头专门安装的平台上标示。

此要求适用于标准和非标准救生设备（小艇、救生圈、救生带）。

第 47 条　小型自行式、非自行式（水上和水下）船只（设施）和冰上交通工具的码头、泊位和停泊点

1. 哈萨克斯坦小型自行式和非自行式（水上和水下）船只（设施）以及冰上交通工具，在里海海岸、界河、界湖和其他水体岸边的码头、泊位和停泊点，应由企业与根据哈萨克斯坦共和国国家安全委员会边防局协定的结果安装设备。

2. 码头、泊位和停泊点应具有：

（1）禁止外人进入的围栏；

（2）水上和岸上小型自行式船只、非自行式（水上和水下）船只和冰上交通工具的固定装置，以及存放区域；

（3）用于存放悬挂式马达、帆和船桨的专门区域；

（4）守卫室;.

（5）与哈萨克斯坦共和国国家安全委员会边防局有关部门联系的通信设备。

3. 码头、泊位和停泊点的所有人——企业领导应确保码头、泊位和停泊点已安装设备，有人守卫，并有与哈萨克斯坦共和国国家安全委员会边防局的有关单位联系的通信工具。

第 48 条　进入领水（海）和内水的哈萨克斯坦的小型自行式和非自行式（水上和水下）船只以及冰上交通工具

1. 除非本法另有规定，否则哈萨克斯坦小型自行式和非自行式（水上和水

下）船只（设施）以及冰上交通工具凭哈萨克斯坦共和国国家安全委员会边防局签发的通行证，按哈萨克斯坦共和国政府规定的程序进入领水（海）和内水。

2. 自然人和法人在向哈萨克斯坦共和国国家安全委员会边防局提交获得通行证的材料时，应列出自行式和非自行式（水上和水下）船只（设施）以及冰上交通工具进入领水（海）和内水的目的、时间和路线（区域），上述交通工具的类型和注册号，以及注册地点。提交的材料必须与哈萨克斯坦共和国国家安全委员会地方部门和哈萨克斯坦共和国内务机构协商。

3. 哈萨克斯坦共和国国家安全委员会边防局在边境空间进行搜寻时，有权限制或暂时中止通行证的有效性，并通知国家和地方执法机构。

4. 哈萨克斯坦小型自行式和非自行式（水上和水下）船只（设施）以及冰上交通工具，仅允许在白天进入领水（海）和内水，并在天黑前返回其注册的码头、泊位、停泊点，除非对这些船只（设施）有其他的维护制度。

5. 其他授权机构的自行式和非自行式（水上和水下）船只（设施）以及冰上交通工具（哈萨克斯坦共和国武装部队的除外），在领水（海）和内水范围内执行任务，可在一天内的任何时间进入指定水域，在出海前，应通知哈萨克斯坦共和国国家安全委员会边防局。

6. 根据地方执法机构和企业与哈萨克斯坦共和国当地的国家安全委员会和内务部门协商后提交的意见，哈萨克斯坦共和国国家安全委员会每年应制定一份里海海岸暂停制度限制的地域清单，允许在哈萨克斯坦指定水域自由出海两英里，在指定水域航行和（或）经营哈萨克斯坦小型自行式（水上和水下）船只（设施）和冰上交通工具，供自然人和法人进行娱乐、旅游和体育活动。

7. 哈萨克斯坦共和国国家安全委员会边防局负责监督小型自行式和非自行式（水上和水下）船只（设施）以及冰上交通工具的登记、维护和进入及返回领水（海）和内水。

第 49 条 哈萨克斯坦自行式和非自行式（水上和水下）船只（设施）以及冰上交通工具在领水（海）和内水的航行（经营）制度

1. 在哈萨克斯坦领水（海）和内水航行和（或）经营的哈萨克斯坦自行式（水上和水下）船只和冰上交通工具，包括小型船只，仅允许在指定区域内航行，或按照既定航线，并配备导航水文设备。它们被禁止：

（1）超出允许或指定（确定）的区域，偏离既定航线，进入禁航区或暂时航行危险区，以及进入人工岛、设备或设施周围设立的安全区，如果在航路通告中宣布了该区域；

（2）停船，上下人员，卸载（装载）任何货物和商品，将任何漂浮物放下水或接上船，将任何飞行器包括无人机升空、降落或接收，除非本法和哈萨克斯坦共和国其他法律另有规定。

2. 哈萨克斯坦共和国国家安全委员会边防局的船只和快艇在领水（海）和内水允许夜间不开灯航行。在这种情况下，船只和快艇的指挥员必须采取措施，防止与其他船只（设施）相撞，造成其他紧急情况。

3. 在某些领水（海）地区，授权机构限制哈萨克斯坦自行式、非自行式（水上和水下）船只（设施）和冰上交通工具航行，包括小型船只，但应事先在航路通告中发出通知。

第 50 条　外国船舶和冰上交通工具、外国军舰的航行（经营）制度

1. 本法第 45、46、48、49、52 条的要求适用于在领水（海）和内水临时运营的外国自行式和非自行式（水上和水下）船舶（设施）以及冰上交通工具。

2. 外国自行式和非自行式（水上和水下）船舶（设施）以及穿越领水（海）的外国军舰，必须遵守公认的国际法、国际条约和哈萨克斯坦共和国法律。

3. 如果外国军舰违反哈萨克斯坦共和国在领水（海）航行的航行规则，哈萨克斯坦共和国国家安全委员会边防局和哈萨克斯坦共和国武装部队有权要求其立即离开领水（海）。

第 51 条　在领水（海）和内水开展捕鱼、研究、勘探或其他活动，包括保护大陆架矿物或生物资源的活动

1. 在领水（海）和内水进行捕鱼、研究、勘探或其他活动，包括保护大陆架矿物或生物资源的活动，不得损害哈萨克斯坦共和国的经济、环境、国防和其他安全，或有造成这种损害的威胁，也不得妨碍哈萨克斯坦共和国国家安全委员会边防局和其他授权机构执行任务。

2. 在向哈萨克斯坦共和国国家安全委员会边防局提交进入领水（海）的报告时，哈萨克斯坦共和国的国家机构和打算进行海洋科学研究和（或）勘探活动的组织，除本法第 48 条第 2 款所指的信息外，还必须提供有关以下方面的完整信息：

（1）项目的性质和目的；

（2）方法和使用的工具，包括船舶的名称、类型和等级，对科学设备的描述；

（3）进行项目所在地区的准确地理数据；

（4）科研船舶抵达和离开的日期，或在相关情况下，设备的放置和移走的日期；

（5）组织名称、领导或项目负责人的名字。

3. 应在工作开始前至少 10 个日历日，将即将在领水（海）进行的海洋科学研究和（或）勘查活动通知哈萨克斯坦共和国武装部队海军水文局。

4. 根据本法规定的制度进入领水（海）和内水，包括钓鱼爱好者、游客、运动员进行冰钓。

5. 与哈萨克斯坦共和国国家安全委员会共同行使权力的哈萨克斯坦共和国农业部和哈萨克斯坦共和国环境保护部、哈萨克斯坦共和国内务部及哈萨克斯坦共和国国防部负责监督在领水（海）和内水进行的捕鱼、研究、勘探或其他活动，包括旨在保护大陆架矿物或生物资源的活动。

第 52 条　违反领水（海）和内水制度

1. 违反本法规定的以下制度，被视为违反领水（海）和内水制度：

（1）在领水（海）和内水的哈萨克斯坦小型自行式船只、非自行式（水上

和水下）船只（设施）和冰上交通工具的登记、维护、进出停泊点、在水面上停留的制度；

（2）在领水（海）和内水、界河、界湖和其他水域进行捕鱼、研究、勘探或其他活动的制度。

2. 一旦发现与违反领水（海）和内水制度有关的违法行为，哈萨克斯坦共和国国家安全委员会边防局以及本章中指定的其他授权机构，应依照本法采取必要措施终止非法活动。

第7章　大陆架制度

第53条　大陆架制度

1. 在大陆架范围内，制定了大陆架制度，进行勘探和开发海床和底土的自然资源，建设和使用人工岛屿、装置和设施并对其保护和拆除，处置废物及其他材料，以及在大陆架上进行海洋科学研究的制度。

2. 大陆架制度，由哈萨克斯坦共和国法律和哈萨克斯坦共和国批准的国际条约确定。

3.（根据2016年4月25日哈萨克斯坦共和国第505-V号法律已删除）

4. 大陆架制度的主要目的，是确保与大陆架自然资源的勘探和开发有关活动制度的执行。

5. 对大陆架制度遵守情况的监督，由研究地下资源的授权机构和哈萨克斯坦共和国国家安全委员会边防局负责。

第54条　违反大陆架制度

1. 违反在大陆架上进行与进行海底和地下自然资源勘探和开发，建设和使用人工岛屿、装置和设施及其保存和拆除，处置废物和其他材料，以及进行海洋科学研究有关活动的规则，被认定为违反大陆架制度。

2. 一旦发现与违反大陆架制度有关的违法行为，研究地下资源的授权机构和哈萨克斯坦共和国国家安全委员会应根据本法采取必要措施，制止非法活动。

第8章　哈萨克斯坦共和国政府以及其他国家机构在保护国界方面的职权

第55条　哈萨克斯坦共和国政府的权限

哈萨克斯坦共和国政府负责：

（1）发布保护国界方面的规范性文件；

（2）确定建立国界基础设施的制度；

（3）确定国界分类的规则；

（4）确定边境地带、检疫地带和边境区域的范围；

（5）确立签发进入和在边境地带停留的通行证制度；

（6）确定起始线，以便计算哈萨克斯坦共和国里海领水（海）宽度以及地理点（指出基本大地测量数据），以便确定领水（海）的外部界线；

（7）对国界的某些地段实行时间限制或中止过境；

（8）做出设立检疫区的决定，在两个或两个以上的州实行检疫制度或取消检疫制度；

（9）确定口岸和服务基础设施的开放（关闭）、运行（作用）、分级、分类、安装设备的规则，以及口岸和服务基础设施的升级和组织工作要求；

（10）批准口岸清单；

（10.1）确定穿越国界的其他地点；

（10.2）经与哈萨克斯坦共和国国家安全委员会协商，确定不停靠而从哈萨克斯坦共和国过境的铁路运输工具在过境时免于边防、海关和其他检查的规则；

（10.3）确定运送旅客的铁路交通工具在途中进行边防、海关和其他检查的规则；

（11）制定从国界到口岸的国际铁路和公路段的标识和装备要求、行车规则，以及对位于国界上的边境合作国际中心周边哈萨克斯坦部分设备的要求；

（12）制定在领水（海）、内水和大陆架上进行捕鱼活动的哈萨克斯坦船只多次越过国界许可证的签发制度，许可证的空间和时间限制，以及对上述船舶进行检查的制度；

采矿作业的许可证发放制度，许可证有效性的空间和时间限制，以及对上述船舶和飞机进行检查的制度；

（13）根据当地执法机构与哈萨克斯坦共和国国家安全委员会和哈萨克斯坦共和国内务部协商后提交的报告，确定边境地区内可以不执行或暂停执行的边境制度中个别限制的区域清单；

（14）确定在口岸进行经营和其他各类活动的清单；

（15）确定界标的形状、尺寸、描述、结构和安装程序；

（16）领水（海）的海上走廊和航道的划分方案；

（17）（根据2017年6月13日哈萨克斯坦共和国第69-VI号法律已删除）

（18）批准边防空间内吸引公民保护国界的规则；

（19）行使《哈萨克斯坦共和国宪法》和哈萨克斯坦共和国总统法令规定的其他职权。

第56条 哈萨克斯坦共和国国家安全委员会的职权

哈萨克斯坦共和国国家安全委员会：

（1）领导哈萨克斯坦共和国国家安全委员会边防局；

（2）在自己职权范围内保护和守卫陆地、领水（海）和内水、大陆架和口岸的国界，保护个人、社会和国家在国界的利益；

（3）在自己职权范围内组织并保障针对哈萨克斯坦共和国边境安全的情报、反情报和侦搜活动；

（4）制定和通过规范哈萨克斯坦共和国国家安全委员会边防局在组织和实施国界保护和保卫方面的规范性法令；

（5）参与国界的划界、标界和重立界标，准备必要的文件和材料，以制定国界制度；

（6）组织和指导边防代表的活动；

（7）对边境地区和国际交通道路上的政治、社会经济和犯罪情况进行分析和预测；

（8）根据哈萨克斯坦共和国的刑事诉讼法和哈萨克斯坦共和国的行政处罚法，对刑事犯罪案件进行审前调查，对属于其管辖范围的行政犯罪案件进行诉讼，参与查明违法情况和核实在边境地区被拘留的人员；

（9）批准哈萨克斯坦共和国国界守卫条例；

（10）批准哈萨克斯坦共和国口岸国界守卫条例；

（11）批准哈萨克斯坦共和国国家安全委员会边防局部队经济条例；

（12）批准哈萨克斯坦共和国国家安全委员会边防局规划条例；

（13）批准哈萨克斯坦共和国国家安全委员会边防局部队直接执行保护哈萨克斯坦共和国国界任务的值勤人员和设备条例；

（14）批准哈萨克斯坦共和国国家安全委员会边防局边防执勤组组长条例；

（15）批准组织哈萨克斯坦共和国国家安全委员会边防局勤务战斗的道德心理保障组织条例；

（16）批准哈萨克斯坦共和国国家安全委员会边防局管理机关条例；

（17）批准守卫哈萨克斯坦共和国国界战斗支援条例；

（18）（根据 2020 年 11 月 16 日哈萨克斯坦共和国第 375-VI 号法律已删除）

（19）批准哈萨克斯坦共和国国界守卫技术手段使用规则；

（20）批准哈萨克斯坦共和国国家安全委员会边防局工程技术设施状况评估细则；

（21）批准哈萨克斯坦共和国国家安全委员会机关、军事单位、特种院校和内设机构的火箭炮兵武器和弹药保障、组织、使用和登记规则；

（22）批准哈萨克斯坦共和国国家安全委员会边防局关于维修、保养和使用火箭炮兵武器的备件、工具、配件、口径设备、清洁和润滑材料及其他材料的库存和消耗标准；

（23）批准哈萨克斯坦共和国国家安全机构中导弹炮兵武器的分类规则；

（24）批准哈萨克斯坦共和国国家安全机构弹药和反坦克制导导弹分级细则；

（25）批准在哈萨克斯坦共和国国家安全机构中建立子弹弹壳馆的规则；

（26）批准哈萨克斯坦共和国国家安全委员会边防局汽车修理条例；

（27）批准哈萨克斯坦共和国国家安全机构保密设施的综合安全系统安装和设备要求；

（28）批准被行政拘留人员在特种关押室的羁押规则；

（29）批准哈萨克斯坦共和国国家安全机构保密设施和火炮装备存放地的守卫和消防安全规则；

（30）批准哈萨克斯坦共和国国家安全委员会边防局的粮食供应规则；

（31）批准哈萨克斯坦共和国国家安全委员会特种军事院校的教学和出版规则；

（32）批准哈萨克斯坦共和国国家安全委员会边防局的被服供应规则；

（33）批准哈萨克斯坦共和国国家安全委员会边防局的油料供应规则；

（34）批准哈萨克斯坦共和国国家安全委员会边防局的兽医保障规则；

（35）批准哈萨克斯坦共和国国家安全委员会边防局的住宅使用规则；

（36）批准哈萨克斯坦共和国国家安全机构在守卫国界、大陆架和领水（海）时使用航空兵的规则；

（36.1）根据哈萨克斯坦共和国关于使用空域和航空活动的立法要求，批准哈萨克斯坦共和国国家安全委员会边防局无人驾驶飞行器的使用规则；

（37）批准在哈萨克斯坦共和国海上、河流和其他水域使用边防船和快艇的规则；

（37.1）根据哈萨克斯坦共和国国防工业和国家国防订单的立法，批准哈萨克斯坦共和国国家安全委员会边防局代表就边防舰艇、快艇、船舶的技术等文件的准备和协商，检查其生产并验收的活动规则；

（38）批准哈萨克斯坦共和国国家安全委员会边防局警犬服役和跟踪追捕规则；

（39）批准哈萨克斯坦共和国边防代表活动组织规则；

（40）批准哈萨克斯坦共和国国家安全委员会边防局饲养和使用马匹的规则；

（41）批准哈萨克斯坦共和国国界守卫工程保障规则；

（42）与哈萨克斯坦共和国国家税务机关和实施交通领域国家政策的中央权力机构协商后，批准在口岸和其他过境地点组织人员、交通工具、货物和商品穿越国界的标准方案；

（42.1）与内务部一起批准内务机构与国家安全机构在保障国界与欧亚经济联盟海关边界完全或部分重合的经济特区境内安全和法律秩序问题上的协作规则；

（43）在征召公民服兵役期间参加征兵委员会的工作；

（44）根据哈萨克斯坦共和国地方军事管理机构提供的综合数据，根据哈萨克斯坦共和国国家安全委员会边防局的需要，监督和挑选义务兵；

（45）行使哈萨克斯坦共和国法律和哈萨克斯坦共和国总统所规定的其他权力。

第 57 条　哈萨克斯坦共和国国家税收机关的权限

哈萨克斯坦共和国国家税收机关：

（1）组织并采取措施，保护国界上的个人、社会和国家的经济和其他利益；

（2）在其职权范围内，负责组织海关和其他检查，为哈萨克斯坦共和国进口和出口车辆、货物和商品签发许可文件；

（3）根据本法和哈萨克斯坦共和国法律法规，协助哈萨克斯坦共和国国家安全委员会边防局保卫国界；

（4）向哈萨克斯坦共和国国家安全委员会边防局通报口岸制度执行情况和属于其职权范围的其他信息；

（5）（根据 2014 年 11 月 10 日哈萨克斯坦共和国第 249-V 号法律已删除）

（6）维护口岸的工程技术设施、围墙和通信设施，并确保所使用的设备完好并能使用；

（7）履行哈萨克斯坦共和国法律、哈萨克斯坦共和国总统法令和哈萨克斯坦共和国政府规定的其他职责。

第 58 条 哈萨克斯坦共和国外交部的权限

哈萨克斯坦共和国外交部：

（1）协调哈萨克斯坦共和国各国家机构在划界、标界和重立界标问题上的活动，参与签署国界制度条约的谈判；

（2）对保护国家边界进行对外政策和国际法支持；

（3）在其职权范围内，为哈萨克斯坦共和国公民、外国公民和无国籍人签发进入和离开哈萨克斯坦共和国的文件；

（4）通知哈萨克斯坦共和国国家安全委员会边防局关于外国针对哈萨克斯坦共和国边防政策和签证政策的变化，穿越其他国家边界的程序的变化，与邻国进行的国界划界、立界标或重立界标；

（5）通过外交手段和方法，解决哈萨克斯坦共和国国家安全委员会边防局边界代表未能解决的遵守国界制度的问题和边境事件；

（6）向外交代表处和领事机构的工作人员，以及派驻哈萨克斯坦共和国的国际组织的同等代表处发放通行证，供其进入进行边防检查和其他种类检查的口岸内场所和其他地点；

（7）与邻国交换边防代表名单；

（8）在进行保护国家边界的国际活动时，做出将授权机构的官员派到国外的决定；

（9）履行哈萨克斯坦共和国法律、哈萨克斯坦共和国总统法令和哈萨克斯坦共和国政府规定的其他权限。

第 59 条 哈萨克斯坦共和国内务部的权限

哈萨克斯坦共和国内务部：

（1）独立或与哈萨克斯坦共和国国家安全委员会边防局合作，对边境地区人员的入境、临时居留、居住和迁移进行监督；

（2）确定向在边境地区永久居住的哈萨克斯坦共和国公民、外国公民和无国籍人签发边民证的程序，并发放边民证；

（3）在边境地区和边境地带开展社会政治、文化和其他活动时，确保公共秩序；

（4）向哈萨克斯坦共和国国家安全委员会边防局通报边境地区的治安状况，在未知情况下离开居住地的人、犯罪团伙和对国界及哈萨克斯坦国家安全委员会边防局有非法意图的人；

（5）协助哈萨克斯坦共和国国家安全委员会追查侵犯国家边界的人和其他违法者，并查明和核实违法情况；

（6）确保内务机构的兵力和装备在哈萨克斯坦共和国本法和其他法律规定的情况下，以规定的程序参与保卫国家边界；

（7）根据哈萨克斯坦共和国国家安全委员会边防局的建议，暂时限制或禁止哈萨克斯坦共和国公民、外国人和无国籍人进入边防空间的某些区域或设施；

（8）根据哈萨克斯坦共和国刑事诉讼法，在内务机构的看守所和拘留所羁押哈萨克斯坦共和国国家安全委员会边防局拘留的人员；

（9）独立或与哈萨克斯坦共和国国家安全委员会合作，参与哈萨克斯坦共和国居民的法律教育，预防边境地区的违法行为；

（10）履行哈萨克斯坦共和国法律、哈萨克斯坦共和国总统法令和哈萨克斯坦共和国政府规定的其他权限。

第 60 条　运输和通信领域授权机构的权限

运输和通信领域的授权机构：

（1）在其职权范围内，在哈萨克斯坦共和国国家边界建设航空、铁路、海运（河运）和公路口岸的基础设施；

（2）在边境区域的入口处安装道路（信息）标志；

（3）履行哈萨克斯坦共和国法律规定的其他权限。

第 61 条　中央土地管理授权机构的权限

中央土地管理授权机构：

（1）在其权限范围内，监督在制图资料上标示国家边界，确保界标的大地测量；

（2）履行哈萨克斯坦共和国法律、哈萨克斯坦共和国总统法令和哈萨克斯坦共和国政府规定的其他权限。

第 62 条　哈萨克斯坦共和国当地执法机构和其他国家机构的权限

1. 哈萨克斯坦共和国当地执法机构：

（1）在其职权范围内发布旨在创造条件保护国家边界的法律法规；

（2）向哈萨克斯坦共和国国家安全委员会边防局通报与边界局势有关的问题；

（3）根据哈萨克斯坦共和国法律，提供土地用于保卫和守卫国家边界；

（4）向保卫国家边界的授权机构提供援助，审议和执行它们的建议和哈萨克斯坦共和国立法规定的其他法令；

（4.1）组织登记、保管、评估和继续使用哈萨克斯坦共和国国家安全委员会边防局在阻止边境违法行为时没收的财产，并按照哈萨克斯坦共和国法律规定的程序确定无主财产；

（5）为了迅速解决哈萨克斯坦共和国国界安全问题任命负责的官员，并组织边境地区（城市）地方政府内建立的边界问题协调委员会的活动，赋予其协调（在自己地域）机构、组织、社会团体和公民完成本法和其他保卫国界方面法律法规要求的权力；

（6）为公民自愿参与保卫国家边界创造条件；

（7）为了国家管理，履行哈萨克斯坦共和国法律赋予当地执法机构的其他权限。

（7.1）碳氢化合物领域的授权机构，制定哈萨克斯坦与外国船只和哈萨克斯坦飞机多次穿越国界从事矿产利用和保障矿产利用作业的许可证发放制度，制定许可证的空间和时间限制，以及监督以上船只和飞机的制度。

2. 哈萨克斯坦共和国的其他国家机构，在其职权范围内协助哈萨克斯坦共和国国家安全委员会和哈萨克斯坦共和国武装部队保卫国家边界。

第 63 条　参与保卫国家边界授权机构的协作

1. 本法第 56 至 62 条规定的授权机构，在执行保卫国家边界的任务时，应相互配合，执行联合行动，相互通报自己所管辖的事项。

2. 哈萨克斯坦共和国国家安全委员会边防局、哈萨克斯坦共和国国防部：

（1）直接在国境上组织自己的部队与参加保卫国境或从事保护国境利益的授权机构协作；

（2）与外国相应国家机构进行协作。

第 9 章　哈萨克斯坦共和国国家安全委员会边防局

第 64 条　哈萨克斯坦共和国国家安全委员会边防局

1. 哈萨克斯坦共和国国家安全委员会边防局是陆地、领水（海）和内水（包括水下）保卫和守卫国家边界的授权机构，确保国家边界的完整性和不可侵犯，维护边防空间的法律和制度；

2. 哈萨克斯坦共和国国家安全委员会边防局有旗帜，包括海军旗帜，以及哈萨克斯坦共和国武装部队使用的识别标志，部队有规定式样的战旗。

3. 哈萨克斯坦共和国国家安全委员会边防局的任务是：

（1）确保国界制度和口岸制度；

（2）履行哈萨克斯坦共和国有关国界的国际条约规定的义务，参与划界、标界和重立界标；

（3）参与完成哈萨克斯坦共和国国防和国家安全的任务；

（4）参与保护哈萨克斯坦共和国在国家边界和大陆架上的经济利益；

（5）独自或与授权机构共同监督边境地区、领水（海）、内水和大陆架既定制度的遵守情况；

（6）协助哈萨克斯坦共和国执法机构、环保机构保护公民、自然资源和环境，并遵守哈萨克斯坦共和国在边境地区的移民法。

4. 哈萨克斯坦共和国国家安全委员会边防局可根据哈萨克斯坦共和国的其他法律和哈萨克斯坦共和国总统的法令执行其他任务。

第 65 条　哈萨克斯坦共和国国家安全委员会边防局的活动

1. 哈萨克斯坦共和国国家安全委员会边防局，根据哈萨克斯坦共和国的国际条约和立法，在国家边界、边境地区和执行保护驻外机构安全任务时，开展活动。

2. 哈萨克斯坦共和国国家安全委员会边防局，由哈萨克斯坦共和国国家安全委员会副主席兼边防局局长领导，该职位根据哈萨克斯坦共和国法律由哈萨克斯坦共和国总统任命或免职。

3. 哈萨克斯坦共和国国家安全委员会边防局的结构、边防局局长的权限和边防局的活动限制，由哈萨克斯坦共和国总统法令批准的哈萨克斯坦共和国国家安全委员会边防局条例调节。

第 66 条　哈萨克斯坦共和国国家安全委员会边防局的职责

在保卫和守卫国家边界时，哈萨克斯坦共和国国家安全委员会边防局有义务：

（1）制止任何企图改变国家边界走向、侵占哈萨克斯坦领土的企图。

（2）在其职权范围内参与完成哈萨克斯坦共和国防御任务，以及确保紧急状态或戒严制度。

（3）击退对哈萨克斯坦共和国领土的武装入侵，制止在国家边界的武装和其他挑衅行为，保护人民、国家和私人财产不受犯罪侵害。

（4）预防和制止人员和车辆在指定口岸或其他过境地点外非法越过国界，以及在口岸或其他过境地点非法穿越国界，查明和拘留违反国家边界制度的人员和其他在边境地区的违法者。

（5）在持有正式办理的文件时，按规定的程序对人员、车辆、货物和商品放行。

（6）确保国界制度和口岸制度的执行。

（7）独自或与授权机构共同监督国家边界制度、领水（海）和内水制度、大陆架制度的遵守情况，组织进入边境地区检查站的勤务人员。

（8）在其职权范围内预防犯罪。

（9）检查过境人员的出入境证件，并做相应的标记，临时没收此类文件，以及没收无效证件。

（9.1）在通过国界时，根据指纹信息进行身份确认。

（10）限制根据哈萨克斯坦共和国法律不允许进入哈萨克斯坦共和国的外国公民和无国籍人入境，限制拒绝接受使用指纹确认身份者入境，以及在哈萨克斯坦共和国法律规定的期限内，未履行法院判决和授权机构罚款决定的外国公民和无国籍人入境。

（11）在确定身份之前，不放行哈萨克斯坦共和国公民和其他在国外或在哈萨克斯坦共和国逗留期间丢失身份证件的人员，将他们留在口岸和其他过境地点。

（12）根据哈萨克斯坦共和国法律对个人进行拘留和人身检查。

（13）拦截、检查和扣留在边境地区违反既定制度的车辆，将车辆运送（押运）到哈萨克斯坦共和国国家安全委员会边防局，以查明违法情况。

（14）单独或与授权机构一起扣留和没收经国界运输的爆炸物、毒药、放射性物品、麻醉品、武器、弹药和其他禁止进入或运出哈萨克斯坦共和国的货物和商品，以及走私的货物和商品。

（15）协助哈萨克斯坦共和国武装部队在领空保护国家边界。

（16）协助哈萨克斯坦共和国执法和环保机构保护边境地区的公民、自然资源和环境。

（17）根据动物世界保护、繁殖和使用领域国家授权机构的建议，同时考虑到野生动物的迁徙路线，建造哈萨克斯坦共和国国家安全委员会边防局的工程技术设备、设施和围栏。

（17.1）确保边境地区的通信线路安全。

（18）监督穿越水下国界的情况。

（19）在出现非法越境或有非法越境威胁时，利用现有手段识别（分类）领水（海）和内水内，以及内水外直到外国国界的水下物体。

（20）为保护国家边界，在水下开展反潜和反破坏活动。

（21）根据哈萨克斯坦共和国行政处罚法，对归其管辖的行政违法案件进行提交并审理。

（22）根据哈萨克斯坦共和国的刑事诉讼法，对归其管辖的刑事犯罪进行审前调查。

（23）对驻外机构进行人身保护，人身保护的组织和实施程序由哈萨克斯坦共和国国家安全委员会主席与哈萨克斯坦共和国外交部和对外情报机构协调确定。

暂时调到哈萨克斯坦共和国外交部的哈萨克斯坦共和国国家安全委员会边防局军人对驻外机构进行人身保护。

提供人身保护的哈萨克斯坦共和国驻外机构名单，由哈萨克斯坦共和国政府确定。

（24）履行本法、哈萨克斯坦共和国其他法律和哈萨克斯坦共和国总统法令规定的其他职责。

第67条　哈萨克斯坦共和国国家安全委员会边防局的权限

1. 在边境区域内，哈萨克斯坦共和国国家安全委员会边防局有权：

（1）安装、建造和设立必要的工程技术设备、设施和栅栏；

（2）进行通信建设，对武器和军事装备进行技术维护、维修和改造，部署和使用车辆和武器；

（3）为了与邻国确立国界制度而参与国界的划定、标界和重立界标，制定必要的文件和材料；

（4）处于任何（有边防巡逻）地形的区域，包括在特别保护区和自然保护区内，以及在这些区域执行公务时，要求土地所有者（租户）划出区域供边防巡逻人员通行、放置设备并维护穿越护栏或穿越其他障碍物的通道保持完好；

（5）开展反情报和侦搜活动，以及开展边防政策和保护国家边界、领水（海）和大陆架方面的情报活动，并根据哈萨克斯坦共和国法律采取措施确保其自身安全；

（6）在其职权范围内，协调授权机构和组织在实施边防政策和确保哈萨克斯坦共和国国界安全方面的活动，组织其部队与参加国家边界保卫或涉及保护国界利益的授权机构的协作；

（7）向国家机构、社会团体、组织提交具有约束力的关于消除边境地区犯罪根源，或妨碍哈萨克斯坦共和国国家安全委员会边防部门活动条件的呈文；

（8）根据公认的国际法原则和准则，以及哈萨克斯坦共和国批准的国际条约，就保卫国界与外国边防机构组织开展协作；

（9）直接指导哈萨克斯坦共和国边防代表的工作；

（10）就维持国家边界制度，解决边境事件，交流信息问题，与邻国边防代表保持通信联系，以及按照本法规定的程序商谈邀请邻国代表前往哈萨克斯坦共和国或前往邻国进行国家边界问题的谈判；

（11）向授权机构、组织和社会团体询问并无偿获取履行职责所需的信息；

（11.1）根据哈萨克斯坦共和国法律，接收和使用内务机关指纹信息数据库中的指纹信息；

（12）根据自愿原则招收公民组成自愿护边队等形式，作为哈萨克斯坦共和国国家安全委员会边防局的编外人员，鼓励在护边方面表现突出的公民和符合要求的人员，推荐他们进入哈萨克斯坦共和国国家安全机构的军校或特殊教育机构；

（13）参与哈萨克斯坦共和国居民的法律教育，采取预防措施防止边境地区的犯罪，利用大众媒体向居民通报违法情况，搜索罪犯等；

（14）根据本法使用武器和军事装备、特殊手段、服役动物和武力；

（15）审查边境地区违法案件或策划违法活动的报告，记录并针对其采取相应措施；

（16）建立和使用特殊的登记和信息系统，确保完成保护国家边界的任务；

（17）在国家边境保护领域进行基础和应用研究；

（18）确定参与保卫国家边界军人制服和装备的形式；

（19）按规定的程序与国家税务机关共同对通关运输的交通工具、货物和商品进行检查；

（20）押运交通工具车辆，并部署边防巡逻；

（21）根据与哈萨克斯坦共和国国防部和哈萨克斯坦共和国内务部联合决议确定的方式加强对国家边界的保护时，使用其划拨的力量和装备；

（22）在追捕罪犯时，可在一天的任何时间不受阻碍地（如有必要，损坏关闭装置）进入公民的房屋和无人居住的房屋、土地和房舍，并对它们进行检查（随后在24小时内通知有关检察官）；

（23）在进行边境搜查行动和其他搜查行动时，可自行设立检查站，暂时限制或禁止人员和车辆通行，防止公民进入某些区域，迫使他们留在或离开这些地点，以保护人身健康和生命；

（24）在出现对哈萨克斯坦共和国的安全构成威胁时，应临时限制边境地带的各种作业并通知哈萨克斯坦共和国当地执法部门和其他授权机构，国防工程和哈萨克斯坦共和国履行国际义务和消除自然和人为紧急情况后果的工作除外；

（25）为公务使用通信工具，在反击对哈萨克斯坦共和国领土的武装入侵、阻止大规模非法越境和在国界上的其他挑衅、进行搜捕活动、运送犯罪嫌疑人时，使用组织的交通工具，在必要时也可使用公民的车辆，然后根据哈萨克斯坦共和国法律，向车主支付费用或赔偿损失；

（26）禁止外国非军事船只穿越国界、领水（海）和内水航行，或在哈萨克斯坦港口停泊期间人员违法上岸和留在岸上；

（27）要求公民遵守国界秩序，阻止妨碍哈萨克斯坦共和国国家安全委员会边防局活动的非法行为，如果不遵守这些要求，则根据哈萨克斯坦共和国法律采取适当措施；

（28）在哈萨克斯坦共和国国家安全委员会边防局专门设立用于行政拘留人员的地方，关押违反国界制度的人员；

（29）根据哈萨克斯坦共和国刑事诉讼法，将行政拘留人员安置在看守所、拘留所和专门关押的地点；

（30）邀请相关人员到哈萨克斯坦共和国国家安全委员会边防局，向他们了解边境地区违反制度的情况；

（31）（根据 2014 年 11 月 10 日哈萨克斯坦共和国第 249-V 号法律已删除）

（32）维护口岸的工程技术设施、护栏、通信设施，并确保所用设备的运行和安全；

（33）在口岸和其他没有国家税收机构的过境处进行辐射检查，使用自动或手动辐射检查技术；

（34）组织使用含有放射性物质的检查设施，并检查国家安全机构在使用放射性物质、含有放射性物质或产生电离辐射的仪器或器械时的辐射安全；

（35）行使哈萨克斯坦共和国法律和哈萨克斯坦共和国总统法令规定的其他职权。

2. 此外，在领水（海）和内水，界河、界湖和其他水体的哈萨克斯坦水域部分，哈萨克斯坦共和国国家安全委员会边防局针对哈萨克斯坦和外国（水上和水下）船舶、冰上交通工具有权：

（1）如果船舶不回应询问信号、在禁航区域、违反哈萨克斯坦共和国水域进入、航行和停留制度，则被阻截并进行检查。对船舶的检查包括检查船舶文件和领航文件、船员和乘客的文件、货物文件，并在必要时检查船舱。根据对船舶的检查结果，可以允许其在哈萨克斯坦共和国水域继续航行（停留）并遵守既定规则，或要求其离开哈萨克斯坦共和国水域，或根据哈萨克斯坦共和国的刑事诉讼法或行政处罚法予以拘留。

（2）根据哈萨克斯坦共和国法律，拘留有刑事或行政责任的人员，将其移交调查和侦查机构或有关机构，除非哈萨克斯坦共和国批准的国际条约另有规定。

（3）在领水（海）之外追捕和扣留违反国际条约或哈萨克斯坦共和国立法

的船只（冰上交通工具）直至其进入本国或第三国领水，如果追捕是在哈萨克斯坦共和国水域发出可视或可闻停船信号（从他们可以看到或听到这个信号的距离）并持续进行的。

3. 哈萨克斯坦共和国国家安全委员会边防局在守卫水下国界时，有权：

（1）按照哈萨克斯坦共和国法律规定的程序，利用其他授权机构的部队和装备，以查明领水（海）和内水的水下环境；

（2）如果在领水（海）和内水发现水下物体，询问其进入该水域的目的，要求其改变航向，建议其浮上水面，展示国旗，截停并对其进行检查，采取其他措施预防或阻止所发现水下物体的行动；

（3）根据哈萨克斯坦共和国法律，拘留有刑事或行政责任的人员，将其移交调查和侦查机构或有关机构，除非哈萨克斯坦共和国批准的国际条约另有规定；

（4）扣留违反国家边界和（或）在领水（海）和内水航行的水下工具，将其运送（押运）到哈萨克斯坦共和国港口、其他地点，以查明违法情况，并将水下工具移交给调查和侦查机构；

（5）根据哈萨克斯坦共和国法律使用武器和军事装备。

4. 哈萨克斯坦共和国国家安全委员会边防局在哈萨克斯坦共和国境内进行边境搜查和行动时，可以在国界空间之外行使赋予它的权力。

5. 在执行保护国家边界的公务时，哈萨克斯坦共和国国家安全机构和哈萨克斯坦共和国武装部队使用的船舶、快艇、飞机和直升机（其他飞行器）有权：

（1）使用哈萨克斯坦共和国的水域和空域、海河港口、机场（着陆点），不管其隶属关系和用途；

（2）获取导航、气象、水文和其他信息；

（3）飞行的空港（机场）保障和领航服务。

在这种情况下，根据哈萨克斯坦共和国法律，提供本款第（1）项规定的服务费用，由预算支付。这些服务的提供无须预先付款。

6. 哈萨克斯坦共和国国家安全委员会边防局的军事人员，在对驻外机构进行人身保护时，有权根据哈萨克斯坦共和国法律规定的方式，运输、携带、储存和使用武器、特殊工具、警犬和武力。

第 67.1 条　边境空间内通信线路的建设

哈萨克斯坦共和国国家安全委员会授权部门有权在边境空间内建设通信线路。

第 68 条　哈萨克斯坦共和国国家安全委员会边防局干部在哈萨克斯坦共和国国家安全委员会边防局服兵役的特点

1. 哈萨克斯坦共和国国家安全委员会边防局的干部包括军事人员（义务兵、合同兵）和工作人员。

在哈萨克斯坦共和国国家安全委员会边防局服兵役，由哈萨克斯坦共和国法律确定的方式进行。

哈萨克斯坦共和国国家安全委员会边防局干部的培训、进修和研修，在哈萨克斯坦共和国的军事院校、特殊教育机构以及哈萨克斯坦共和国的其他教育机构进行，根据国际条约也在外国教育机构进行。

2. 哈萨克斯坦共和国国家安全委员会边防局，根据哈萨克斯坦共和国法律，征召具有相应身体和道德心理素质的哈萨克斯坦共和国公民入伍。

哈萨克斯坦共和国国家安全委员会边防局选拔、考察和征召哈萨克斯坦共和国公民入伍的特点，由哈萨克斯坦共和国政府批准的哈萨克斯坦共和国公民应征入伍的组织和实施规则确定。

3. 哈萨克斯坦共和国国家安全委员会边防局的军人在执行公务时，是国家政权的代表，受到国家的保护。除了哈萨克斯坦共和国法律明确授权的人员外，任何人都无权干涉哈萨克斯坦共和国国家安全委员会边防局的公务活动。

在边境巡逻中的保卫和守卫哈萨克斯坦共和国国界的执勤，以及对驻外机构的人身保护是战斗值班（战斗勤务）。

4. 哈萨克斯坦共和国全境的哈萨克斯坦共和国国家安全委员会边防局的军人，无论其职务高低，无论何时，所处何地，如果有公民向他报告威胁国界安全的事件，或直接发现了这些事件，其有义务：

（1）采取可行措施来制止违法行为，确定并拘留违法的公民，保护现场；

（2）向哈萨克斯坦共和国国家安全委员会边防局最近的部门报告。

5. 哈萨克斯坦共和国国家安全委员会边防局工作人员的劳动活动受《哈萨克斯坦共和国劳动法》和《哈萨克斯坦共和国公务员法》调节。

第 68.1 条 哈萨克斯坦共和国国家安全委员会边防局石油产品供应特点

哈萨克斯坦共和国国家安全委员会边防局向哈萨克斯坦共和国政府确定的统一石油产品供应商采购石油产品。

第 10 章　哈萨克斯坦共和国武装部队的权限

第 69 条 哈萨克斯坦共和国武装部队的权限

哈萨克斯坦共和国的武装部队：

（1）组织和守卫空中国界；

（2）根据本法、哈萨克斯坦共和国的其他法律，参与保卫陆地、领水（海）和内水以及水下的国界；

（3）在其权限范围内，参与解决与违反国界制度有关的事件，并召集其他授权机构参与；

（4）拟订在领水（海）内建立海上走廊和分道通航线路的建议；

（5）根据哈萨克斯坦共和国的法律，吸收授权机构的力量和装备完成保护国界的活动；

（6）根据哈萨克斯坦共和国的法律，协助哈萨克斯坦共和国国家安全委员会边防局保卫国界；

（7）行使哈萨克斯坦共和国法律、哈萨克斯坦共和国总统法令和哈萨克斯坦坦共和国政府规定的其他职权。

第 70 条　哈萨克斯坦共和国武装部队的防空部队的职能

1. 哈萨克斯坦共和国武装部队的防空部队在守卫领空国界时：

（1）监督遵守过境规则的情况；

（2）利用现有装备识别哈萨克斯坦共和国领空的飞机，在出现非法越境威胁或非法越境时，识别哈萨克斯坦共和国领水（海）以外直至外国边界的飞机；

（3）阻止非法越境和（或）违反哈萨克斯坦共和国领空使用制度的飞机，并采取措施使其迫降在哈萨克斯坦共和国境内；

（4）如果机组人员非故意非法越境，通过恢复其航向、引入机场、在哈萨克斯坦共和国境内降落，或引离哈萨克斯坦共和国领空而协助非法越境的飞机。

2. 哈萨克斯坦共和国武装部队的防空部队有权：

（1）根据哈萨克斯坦共和国法律，利用其他授权机构的力量和装备查明哈萨克斯坦共和国领空的状况；

（2）在出现非法越境威胁或发生在空中非法越境时，禁止或限制在哈萨克斯坦共和国某些领空的飞机飞行；

（3）要求飞机提供进入哈萨克斯坦共和国领空的目的或偏离飞行计划的原因；

（4）如果机组人员非故意非法越境，通过恢复其航向、引入航空港或机场、在哈萨克斯坦共和国境内降落，或引离哈萨克斯坦共和国领空而协助非法越境的飞机，如果飞机正前往禁止或暂时危险的区域飞行，建议其更改航向；

（5）采取措施预防或制止非法越境，必要时要求机组人员在指定地点降落，包括强制降落；

（6）邀请非法越境和（或）违反哈萨克斯坦共和国领空使用规则的机组人员（在哈萨克斯坦共和国境内降落后）到哈萨克斯坦共和国国防部的部队以查明违法情况；

（7）根据哈萨克斯坦共和国法律拘留违法并应承担刑事或行政责任的人员，将其移交调查和侦查机构或相关部门；

（8）根据哈萨克斯坦共和国法律使用武器和军事装备；

（9）行使哈萨克斯坦共和国法律、哈萨克斯坦共和国总统法令和哈萨克斯坦共和国政府规定的其他职权。

第 71 条　哈萨克斯坦共和国武装部队海军在保卫国界方面的职权

哈萨克斯坦共和国武装部队海军在保卫国界时：

（1）参与监督水下过境情况；

（2）协助哈萨克斯坦共和国国家安全委员会边防局实施反潜防御，包括为哈萨克斯坦共和国安全预防水下破坏活动；

（3）行使哈萨克斯坦共和国法律、哈萨克斯坦共和国总统法令和哈萨克斯坦共和国政府规定的其他职权。

第11章　在保卫国界时使用武器和军事装备、特殊设备、服役动物和武力

第72条　使用武器和军事装备、特殊设备、服役动物和武力的条件和限制

1. 哈萨克斯坦共和国国家安全委员会边防局、哈萨克斯坦共和国武装部队军人在边境空间内，有权携带、保存、使用武器和特殊设备，也可以使用军事装备、服役动物和武力。

2. 哈萨克斯坦共和国国家安全委员会边防局的军人，必须接受特别培训，并接受年度测试，以检查其是否适合在使用武器和军事装备、特殊设备、服役动物和武力有关的条件下行动。

3. 哈萨克斯坦共和国国家安全委员会边防局和哈萨克斯坦共和国武装部队的军人，在保卫国界时，如果出于必要的防御和极端情况，或拘捕违法人员时，在没有常规武器和特殊装备或无法使用这些武器时，有权使用任何手头的工具。

4. 如果哈萨克斯坦共和国国家安全委员会边防局参与哈萨克斯坦共和国专门的国家机构和执法机构开展的活动，须根据哈萨克斯坦共和国约束活动发起机构的法律法规使用武器和军事装备、特殊设备、服役动物和武力。

5. 禁止对妇女、有明显残疾迹象的人员和未成年人使用武器和军事装备、特殊设备、服役动物和武力，除非对公民、军人的健康和生命构成现实威胁，以及他们进行武装或集体攻击、武装抵抗、劫持人质、设施、交通工具，包括飞机和船舶。

6. 在下列情况下也禁止使用武器和军事装备：

（1）针对水上、水下、飞机、飞行器和冰上交通工具，以及其他搭载乘客的交通工具使用武器，除非它们对哈萨克斯坦共和国的国家安全构成现实威胁；

（2）针对因事故或不可抗力非故意非法穿越或试图穿越国境的人员使用武器；

（3）针对穿越或试图穿越国界的野生动物和家养动物使用武器。

7. 在使用武器和军事装备、特殊手段、服役动物和武力的所有情况下，哈萨克斯坦共和国国家安全委员会边防局和哈萨克斯坦共和国武装部队的军人，都有义务采取措施确保周围人员的安全，向受害者提供紧急医疗援助。

8. 哈萨克斯坦共和国国家安全委员会边防局、哈萨克斯坦共和国武装部队的军人，对本法规定的情况使用武器和军事装备、特殊装备、服役动物和武力所造成的精神、物质和身体伤害不承担任何责任，包括造成：

（1）交通工具的危险或意外的机动和（或）违法者的行为；

（2）子弹（炮弹）因跳弹而改变飞行轨迹；

（3）破坏或损坏违法者的交通工具。

9. 每次在制止违反边境空间制度而使用武器和军事装备、特殊工具、服役动物和武力时，应在12小时内通知检察官。

10. 其他保卫国界的授权机构，根据哈萨克斯坦共和国法律使用武器和军事装备、特殊工具、服役动物和武力。

第 73 条　武器和军事装备的使用

1. 哈萨克斯坦共和国国家安全委员会边防局、哈萨克斯坦共和国武装部队在保卫国界时使用武器和军事装备：

（1）用于击退对哈萨克斯坦共和国领土的武装入侵和武装攻击，阻止在国界的武装挑衅；

（2）用于击退对哈萨克斯坦共和国国家安全委员会边防局部队、哈萨克斯坦共和国武装部队、其他参与保卫国界的哈萨克斯坦共和国部队和军事编队的武装攻击；

（3）针对已经过境或正在过境的人员、船舶、潜艇、飞机、飞行器（包括无人机）和冰上交通工具的武装抵抗或对其使用武力后的反击；

（4）通过损坏船舶、潜艇、飞机、飞行器，包括无人机和冰上交通工具，以及其他交通工具，逼其停止（停止运动或飞行），如果上述交通工具不执行让其停止或改变路线的要求，而用其他手段无法阻止其违法或对其拘捕；

（5）为预防向境外劫持船舶、潜艇、飞机、飞行器（包括无人机）和冰上交通工具，以及没有乘客的车辆；

（6）为击退对哈萨克斯坦共和国国家安全委员会边防局、哈萨克斯坦共和国武装部队的军人和设施的攻击，包括非武装攻击、对其他履行保护国家边界公务或社会职责的公民及其家庭成员的攻击，当他们的生命受到直接威胁时；

（7）为保护公民免受危及其生命和健康的袭击，以及解救人质时；

（8）为保护军人或公民免受威胁其生命和健康的动物攻击；

（9）为预防、侦查和制止其他犯罪，以及在极端情况下进行必要的防御。

哈萨克斯坦共和国国家安全委员会边防局的军人还有权使用武器发出警报或寻求帮助。

2. 在没有发出警告的情况下，武器和军事装备可用于下列场合：

（1）击退武装入侵和武装攻击；

（2）进行武装抵抗；

（3）对军人和其他公民进行突然袭击时；

（4）当被拘留者抢夺武器逃跑时。

3. 在其他情况下，在使用武器和军事装备之前，必须明确表达准备使用武器的警告和（或）警告性射击。

第 74 条　使用特殊设备

1. 在授权哈萨克斯坦共和国国家安全委员会边防局、哈萨克斯坦共和国武装部队在保卫国家边界时使用武器和军事装备的所有情况下，都可以使用特殊设备。

2. 哈萨克斯坦共和国国家安全委员会边防局和哈萨克斯坦共和国武装部队的军人，在边境空间有权使用特殊设备：

（1）为逮捕和解除罪犯或其他抵抗或蓄意阻碍参与保卫国界的军事人员执行公务的人的武装，或针对非法携带武器、弹药、爆炸物、毒药、放射性物品、麻醉品和其他禁止自由流通物质的人员；

（2）为制止边境地区的大规模骚乱，以及在大规模非武装越境或企图越过国家边界、犯罪团伙的行动侵犯公民的生命和健康或国家安全的情况下；

（3）在押运和看守拘留者时，有充分理由认为他们可能逃脱，伤害他人或自身健康；

（4）为了交付被拘留者，如果为了阻止犯罪和确定罪犯身份必须这样做，以及为起草行政违法记录，而在现场无法起草，但又是必要的；

（5）为打开设施和交通工具，以及拆解设施和交通工具以制止犯罪；

（6）为预防、侦查和制止其他犯罪，并在极端情况下进行必要的防御。

第 75 条　使用服役动物和武力

1. 在给予哈萨克斯坦共和国国家安全委员会边防局使用武器和军事装备，以及保护国家边界的特殊设备的所有情况下，可以使用服役动物和武力。

2. 哈萨克斯坦共和国国家安全委员会边防局的军人有权在边境空间使用服役动物和武力，包括战术摔跤动作：

（1）为搜查和逮捕违法者；

（2）根据哈萨克斯坦共和国法律，为查找禁止自由流通和禁止进出口哈萨克斯坦共和国的物品、材料、设施、物质，而对人员、车辆、货物和商品进行检查，以及检查地形时；

（3）为预防、侦查和制止其他犯罪，在极端情况下进行必要的防御。

第 12 章　公民参与国界的保卫及其法律保护

第 76 条　公民参与国界的保卫

1. 在国界空间内，公民参加自愿队或以其他形式自愿参与保卫国家边界。

2. 吸引公民参加自愿队参与国家边界保卫的制度、形式和类型由哈萨克斯坦共和国政府决定。

3. 参与保卫国家边界的公民，在法治、尊重和遵守人权、公民权利和自由的原则基础上，开展活动。

4. 哈萨克斯坦共和国公民不能参加志愿队参与保卫国家边界的情况如下：

（1）被追究刑事责任；

（2）多次（一年两次或两次以上）故意行政违法；

（3）到边境空间或哈萨克斯坦共和国以外永久居留；

（4）出现不能继续参与保护国家边界的情况［查明精神、行为障碍（疾病），包括与使用精神活性物质有关的疾病，其他哈萨克斯坦共和国政府批准的清单上对他人构成危险的疾病，公民死亡］；

（5）不愿意继续参与国家边界的保护。

第 77 条　参与保护国家边界的公民的权利和义务

1. 参与保卫国家边界的公民必须：

（1）获知在边境空间正在策划或已发生违法事实，立即通知哈萨克斯坦共和国国家安全委员会边防局的分支机构；

（2）在哈萨克斯坦共和国法律规定的情况下，应公民的要求出示证明其参与保护国家边界合法性的文件；

（3）向因犯罪而被拘留的公民解释对他们采取强制措施的理由；

（4）参与保卫国家边界的活动前，在哈萨克斯坦共和国国家安全委员会边防局部队接受法律培训。

2. 参与保卫国家边界的公民有权：

（1）协助哈萨克斯坦共和国国家安全委员会边防局开展与检查和监督职能无关的保卫国家边界活动；

（2）预防和制止边境空间的犯罪；

（3）使用武力和其他方式制止犯罪和逮捕违法者，如果无法通过其他方式达到此目的；

（4）在哈萨克斯坦共和国法律规定的情况下，拘捕并将在边境空间违法的人员送交哈萨克斯坦共和国国家安全委员会边防局部门、执法机构或其他授权机构；

（5）与哈萨克斯坦共和国国家安全委员会边防局的代表共同开展预防边境空间犯罪的活动；

（6）要求遵守边境空间的既定制度。对参加保卫国家边界人员的合法要求具有约束力。

3. 对参与保卫国界的公民及其家庭成员采取非法行动，不遵守法律要求的，根据哈萨克斯坦共和国法律规定，须承担责任。

第 13 章　最后条款

第 78 条　在哈萨克斯坦共和国国家边界保卫领域遵守法律的监督

哈萨克斯坦共和国总检察长及其授权检察官对保卫哈萨克斯坦共和国国家边界的法律进行最高监督。

第 79 条　违反哈萨克斯坦共和国国界法的责任

1. 违反本法和哈萨克斯坦共和国其他国界法律法规的人员应承担哈萨克斯坦共和国法律规定的责任。

2. 哈萨克斯坦共和国公民、外国公民和无国籍人有权从哈萨克斯坦共和国国家安全委员会边防局、哈萨克斯坦共和国国防部和其他保卫国家边界的授权机构获得关于限制其权利和自由的解释。

3. 如果哈萨克斯坦共和国公民、外国公民或无国籍人的合法权利和自由受到侵犯，有关官员有义务按照哈萨克斯坦共和国法律规定的方式，恢复其权利并赔偿其损害。

第 80 条　本法生效的程序

1. 本法自第一次正式公布之日起 10 个日历日后生效。

2. 承认下列法律无效：

（1）1993 年 1 月 13 日通过的《哈萨克斯坦共和国国家边界法》；

（2）1993 年 1 月 13 日通过的《哈萨克斯坦共和国国家安全委员会边防局法》。

三、哈萨克斯坦共和国外国人法律地位法

（2022 年 7 月 10 日修订）

第 1 章　总则

第 1 条　关于外国人在哈萨克斯坦共和国法律地位的立法

关于外国人在哈萨克斯坦共和国法律地位的立法以《哈萨克斯坦共和国宪法》为基础，并根据宪法确定外国人的基本权利和义务，进入哈萨克斯坦共和国、在其领土上的居住、迁移以及离开哈萨克斯坦共和国的程序。

外国人在哈萨克斯坦共和国法律地位的立法，包括本法和哈萨克斯坦共和国的其他标准法律文件。

外国人在哈萨克斯坦共和国的法律地位，还可以由哈萨克斯坦共和国签署的国际条约来确定。

如果哈萨克斯坦共和国批准的国际条约与本法确定的规则不同，则适用国际条约的规则。

第 2 条　哈萨克斯坦共和国的外国人和无国籍人

不是哈萨克斯坦共和国公民，但有证据证明属于其他国家国籍的公民，在哈萨克斯坦共和国被认为是外国人。

不是哈萨克斯坦共和国公民，且没有证据证明其属于另一国国籍的公民，则被认定为无国籍人。

第 3 条　外国公民在哈萨克斯坦共和国的法律地位原则

在哈萨克斯坦共和国的外国人享有哈萨克斯坦共和国宪法、法律和批准的国际条约规定的所有权利和自由，也承担相应的义务。

在哈萨克斯坦共和国的外国人不论其出身、社会地位和财产状况、种族和民族、性别、教育程度、语言、宗教信仰、职业类型和性质，在法律面前一律平等。

外国人行使其权利和自由，不应损害哈萨克斯坦共和国的利益及哈萨克斯坦公民和其他人的合法权益，并与履行哈萨克斯坦共和国法律规定的义务密不可分。

第 4 条　在哈萨克斯坦共和国永久居留和临时居留的外国人

根据哈萨克斯坦共和国内务部确定的程序，获得在哈萨克斯坦共和国永久居留证的外国人，被承认为在哈萨克斯坦共和国永久居留的外国人。

发放哈萨克斯坦共和国永久居留许可证的必要条件，是申请获得这种许可证

的人能证明自己有支付能力，支付的程序和数额由哈萨克斯坦共和国政府确定，哈萨克族人、出生获得或以前拥有哈萨克斯坦共和国或哈萨克苏维埃社会主义共和国国籍的人及其家属除外。

根据其他法律依据在哈萨克斯坦共和国境内的外国人，以及在刑事案件中被确认为受害者、证人、嫌疑人或被告人的外国人，则被视为在哈萨克斯坦共和国临时停留，直到法院判决生效或授权机构做出其他诉讼判决。

归国哈侨有权在递交获得哈萨克斯坦共和国永久居留证的同时，申请以简化（登记）程序获得哈萨克斯坦共和国国籍。

第 5 条　提供庇护

哈萨克斯坦共和国向人权被侵犯的外国人提供庇护。

政治庇护问题由哈萨克斯坦共和国总统决定。

第 2 章　外国人在哈萨克斯坦共和国的基本权利、自由和义务

第 6 条　劳动活动和休息

外国人可以根据哈萨克斯坦共和国法律和哈萨克斯坦签署的国际条约规定的程序，在哈萨克斯坦共和国从事劳动活动。为了确保哈萨克斯坦共和国公民享有工作自由的宪法权利，法律可规定对外国人在哈萨克斯坦共和国从事劳动活动进行限制。

根据哈萨克斯坦共和国法律，如果被任命为某些职位或从事某种类型的活动与哈萨克斯坦共和国国籍有关，则外国人不得被任命担任这些职务或从事这种类型的劳动活动。

永久居住在哈萨克斯坦共和国的外国人，在劳动关系方面享有与哈萨克斯坦共和国公民相同的权利和义务。

临时居住在哈萨克斯坦共和国的外国人，可以是私营企业的主体。此时，如没有法人，不得从事经营活动。

在哈萨克斯坦共和国的外国人，有权与哈萨克斯坦共和国公民按同样的依据享有休息权。

第 7 条　医疗保健

除非哈萨克斯坦共和国法律和哈萨克斯坦共和国批准的国际条约另有规定，在哈萨克斯坦共和国境内的外国人和无国籍人，在拥有自愿医疗保险的情况下可享受医疗救助。

第 8 条　社会和优抚保障

永久居住在哈萨克斯坦共和国的外国人，在社会和优抚保障方面享有与哈萨克斯坦共和国公民同等的权利和义务。

如果优抚金和津贴的支付需要一定的工龄，根据哈萨克斯坦共和国法律和哈萨克斯坦共和国签署的国际条约规定的依据和程序计算外国人在国外的工龄。

第 9 条　居住权、其他财产权和个人非财产权

除非宪法、法律和国际条约另有规定，在哈萨克斯坦共和国永久居住的外国

人在居住方面享有与哈萨克斯坦共和国公民相同的权利和义务。

外国人，在哈萨克斯坦共和国可以拥有具有所有权的住房（临时居住的外国人除外）和其他财产的权利，拥有科学、文学和艺术作品的版权、发现权、发明权、合理化建议权、工业设计权以及其他财产权和人身非财产权，但宪法、法律和国际条约另有规定的除外。

永久居住在哈萨克斯坦共和国的外国人，与哈萨克斯坦共和国公民享有平等的财产权和人身非财产权。

临时居留在哈萨克斯坦共和国的外国人，有权根据哈萨克斯坦共和国立法和哈萨克斯坦共和国签署的国际条约规定的依据和程序，享有其财产权和人身非财产权利。

第 10 条 接受教育

根据哈萨克斯坦共和国教育领域的立法，在哈萨克斯坦共和国永久居住的外国人和无国籍人，与哈萨克斯坦共和国公民享有同等的接受学前教育、小学教育、中学教育和普通中等教育的权利。

根据国家教育计划，为永久居住在哈萨克斯坦共和国的无国籍人在竞争的基础上，提供免费的技术和职业教育、中学教育、高等教育和研究生教育，条件是他们第一次接受这一水平的教育。

根据国家教育计划，外国人在竞争的基础上，免费获得技术和职业教育、中学教育、高等教育和研究生教育的权利由哈萨克斯坦共和国签署的国际条约确定。

根据哈萨克斯坦共和国的立法，教育机构接收的外国人享有学生的权利和义务。

第 11 条 享有文化成果

在哈萨克斯坦共和国的外国人与哈萨克斯坦共和国公民一样平等享有文化成果。他们有义务爱护历史、文化古迹和其他珍贵文物。

第 12 条 参加社会团体

永久居住在哈萨克斯坦共和国的外国人有权参加社会团体，但政党和含有政治目的的社会团体除外，如果这不违反这些协会的章程（规定）。

第 13 条 宗教信仰自由

在哈萨克斯坦共和国居住的外国人，与哈萨克斯坦共和国公民一样平等享有宗教信仰自由。

禁止煽动与宗教信仰有关的敌意和仇恨。

第 14 条 婚姻和家庭关系

在哈萨克斯坦共和国的外国人，可以与哈萨克斯坦共和国公民或其他人缔结和解除婚姻，根据哈萨克斯坦共和国法律和国际条约，与哈萨克斯坦共和国公民一样享有婚姻和家庭关系的权利和义务。

第 15 条 住所、荣誉和个人尊严的不可侵犯

在哈萨克斯坦共和国的外国人的住所、荣誉和个人尊严不可侵犯，可得到

保障。

第 16 条　哈萨克斯坦共和国境内的迁移和居住地的选择

外国人可以在哈萨克斯坦共和国境内对外国人开放的区域自由迁移，并根据哈萨克斯坦共和国立法规定的程序选择居住地。在有必要确保国家安全、维护公共秩序、居民的健康和道德、保护哈萨克斯坦共和国公民和其他人合法利益的情况下，哈萨克斯坦共和国授权的国家机构可通过法令对迁移和居住地的选择进行限制。

第 17 条　税费

外国人在哈萨克斯坦共和国与哈萨克斯坦共和国公民一样需缴纳税费，哈萨克斯坦共和国法律和国际条约另有规定的情况除外。

第 18 条　保护外国人的权利

在哈萨克斯坦共和国的外国人有权向法院和其他国家机构提出上诉，以保护其财产和人身非财产权利。

外国人与哈萨克斯坦共和国公民一样，在法庭上享有诉讼权利，但哈萨克斯坦共和国批准的国际条约另有规定的情况除外。

第 19 条　选举权限制

在哈萨克斯坦共和国的外国人不能参加选举，不能被选举进入代表机构和其他经选举产生的国家机构和职位，也不能参加哈萨克斯坦共和国的全民公决。

第 20 条　服兵役

兵役义务不适用于永久居住在哈萨克斯坦共和国境内的外国人。

第 3 章　外国人进入哈萨克斯坦共和国和离开哈萨克斯坦共和国

第 21 条　制定进入、离开哈萨克斯坦共和国或途经哈萨克斯坦共和国领土过境的法规

外国人进入哈萨克斯坦共和国、离开哈萨克斯坦共和国和经过哈萨克斯坦共和国领土过境的法规由本法和哈萨克斯坦共和国的其他标准法律文件规定。

第 22 条　进入哈萨克斯坦共和国

如果外国人持有哈萨克斯坦共和国的入境签证，可以使用有效的出国护照或替代文件进入哈萨克斯坦共和国，除非哈萨克斯坦共和国与相关方有协议规定或哈萨克斯坦共和国政府另有规定。

下列情况下，禁止外国人进入哈萨克斯坦共和国：

（1）为了保障国家安全、公共秩序和居民健康；

（2）如果其行为意在强行改变宪法制度；

（3）如果其反对哈萨克斯坦共和国的主权和独立，并号召破坏国家统一和领土完整；

（4）如果其煽动种族间、教派间和宗教仇恨；

（5）如果出于保护哈萨克斯坦共和国公民和其他人的合法利益的需要；

（6）如果国家安全机构有关于其参与极端主义或恐怖活动的情报，以及法

院承认其行为是危险的累犯；

（7）如果上次在哈萨克斯坦共和国逗留期间没有因其所犯的刑事或行政违法而受到惩处；

（8）如果上次在哈萨克斯坦共和国逗留期间，哈萨克斯坦共和国法律规定应申报个人所得税，而其没有申报；

（9）如果没有根据哈萨克斯坦共和国政府确定的程序，提供停留和离开哈萨克斯坦共和国所需资金的证明，哈萨克族人、在哈萨克斯坦共和国或哈萨克苏维埃社会主义共和国出生或以前拥有国籍的人及其家庭成员除外；

（10）如果在申请入境时提供了虚假信息，或者没有在哈萨克斯坦共和国立法规定的期限内提交必要的文件；

（11）如果有进入哈萨克斯坦共和国的禁止事项；

（12）如果其以前是因 1991 年 12 月 20 日通过的《哈萨克斯坦共和国国籍法》第 21 条第（8）项所规定的理由而丧失哈萨克斯坦共和国国籍。

（13）如果其以前是根据 1991 年 12 月 20 日通过的《哈萨克斯坦共和国国籍法》第 20.1 条被剥夺了哈萨克斯坦共和国国籍。

（14）之前被哈萨克斯坦共和国驱逐的外国人，自执行法院驱逐决定之日起的 5 年内禁止进入哈萨克斯坦共和国。

（15）如果在提交此种申请之前连续 12 个日历月内，接待人因两次或两次以上未及时通知内务机构关于移民被其接待的信息、未能采取措施为外国人办理在哈萨克斯坦共和国逗留的权利，以及确保在逗留期后离开哈萨克斯坦共和国而被追究责任，则不审理该接待人邀请外国人到哈萨克斯坦共和国的申请。

入境签证或其他有关文件，由哈萨克斯坦共和国的外交代表处和领事机构签发，或在某些情况下由哈萨克斯坦共和国特别授权的代表签发。

发放签证的依据，是接待人的邀请函或哈萨克斯坦共和国授权国家机构的许可，除非哈萨克斯坦共和国批准的国际条约另有规定。

第 23 条 从哈萨克斯坦共和国出境

持有哈萨克斯坦共和国授权国家机构签发的出境签证的外国人，凭有效的出国护照或替代证件离开哈萨克斯坦共和国，哈萨克斯坦共和国与相应国家或政府的协定另有规定的情况除外。

外国人不得离开哈萨克斯坦共和国的情况：

如果有根据使他承担刑事责任，直到诉讼结束；

如果被判刑事犯罪，则实行缓刑管制或缓期执行判决，直至服满刑期或释放、缓刑管制期满、缓期执行判决结束，但根据法院判决将其驱逐出境的情况除外；

如果逃避履行法院强加的义务，则直到履行义务；

（此款根据 2009 年 12 月 7 日哈萨克斯坦共和国通过的第 222-Ⅳ 号法律已删除）

外国人离开哈萨克斯坦共和国可推迟，直到履行其与哈萨克斯坦共和国公民、其他自然人和法人的重大利益有关的财产义务。

第 24 条　过境

通过哈萨克斯坦共和国领土过境的外国人，按照既定路线到达哈萨克斯坦共和国国界离境口岸过境，只有在哈萨克斯坦共和国经授权的国家机构签发许可证的情况下，才能在过境签证所指的哈萨克斯坦共和国地点停留。

第 4 章　外国人的责任、缩短逗留期、驱逐

第 25 条　违法责任的依据

在哈萨克斯坦共和国境内犯下刑事、行政或其他罪行的外国人，与哈萨克斯坦共和国公民承担责任的依据相同，但哈萨克斯坦共和国批准的国际条约规定的情况除外。

第 26 条　违反在哈萨克斯坦共和国停留和过境规则的责任

违反在哈萨克斯坦共和国停留规则、使用无效证件居留、居留期满逃避出境以及不遵守哈萨克斯坦共和国过境规则的外国人，根据哈萨克斯坦共和国法律，应承担行政责任。

根据哈萨克斯坦共和国法律，外国人恶意违反在哈萨克斯坦共和国逗留和过境哈萨克斯坦共和国领土的规则，应承担刑事责任。

第 27 条　缩短在哈萨克斯坦共和国的逗留时间

违反本法的外国人，可缩短其在哈萨克斯坦共和国的逗留期限。如果外国人继续居留的依据失效，外国人在哈萨克斯坦共和国的逗留时间也可能被缩短。

第 28 条　驱逐出哈萨克斯坦共和国

在下列情况下外国人可以被驱逐出哈萨克斯坦共和国：

（1）其行为有违确保国家安全或维护公共秩序的利益；

（2）为了保护人民的健康和道德，保护哈萨克斯坦共和国公民和其他人的合法利益；

（3）违反哈萨克斯坦共和国的法律；

（4）如果与哈萨克斯坦共和国公民的婚姻是其在哈萨克斯坦共和国永久居留的依据，按法律规定的程序承认该婚姻无效。

驱逐出境的决定由法院做出。外国人必须在本决定规定的时间内离开哈萨克斯坦共和国。此时执行法院驱逐出境的决定可通过被驱逐者被监控独自离境或强制驱逐出哈萨克斯坦共和国。如果对做出驱逐决定的外国人没有在决定规定的期限内离开哈萨克斯坦共和国领土，经检察官批准，可对其进行拘留和强迫驱逐。允许在驱逐的必要期间拘留。按照哈萨克斯坦共和国政府规定的程序将其羁押在内务机构的专门设施内。

执行法院强行驱逐决定的内务机构，将被驱逐的外国人或无国籍人移交哈萨克斯坦共和国国家安全委员会边防局，以便将外国人或无国籍人正式移交给被驱逐者所到外国当局的代表。

第 5 章　最后条款

第 29 条　本法对无国籍人的效力

本法的规定适用于无国籍人，哈萨克斯坦共和国法律另有规定的情况除外。

第 30 条　本法管辖范围的限制

本法的规定不涉及哈萨克斯坦共和国立法和哈萨克斯坦共和国批准的国际条约所确定的外国外交和领事代表处负责人和工作人员的特权和豁免权。

第 31 条　本法生效的程序

本法自公布之日起生效。

四、哈萨克斯坦共和国人口移民法

（2021 年 1 月 1 日修订）

第 1 章　总则

第 1 条　基本概念

本法使用以下基本概念：

（1）前同胞，是指出生或之前有哈萨克斯坦苏维埃社会主义共和国或哈萨克斯坦共和国国籍，并长期居住在国外的人。

（2）适应和一体化服务，是指向归国哈侨及其家庭成员提供的一系列（信息、法律、社会、医疗和教育）服务，以便其适应和融入社会。

（3）出入境许可证（以下简称签证），是指哈萨克斯坦共和国授权机构在移民的护照或代替证件上做的标记，或哈萨克斯坦共和国授权机构在授权进入、通过哈萨克斯坦共和国领土、在哈萨克斯坦境内停留和离开哈萨克斯坦共和国领土的信息系统按签证所指时间、目的和条件做的标记。

（4）劳务移民，是指自然人从其他国家到哈萨克斯坦共和国，或从哈萨克斯坦共和国到其他国家的临时迁移，以及为进行劳动活动在国内的迁移。

（4.1）劳务移民许可证，是指内务机构向劳务移民颁发的规定形式的文件，用于为雇主劳动或为自然人料理家务（提供服务）。

（5）非法移民，是指外国人或无国籍人违反哈萨克斯坦共和国入境、停留以及在哈萨克斯坦共和国过境规则而进入并在哈萨克斯坦共和国停留。

（6）非法移民者，是指违反哈萨克斯坦共和国入境法律入境、逗留以及违反过境规则而进入哈萨克斯坦共和国并居住在哈萨克斯坦共和国的外国人或无国籍人。

（6.1）公司内部调动，是指在世界贸易组织成员方境内成立的法人实体中担任领导、管理人员或专家的外国人或无国籍人按劳动合同规定的期限进行的临时调动，根据哈萨克斯坦共和国法律，时间不超过 3 年，有权延期 1 年。法人实体在哈萨克斯坦境外，调到在哈萨克斯坦共和国境内设立的法人实体的分支机构、子公司、代表处。

（7）移民入境，是指外国人或无国籍人进入哈萨克斯坦共和国进行临时或永久居留。

（8）外侨，是指来哈萨克斯坦共和国临时或永久居留的外国人或无国籍人。

（9）移民，是指自然人从一个国家到另一个国家，以及在一国境内永久或临时、自愿或强迫的迁移。

（10）移民者，是指进入哈萨克斯坦共和国和离开哈萨克斯坦共和国的人，以及不管出于任何原因和时长在哈萨克斯坦共和国境内重新定居的人。

（10.1）接收人，是指申请邀请外侨到哈萨克斯坦共和国临时居留并（或）给他们提供居住地的哈萨克斯坦共和国公民、长期居住在哈萨克斯坦共和国的外国人和无国籍人，或在哈萨克斯坦共和国注册的法人。

（11）哈萨克斯坦共和国驻外机构，是指位于国外的外交代表处和同等代表处，以及哈萨克斯坦共和国领事机构。

（12）移居者，是指在哈萨克斯坦共和国政府确定的地区重新安置的国内移民。

（12.1）接纳移居者的区域配额，是指到哈萨克斯坦共和国政府确定的地区长期居住的移居者及其家庭成员的最高数量，根据哈萨克斯坦共和国居民就业法为积极措施的参加者就业提供国家支持。

（13）归国哈侨，是指哈萨克族和（或）哈萨克族家庭的成员，以前没有哈萨克斯坦共和国国籍，但回到其历史家园，并按照本法规定的程序获得适当的身份。

（13.1）归国哈侨适应和融合中心，是指根据哈萨克斯坦共和国立法，由州、联邦直辖市、首都的地方执法机构成立的法人实体，旨在为归国哈侨及其家庭成员提供适应和融合服务及临时住所。

（13.2）归国哈侨的区域配额，是指到哈萨克斯坦共和国政府确定的区域内长期居留的归国哈侨及其家庭成员的最高数量，根据哈萨克斯坦共和国就业法为积极措施的参加者提供促进就业的国家支持。

（13.3）归国哈侨、哈萨克族人信息数据库，是指哈萨克族人、归国哈侨及其家庭成员在哈萨克斯坦共和国境内的迁移，以及向他们提供国家支持的数据集。

（13.4）独立就业资格证书，是指按移民问题授权机构规定的程序，向符合技能要求和教育水平的外国雇员颁发的制式文件，用于在哈萨克斯坦共和国优先的经济部门（经济活动各类）所需的职业独立就业。

（13.5）重新接纳，是指根据哈萨克斯坦共和国批准的国际条约，由一国主管机构移交（返回），而另一国主管机构接收违反外国人和无国籍人入境、出境、逗留或居住的法律而进入或位于一国境内的人员。

（14）（根据2015年11月24日哈萨克斯坦共和国第421-V号法律已删除）

（15）（根据2015年11月24日哈萨克斯坦共和国第421-V号法律已删除）

（16）（根据2013年10月12日哈萨克斯坦共和国第153-V号法律已删除）

（17）永久居留证，是指由哈萨克斯坦共和国内务机构向遵守哈萨克斯坦共和国法律的外国人和无国籍人颁发的文件，赋予他们在哈萨克斯坦共和国境内的永久居留权。

（17.1）临时居住地（住所），是指不是居住地，而是临时停留（居住）的具有地址的建筑物、房屋或住宅。

（18）临时安置中心，是指提供给哈萨克族人和迁移者及其家庭成员临时居住的住所。

（19）临时居留证，是指根据哈萨克斯坦共和国法律规定的要求，内务机构向入境移民签发的文件，使其有权在哈萨克斯坦共和国境内居住一定时期，不论其停留目的为何。

（19.1）国有公司“公民政府”（以下简称国有公司），是指按哈萨克斯坦共和国政府决议成立的法人实体，根据哈萨克斯坦共和国法律提供国家服务、组织接收提供国家服务的申请并按“一站式”的原则将结果发布给服务接受者，以及确保以电子形式提供国家服务。

（20）人口移民授权机构，是指在其职权范围内指导人口迁移、调节迁移进程、协调工作和实施人口移民领域国家政策的中央执法机构。

（20.1）（根据2018年4月16日哈萨克斯坦共和国第147-VI号法律已删除）

（21）邀请人，是指居住在哈萨克斯坦共和国并根据本法协助其家庭成员进入哈萨克斯坦共和国实现家庭团聚的人。

（22）吸引外国劳动力配额，是指雇主吸引在哈萨克斯坦共和国境内从事劳动活动所允许的最大外国劳动力数量。

（23）吸引外国劳动力的许可，是指当地执法机构向雇主颁发的制式文件，用以吸引外国劳动力来哈萨克斯坦共和国。

（24）（根据2015年11月24日哈萨克斯坦共和国第421-V号法律已删除）

（25）国内移民，是指在哈萨克斯坦共和国境内，自然人为永久或临时居留而移居的行为。

（26）国内移民者，是指在哈萨克斯坦共和国境内，为永久或临时居留而独自移居的人。

（27）（根据2015年11月24日哈萨克斯坦共和国第421-V号法律已删除）

（28）哈裔，是指哈萨克族的外国人或无国籍人。

第2条　哈萨克斯坦共和国在人口移民领域的立法

1. 哈萨克斯坦共和国在人口移民领域的立法，是由《哈萨克斯坦共和国宪法》、本法和其他法律法规组成。

2. 如果哈萨克斯坦共和国批准的国际条约规定了与本法不同的规则，则适用国际条约的规定。

第3条　入境移民的主要类型

根据入境哈萨克斯坦共和国和在哈萨克斯坦共和国境内居留的目的，可分以下几种主要移民类型：

（1）返回自己的历史故乡；

（2）家庭团聚；

（3）接受教育；

（4）进行劳动活动；

（5）人道和政治原因。

第 4 条 人口移民领域国家政策的基本原则和目标

1. 人口移民领域的国家政策，基于以下基本原则：

（1）根据哈萨克斯坦共和国宪法、法律和国际条约，承认和保障移民的权利和自由；

（2）保护国家利益和国家安全；

（3）个人、社会和国家利益相结合；

（4）在所使用信息不断更新和重复利用的基础上，对移民过程实行透明化管理；

（5）国家对不同类型的入境移民的管理采取不同做法。

2. 在人口迁移领域，国家政策的主要目标是：

（1）保护移民的权利和自由；

（2）考虑到区域人口和社会经济发展的利益，组织合理的移民安置；

（3）吸引高技能外国劳动力到哈萨克斯坦共和国工作；

（4）通过吸引外国劳动力的配额，保护国内劳动力市场；

（5）确保哈萨克斯坦共和国融入国际劳动力市场；

（6）发展哈萨克斯坦共和国与其他国家的合作，预防会导致人口大规模移民的冲突；

（7）优化国内移民流程，确保移民在全国各地的合理安置；

（8）支持、发展与居住在国外的前同胞和哈裔的关系，包括文化合作和信息保障领域；

（9）协助哈裔迁往历史故乡；

（10）在管理移民进程、预防和制止非法移民方面开展国际合作。

第 5 条 入境移民的权利和义务

1. 哈萨克斯坦共和国的入境移民有权：

（1）享有哈萨克斯坦共和国公民的权利和自由，除非宪法、法律和国际条约另有规定；

（2）按哈萨克斯坦共和国法律规定的方式获得教育、医疗和社会援助权；

（3）在对哈萨克斯坦共和国入境移民开放的区域自由迁移；

（4）按哈萨克斯坦共和国法律规定的方式自由选择居住地；

（5）向法院和国家机关申请保护其财产和人身非财产权；

（6）在适应和融合中心接受归国哈侨的有偿适应和融合服务权，但免费获得这些服务的哈侨人员及其家庭成员除外。

2. 哈萨克斯坦共和国的入境移民有义务：

（1）除非宪法、法律和国际条约另有规定，入境移民应承担为哈萨克斯坦共和国公民规定的义务；

（2）必须遵守哈萨克斯坦共和国的宪法和法律，包括进入、离开和停留在哈萨克斯坦共和国境内的既定规则。

第 6 条　入境移民出入境和居留的总规则

1. 入境移民入境哈萨克斯坦共和国和在哈萨克斯坦共和国的居留规则，由哈萨克斯坦共和国法律决定。

在"阿斯塔纳枢纽"国际科技园开展活动的入境移民的入境、出境和停留的特点，包括进行劳动活动，由《哈萨克斯坦共和国信息化法》确定。

2. 来自与哈萨克斯坦共和国签订免签证入境和居留协定国家的移民，可持有效护照或替代性证件入境，但须遵守哈萨克斯坦共和国批准的国际条约的规定。

3. 进出哈萨克斯坦共和国的签证，由哈萨克斯坦共和国外交部、哈萨克斯坦共和国驻外机构与国家安全局协调后颁发给入境移民。

居住在哈萨克斯坦共和国境内的入境移民，签证由内务机构颁发。

4. 入境移民在签证到期前须离开哈萨克斯坦共和国。

以免签证方式进入哈萨克斯坦共和国的入境移民，在哈萨克斯坦共和国的居住期限不得超过过境日起的 30 个日历日，每 180 个日历日期间总共可居住 90 个日历日，除非哈萨克斯坦共和国与有关方有协议，或哈萨克斯坦共和国政府另有规定。

本款第 2 段规定的要求不适用于以按哈萨克斯坦共和国政府确定的方式获得在哈萨克斯坦共和国临时居留许可的移民。

已签发临时居留许可的入境移民，须在有效期结束前离开哈萨克斯坦共和国。

移民登记，是由内务机构根据接待人的信息和哈萨克斯坦共和国国家安全委员会从哈萨克斯坦共和国边境口岸收到的信息进行登记。接待人有义务在移民抵达之日起 3 个工作日内，向内务机构通报移民情况。

第 6.1 条　获得哈萨克斯坦共和国的临时居留许可证

根据下列人员的申请签发临时居留许可证：

（1）入境移民为家庭团聚而投靠的自然人；

（2）按照法律规定的方式，与移民签订了劳动合同的自然人和法人；

（3）实施普通中等、技术和职业、中专、高等教育和研究生教育计划的教育组织，包括学生交流和预科项目、接受全日制教育的入境移民；

（4）入境移民住院的医疗机构；

（5）入境移民按照法律规定的程序进行传教活动的宗教组织；

（6）地方行政机构，按照哈萨克斯坦共和国法律为进行经营活动的移民（商业移民）办理临时居留许可证。

本条第 1 款规定的人员，必须在 3 天内通知内务机构有关移民的信息。

第 7 条　获得哈萨克斯坦共和国的永久居留证

持有永久居留证，暂时停留在哈萨克斯坦共和国的外国人和无国籍人，或来自与哈萨克斯坦共和国签订免签证入境和居留协议的国家，或在哈萨克斯坦共和国具有难民地位的人，以及哈裔，无论发给他们的签证类别如何，都可向内务机构申请永久居留许可证。根据法律规定的程序申请永久居留许可的入境移民，须办理该申请所需审批期限的临时居留证，但不得超过 90 个日历日。

本条第 1 款所列人员的法律地位，由哈萨克斯坦共和国的法律和哈萨克斯坦共和国批准的国际条约确定。

第 2 章　哈萨克斯坦共和国人口移民进程国家管理体制

第 8 条　哈萨克斯坦共和国政府的权限

哈萨克斯坦共和国政府：

（1）制定国家在人口移民领域国家政策的主要方向并组织实施；

（2）（根据 2020 年 5 月 13 日哈萨克斯坦共和国第 327-VI 号法律已删除）

（3）（根据 2015 年 11 月 24 日哈萨克斯坦共和国第 421-V 号法律已删除）

（4）确定办理文件和登记的程序；

（5）确定归国哈侨和迁移者的安置区域；

（5.1）（根据 2020 年 5 月 13 日哈萨克斯坦共和国第 327-VI 号法律已删除）

（6）在其职权范围内就人口移民通过法律法规；

（7）确定移民在哈萨克斯坦共和国的入境、停留以及离开哈萨克斯坦共和国的规则；

（7.1）（根据 2017 年 12 月 25 日哈萨克斯坦共和国第 122-VI 号法律已删除）

（7.2）批准州、联邦直辖市、首都调节移民进程的示范规则；

（8）（根据 2015 年 11 月 24 日哈萨克斯坦共和国第 421-V 号法律已删除）

（9）履行《哈萨克斯坦共和国宪法》、哈萨克斯坦共和国其他法律和哈萨克斯坦共和国总统法令赋予的其他职能。

第 8.1 条　在移民领域制定国家政策授权机构的权限

（根据 2018 年 4 月 16 日哈萨克斯坦共和国第 147-VI 号法律已删除）

第 9 条　内务机构的权限

内务机构：

（1）在其职权范围内实施人口迁移领域的国家政策；

（2）根据与哈萨克斯坦共和国国家安全委员会达成的协议，确定接待人提供移民信息的规则，以及外国人和无国籍人通过哈萨克斯坦共和国领土过境的规则；

（2.1）（根据 2019 年 12 月 27 日哈萨克斯坦共和国第 292-VI 号法律已删除）

（3）建立外国人和无国籍人出入境登记统一数据库，确保信息的系统更新，并与哈萨克斯坦共和国移民领域授权机构、哈萨克斯坦共和国外交部、国家安全机构进行及时的信息交流；

（4）签发、注销、恢复哈萨克斯坦共和国签证，以及延长和缩短其有效期，或者根据哈萨克斯坦共和国的法律，决定拒绝向哈萨克斯坦共和国境内的外国人和无国籍人签发签证；

(4.1) 办理外国人因私到哈萨克斯坦共和国的邀请函，接收并同意接待人关于颁发哈萨克斯坦共和国签证的邀请函；

(5) 对外国人和无国籍人进行登记；

(5.1) 在人口移民领域进行跨部门协调；

(5.2) 对移民进程进行监控；

(5.3) 在移民进程的调节和监控领域制定一系列措施；

(6) 监督移民进入、离开、居留和通过哈萨克斯坦共和国领土过境的规则遵守情况；

(6.1) 监督被驱逐出境的移民及时离境；

(6.2) 在州、联邦直辖市和首都制定移民进程管理的示范规则；

(7) 采取措施遏制非法移民；

(7.1) 确保履行哈萨克斯坦共和国批准的关于重新接纳的国际条约义务；

(8) 根据哈萨克斯坦共和国的法律缩短移民在哈萨克斯坦共和国的居留时间；

(9) 为移民签发进入边境地区的证件；

(10) 确定签发外国人和无国籍人在哈萨克斯坦共和国临时和永久居留许可证的规则并颁发许可证；

(11) 做出授予难民身份的决定；

(11.1) 确定哈萨克斯坦共和国境内非哈萨克斯坦共和国公民，且没有证明其属于其他国家国籍人的法律地位；

(12) 签发到哈萨克斯坦共和国境外永久居留的出境文件；

(13) 根据哈萨克斯坦共和国法律，做出拒绝向离开哈萨克斯坦共和国到国外永久居住的公民发放许可证的决议；

(14) 对哈萨克斯坦共和国公民进行登记和注册；

(15) 对哈萨克斯坦共和国公民按居住地登记和注销；

(16) 对到达临时停留地（居住地）的哈萨克斯坦共和国公民进行登记；

(16.1) 发放和撤销劳务移民许可证；

(17) 实施本法、哈萨克斯坦共和国其他法律、哈萨克斯坦共和国总统法令和哈萨克斯坦共和国政府法令规定的其他职权。

第 10 条　哈萨克斯坦共和国外交部和哈萨克斯坦共和国驻外机构的职能

哈萨克斯坦共和国外交部和哈萨克斯坦共和国驻外机构：

(1) 在其职权范围内实施人口移民领域的国家政策；

(1.1) 与哈萨克斯坦共和国内务部一同根据与哈萨克斯坦共和国国家安全委员会协商的结果，确定外国人和无国籍人进入哈萨克斯坦共和国邀请函的办理，批准、颁发、注销、恢复哈萨克斯坦共和国的签证，以及延长和缩短签证期限；

(2) 协助在国外传播哈萨克斯坦共和国人口迁移的国家政策信息；

(3) 促进与前哈萨克同胞和哈裔的联系和接触；

(4) 建立外国人和无国籍人入境签证记录统一数据库，保障系统更新信息，并及时与内务机构和国家安全机构进行信息交流；

（4.1）接收并同意对外政策部门、外国的外交及相当的代表处、领事机构、国际组织及其代表处的邀请函；

（4.2）签发、注销、恢复哈萨克斯坦共和国的签证，以及延长和缩短其有效期，或者根据哈萨克斯坦共和国的法律，做出拒绝向外国人和无国籍人颁发哈萨克斯坦共和国签证的决定；

（5）向表示自愿进入哈萨克斯坦共和国定居的哈萨克族人通报入境条件，包括哈萨克斯坦共和国政府确定的安置区域、归国哈侨的地区配额、入境条件和社会支持措施；

（5.1）接收、登记移民文件，包括哈萨克族人申请进入哈萨克斯坦共和国的文件，并将其送交授权的移民机构，并签发永久居留签证；

（6）在其职权范围内开展人口移民领域的国际合作；

（7）履行本法、哈萨克斯坦共和国其他法律、哈萨克斯坦共和国总统法令和哈萨克斯坦共和国政府法令规定的其他职权。

第 11 条　移民问题授权机构的权限

移民问题授权机构：

（1）提出人口移民领域国家政策主要方向的建议；

（1.1）在职权范围内实施人口移民领域的国家政策；

（2）（根据 2018 年 4 月 16 日哈萨克斯坦共和国第 147-VI 号法律已删除）

（3）对人口移民领域的地方执法机构提供方法上的指导；

（4）确定吸引外国劳动力的配额，并给州、联邦直辖市、首都分配配额；

（4.1）制定并向哈萨克斯坦共和国政府提交归国哈侨和移居者定居地区分布的建议；

（4.2）为下一年接收归国哈侨和移居者确定区域配额，并给州、联邦直辖市和首都分配配额；

（4.3）监测接收归国哈侨和迁移者地区配额的实施情况；

（4.4）（根据 2020 年 5 月 13 日哈萨克斯坦共和国第 327-VI 号法律已删除）

（4.5）确定列入归国哈侨和迁移者地区配额的规则；

（5）（根据 2020 年 5 月 13 日哈萨克斯坦共和国第 327-VI 号法律已删除）

（5.1）建立外国工人中央数据库，创建“外国劳动力”信息系统，并确保其与相关授权国家机构的信息系统进行交互；

（5.2）（根据 2020 年 5 月 13 日哈萨克斯坦共和国第 327-VI 号法律已删除）

（6）根据哈萨克斯坦共和国的法律为移民提供社会保护；

（7）在其能力范围内监测移民进程；

（8）（根据 2018 年 4 月 16 日哈萨克斯坦共和国第 147-VI 号法律已删除）

（9）确定授予或延长归国哈侨身份的规则；

（9.1）批准列入地区归国哈侨接收配额委员会的示范条例；

（10）审议拒绝授予或延长归国哈侨身份的投诉；

（11）确定归国哈侨适应和融合中心、临时安置中心的活动规则；

（12）建立劳务移民和哈萨克族统一数据库，并确保与内务机构、国家安全机构和外交部的有关信息系统进行联网；

（13）在职权限范围内监督哈萨克斯坦共和国人口移民立法的遵守情况；

（14）在职权范围内组织并与外国授权机构和国际组织在移民进程管理方面进行合作；

（15）履行本法、哈萨克斯坦共和国其他法律、哈萨克斯坦共和国总统法令和哈萨克斯坦共和国政府法令规定的其他职权。

第 12 条　卫生领域授权机构的权限

卫生领域授权机构：

（1）在其权限范围内实施人口移民领域的国家政策；

（2）批准向移民提供医疗救助的规定；

（3）批准外国人和无国籍人被禁止进入哈萨克斯坦共和国的患病清单；

（4）按照哈萨克斯坦共和国法律规定的程序实施限制措施，包括在归国哈侨适应和融合中心、临时安置中心进行检疫；

（5）履行本法、哈萨克斯坦共和国其他法律、哈萨克斯坦共和国总统法令和哈萨克斯坦共和国政府法令规定的其他职权。

第 13 条　教育领域授权机构的权限

教育领域授权机构：

（1）在其权限范围内实施人口移民领域的国家政策；

（2）根据哈萨克斯坦共和国政府规定的入学配额，向考入哈萨克斯坦共和国实施技术和职业教育、中学教育和高等教育教学计划院校的哈萨克族和归国哈侨提供教育资助；

（3）根据哈萨克斯坦共和国参加的国际条约，向在国外普通教育机构学习的哈萨克族人提供教科书和配套教材；

（4）（根据 2013 年 6 月 13 日哈萨克斯坦共和国第 102-V 号法律已删除）

（5）履行本法、哈萨克斯坦共和国其他法律、哈萨克斯坦共和国总统法令和哈萨克斯坦共和国政府法令规定的其他职权。

第 14 条　国家安全机构的权限

1. 国家安全机构：

（1）在其权限范围内实施人口移民领域的国家政策；

（2）建立外国人和无国籍人出入境登记统一数据库，保障信息的系统更新，并与内务机构和哈萨克斯坦共和国外交部进行及时的信息交流；

（3）协调移民进入哈萨克斯坦共和国某些对外国人封闭的区域（地方）；

（4）同意外国人和无国籍人永久居留许可；

（5）（根据 2019 年 12 月 27 日哈萨克斯坦共和国第 292-VI 号法律已删除）

（6）同意外国人和无国籍人加入哈萨克斯坦共和国国籍的申请；

（7）履行本法、哈萨克斯坦共和国其他法律和哈萨克斯坦共和国总统法令规定的其他职责。

2. 国家安全机构有权不向移民解释拒绝其进入哈萨克斯坦共和国和拒绝其进入某些不对外国人开放区域的理由；国家安全机构有权不向外国人和无国籍人解释拒绝颁发给其哈萨克斯坦共和国永久居留证，以及拒绝其加入哈萨克斯坦共和国国籍申请的理由。

第 15 条　地方执法机构的职能

1. 州、联邦直辖市、首都的地方执法机构：

（1）在其职权范围内实施人口移民领域的国家政策；

（2）根据哈萨克斯坦共和国的法律，确保归国哈侨和入境移民获得医疗救助；

（3）向人口移民问题授权机构提出将某些地方划给归国哈侨和迁移者安置区的建议；

（3. 1）向移民问题授权机构提出下一年接收归国哈侨和迁移者地区配额的建议；

（4）向人口移民问题授权机构提出吸引外国劳动力配额的建议；

（5）登记、注册劳务移民，并通知国家安全机构；

（6）（根据 2015 年 11 月 24 日哈萨克斯坦共和国第 421-V 号法律已删除）

（6. 1）接收哈萨克族人附有必要文件的申请，以授予或延长归国哈侨身份；

（6. 2）接收哈萨克族人附有必要文件的申请，以便列入接收归国哈侨的地区配额；

（6. 3）做出授予或延长归国哈侨身份的决定；

（6. 4）做出列入接收归国哈侨地区配额的决定；

（6. 5）（根据 2020 年 5 月 13 日哈萨克斯坦共和国第 327-VI 号法律已删除）

（6. 6）做出列入接收迁移者地区配额的决定；

（7）（根据 2015 年 11 月 24 日哈萨克斯坦共和国第 421-V 号法律已删除）

（8）颁发归国哈侨证书；

（9）建立和组建归国哈侨适应和融合中心、临时安置中心；

（10）根据哈萨克斯坦共和国法律，采取措施确保移民子女受教育的权利；

（11）在移民问题授权机构分配的配额内，向雇主发放或延长雇用外国劳动力在自己辖区和（或）其他行政区域单位内，或在无须配额通过公司内部调动从事劳务的许可证、中止或撤销这些许可证；

（11. 1）向外籍员工颁发独立就业资格证书；

（12）（根据 2015 年 11 月 24 日哈萨克斯坦共和国第 421-V 号法律已删除）

（13）接到国家安全机构通知后，申请延长或缩短商业移民的临时居留证有效期；

（13. 1）审查并证实哈萨克斯坦共和国公民邀请居住在国外的哈萨克族亲属迁往哈萨克斯坦共和国，以便按人口移民问题授权机构规定的方式实现家庭团聚的邀请函；

（14）为了地方的国家管理，履行哈萨克斯坦共和国法律赋予地方执法机构的其他职权。

2. 地区、州级市的地方执法机构：

（1）在其职权范围内实施人口移民领域的国家政策；

（2）根据哈萨克斯坦共和国就业法，向属于目标人群的归国哈侨提供就业、职业培训、进修和职业发展方面的协助；

（3）按照哈萨克斯坦共和国法律规定的方式，为移民提供学校、学前班以及医疗和社会机构的名额；

（4）为归国哈侨学习哈萨克语和自愿学习俄语创造条件；

（4.1）接收哈萨克斯坦共和国公民，为家庭团聚将居住在国外的哈萨克族亲属重新安置到哈萨克斯坦共和国的邀请函，并按人口移民问题授权机构确定的方式将这些邀请函发往各州、联邦直辖市和首都的地方执法机构；

（5）为当地的国家管理，履行哈萨克斯坦共和国法律赋予地方执法机构的其他职权。

3.（根据2015年11月24日哈萨克斯坦共和国第421-V号法律已删除）

第3章　回归历史故乡的入境移民

第16条　归国哈侨的移民配额

（根据2013年12月10日哈萨克斯坦共和国第153-V号法律已删除）

第17条　归国哈侨的类别

（根据2013年12月10日哈萨克斯坦共和国第153-V号法律已删除）

第17.1条　归国哈侨的类别

归国哈侨分为以下几类：

（1）列入地区归国哈侨配额的归国哈侨；

（2）独自入境并在哈萨克斯坦共和国境内居住的归国哈侨。

第18条　申请授予或延长归国哈侨身份和（或）列入接收归国哈侨地区配额的规则

1. 独自入境哈萨克斯坦共和国的哈萨克族人，可以向地方执法机构或通过国有公司递交授予或延长归国哈侨身份的申请，和（或）将其列入接收归国哈侨地区配额的申请。

2. 居住在哈萨克斯坦共和国境外的哈萨克族人，向哈萨克斯坦共和国驻外机构递交授予归国哈侨身份和（或）将其纳入地区接收配额的申请。

第19条　归国哈侨列入移民配额委员会

（根据2013年12月10日哈萨克斯坦共和国第153-V号法律已删除）

第19.1条　归国哈侨的地区配额

下一年度接收归国哈侨的地区配额，由移民问题授权机构根据各州、联邦直辖市、首都的当地执法机构的建议和愿意迁往哈萨克斯坦共和国政府确定的地区的哈萨克族人通过哈萨克斯坦共和国驻外机构提交的申请来确定。

第19.2条 归国哈侨列入地区配额委员会

各州、联邦直辖市、首都的当地执法机构为了审查将哈萨克族人列入地区配额的申请，成立归国哈侨列入地区配额委员会（以下简称委员会），委员会成员包括议会代表、国家机关和社会组织代表。

第20条 授予归国哈侨身份和（或）入境哈萨克斯坦共和国之前将申请人列入接收归国哈侨地区配额

1. 哈萨克斯坦共和国的驻外机构接收申请归国哈侨身份和（或）将其列入地区配额，以及在哈萨克斯坦共和国获得永久居留许可的申请人的申请和文件，并在登记之日起10个工作日内发往人口移民授权机构。

2. 申请授权归国哈侨身份和（或）被列入地区配额者，并在进入哈萨克斯坦共和国之前获得哈萨克斯坦共和国的永久居留许可者，其民族根据身份证明文件上的记录确定，如果没有记录，则根据证明申请人身份的其他文件确定。

3. 人口移民问题授权机构在收到哈萨克族人的申请和文件之日起5个工作日内，将其送交当地执法机构，以决定是否同意给归国哈侨身份和（或）列入地区接收归国哈侨配额和发放在哈萨克斯坦共和国永久居留的许可证，或有合理理由拒绝其申请。

为了做出决定，当地执法机构应在收到哈萨克族人的申请和文件之日起的5个工作日内，将其交送相应地区的内务机构、国家安全机构、检察院，以核实申请归国哈侨身份和（或）列入归国哈侨地区配额及获得哈萨克斯坦共和国永久居留许可的申请人是否有在哈萨克斯坦共和国境内实施犯罪的材料，以及是否参加了恐怖组织或极端主义组织等其他信息。

内务机构、国家安全机构、检察院的地方分支机构在哈萨克族人的申请和文件登记之日起的30个日历日内，向当地执法机构发送本款第2段提到的是否有妨碍申请人被授予归国哈侨身份和（或）将其列入接收哈萨克族归国哈侨的地区配额依据的信息。

当地执法机构：

（1）自收到有关机构信息后的10个日历日内，将其提交委员会审议。委员会在收到哈萨克族人的申请和文件之日起10个工作日内，做出拟同意授予归国哈侨身份和（或）将其列入归国哈侨地区配额的决定，或做出拒绝的决定并说明理由；

（2）在委员会做出决定后的3个工作日内，向移民问题授权机构发送同意给予哈萨克族人归国哈侨身份和（或）将其列入地区配额，如果不同意，则说明拒绝的理由。

4. 如果申请人符合本法第1条第（13）项规定的条件，则同意给予哈萨克族人归国哈侨的身份，并且（或）将其列入地区配额中。

哈萨克族人按以下顺序优先考虑列入归国哈侨地区配额：

（1）受过指定专业的相应教育，有资格和工作经验；

（2）多子女家庭；

（3）有机会在高等院校学习的成年青年。

5. 人口移民授权机构在5个工作日内将当地执法机构同意授予哈萨克族人归国哈侨身份和（或）将其列入地区配额的同意决定或有合理理由的拒绝决定发往哈萨克斯坦驻外机构以便转寄给申请人。

6. 哈萨克族人申请授予归国哈侨身份和（或）列入地区配额，以及获得哈萨克斯坦共和国永久居留证的总期限，自申请到达移民问题授权机构之日起不得超过3个月。

7. 哈萨克斯坦共和国的驻外机构，在收到当地执法机构同意授予哈萨克族人归国哈侨身份并（或）将其列入地区配额的信息后，在1个月内将其发给申请人并签发哈萨克斯坦共和国永久居留入境签证或通知其被拒绝。

8. 当地执法机构根据委员会之前做出的同意授予哈萨克族人归国哈侨身份和（或）将其列入接收哈侨地区配额的决定，在申请之日起的5个工作日内，给予申请人及其家庭成员归国哈侨身份，颁发归国哈侨身份证，并将归国哈侨名单送交委员会以供决策。

哈萨克族人可以通过国有公司向当地执法机构递交授予归国哈侨身份和（或）将其列入地区配额的申请。

9. 委员会在收到归国哈侨人员名单后的10个工作日内做出决定，将其列入地区接收哈侨配额。

10. 哈萨克族人抵达居住地后，向哈萨克斯坦共和国内务部的地方机构领取永久居留许可证。

11. 内务机构须在哈萨克族人及其家庭成员提出申请之日起的10个工作日内，审批其获取永久居住许可和在居住地的登记。

第21条　授予或延长归国哈侨身份和（或）将独自入境哈萨克斯坦共和国的哈萨克族归国哈侨列入地区配额

1. 独自入境哈萨克斯坦共和国的哈萨克族人，在到达居住地后可向当地执法机构递交申请，要求授予或延长其归国哈侨身份和（或）将其列入他们所选择的哈萨克斯坦共和国政府确定地区的地区接收哈侨配额，向内务机构的地方分部申请永久居留许可。

哈萨克族人可以向当地执法机构提交申请，并附上相关文件，要求授予或延长其归国哈侨身份，并（或）通过国有公司将其列入接收哈侨地区配额。

2. 地方执法机构自接到申请之日起4个工作日内，授予哈萨克族人及其家庭成员归国哈侨地位或延长归国哈侨身份，签发归国哈侨证书，或说明拒绝给予或延长归国哈侨身份的理由。

如果哈萨克族人有个人识别码，则地方执法机构在申请之日起的3个工作日内，给予或延长哈萨克族人及其家庭成员归国哈侨身份，或说明拒绝给予或延长归国哈侨身份的理由。

如果申请人符合本法第1条第（13）项规定，则给予归国哈侨身份。

为了以简易（注册）程序获得哈萨克斯坦共和国的国籍，永久居住在哈萨克斯坦共和国境内的哈萨克族人可以申请延长归国哈侨身份。

当地执法机构可做出一次性、为期不超过 6 个月的延长归国哈侨身份的决定。

3. 归国哈侨申请人的民族应根据身份证件上的记录确认，如果没有这种记录，则根据证明其民族的其他文件。

4. 获得归国哈侨身份的哈萨克族人，可以根据哈萨克斯坦共和国法律规定的条件和方式，要求将其列入地区接收归国哈侨配额，并获得福利、补偿和其他社会援助。

获得归国哈侨身份的哈萨克族人名单，如果他们选择了哈萨克斯坦共和国政府规定的地区，送交委员会以做出决定。

5. 委员会在收到归国哈侨人员名单后的 10 个工作日内，做出将他们列入地区接收配额的决定，或合理说明拒绝的理由。

第 21.1 条 哈萨克族家庭的个别成员列入归国哈侨地区配额的特点

1. 在 1 个日历年内，可将归国哈侨被列入地区配额后抵达的归国哈侨家庭成员，以及其父母未获得哈萨克斯坦共和国国籍之前出生在哈萨克斯坦共和国的儿童，都列入地区配额。

2. 居住在哈萨克斯坦共和国境内的归国哈侨，可以向当地执法机构提出申请，要求将其家庭成员列入归国哈侨地区配额，根据本法第 21 条规定他们有权被列入配额。

3. 如果归国哈侨没有将其家庭中的子女列为家庭的一部分，那么只有在有自己家庭的归国哈侨子女死亡、被剥夺父母权利或获得哈萨克斯坦共和国国籍的情况下，方可将子女的家庭成员列入地区配额。

如归国哈侨子女死亡或被剥夺父母权利（归国哈侨配偶）的情况下，要想将归国哈侨子女的未成年家庭成员列入地区配额，归国哈侨必须是其监护人（保护人）。

第 22 条 哈萨克族归国哈侨家庭个别成员被列入移民配额的特点

（根据 2013 年 12 月 10 日哈萨克斯坦共和国第 153-V 号法律已删除）

第 23 条 向归国哈侨、哈萨克族人及其家庭成员提供国家支持的措施

1. 哈萨克族人及其家庭成员，在获得哈萨克斯坦共和国永久居留权时，无须证明其偿付能力。

2. 获得归国哈侨身份的个人及其家庭成员可享受下列保障：

（1）在归国哈侨适应和融合中心获得免费提供的适应和融合服务；

（2）根据哈萨克斯坦共和国法律，在医疗保健方面的医疗救助；

（3）与哈萨克斯坦共和国公民平等的小学和学前教育名额和根据哈萨克斯坦共和国政府确定的技术和职业、中学和高等教育的入学配额，接受就读的机会；

（4）与哈萨克斯坦共和国公民平等的社会保障；

（5）根据哈萨克斯坦共和国的法律，协助就业。

3. 根据哈萨克斯坦共和国土地法，从农村居民点、农业用地、入境移民土地基金、专门土地基金和储备土地中为归国哈侨提供用于进行私人副业、园艺、别墅建设的土地，具有土地的临时无偿使用权。

提供给归国哈侨进行耕种或农业生产的土地是从农业用地、专门土地基金、移民土地基金和储备土地中获得临时土地使用权的土地。

4. 当地执法机构可以向移民发放一次性补贴，这些补贴包括到永久居住地的路费和财产运输费用，给在地区配额之外移居哈萨克斯坦共和国的归国哈侨及其家庭成员的旅费补偿。支付补贴的方式和条件，由州、联邦直辖市和首都的地方政府，根据人口移民问题授权机构批准的示范规则批准。

4.1 对获得归国哈侨身份和（或）列入地区配额的哈萨克族人，以及归国哈侨及其家庭成员，在入境哈萨克斯坦共和国时，根据国际条约和（或）哈萨克斯坦共和国海关法，对包括汽车在内的个人使用财产免征关税。

4.2 根据哈萨克斯坦共和国就业法，向被列入地区配额的归国哈侨及其家庭成员提供国家支持措施。

5. 归国哈侨及其家庭成员，除本条规定的国家支持措施外，还有权获得消费贷款和住房建设抵押贷款。

5.1 如果归国哈侨或其家庭成员在被列入归国哈侨地区配额后死亡，无论他们是否获得哈萨克斯坦共和国国籍，国家都会向归国哈侨或其家庭成员提供支持措施。

6. 本条第4.2款所述的归国哈侨，如果在5年内擅自离开哈萨克斯坦共和国政府确定的地区，或拒绝获得哈萨克斯坦共和国国籍，应尽早全额收回根据哈萨克斯坦共和国就业法为该措施的积极参与者提供的国家支持。

第24条 归国哈侨的适应与融合

1. 在授予归国哈侨身份之前，应哈萨克族人及其家庭成员的要求，在临时安置中心按照移民问题授权机构确定的方式和期限，对他们进行首次安置。

2. 建立归国哈侨的适应和融合中心，为其提供适应和融合服务。

归国哈侨及其家庭成员，在归国哈侨适应和融合中心的居住规定和期限，以及为他们提供适应和融合服务的规则，由人口移民问题授权机构确定。

第25条 终止归国哈侨身份

下列情况下终止归国哈侨身份：

（1）归国哈侨获得哈萨克斯坦共和国国籍后；

（2）根据本法第49条的规定拒绝签发或注销了哈萨克斯坦共和国永久居留权；

（3）从获得归国哈侨身份之日起1年后；

（4）（根据2015年11月24日哈萨克斯坦共和国第421-V号法律已删除）

第26条 归国哈侨的权利和义务

1. 归国哈侨及其家庭成员有权：

（1）以简易（注册）程序获得哈萨克斯坦共和国国籍；

（2）哈萨克斯坦共和国法律规定的福利、补偿和其他社会援助；

（3）根据现有文件获得哈萨克斯坦共和国公民身份后，获得哈萨克语名字、父称（如果有的话）和姓；

（4）在没有构成法人的情况下开展个体经营；

（5）在归国哈侨适应和融合中心、临时安置中心，在没有公房或私人住房的情况下进行临时登记，最长期限为1年。

2. 归国哈侨及其家庭成员有义务：

（1）向哈萨克斯坦共和国驻外机构以及当地执法机构提供必要可信的信息，以供其审理归国哈侨身份和（或）纳入接收归国哈侨地区配额；

（2）按照卫生机构的要求进行身体检查、接种疫苗、接受治疗，以及履行卫生机构的规定；

（3）（根据2020年5月13日哈萨克斯坦共和国第327-VI号法律已删除）

（4）（根据2020年5月13日哈萨克斯坦共和国第327-VI号法律已删除）

第4章　为实现家庭团聚而移民

第27条　邀请人及其家庭成员

1. 邀请人可以是以下人员：

（1）哈萨克斯坦共和国公民；

（2）暂时居住在哈萨克斯坦共和国境内的哈萨克族人和前同胞；

（3）永久居住在哈萨克斯坦共和国境内的入境移民和商务移民。

2. 为了实现家庭团聚，邀请人有权申请其外国人或无国籍人的家庭成员进入哈萨克斯坦共和国。

3. 为了实现家庭团聚进入哈萨克斯坦共和国的邀请人的家庭成员，可以是以下人员：

（1）哈萨克斯坦共和国法律认可的婚姻，已婚至少3年的配偶；

（2）未满18岁、未婚和受抚养和（或）由邀请人监护（保护）的儿童，包括被收养儿童；

（3）因健康原因无法独立生活的18岁以上的未婚子女，包括被收养的子女；

（4）邀请人赡养的无劳动能力的父母；

（5）由邀请人负责赡养的其他家庭成员。

4. 邀请人的下列家庭成员可以进入哈萨克斯坦共和国，以实现家庭团聚：

（1）本条第3款中指定的所有人，如果邀请人是哈萨克斯坦共和国公民。

上述人员的临时居留许可有效期最长为3年，并有权随后延期。

（2）本条第3款第（1）（2）（3）和（4）项所列人员，如果邀请人是哈萨克族人或已获得临时居留证的前同胞（至少2年）。

上述人员的临时居留许可与邀请人临时居留许可的有效期相同。

（3）本条第3款第（1）（2）（3）和（4）项所列人员，如果邀请人是长期居住在哈萨克斯坦共和国的移民，或连续在哈萨克斯坦共和国境内居住至少2年的商务移民。

持永久居留许可的邀请人家庭成员，其临时居留许可有效期为 1 年，可每年续期。

商业移民邀请人的家庭成员，可获得 1 年的临时居留许可，并可每年续期一次。同时，邀请人家庭成员的临时居留许可不得超过邀请人临时居留许可的有效期。

5. 哈萨克斯坦共和国境内下列类别移民的家庭成员不得为家庭团聚而移民：

（1）在学习、培训和（或）实习期间接受教育者（普通学校学生、大学生和实习生）；

（2）季节性外国工人；

（3）出于人道主义的移民。

第 28 条　为家庭团聚而获得入境哈萨克斯坦共和国的签证规则

1. 为家庭团聚进入哈萨克斯坦共和国的签证，是根据邀请人提出的家庭团聚申请签发的。

2. 邀请人的家庭成员向哈萨克斯坦共和国驻外机构提交申请和以下文件，以便获得入境哈萨克斯坦共和国的签证：

（1）邀请人的申请书；

（2）邀请人临时居留许可的公证复印件，除哈萨克斯坦共和国公民外；

（3）邀请人及其家庭成员身份证件的公证复印件；

（4）确认邀请人每月有足够的钱用于赡养每个家庭成员，金额不低于哈萨克斯坦共和国财政年度规定的最低生活标准；

（5）确认邀请人在哈萨克斯坦共和国境内拥有住房，其面积符合每个家庭成员的最低标准，以及哈萨克斯坦共和国法律规定的卫生和其他标准；

（6）邀请人家庭成员的医疗保险；

（7）哈萨克斯坦共和国或外国授权国家机构提交的与邀请人的家庭关系证明的公证文件复印件；

（8）证明成年家庭成员是否存在犯罪记录的文件。

3. 有权在哈萨克斯坦共和国居住以实现家庭团聚的移民，如果与发放临时居留许可证有关的情况终止（达到成年、请求团聚的人员死亡、作为团聚依据的婚姻终止或注销），在确认有本条第 2 款第（4）项规定的必要资金的情况下，内务机构根据他们的申请可将许可证延长最多 6 个月。

第 29 条　以家庭团聚为目的移民的权利和义务

1. 以家庭团聚为目的进入哈萨克斯坦共和国的儿童有权按照哈萨克斯坦共和国法律规定的方式接受教育。

2. 为家庭团聚而来的移民，有权在以下条件下工作：

（1）本法第 27 条第 3 款第（1）项所指的家庭成员，其邀请人是哈萨克斯坦共和国公民，根据哈萨克斯坦共和国法律，可与哈萨克斯坦共和国公民一样从事劳动；

（2）邀请人是本法第 27 条第 1 款第（2）（3）项所指的家庭成员，根据当地执法机构签发给外国工人的符合独立就业资格证书进行劳动，以及发给雇主吸引外国劳动力许可证，在人口迁移问题授权机构确定的配额内。

3. 为家庭团聚而来的移民有义务：

（1）应承担哈萨克斯坦共和国法律规定的与居住在哈萨克斯坦共和国境内的移民相同的责任；

（2）在临时居留证到期后必须离开哈萨克斯坦共和国，除非有合法理由继续居留。

第 5 章　以接受教育为目的的移民

第 30 条　以接受教育为目的而来的移民

抵达哈萨克斯坦共和国接受教育的移民是指为实施普通中等、技术和职业、中学、高等教育和研究生教育大纲的院校接收的学生，包括有组织的交流生和预科生。

第 31 条　以接受教育为目的移民的入境条件

以接受教育目的抵达的移民必须：

（1）根据移民与接收院校（哈萨克族除外）的协议，以哈萨克斯坦共和国政府确定的方式和数额，出示其偿付能力证明，以支付住宿费用和学费；

（2）出示健康证明，以证明没有妨碍所选择专业的疾病，并具有医疗保险；

（3）提供是否存在犯罪记录的证明；

（4）在进入哈萨克斯坦共和国之前，提交教育机构的入学证明，并（或）证明接收方同意进行职业培训。

第 32 条　向以接受教育为目的的移民签发签证的条件

1. 哈萨克斯坦共和国外交部和哈萨克斯坦共和国驻外机构，应征得未成年人的父母、监护人或保护人的同意，根据教育机构或授权教育机构的申请，为未成年人签发入境签证，有效期不超过 1 年，期限根据接收的教育机构的申请确定。

为接受教育而来的移民的临时居留证，由内务机构根据接收的教育机构的申请签发，期限为教育机构确定的学习期限。

2. 为接受教育而来的移民的入境签证和临时居留证，每年由内务机构延期，直到学习结束，但不超过 1 年，必须有教育机构的确认。

3. 教育机构向为接受教育而来的移民及时解释哈萨克斯坦共和国法律规定的权利和义务，以及实施这些权利的必要条件，并承担哈萨克斯坦共和国法律在临时居留证到期后未能及时办理在哈萨克斯坦共和国逗留、迁移和离境文件的责任。

4. 内务机构，根据哈萨克斯坦共和国批准的国际条约，为来自与哈萨克斯坦共和国免签证入境和停留达成协议的各国接受教育的移民签发临时居留许可。

第 33 条 为接受教育而来的移民的基本权利和义务

1. 根据国家教育订单，外国人或无国籍人在竞争的基础上，免费接受技术和职业、中学、高等教育和研究生教育的权利由哈萨克斯坦共和国批准的国际条约规定。

进入哈萨克斯坦共和国接受教育的哈萨克族人，入学后有权：

（1）（根据 2019 年 12 月 27 日哈萨克斯坦共和国第 292–VI 号法律已删除）

（2）递交长期居住和以简易（登记）程序加入哈萨克斯坦共和国国籍。

2. 以接受教育为目的的移民：

（1）承担哈萨克斯坦共和国法律为居住在哈萨克斯坦共和国境内的移民规定的责任；

（2）完成全部课程和（或）专业培训后，必须离开哈萨克斯坦共和国，除非有合法理由继续逗留。

第 6 章 以劳动为目的的移民

第 34 条 以进行劳动活动为目的的移民类别

以进行劳动为目的入境的移民，分为以下几类：

（1）外国工人，为下列移民：

—按经济优先部门（经济活动种类）需要的职业独立就业的；

—雇主吸引来在哈萨克斯坦共和国境内工作的，包括通过公司内部调动而抵达的人员；

（2）商务移民，根据哈萨克斯坦共和国法律从事经营活动的移民；

（3）季节性外国工人，是雇主雇用不超过 1 年的移民，从事季节性工作，由于气候或其他自然条件，这些工作是在一定时期（季节）内完成的，根据移民问题授权机构与国家管理领域的国家授权机构达成的协议，批准职业清单；

（4）劳务移民，是在哈萨克斯坦共和国以家庭佣工身份从事劳动（提供服务）的移民，他们是根据劳务移民许可证从事家庭服务的自然人。

第 35 条 外国工人的入境条件

独立就业或雇主雇用的外国工人，包括通过公司内部调动，必须：

（1）是成年人；

（2）（根据 2015 年 11 月 24 日哈萨克斯坦共和国第 421–V 号法律已删除）

（3）具备完成工作所需的教育、资格和经验；

（4）提供无犯罪记录；

（5）出示没有妨碍工作的疾病的医疗证明；

（6）拥有涵盖基本卫生保健和住院治疗的医疗保险。

第 36 条 给外国工人颁发入境签证的条件

1. 哈萨克斯坦共和国外交部和哈萨克斯坦共和国驻外机构与国家安全机构协商后，根据外国工人就业或雇主招募外国劳动力许可证的有效期，包括公司内部调动，签发签证。

2.（根据2015年11月24日哈萨克斯坦共和国第422-V号法律已删除）

3. 根据哈萨克斯坦共和国批准的国际条约，内务机构向来自与哈萨克斯坦共和国缔结免签证协定国家的外国工人发放临时居留证。

4. 在外国工人有就业证或雇主有雇用外国劳动力许可证的情况下，外国工人的入境签证和临时居留证由内务机构与国家安全机构商定后，可延长1年，包括公司内部调动，延长至下一年。

5. 哈萨克斯坦共和国外交部和哈萨克斯坦共和国驻外机构，根据与相应国家机构签订的劳动合同，向国家机构的外国雇员发放入境签证。

第37条　雇主吸引外国劳动力许可证、外国工人独立就业资格证明颁发程序，以及公司内部调动

1. 雇主吸引外国工人的根据是在移民问题授权机构规定的配额内，由当地执法机构签发的许可证。

当地执法机构在本地和（或）其他地区行政单位为吸引外国工人签发许可证或续签，按照哈萨克斯坦共和国税法规定的程序向雇主收费。

哈萨克斯坦共和国政府确定吸引外国劳动力进入哈萨克斯坦共和国的配额，并在哈萨克斯坦共和国州、联邦直辖市和首都分配配额。

2. 通过公司内部调动的外籍工人以及独立就业者，根据其居留目的从事临时工作，在不超过3年的劳动合同期限结束后，必须离开哈萨克斯坦共和国。

向雇主发放或延长吸引外国劳动力许可证，以及公司内部调动的程序和条件，由人口移民问题授权机构批准。

3. 外国工人可以根据优先经济部门（经济活动种类）的需要来独立就业，但必须获得当地执法机构颁发的岗位技能资格证书，有效期不超过3个月，有权在合同的有效期内延长，但不得超过3年。

向外国工人颁发独立就业岗位技能资格证书的程序，经济优先部门（经济活动种类）清单，以及外国工人独立就业的需求职业，由人口移民问题授权机构与指导相应国家管理领域的授权国家机构协调后确定。

第38条　哈萨克族人和前同胞外籍工人劳动活动管理的特点

当地执法机构以人口移民问题授权机构确定的简易程序，向雇主发放吸引哈萨克族人和前同胞的外籍劳动力的许可证。

第39条　商务移民入境和签证条件

1. 商务移民为获得入境签证，必须：

（1）是成年人；

（2）出示没有妨碍工作的疾病的医疗证明；

（3）拥有涵盖基本卫生保健和住院治疗的医疗保险；

（4）出示无犯罪记录和无法院裁决禁止商业活动的证明；

（5）（根据2014年12月29日哈萨克斯坦共和国第269-V号法律已删除）

2. 哈萨克斯坦共和国外交部和哈萨克斯坦共和国驻外机构，向商业移民发放哈萨克斯坦共和国入境签证，有效期最长为2年。

3. 哈萨克族商业移民，包括来自与哈萨克斯坦共和国签订免签证入境和居留协定国家的移民，可获得的入境签证和临时居留证最长期限为 3 年。

第 40 条　商业移民在哈萨克斯坦共和国逗留和经营活动的条件

1. 商业移民在哈萨克斯坦共和国境内逗留的必要条件是从事经营活动。

2. 商业移民在进入哈萨克斯坦共和国后的 2 个月内必须：

（1）根据哈萨克斯坦共和国的民法，在哈萨克斯坦共和国注册商业机构或成为哈萨克斯坦共和国境内经营的商业机构的成员（股东）；

（2）在注册法律实体以形成其法定资本时，向哈萨克斯坦共和国二级银行存入不少于哈萨克斯坦共和国法律所规定的最低金额。

如果商业移民不履行本条规定的职责，内务机构应根据当地执法机构的申请，做出将商业移民的逗留时间缩短到自愿离境所需的时间。

禁止为未获得商业移民入境签证的外国人成立法人实体和资本注册。

3. 商业移民用于组织经营活动的设备运到哈萨克斯坦共和国境内，按照哈萨克斯坦共和国海关立法规定的条件和方式进行。

4. 商业移民可以在对外国人开放的哈萨克斯坦共和国境内自由迁移，并可根据哈萨克斯坦共和国法律规定选择居住地。

第 41 条　季节性外国工人的入境和逗留条件

1. 哈萨克斯坦共和国的驻外机构，根据吸引外国劳动力的许可证签发季节性外国工人入境签证。

2. 来自与哈萨克斯坦共和国缔结免签证入境和居留协定国家的季节性外国工人，其临时居留证由内务机构签发。

3. 季节性外国工人必须：

（1）是成年人；

（2）（根据 2015 年 11 月 24 日哈萨克斯坦共和国第 421-V 号法律已删除）

（3）出示没有妨碍工作的疾病的医疗证明；

（4）拥有涵盖基本卫生保健和住院治疗的医疗保险。

第 42 条　吸引季节性外国工人的条件

1. 季节性工人，根据哈萨克斯坦共和国批准的国际条约，或根据当地执法机构颁发给雇主的吸引外国劳动力许可证，按人口移民问题授权机构确定的条件，在配额内招收外国工人。

2. 根据哈萨克斯坦共和国住房法，雇用季节性外国工人的雇主必须向他们提供符合卫生、流行病学、技术和其他强制性要求的临时住房。

第 43 条　以劳动活动为目的的移民的基本权利和义务

1. 以劳动活动为目的的移民：

（1）承担哈萨克斯坦共和国法律为哈萨克斯坦移民规定的责任；

（2）在许可证期满时必须离开哈萨克斯坦共和国，除非有合法理由继续逗留。

2. 除季节性工人外，到达哈萨克斯坦共和国的外国工人有权：

（1）（根据 2015 年 11 月 24 日哈萨克斯坦共和国第 421-V 号法律已删除）

（2）雇主雇用从事劳务的雇员，在许可期结束后应提交就业许可申请。

第 43.1 条 劳务移民的入境和居留条件

1. 劳务移民必须满足以下要求：

（1）与哈萨克斯坦共和国签订免签证入境和居留协定的国家的公民，允许免签证在哈萨克斯坦共和国停留至少 3 个月；

（2）是成年人；

（3）（根据 2015 年 11 月 24 日哈萨克斯坦共和国第 421-V 号法律已删除）

（4）提供无犯罪记录；

（5）出示没有妨碍所选择的职业疾病的医疗证明；

（6）拥有涵盖基本卫生保健和住院治疗的医疗保险。

2. 劳务移民的临时居留许可由内务机构根据哈萨克斯坦共和国政府的规定进行发放和延期，期限与劳务移民许可证的期限等同。

哈萨克斯坦共和国劳务移民的连续临时居留最长期限不超过 12 个月。

第 43.2 条 向劳务移民签发许可证的规则

1. 向劳务移民发放许可证的有效期为许可证申请中所指的期限，可以是 1 个月、2 个月或 3 个月。

劳务移民的最长许可期限不能超过 12 个月。

新的劳务移民许可证在前一个许可证期满后 30 个日历日内颁发。

只有提交了证明其在哈萨克斯坦共和国境内的合法居留文件，并在申请中所指的获得许可证期间支付了个人所得税的预付款，才向劳务移民签发许可证。

在向劳务移民发放许可证时，办理临时居留证，并采集劳务移民的指纹和照片。

2. 应劳务移民的要求，劳务移民的许可证可多次延长至申请中指定的期限，可以是 1 个月、2 个月或 3 个月。

只有提交了上一阶段在雇主（家务劳动的自然人）家完成工作（提供服务）的证明文件，并预支付延长劳务移民许可期间的个人所得税后，才能延长劳务移民的许可。

3. 对劳务移民发放、延长和吊销许可证的规则，以及采集劳务移民的指纹和照片的规则由哈萨克斯坦共和国内务部决定。

4. 劳务移民许可证是移民签订在雇主（家务劳动的自然人）家完成工作（提供服务）劳动合同的基础。

5. 不允许一个雇主同时与 5 名以上劳务移民签订完成家务工作（提供服务）的劳动合同。

6. 劳务移民许可证赋予劳务移民在许可证发放的行政地区单位，在自然人雇主家完成家务工作（提供服务）的权利。

第7章　人道主义和政治原因的移民

第44条　人道主义原因抵达的移民的类别

人道主义原因抵达的移民有：

（1）志愿者，他们是来哈萨克斯坦共和国免费提供教育、保健和社会援助服务的移民；

（2）在哈萨克斯坦共和国批准的国际条约框架内，在哈萨克斯坦共和国为提供慈善、人道主义援助和赠款而来哈萨克斯坦共和国的移民。

第45条　出于政治原因而来的移民

出于政治原因而来的移民包括：

（1）难民；

（2）获得政治庇护的人。

第46条　出于人道主义原因抵达的移民的入境和颁发入境签证的条件

1. 出于人道主义原因抵达哈萨克斯坦共和国的移民的入境签证，由哈萨克斯坦共和国外交部、哈萨克斯坦共和国驻外机构根据在哈萨克斯坦共和国认证的国际组织代表处，或根据按该国法律正式注册的外国非政府社会组织（基金会）的申请签发，最长期限为1年。

2. 出于人道主义原因抵达的移民，不得在哈萨克斯坦共和国境内从事入境目的未规定的活动。

第47条　出于政治原因入境和居留条件

1. 寻求庇护者的入境和居留条件、向外国人和无国籍人提供庇护和给予其难民地位的关系、难民在哈萨克斯坦共和国境内的法律地位由哈萨克斯坦共和国难民法调节。

2. 提供政治庇护的规则由哈萨克斯坦共和国总统决定。

第8章　拒绝外国人和无国籍人进入哈萨克斯坦共和国和获得在哈萨克斯坦共和国永久居留权的一般依据

第48条　拒绝移民进入哈萨克斯坦共和国的依据

有下列情况，禁止移民进入哈萨克斯坦共和国：

（1）为了国家安全、公共秩序和公众的健康；

（2）如果他的行为旨在强行改变宪法秩序；

（3）如果他反对哈萨克斯坦共和国的主权和独立，号召破坏领土的统一和完整；

（4）如果他煽动种族、宗教间和宗教仇恨；

（5）为保护哈萨克斯坦共和国公民和其他人的权利和合法利益有必要这样做；

（6）如果国家安全部门有关于他参与极端主义或恐怖活动的情报，以及法院承认他是危险的累犯；

（7）如果他不执行之前在哈萨克斯坦共和国时的刑事或行政处罚；

（8）如果他上次在哈萨克斯坦共和国逗留期间，没有提交哈萨克斯坦共和国法律规定该提交的个人所得税申报表；

（9）如果他没有按哈萨克斯坦共和国政府规定的方式，提供在哈萨克斯坦共和国停留和离开所需资金的证明，但哈萨克族人、出生在哈萨克斯坦或以前是哈萨克斯坦共和国或哈萨克苏维埃社会主义共和国公民及其家庭成员除外；

（10）如果他申请入境时使用了假信息，或没有在哈萨克斯坦共和国政府规定的期限内提交必要的文件；

（11）他患有禁止进入哈萨克斯坦共和国的疾病；

（12）如果他之前是根据 1991 年 12 月 20 日《哈萨克斯坦共和国国籍法》第 21 条第（8）项的规定失去哈萨克斯坦共和国国籍；

（13）如果他之前是根据 1991 年 12 月 20 日《哈萨克斯坦共和国国籍法》第 20.1 条的规定被剥夺哈萨克斯坦共和国国籍。

之前被哈萨克斯坦共和国驱逐的移民，自法院驱逐决定执行后 5 年内，不得进入哈萨克斯坦共和国。

如果邀请方在提交申请之前连续 12 个日历月，因不及时向内务机构通报其移民情况，未采取措施为他们办理在哈萨克斯坦共和国的居留权，未确保他们在逗留期满后离开哈萨克斯坦共和国而被追究责任 2 次（含）以上，则不审理邀请方向哈萨克斯坦共和国邀请外国人的申请。

第 49 条 拒绝向外国人和无国籍人发放或注销其哈萨克斯坦共和国永久居留许可的依据

下列情况下，外国人和无国籍人被拒绝签发哈萨克斯坦共和国的永久居留许可证，或者先前签发的许可证被注销：

（1）非法抵达，并按所属国的法律因实施犯罪被起诉的人；

（2）从被剥夺自由的地方释放的人，其判刑前的永久居住地在哈萨克斯坦共和国境外；

（3）犯下反人类罪的人；

（4）没有按照哈萨克斯坦共和国政府规定的方式和金额提供支付能力证明的人，但哈萨克族人、出生在哈萨克斯坦或之前有哈萨克苏维埃社会主义共和国或哈萨克斯坦共和国国籍的同胞，以及根据哈萨克斯坦共和国批准的国际条约有权以简易程序获得哈萨克斯坦共和国国籍的人及其家庭成员除外；

（5）屡次违反哈萨克斯坦共和国外国人法律地位法的人；

（6）煽动种族、宗教间和宗教仇恨的人；

（7）其行动旨在强行改变宪法秩序的人；

（8）反对哈萨克斯坦共和国的主权和独立，号召破坏领土统一和完整的人；

（9）有未清除或撤销犯罪记录的人；

（9.1）国家安全部门有其参与极端主义或恐怖活动情报的人；

（10）在申请哈萨克斯坦共和国永久居留权时，提交虚假文件或故意报告虚假信息的人，或无正当理由，不按哈萨克斯坦共和国法律规定的期限提交必要文件的人；

（11）到颁发哈萨克斯坦共和国永久居留权之日时，被驱逐出境未满 5 年的人；

（12）为保护哈萨克斯坦共和国公民和其他人的权利和合法利益有此必要；

（13）自获得哈萨克斯坦共和国永久居留权之日起连续 12 个月内，在哈萨克斯坦共和国境内居住不足 183 个日历日的人；

（13.1）（根据 2015 年 11 月 24 日哈萨克斯坦共和国第 421-V 号法律已删除）

（14）为获得居留权与哈萨克斯坦共和国公民结婚的人，如果法院判决宣布该婚姻无效的决议生效；

（14.1）因违反哈萨克斯坦共和国的人口移民法、税法和劳动法，被追究行政责任的人；

（14.2）对国家安全利益构成威胁的人；

（15）患有禁止进入哈萨克斯坦共和国的疾病的人；

（16）根据 1991 年 12 月 20 日《哈萨克斯坦共和国国籍法》第 21 条第（8）项的规定失去哈萨克斯坦共和国国籍的人；

（17）根据 1991 年 12 月 20 日《哈萨克斯坦共和国国籍法》第 20.1 条的规定被剥夺哈萨克斯坦共和国国籍的人。

被拒绝发放永久居留证或给予无国籍人身份，可根据哈萨克斯坦共和国法律规定的方式提出上诉。

未经国家安全机构批准，禁止向外国人和无国籍人发放在哈萨克斯坦共和国永久居留许可证。

关于哈萨克族人及其家庭成员、因没有身份证件或根据 1974 年版苏联护照而被确认为无国籍人的人、受哈萨克斯坦共和国加入“已婚妇女国籍公约”法律约束的妇女，不适用本条第（13）项和第（14.1）项。

第 9 章　哈萨克斯坦共和国的国内移民

第 50 条　自愿迁移者和自行迁移的国内移民

哈萨克斯坦共和国的国内移民分为：

（1）自愿迁移到哈萨克斯坦共和国政府确定的地区；

（2）按自己意愿自行迁移者。

第 51 条　国内移民的基本权利和义务

1. 国内移民有权：

（1）在哈萨克斯坦共和国境内自由迁移、自由选择居住地，但哈萨克斯坦共和国法律规定的情况除外；

（2）受保护不被强制离开居住地或临时居所（居住地）；

（2.1）根据哈萨克斯坦共和国就业法，参加促进就业积极措施；

（2.2）如果属接收迁移者地区限额内，则按人口移民问题授权机构的规定和期限，在临时安置中心初次安置；

（3）提供就业援助。

不允许没有哈萨克斯坦共和国法律依据而强制自然人迁移。

2. 国内移民有义务：

（1）在哈萨克斯坦共和国境内以哈萨克斯坦共和国政府规定的程序，在居住地和临时居留地（居住地）登记；

（1.1）如果在接收迁移者配额内，有到临时安置中心报到证的情况下，居住在临时安置中心，在授权移民机构规定的居住期限到期后的3个日历日内，腾出所提供的房舍；

（2）如果国内自行迁移者在哈萨克斯坦共和国政府确定的地区居住未满5年而迁到以外地区，应提前全额归还获得的哈萨克斯坦共和国就业法为积极就业措施参与者提供的国家资助。

第10章　协助国内移民

第52条　确定接收迁移者的地区配额

1. 接收迁移者的地区配额，由移民问题授权机构根据州、联邦直辖市和首都的当地执法机构的建议确定。

2. 将迁移者列入地区配额是根据迁移者向就业中心提出的申请，按人口移民问题授权机构规定的程序进行。

第53条　向被列入地区移民接收配额的哈萨克斯坦共和国公民提供社会援助

哈萨克斯坦共和国公民根据哈萨克斯坦共和国就业法，按照人口移民问题授权机构的确定，向积极促进就业措施的参与者提供国家支持措施。

第11章　哈萨克斯坦共和国公民出境的条件和规则，防止非法移民

第54条　出境的哈萨克斯坦共和国公民类别

出境的哈萨克斯坦共和国公民分为以下两类：

（1）哈萨克斯坦共和国公民前往另一国永久居留；

（2）哈萨克斯坦共和国公民前往另一国临时居住。

哈萨克斯坦共和国驻外机构的工作人员、在国外从事临时劳动活动的哈萨克斯坦共和国公民、根据国际组织为哈萨克斯坦共和国规定的职位配额执行维和使命的军人以及学习和治疗的人员、应机构和个人邀请在外国旅游及因私出差的人属于前往另一国临时居留的哈萨克斯坦共和国公民。

第55条　哈萨克斯坦共和国公民出境的条件和规则

1. 每个人都有权到哈萨克斯坦共和国境外旅行。哈萨克斯坦共和国公民有权畅通无阻地返回哈萨克斯坦共和国。

2. 在内务机构办理了离境文件后，可以从哈萨克斯坦共和国常住地出境。

3. 向内务机构提出离开哈萨克斯坦共和国永久居留的申请：

（1）有行为能力的公民，亲自递交申请；

（2）儿童和法院认定为无行为能力的公民，由其法定代表办理。

4. 内务部核实申请是否符合离开哈萨克斯坦共和国出境永久居留权的条件。

有关国家机构在 10 日内审议内务机构针对申请离开哈萨克斯坦共和国永久居留的公民的询问函。

从申请人按照哈萨克斯坦共和国政府制定的程序提交所有文件之日起的 1 个月内，做出签发离开哈萨克斯坦共和国永久居留文件的决定。

5. 哈萨克斯坦共和国公民离开哈萨克斯坦共和国，到其他国家永久居留所涉及的经费由离境者自有资金支付，也可以从其他不违反哈萨克斯坦共和国法律的来源获得。

6. 哈萨克斯坦共和国公民离开哈萨克斯坦共和国，前往其他国家永久居住，有权根据哈萨克斯坦共和国法律，自费运出他及其家庭成员拥有所有权的财产。

7. 公民将具有文化、历史或其他价值的物品带出哈萨克斯坦共和国，须按照哈萨克斯坦共和国法律规定的规则进行调节。

8. 离开哈萨克斯坦共和国到其他国家永久居留的人，对哈萨克斯坦共和国境内财产的权利，由哈萨克斯坦共和国法律裁决。

第 56 条　拒绝给予哈萨克斯坦共和国公民出国永久居留许可的依据

如果有下列情况，暂时拒绝哈萨克斯坦共和国公民离开哈萨克斯坦共和国到永久居住地：

（1）拥有国家和其他受法律保护机密的信息，未向有关授权机构通知其离开哈萨克斯坦共和国的事实，直到该情况终止方可出境；

（2）因涉嫌刑事犯罪而被拘留，或作为嫌疑人、被告被起诉，或被裁定为嫌疑人，在案件判决或法院判决生效之前，不可以出境。

（3）被判定犯有罪行，在服刑期满或免于刑罚之前不能出境；

（4）逃避法院赋予他的义务，直到他履行义务方可出境；

（5）正在服兵役，需服完兵役，或根据《哈萨克斯坦共和国兵役和军人地位法》解除服兵役；

（6）在办理哈萨克斯坦共和国出境手续时，提交关于自己的虚假信息，直到被拒绝的依据消除并提交真实信息，方可出境；

（7）民事诉讼被告，在法院判决生效之前不能出境；

（8）有税收债务，全额偿还后方可出境；

（9）是被执行的债务人。

如果被执行的债务人提交了下列文件，本条第（9）项则不适用：

—法院批准的与执行人和解书；

—通过调解解决与执行人争端的协议；

—证明执行处罚或执行文件其他要求的文件；

—证明撤销有关机构决定的文件；

—以上所有限制离开哈萨克斯坦共和国到永久居留地的情况，内务机构须向哈萨克斯坦共和国公民发出通知，说明限制的依据和期限，以及对该决定提出上诉的程序。

第57条 居住在哈萨克斯坦共和国境外的哈萨克斯坦共和国公民的权利和义务

居住在哈萨克斯坦共和国境外的哈萨克斯坦共和国公民拥有一切权利和自由，并承担《哈萨克斯坦共和国宪法》、法律和国际条约规定的所有责任。

哈萨克斯坦共和国保证其公民在国外得到保护和庇护。

第58条 防止非法移民和对非法移民身份合法化的措施

1. 移民进入哈萨克斯坦共和国领土的条件是，他们必须遵守哈萨克斯坦共和国关于入境、出境、停留和过境的法律，以及哈萨克斯坦共和国批准的国际条约的要求。

2. 经授权的国家机构，应按照哈萨克斯坦共和国政府确定的规则对非法越境、非法居住在哈萨克斯坦共和国境内的外国人和无国籍人，以及被禁止进入哈萨克斯坦共和国领土的人，进行移民管理和登记。

第12章 违反哈萨克斯坦共和国人口移民法的责任及争议的解决

第59条 违反哈萨克斯坦共和国人口移民法的责任

违反哈萨克斯坦共和国人口移民法，将承担哈萨克斯坦共和国法律规定的责任。

第60条 驱逐非法移民

1. 根据哈萨克斯坦共和国法律，非法移民将被驱逐出哈萨克斯坦共和国到原籍国（外国人的国籍国，或无国籍人永久居住国）。

由法院做出驱逐决定。

允许按照哈萨克斯坦共和国法律规定的方式，将非法移民拘留在内务机构的专门部门内，以便驱逐出哈萨克斯坦共和国领土。

2. 驱逐或重新接纳的费用由被驱逐或被重新接纳的非法移民、邀请非法移民进入哈萨克斯坦共和国或在确定移民在哈萨克斯坦共和国非法居留时使用其工作的自然人或企业承担，除非哈萨克斯坦共和国批准的关于重新接纳的国际条约另有规定。如果被指定的人没有或没有足够的资金来支付驱逐或重新接纳的费用，可由有关国家机构向上述人员提起的诉讼中予以赔偿。

根据哈萨克斯坦共和国批准的国际条约，运送这些人员的运输组织负责从哈萨克斯坦共和国境内送出没有入境权的人员。

3. 根据哈萨克斯坦共和国批准的关于重新接纳的国际条约，从外国接纳的但无合法理由进入和留在哈萨克斯坦共和国的外国人或无国籍人，如果哈萨克斯坦共和国与其原籍国或永久（主要）居住国之间没有签署哈萨克斯坦共和国批准的关于重新接纳的国际条约，则应予以驱逐。

第61条 争议的解决

根据哈萨克斯坦共和国的法律，授权机构和（或）其官员的决定和作为（不作为）可以向国家上级机构（高级官员）和（或）法院上诉。

第 13 章　最后条款

第 62 条　本法的适用规则

1. 本法适用于其生效后出现的人口移民领域关系。

2. 授权的国家机构在本法生效之前签发的文件仍然有效。

第 63 条　本法生效的规则

1. 本法在首次正式公布后的 10 个日历日后生效，但第 8 条第（3）项、第 50 条第（1）项和第 10 章除外，这几个条款从 2015 年 1 月 1 日起生效。

2. 承认 1997 年 12 月 13 日通过的《哈萨克斯坦共和国人口移民法》失效。

五、哈萨克斯坦共和国移民入境、停留及离开哈萨克斯坦共和国规则

（2012年1月21日修订）

第1章　总则

1.《哈萨克斯坦共和国移民入境、停留及离开哈萨克斯坦共和国规则》（以下简称规则），是根据《哈萨克斯坦共和国宪法》、2015年12月7日通过的《关于阿斯塔纳国际金融中心的宪法规定》、2011年7月22日通过的《哈萨克斯坦共和国人口移民法》、1995年6月19日通过的《哈萨克斯坦共和国外国人法律地位法》制定的，它规定了在哈萨克斯坦的移民入境和停留，以及离开哈萨克斯坦共和国的程序。

2. 违反本法规，将按哈萨克斯坦共和国法律的规定追究责任。

3. 缩短移民在哈萨克斯坦共和国的逗留期限和将移民驱逐出哈萨克斯坦共和国，根据哈萨克斯坦共和国移民方面的法律实施。

4. 如果哈萨克斯坦共和国批准的国际条约与本规则不同，则适用国际条约。

第2章　移民的入境、居留以及离开哈萨克斯坦共和国的程序

1. 移民进入哈萨克斯坦共和国，并通过哈萨克斯坦共和国国家边境口岸离开哈萨克斯坦共和国，在拥有哈萨克斯坦共和国签证的情况下，使用护照或替代文件（以下简称护照），哈萨克斯坦共和国法律和（或）哈萨克斯坦共和国批准的国际条约规定了另外程序的情况除外。

签证要在移民护照有效期结束前至少3个月有效。

2. 移民在哈萨克斯坦共和国允许的居留期限如下：

（1）以免签证方式抵达哈萨克斯坦共和国的移民—自入境哈萨克斯坦共和国之日起30个日历日；

（2）欧亚经济联盟成员国公民—自入境哈萨克斯坦共和国之日起90个日历日；

（3）凭签证抵达哈萨克斯坦共和国的移民—在签证有效期结束时；

（4）与哈萨克斯坦共和国有经过批准的国际条约，规定了另外的期限，这些国家的公民—在这些条约规定的期限到期时；

（5）办理了临时居留许可证的移民—该许可证有效期结束时；

（6）因之前在哈萨克斯坦共和国逗留期间的违法行为，被追究行政责任的移民—在做出追究行政责任的决定后15天期满；

（7）被判犯有刑事罪的移民—服刑期满或免刑后10个日历日后，但因法院判决而被驱逐的情况除外；

（8）对于长期居住在哈萨克斯坦共和国，并办理了离开哈萨克斯坦共和国永久出国居留的移民—在送交文件后的30个日历日内；

（9）根据《哈萨克斯坦共和国刑事诉讼法》规定的程序，接到针对移民犯有严重或特别严重罪行的报告，对这些移民—在根据《哈萨克斯坦共和国刑事诉讼法》审议申请后的30个日历日内；

（10）对于被哈萨克斯坦共和国法院判处不与社会隔离的刑罚，以及假释的移民—在刑期结束后的15个日历日内或未执行刑期部分结束；

（11）根据刑事诉讼法规定的程序被确认为此类罪行刑事案件的被害人或证人的移民—停留期限延长至调查刑事案件所需的期间，但不超过90个日历日；

（12）在特殊情况下［由于自然灾害或大规模事故（灾害）的实际威胁，以及运输时间表被打乱而造成的社会、自然、人为类紧急情况］—停留期延长至出境限制所需的期间，但不超过30个日历日。

本款第（6）（7）（8）（9）（10）（11）（12）项所指的移民，内务机构向他们发出在哈萨克斯坦共和国居留许可期限的通知，在该期限到期之前，移民必须离开哈萨克斯坦共和国。

在哈萨克斯坦共和国租赁地居住或工作的移民在离开租赁地时，根据身份证件和在租赁地的居住登记，在移民服务信息系统中进行登记。离开租赁地的日期就是进入哈萨克斯坦共和国的日期。

3. 临时居住在哈萨克斯坦共和国的移民，未获得当地执法机构或内务机构颁发的相关许可证，不得从事劳务活动，除非哈萨克斯坦共和国移民领域的法律和（或）哈萨克斯坦共和国批准的国际条约另有规定。

4. 根据哈萨克斯坦共和国在人口移民领域的法律文件所规定的依据，可以禁止移民进入哈萨克斯坦共和国和从哈萨克斯坦共和国出境。

5. 内务机构根据接待人提供的信息以及哈萨克斯坦共和国国家安全委员会从哈萨克斯坦共和国边境口岸得到的信息，对移民进行登记。

接待人应在移民入境之日起3个工作日内通知内务当局有接待的移民。

移民按照证明身份的文件进行登记。

6. 根据申请给下列人员发放临时居留许可：

（1）为家庭团聚来投奔的个人；

（2）根据法律规定的程序与雇主签订劳动合同的个人；

（3）组织普通中等教育、技术和职业教育、中学教育、高等教育和研究生教育计划的移民；

（4）住院治疗的移民；

（5）按法律规定的程序从事传教活动的移民；

（6）根据哈萨克斯坦共和国立法为开展商业活动而抵达的移民（商业移民）。

办理临时居留许可的期限不超过移民护照的有效期。

办理临时居住许可时，应向“别尔库特”统一信息系统输入相关信息，同时向移民签发临时居留许可证。

根据哈萨克斯坦共和国移民领域法律规定的程序办理了吸引外国劳务许可证的移民，该劳务移民及其家庭成员的临时居留许可证的有效期与劳务许可证期限相同。

根据哈萨克斯坦共和国在移民领域的立法和（或）哈萨克斯坦共和国批准的国际条约，不需要移民获得吸引外国劳务许可，其家庭成员可以办理 1 年的临时居留许可，而且可以每年续签，但不得超过劳动合同或完成工作的民法劳动合同（提供服务）的期限。

与哈萨克斯坦共和国有已批准的免签证入境和居留的国际条约的国家的移民，来阿斯塔纳国际金融中心开展经营活动，其家庭成员可以办理临时居留许可，为期 1 年，可以每年续签，但不得超过劳动合同或完成工作的民法劳动合同（提供服务）的期限。

阿斯塔纳国际金融中心的投资移民，来自已批准免签证入境和居留国际条约的国家，以及他们的家庭成员，根据阿斯塔纳国际金融中心管理的请求，签发临时居留许可证，有效期 1 年，可每年延期，但不超过 5 年。与此同时，投资移民家庭成员的临时居留许可的有效期不得超过投资移民临时居留许可证的有效期。

来接受教育、专业培训和（或）进修的移民可获得为期 1 年的临时居留证，但不得超过教育、教学实习或进修的期限。

抵达哈萨克斯坦共和国实现家庭团聚的移民根据邀请人的申请办理临时居留许可证，期限由 2011 年 7 月 22 日通过的《哈萨克斯坦共和国人口移民法》规定。

在医疗机构住院的移民，根据医疗机构的申请（医疗证明）办理临时居留许可证，期限是治疗所需时间。

寻求庇护和难民的登记，根据哈萨克斯坦共和国难民法律规定的程序进行。

来自与哈萨克斯坦共和国签订了经哈萨克斯坦共和国批准的免签证入境和居留国际条约的国家的商务移民及其家庭成员，应当按当地执法机构的申请办理临时居留许可证，有效期 1 年，可每年延期，但不超过 3 年。

按法律规定的程序从事传教活动的移民，按在哈萨克斯坦共和国注册的宗教组织的申请办理临时居留许可证，期限为申请书上填写的时间，但不超过 1 年。

下列移民可免于获得临时居留许可证：

用哈萨克斯坦共和国签证抵达哈萨克斯坦共和国者；

持有外交或公务护照者；

16 岁以下的人。

当移民改变在哈萨克斯坦共和国的临时居住地时，接待人应在 3 个工作日内通知内务机构。

7. 在哈萨克斯坦共和国向内务机构申请永久居留证的移民，办理临时居留许可的期限为审议申请所需的时间，但不超过 90 个日历日。

8. 为进行劳务活动而抵达的移民分为以下几类：

（1）作为移民的外籍工人。

按优先发展的经济领域所需职业来自主就业（经济活动种类）者；

雇主招来在哈萨克斯坦共和国从事劳务活动者，其中包括因公司内部调动抵达者。

（2）商业移民，是指根据哈萨克斯坦共和国立法，为开展商业活动而抵达的移民。

（3）季节性外籍工人，是指雇主雇用不超过 1 年的时间来进行季节性劳动的移民，由于气候或其他自然条件，这些工作需在一定时期（季节）内完成。移民问题授权机构与相应的国家管理授权机构协商，批准一份职业清单，根据该职业清单雇用季节性外籍工人。

（4）劳务移民，是指以家庭佣工身份来哈萨克斯坦共和国的移民，目的是根据劳务移民许可证为雇主完成工作（提供服务），雇主是家务中的自然人。

9. 吸引外国劳动力和临时居住在哈萨克斯坦共和国的移民进行劳务活动，须根据当地执法机构或内务机构在移民问题授权机构规定的配额范围内进行，哈萨克斯坦共和国在移民领域的立法和（或）哈萨克斯坦共和国批准的国际条约另有规定的情况除外。

10. 如果商务移民不履行 2011 年 7 月 22 日通过的《哈萨克斯坦共和国人口移民法》所规定的义务，内务机构根据当地执法机构的申请，做出缩短商务移民的居留期限，时间为自愿离开所需的时间。

11. 季节性外国工人、以人道主义理由抵达的移民按普通理由申请临时居留许可证，哈萨克斯坦共和国人口移民领域的立法和（或）哈萨克斯坦共和国批准的国际条约另有规定的情况除外。

第 3 章　个别外国公民个人入境、停留以及离开哈萨克斯坦共和国的程序

1. 澳大利亚、美利坚合众国、奥地利、巴林、比利时、保加利亚、阿拉伯联合酋长国、罗马教廷梵蒂冈城、越南社会主义共和国、德意志联邦共和国、希腊、丹麦、新西兰、日本、以色列、爱尔兰、冰岛、西班牙、印度尼西亚、意大利、加拿大、卡塔尔、塞浦路斯、哥伦比亚、韩国、科威特、拉脱维亚共和国、立陶宛、列支敦士登、卢森堡、匈牙利、马来西亚、马耳他、墨西哥、摩纳哥公国、荷兰、挪威、阿曼苏丹、波兰、葡萄牙、罗马尼亚、沙特阿拉伯、新加坡、斯洛伐克、斯洛文尼亚、泰国、土耳其、大不列颠及北爱尔兰联合王国、菲律宾、芬兰、法国、克罗地亚、捷克、智利、瑞士、瑞典和爱沙尼亚的公民，可以免签进入和离开哈萨克斯坦共和国，如果他们在哈萨克斯坦共和国逗留的时间自穿越哈萨克斯坦共和国国界之日起不超过 30 个日历日，在每 180 个日历日内总停留时间不超过 90 个日历日。

2. 本规则规定的国家公民，为商务目的递交延长停留在哈萨克斯坦共和国的领土超过 30 个日历日的申请时，哈萨克斯坦共和国的内务机构应签发一次性“商务类”入境签证，期限为 30 个日历日内。

3. 哈萨克斯坦共和国内务机构在收到授权的投资机构的申请，确认了本规则所指明的国家公民为投资者身份时，签发一次性“投资类”签证，期限为 90 个日历日内。

4. 来自欧亚经济联盟成员国的劳务移民及其家属，免签进入哈萨克斯坦共和国，可以在本规则规定的期限内停留并免签离开哈萨克斯坦共和国。

5. 被哈萨克斯坦共和国法院判处监禁的外国人，可以没有签证和临时居留证在哈萨克斯坦共和国停留。

第 4 章　移民迁移、过境以及在哈萨克斯坦共和国选择居住地

1. 移民可以在对外国人开放的区域自由迁移，并根据哈萨克斯坦共和国移民领域的立法所规定的程序在哈萨克斯坦共和国境内选择居住地。哈萨克斯坦共和国政府根据哈萨克斯坦共和国《国家机密法》第 7 条第 7 款规定，对迁移和选择居住地进行限制。

2. 哈萨克斯坦共和国内务部与哈萨克斯坦共和国国家安全委员会协调，确定外国人在哈萨克斯坦共和国迁移以及进入不对外国人开放的某些地区（领土）的程序。

3. 过境哈萨克斯坦共和国的移民，应办理哈萨克斯坦共和国过境签证，以便入境和出境。

4. 如果外国人有进入第三国的有效证件（签证），则允许他们从哈萨克斯坦共和国过境，期限不超过 5 日。

5. 外国人从哈萨克斯坦共和国过境去往的国家与外国人国籍国有免签证入境协议时，外国人须办理哈萨克斯坦共和国过境签证。

5.1　中华人民共和国（以下简称中国）和印度共和国（以下简称印度）公民通过努尔苏丹、阿拉木图、奇姆肯特、阿克套、卡拉干达和塔拉兹等城市的国际机场过境时，在 2020 年 12 月 31 日 23 时 59 分之前，72 小时的免签证入境、停留和离开哈萨克斯坦共和国的制度有效。

本款规定的 72 小时免签证制度，适用于中国和印度公民，如果他们有有效的机票，则可以通过努尔苏丹、阿拉木图、奇姆肯特、阿克套、卡拉干达和塔拉兹等国际机场过境至第三国。

哈萨克斯坦共和国国家安全委员会边防局要在口岸给利用 72 小时免签证制度的中国和印度公民的护照盖章，指明过境哈萨克斯坦共和国国家的时间。

航空公司在航班到达努尔苏丹、阿拉木图、奇姆肯特、阿克套、卡拉干达和塔拉兹国际机场之前，向哈萨克斯坦共和国国家安全委员会边防局和哈萨克斯坦共和国内务部提交一份利用 72 小时的免签证制度过境的中国和印度公民名单，并协助查找未乘飞机离开哈萨克斯坦共和国去往第三国的中国和印度公民，以及

那些违反在哈萨克斯坦共和国72小时免签证制度而停留的人。

如果中国和印度公民违反本款规定的72小时免签证制度，出境费用由被驱逐的移民承担。如上述人员没有资金或资金不足，则由他们来时所乘飞机的航空公司自费安排离境。

航空公司在给利用72小时的免签证制度的中国和印度公民办理机票时，要给他们发放一份停留和违反移民法责任的备忘录，其中包括本款规定的制度。

6. 如果移民违反了哈萨克斯坦共和国移民领域的法律，或没有进一步的理由停留在哈萨克斯坦共和国，则缩短其在哈萨克斯坦共和国的停留时间。

违反在哈萨克斯坦共和国逗留法则的移民，即没有居住权证件或文件无效、在规定的居留期满后逃避出境，以及不遵守哈萨克斯坦共和国过境规则的移民，将根据哈萨克斯坦共和国移民法律承担行政责任。

如果在哈萨克斯坦共和国国家边境口岸，发现有违反哈萨克斯坦共和国移民方面的法律，则可处以警告、罚款和外国人或无国籍人确认违法事实的处罚，根据哈萨克斯坦共和国内务机构或国家安全委员会边防局做出的处理决定，外国人或无国籍人须离开哈萨克斯坦共和国。

7. 关于缩短移民在哈萨克斯坦共和国逗留时间的决定，由内务机构做出。

8. 当法院做出驱逐外国人和无国籍人的决定时，允许他们在组织驱逐所需的期间被关押在内务机构的专门设施内。

9. 移民可以通过民事诉讼程序，对驱逐其出哈萨克斯坦共和国的决定提出上诉。

10. 根据哈萨克斯坦共和国法律和哈萨克斯坦共和国批准的国际条约，通过外交渠道解决享有特权和豁免权的移民违反居留制度的责任问题，以及缩短他们在哈萨克斯坦共和国逗留时间的问题。

六、出入境管理和非法穿越哈萨克斯坦共和国国界、非法在哈萨克斯坦共和国停留以及被禁止进入哈萨克斯坦共和国的外国人和无国籍人的登记规则

（2012 年 1 月 21 日修订）

第 1 章　总则

1.《出入境管理和非法穿越哈萨克斯坦共和国国界、非法在哈萨克斯坦共和国停留以及被禁止进入哈萨克斯坦共和国的外国人和无国籍人的登记规则》是根据《哈萨克斯坦共和国宪法》、2011 年 7 月 22 日通过的《哈萨克斯坦共和国人口移民法》和 1995 年 6 月 19 日通过的《哈萨克斯坦外国人法律地位法》制定的，并规定下列活动的程序：

（1）出入境管理；

（2）非法穿越哈萨克斯坦共和国国境、在哈萨克斯坦共和国非法停留的外国人和无国籍人，以及被禁止进入哈萨克斯坦共和国的人员登记。

2. 哈萨克斯坦共和国内务机构（以下简称内务机构）与哈萨克斯坦共和国国家安全机构（以下简称国家安全机构）协同，负责监督外国人和无国籍人以及哈萨克斯坦共和国官员和公民遵守本规则的情况。

3. 出入境管理：

（1）内务机构对外国人和无国籍人在哈萨克斯坦共和国遵守停留规定进行移民管理。

（2）内务机构按移民临时居住地进行移民登记，包括通过“别尔库特”统一信息系统、该系统的移民签证门户网站（www. vmp. gov. kz）和哈萨克斯坦内务部信息系统获取信息。

（2. 1）持哈萨克斯坦共和国签证入境的外国人在穿越国家边界时，会通过邀请方办理邀请函时指定的地址，通过“别尔库特”统一信息系统自动统计。

（2. 2）接待移民的自然人和法人通过 www. vmp. gov. kz 或 egov. kz 网站，用个人电子数字签名将信息输入“别尔库特”统一信息系统的移民签证门户网站，或直接到移民局提交通知单或邮寄。

4. 在进行移民检查时，内务机构人员应检查：

（1）外国人是否有护照、签证或临时居留证，对于永久居住在哈萨克斯坦

共和国的外国人和无国籍人，应检查他们的居留证和无国籍证明；

（2）外国人有无按时出境或是否在哈萨克斯坦共和国延期居住；

（3）是否有在不对外国人开放区域的居留许可。

5. 内务机构人员进行检查的方法如下：

（1）按外国人永久居住地或暂时居住地；

（2）按外国人的工作地或学习地；

（3）在航空、铁路和其他运输工具上；

（4）在街道和公共场所。

6. 可以通过以下方式进行检查：

（1）巡查公民的住宅区；

（2）检查旅馆、酒店和其他外国人可能居住的地方；

（3）列车随乘；

（4）检查公路交通工具；

（5）进行预防性检查和专项行动；

（6）使用现行法律规定的其他形式和方法。

7. 执行法院驱逐出哈萨克斯坦共和国的决定是利用“别尔库特”统一信息系统，通过被驱逐者在监控下从哈萨克斯坦共和国自行出境进行。

以强制方法驱逐外国人或无国籍人是根据法院单方面拟订的驱逐决定，或将其移交给被驱逐者所到外国当局代表的方式进行。

驱逐外国人或无国籍人是依据法院关于驱逐的决定（判决）进行。

对于被从哈萨克斯坦共和国驱逐的人，法院的驱逐决定是代替签证和临时居留许可的文件。

7.1　驱逐或重新接纳的费用，由被驱逐或被重新接纳的非法移民、邀请非法移民来哈萨克斯坦共和国，或确认移民非法逗留时使用其劳动的自然人或法人承担，哈萨克斯坦共和国批准的关于重新接纳的国际条约另有规定的情况除外。如果上述人员没有资金或资金不足以支付其被驱逐或被重新接纳的费用，则该活动由预算资金资助，这种情况下驱逐或重新接纳的费用，则应由相应的国家机构通过司法程序起诉上述人员追偿驱逐或重新接纳的费用。

根据哈萨克斯坦共和国批准的关于重新接纳的国际条约接收的移民，他们没有进入哈萨克斯坦共和国并在此居住的法律依据，如果哈萨克斯坦共和国与该人的原籍国或永久（主要）居住国之间没有哈萨克斯坦共和国批准的国际条约，则这些移民应予以驱逐。

第 2 章　非法穿越哈萨克斯坦共和国国界、非法在哈萨克斯坦共和国境内逗留以及被禁止进入哈萨克斯坦共和国领土的外国人和无国籍人的登记

1. 由内务机构和国家安全机构以电子形式对违法的外国人或无国籍人进行登记，并填写相应的信息统计文件。

2. 各地方内务机构和国家安全机构的地方机构，对因违法穿越哈萨克斯坦

共和国国界和非法在哈萨克斯坦共和国境内逗留而被追究行政和刑事责任的外国人和无国籍人进行独立登记。

3. 内务机构和国家安全机构立即向“别尔库特”统一信息系统填写外国人和无国籍人违法的信息。

4. 各地内务机构每月向哈萨克斯坦共和国内务部提交被追究行政责任的外国人人数和个人详细资料的信息。

5. 根据2011年7月22日通过的《哈萨克斯坦共和国人口移民法》第48条，之前被驱逐出哈萨克斯坦共和国的外国人自执行法院驱逐决定之日起5年内禁止入境哈萨克斯坦共和国。

依据执行法院的判决，判决生效后，主导机构应在1个工作日内将被禁止进入哈萨克斯坦共和国的人员信息输入“别尔库特”统一信息系统。

第二部分

吉尔吉斯共和国
边防出入境法律法规

一、吉尔吉斯共和国国籍法

（2007 年 5 月 21 日修订）

第 1 章　总则

第 1 条　本法调节的对象

本法规定取得和终止吉尔吉斯共和国国籍的依据、条件和程序，同时调节其他与吉尔吉斯共和国国籍法相关的问题。

第 2 条　吉尔吉斯共和国国籍立法

吉尔吉斯共和国的国籍由《吉尔吉斯共和国宪法》、吉尔吉斯共和国已加入并依法生效的国际条约、本法以及根据以上法律通过的其他吉尔吉斯共和国标准法律文件调节。

第 3 条　基本概念

本法使用下列基本概念：

吉尔吉斯共和国国籍，是指某人与吉尔吉斯共和国稳定的法律关系，表现为相互联系的权利与义务；

其他国籍，是指外国的国籍；

双重国籍，是指吉尔吉斯共和国公民拥有外国国籍；

外国公民，是指某个人不是吉尔吉斯共和国公民，而是有证据证明拥有外国国籍；

无国籍人，是指某个人不是吉尔吉斯共和国公民，也没有属于其他国家国籍的证据；

居住证，是指给予外国公民或无国籍人在吉尔吉斯共和国长期或短期居住权利的文件；

申请人，是指吉尔吉斯共和国有行为能力的成年公民、外国公民或无国籍人；

取得或终止吉尔吉斯共和国国籍的一般程序，是指吉尔吉斯共和国总统按适用本法规定一般条件的人员的国籍问题进行审议并做出决定的程序；

授权机关，是指吉尔吉斯共和国参与解决国籍问题的国家机关；

获得或终止吉尔吉斯共和国国籍的简化程序，是指吉尔吉斯共和国总统按适用本法规定的优惠条件和吉尔吉斯共和国已加入并依法生效的国际条约审议国籍问题并对其做出决定的程序；

儿童，是指未满18岁的人。

第4条 吉尔吉斯共和国国籍的原则

1. 吉尔吉斯共和国每个人都有权拥有国籍。

2. 任何一个吉尔吉斯共和国公民不可以被剥夺国籍和改变自己国籍的权利。

3. 吉尔吉斯共和国保障其公民在国外受到保护和庇护。

4. 根据《吉尔吉斯共和国宪法》，不论以任何理由和程序获得吉尔吉斯共和国国籍的吉尔吉斯共和国公民，都享有吉尔吉斯共和国相应的平等权利、自由和义务。

第5条 吉尔吉斯共和国公民

吉尔吉斯共和国公民是指：

（1）在本法生效之日具有吉尔吉斯共和国国籍的人；

（2）曾为苏联公民的人近5年在吉尔吉斯共和国境内常住（自向内务机构申请之日起），并且未做出关于属于另一国家国籍的声明；

（3）根据本法取得吉尔吉斯共和国国籍的人。

第6条 其他国籍

1. 吉尔吉斯共和国将有其他国籍的吉尔吉斯共和国公民视为吉尔吉斯共和国的公民，但本法和吉尔吉斯共和国已加入并依法生效的国际条约另有规定的情况除外。

2. 吉尔吉斯共和国公民获得另一种国籍并不会终止吉尔吉斯共和国国籍。

第7条 国家保护吉尔吉斯共和国境外的吉尔吉斯共和国公民的权利、自由和合法权益

1. 通过吉尔吉斯共和国的外交代表处和领事机构向吉尔吉斯共和国境外的吉尔吉斯共和国公民提供权利、自由和合法利益的保护。

2. 吉尔吉斯共和国的国家权力机构、外交代表处和领事机构及其官员有义务采取措施，确保吉尔吉斯共和国的公民能够充分享受驻在国立法和吉尔吉斯共和国已加入并依法生效的国际条约所规定的权利和自由，按法律规定的程序保护其合法权益，并在必要时采取措施恢复吉尔吉斯共和国公民的权利。

3. 在驻在国外交代表处或者吉尔吉斯共和国领事机构缺失的情况下，根据吉尔吉斯共和国加入并依法生效的国际条约，保护吉尔吉斯共和国公民的权利、自由和合法权益可以通过其他国家的相关机关来行使。

第8条 缔结和解除婚姻时的吉尔吉斯共和国国籍

1. 吉尔吉斯共和国公民与外国公民或无国籍人缔结及解除婚姻，都不会改变其国籍。

2. 一方的国籍改变并不会引起另一方的国籍改变。

3. 解除婚姻不会改变该婚姻中所生子女或夫妻双方所收养子女的国籍。

第9条 吉尔吉斯共和国国籍证明文件

吉尔吉斯共和国国籍证明文件包括吉尔吉斯共和国公民的所有国家护照种类、公民出生证明及其他证明吉尔吉斯共和国公民身份的文件。

第 10 条　不允许驱逐和引渡吉尔吉斯共和国公民

吉尔吉斯共和国加入并依法生效的国际条约规定的情况除外，吉尔吉斯共和国公民不能被驱逐出共和国或引渡到另一个国家。

第 2 章　吉尔吉斯共和国国籍的取得

第 11 条　吉尔吉斯共和国国籍获得的依据

吉尔吉斯共和国国籍的获取方式：

（1）按出生；

（2）加入吉尔吉斯共和国国籍；

（3）恢复吉尔吉斯共和国国籍；

（4）按吉尔吉斯共和国已加入并依法生效的国际条约所规定的依据或规定的方式。

第 12 条　按出生获取吉尔吉斯共和国国籍

儿童的父母在其出生时是吉尔吉斯共和国国籍，则该儿童不论出生地在哪里，都是吉尔吉斯共和国的公民。

父母是不同国籍，如果其中一方有吉尔吉斯共和国国籍，则婴儿的国籍不取决于出生地，而以父母的书面协商确定。

儿童的父母一方在其出生时是吉尔吉斯共和国的国籍，另一方是无国籍人或不明国籍，则儿童无论其出生地在哪里，都是吉尔吉斯共和国公民。

出生在吉尔吉斯共和国的儿童，其父母是无国籍人，但长期居住在吉尔吉斯共和国，该儿童是吉尔吉斯共和国公民。

在吉尔吉斯共和国出生的儿童，其父母双方国籍不明，该儿童是吉尔吉斯共和国公民。

第 13 条　加入吉尔吉斯共和国国籍的条件

1. 年满 18 岁的外国公民和无国籍人有权以普通程序提出加入吉尔吉斯共和国国籍，条件是：

（1）至提交申请之时，近 5 年长期居住在吉尔吉斯共和国。如果申请人 1 年内离开吉尔吉斯共和国不超过 3 个月，居住期限被认为是不间断的。

（2）掌握足以交流的国家语言或者官方语言，国家语言或者官方语言知识水平的确定程序由国籍问题审议程序条例规定。

（3）必须遵守吉尔吉斯共和国宪法和法律。

（4）有生活来源。

2. 如果存在下列理由之一，本条第 1 款第（1）项规定的外国人和无国籍人在吉尔吉斯共和国居住的期限缩减至 3 年：

（1）（根据 2012 年 3 月 17 日颁布的吉尔吉斯共和国第 23 号法律失去效力）

（2）在科学、技术、文化领域有很高的成就，以及有吉尔吉斯共和国需要的职业或技能；

（3）投资吉尔吉斯共和国经济优先领域，投资程序和投资金额由吉尔吉斯共和国政府确定；

（4）根据吉尔吉斯共和国的法律被认定为难民。

第 14 条 以简易程序加入吉尔吉斯共和国国籍

1. 年满 18 岁的外国公民和无国籍人有权以简化程序加入吉尔吉斯共和国国籍。除非吉尔吉斯共和国已加入并依法生效的国际条约另有规定，第 13 条第 1 款第（1）项规定的其在吉尔吉斯共和国的居住期限，缩减至 1 年，如果他们符合以下条件：

（1）父（母）一方有吉尔吉斯共和国国籍且居住在吉尔吉斯共和国境内；

（2）出生在吉尔吉斯苏维埃社会主义共和国并有苏联国籍；

（3）恢复吉尔吉斯共和国国籍。

2. 拥有外国国籍或无国籍的吉尔吉斯族人、曾经的吉尔吉斯共和国公民，在返回吉尔吉斯共和国永久居住时，以及与吉尔吉斯共和国公民结婚并抵达吉尔吉斯共和国永久居住的外国公民和无国籍女性在加入吉尔吉斯共和国国籍时，无须在法律规定的期限内满足在吉尔吉斯共和国境内的居住期限的条件，也不必遵守第 13 条和本条第 1 款规定的条件。无须在加入吉尔吉斯共和国国籍书面申请的基础上，事先退出外国国籍，也不用写明已放弃外国国籍就可加入吉尔吉斯共和国国籍。

3. 不必遵守本法第 13 条第 1 款规定的条件，以简化程序加入吉尔吉斯共和国国籍的情形如下：

（1）儿童的父（母）一方有吉尔吉斯共和国国籍，根据该父（母）的申请和父（母）另一方书面同意获取吉尔吉斯共和国国籍。如果儿童居住在吉尔吉斯共和国境内，则无须父（母）另一方的同意。

（2）儿童唯一的父（母）有吉尔吉斯共和国国籍，根据该父（母）的申请。

（3）儿童或无行为能力的人已确立监护或监护关系，则根据具有吉尔吉斯共和国公民身份的监护人或保护人的申请。

（4）本条第 1 款和第 2 款所指的人适用第 13 条第 1 款第（3）（4）项规定的要求。

第 15 条 吉尔吉斯共和国国籍的恢复

以前是吉尔吉斯共和国国籍的人，永久合法地居住在吉尔吉斯共和国境内，可根据本法第 14 条规定的程序，经个人申请恢复吉尔吉斯共和国的国籍。

第 16 条 申请吉尔吉斯共和国国籍的驳回理由

拒绝以下人申请吉尔吉斯共和国国籍：

（1）支持强行改变宪法制度的基础，开展对吉尔吉斯共和国国家安全构成威胁的活动；

（2）故意提交虚假文件或故意提供虚假信息；

（3）根据吉尔吉斯共和国的法律从吉尔吉斯共和国驱逐出境，并规定 5 年禁止入境或永久禁止进入吉尔吉斯共和国；

（4）正在服兵役，以及在外国的执法和安全机构服役；

（5）根据吉尔吉斯共和国的法律或外国法律被刑事追诉，直到吉尔吉斯共和国的执法机构或法院做出最终裁决；

（6）民事案件中的被告，直至吉尔吉斯共和国法院做出最后裁决；

（7）被定罪并服刑，直至刑期届满；

（8）在吉尔吉斯共和国犯有重罪或者特别重大罪行而被判剥夺自由的人。

第 17 条　儿童已确立监护或保护关系的情况下，获得吉尔吉斯共和国的国籍

1. 由吉尔吉斯共和国公民收养的儿童为外国公民或无国籍人，或在吉尔吉斯共和国建立监护和保护关系的儿童，将成为吉尔吉斯共和国公民。

2. 夫妻双方收养或确立监护或保护关系的儿童为外国人或无国籍人，其中一方是吉尔吉斯共和国的公民，另一方是无国籍人，该儿童是吉尔吉斯共和国公民。

3. 夫妻双方收养或由其建立监护或保护关系的儿童为外国公民，其中一方是吉尔吉斯共和国公民，另一方是外国公民，需要养父母双方、监护人或保护人的书面同意，该儿童成为吉尔吉斯共和国公民。

4. 由夫妻双方收养或由其确立监护或保护关系的儿童为无国籍人，其中一方是吉尔吉斯共和国公民，则该儿童为吉尔吉斯共和国公民。

第 18 条　被收养儿童保留吉尔吉斯共和国国籍

被外国公民或无国籍人或夫妻一方为吉尔吉斯斯坦公民，另一方为外国公民或无国籍人收养的吉尔吉斯共和国国籍的儿童，保留吉尔吉斯共和国国籍。

第 19 条　确立监护或保护关系的儿童保留吉尔吉斯共和国国籍

如果居住在吉尔吉斯共和国境内的儿童的父母或其中一方放弃或丧失吉尔吉斯共和国国籍，而且没有参与被吉尔吉斯共和国公民对已确立监护或保护关系的儿童的教育，根据监护人或保护人的申请，该儿童保留吉尔吉斯共和国国籍。

第 20 条　在父母一方取得吉尔吉斯共和国国籍时，儿童也取得吉尔吉斯共和国国籍

1. 如果父母一方成为吉尔吉斯共和国公民，而另一方仍然是外国公民，子女可根据取得吉尔吉斯共和国国籍的父母一方提出的申请获得吉尔吉斯共和国国籍，须经父母另一方的书面同意。

2. 如果父母一方成为吉尔吉斯共和国公民，另一方仍然是无国籍人，则居住在吉尔吉斯共和国境内的儿童，成为吉尔吉斯共和国公民。

3. 如果父母一方成为吉尔吉斯共和国公民，而另一方仍然是无国籍人，则居住在吉尔吉斯共和国境外的儿童，根据获得吉尔吉斯共和国国籍父母一方的申请，可以获得吉尔吉斯共和国国籍。

第 21 条　改变儿童国籍时必须征得他们的同意

在父母的国籍发生改变或在收养时，改变 14 至 18 岁儿童的国籍，必须以公证的形式征得儿童的同意。

第 22 条　承认吉尔吉斯共和国公民为其他国家国籍

1. 在下列情形下，吉尔吉斯共和国公民可以加入其他国家的国籍，并保留

吉尔吉斯共和国公民身份：

（1）在不违反吉尔吉斯共和国和外国法律的情况下，获得其他国家国籍；

（2）如果国家之间有吉尔吉斯共和国已加入并依法生效的关于双重国籍问题的国际条约。

2. 在下列情形下，吉尔吉斯共和国不承认双重国籍：

（1）与吉尔吉斯共和国接壤国家的公民；

（2）本法第 16 条所指的人。

3. 具有双重国籍的吉尔吉斯共和国公民不得担任吉尔吉斯共和国总统，吉尔吉斯共和国议会议员，吉尔吉斯共和国法官、执法机构工作人员，吉尔吉斯共和国国防领域国家权力机关工作人员，并在国家权力机关担任领导职务。

4. 终止、恢复和退出双重国籍与终止、恢复和退出吉尔吉斯共和国国籍一样，按照本法规定的程序进行。

5. 在吉尔吉斯共和国获得双重国籍的人必须像吉尔吉斯共和国的公民一样按照本法规定的程序进行登记。

6. 如果有本法第 23 条规定的事实，吉尔吉斯共和国将单方面取消双重国籍。

第 3 章　吉尔吉斯共和国国籍的终止

第 23 条　终止吉尔吉斯共和国国籍的依据

以下情况要终止吉尔吉斯共和国国籍：

（1）退出吉尔吉斯共和国国籍；

（2）丧失吉尔吉斯共和国国籍；

（3）根据本法和吉尔吉斯共和国加入并依法生效的国际条约规定的其他理由。

第 24 条　退出吉尔吉斯共和国国籍

1. 居住在吉尔吉斯共和国境内的人退出吉尔吉斯共和国国籍应根据自愿意思的表示，以普通程序进行，本法第 26 条规定的情况除外。

2. 居住在外国领土上的人退出吉尔吉斯共和国国籍，要根据自愿意思表示，以简易程序进行，本法第 25 条规定的情况除外。

3. 儿童父母一方为吉尔吉斯共和国国籍，另一方为外国公民或其单亲父（母）为外国公民，儿童退出吉尔吉斯共和国国籍根据父母的申请或单亲父（母）的申请以简易程序办理。

第 25 条　拒绝退出吉尔吉斯共和国国籍的依据

如果吉尔吉斯共和国公民有下列情况，不允许退出吉尔吉斯共和国国籍：

（1）有对国家未履行的义务或对吉尔吉斯共和国境内的法人或自然人利益有关的财产义务；

（2）作为刑事案件被告，被吉尔吉斯共和国执法机关追究责任，或法院有针对他的终审判决需要执行。

第 26 条　丧失吉尔吉斯共和国国籍

丧失吉尔吉斯共和国国籍的情况如下：

（1）某人到外国军事或情报部门服役，在吉尔吉斯共和国境外接受过实施恐怖主义或极端主义犯罪技能和能力的培训，在外国参加武装冲突或军事行动，但履行维护国际和平与安全公务的情况除外；

（2）通过提供虚假信息或伪造文件获得的吉尔吉斯共和国国籍。

第 4 章　负责吉尔吉斯共和国国籍事务的权力机构和官员

第 27 条　负责吉尔吉斯共和国国籍事务的权力机构和官员

1. 负责处理吉尔吉斯共和国国籍事务的权力机构和官员如下：

吉尔吉斯共和国总统；

内务机构；

吉尔吉斯共和国对外政治活动领域的国家权力机构；

吉尔吉斯共和国驻外外交代表处和领事机构。

2. 吉尔吉斯共和国国籍事务机构的权限由本法规定。

第 28 条　吉尔吉斯共和国总统的权限

1. 吉尔吉斯共和国总统根据本法就下列问题做出决定：

（1）接受外国公民和无国籍人加入吉尔吉斯共和国国籍；

（2）恢复吉尔吉斯共和国国籍；

（3）退出吉尔吉斯共和国国籍和剥夺吉尔吉斯共和国国籍。

2. 吉尔吉斯共和国国籍问题由吉尔吉斯共和国总统颁布法令。

3. 关于审议吉尔吉斯共和国国籍问题程序的条例由吉尔吉斯共和国总统批准。

第 29 条　吉尔吉斯共和国人口登记领域的国家权力机关的权限

吉尔吉斯共和国负责人口登记的国家权力机构：

（1）接受居住在吉尔吉斯共和国境内的人有关吉尔吉斯共和国国籍问题的申请，核实为支撑此类申请而提交的事实和文件；

（2）发送有关加入吉尔吉斯共和国国籍和退出国籍的申请材料，以供吉尔吉斯共和国总统审批；

（3）确定在吉尔吉斯共和国境内常住的人属于吉尔吉斯共和国公民；

（4）为在吉尔吉斯共和国境内常住的人准备有关国籍问题的材料；

（5）为在吉尔吉斯共和国境内常住的人登记吉尔吉斯共和国国籍丧失情况；

（6）在本法第 24 条第 1 款、第 3 款规定的情况下，办理退出国籍的材料；

（7）接受有关恢复吉尔吉斯共和国国籍的材料；

（8）对已决定改变吉尔吉斯共和国国籍人员进行登记；

（9）执行吉尔吉斯共和国总统就吉尔吉斯共和国境内居民所做出的关于吉尔吉斯共和国国籍的决定。

第 30 条　吉尔吉斯共和国对外政治领域的国家权力机构、吉尔吉斯共和国外交代表处和领事馆的权限

1. 吉尔吉斯共和国对外政治领域的国家权力机关、吉尔吉斯共和国外交代

表处和吉尔吉斯共和国领事机构：

（1）接受吉尔吉斯共和国境外常住者提交的关于吉尔吉斯共和国国籍的申请，并连同必要的文件一起送交吉尔吉斯共和国总统审议；

（2）确定在国外常住者属于吉尔吉斯共和国国籍；

（3）登记在国外常住的吉尔吉斯共和国公民丧失国籍的情况；

（4）根据本法第 24 条第 2 款，办理国籍的退出；

（5）对常住国外的吉尔吉斯共和国公民进行领事登记；

（6）执行吉尔吉斯共和国总统就吉尔吉斯共和国境外居住者的吉尔吉斯共和国国籍问题做出的决定；

（7）对已做出决定改变吉尔吉斯共和国国籍的人员进行登记。

2. 在某国没有吉尔吉斯共和国外交代表处或领事机构的情况下，根据吉尔吉斯共和国已加入并依法生效的国际条约，这些机构的职能由其他国家的外交代表处和领事机构履行。

第 5 章　吉尔吉斯共和国国籍案件的诉讼

第 31 条　吉尔吉斯共和国国籍问题的申请递交程序

1. 就吉尔吉斯共和国国籍问题向吉尔吉斯共和国总统提出申请，并向申请人常住地的吉尔吉斯共和国人口登记领域的国家权力机关递交。

2. 在吉尔吉斯共和国境外的常住居民向吉尔吉斯共和国外交代表处或领事机构提出申请。

3. 申请应由申请人本人递交。

4. 如果因为特殊原因申请者不能亲自提交申请，而且文件经过确认，则可以通过另一人或邮件送交申请和必要的文件用以审查。在这种情况下，申请书签字人签名的真实性和申请书所附文件副本的一致性应通过公证加以核实。

5. 儿童或无行为能力人改变国籍的申请，由其父母在儿童或无行为能力人的居住地的其他法律代表提交。

第 32 条　吉尔吉斯共和国国籍问题文件的办理程序

1. 加入吉尔吉斯共和国国籍的申请、恢复以及退出吉尔吉斯共和国国籍的申请均按申请人的书面申请进行审议。对于未满 18 岁人的申请，按经公证的合法代表的申请审议，如果在吉尔吉斯共和国境外，则由吉尔吉斯共和国外交代表处或领事机构审议。

2. 在递交 14 至 18 岁儿童加入吉尔吉斯共和国国籍、恢复国籍或退出吉尔吉斯共和国国籍的申请时，必须提交经公证的儿童的书面同意。在吉尔吉斯共和国境外，其书面同意由吉尔吉斯共和国外交代表处或领事馆证明无误。

3. 在提交未成年子女放弃吉尔吉斯共和国国籍的申请时，其父母之一仍是吉尔吉斯共和国的公民，则必须有后者对该未成年子女退出吉尔吉斯共和国国籍的书面同意。此类申请书应经过公证。在吉尔吉斯共和国境外，此类申请必须经吉尔吉斯共和国外交代表处或领事馆证明。

4. 如果申请人因身体缺陷而无法签署申请书，则应他的请求，申请书应由另一人签名并进行公证。在吉尔吉斯共和国境外，申请人的签名由吉尔吉斯共和国外交代表处或领事机构官员证明。

第 33 条　向吉尔吉斯共和国权力机关提供的文件清单

1. 外国公民或无国籍人向居住地内务机关或外交代表处和领事机构提供下列文件：

（1）加入吉尔吉斯共和国国籍的申请表，一式两份；

（2）申请人身份证明文件原件和复印件（护照、无国籍人居留证）；

（3）两张照片；

（4）缴纳国税的收据（领事费）或免税文件；

（5）有生活来源的文件（自然人收入证明、带有税务机关印章的个人所得税申报单、工作证明、工作簿、退休金证明、社会保障机构领取福利证书、获得抚养费证明、信用机构中有指定账号的存款证明、继承权证明、抚养申请人的收入证明，或其他能证明从法律未禁止的活动中获得收入的文件）；

（6）长期居住在吉尔吉斯共和国境内的证明文件（居留证、登记证、乡公所证明）；

（7）证明申请人掌握国家或官方语言水平的文件，持有吉尔吉斯语或俄语的教育机构毕业证的人，不需要这种证明。

2. 如果申请人同时申请未成年子女加入吉尔吉斯共和国国籍，则应根据本法规定的情况，提交以下文件：

（1）结婚（离婚）、婴儿的出生、建立监护权和托管权、剥夺父母权利的证明原件和复印件；

（2）经过公证的 14 至 18 岁儿童改变国籍的书面同意书。

3. 根据本法第 14 条第 2 款提交文件时，除本条第 1 款规定的文件外，如果申请人有以下情况，还应提交下列文件之一的副本：

（1）与吉尔吉斯共和国公民结婚，提交结婚证；

（2）在科学、技术、文化领域取得成就，或拥有吉尔吉斯共和国需要的专业或技能，提交有关国家机构接受申请人加入吉尔吉斯共和国的国籍的申请书；

（3）吉尔吉斯共和国境内的难民，提交难民证，如果没有第 2 款规定的文件，则不用提交，也不用提交本条第 1 款第（5）项规定的文件；

（4）投资吉尔吉斯共和国经济，提交吉尔吉斯共和国国家机关开具的确认投资文件。

4. 以简化程序提交加入吉尔吉斯共和国国籍的文件时，除本条第 1 款中指定的文件外，如果申请人有下列情况，需提交下列文件之一：

（1）父母一方是吉尔吉斯共和国公民，提交申请人出生证明复印件和父（母）国籍证明文件；

（2）出生在吉尔吉斯共和国，提交出生在吉尔吉斯共和国的事实证明文件；

（3）具有外国国籍或居住在外国领土的吉尔吉斯族人，提交能证明自己或父（母）一方为吉尔吉斯族的文件，不用提交本条第 1 款第（6）项指的文件。

第 34 条 吉尔吉斯共和国国籍申请的接收和审议程序

1. 吉尔吉斯共和国人口登记领域的国家权力机构、外交代表处或领事机构有义务接受所有关于吉尔吉斯共和国国籍问题的申请，通常是由申请人亲自递交或通过邮件发送，以及出于正当理由通过第三方转交，其清单已由吉尔吉斯共和国总统批准。

2. 处理国籍问题申请的内务机构或相应的外交代表处或领事机构应就此做出有理有据的结论。

3. 人口登记领域的吉尔吉斯共和国国家权力机构在对外政治活动领域的吉尔吉斯共和国国家权力机构应就申请国籍问题的结论和与国家安全机构达成共识的其他必要材料，发送到吉尔吉斯共和国总统国籍问题委员会。

4. 内务机构和外交代表处或领事机构对国籍问题的申请审议的总时长，按照一般程序不应超过 90 日，而根据简化程序不应超过 30 日。

在退出吉尔吉斯共和国国籍申请的结论中，应告知申请人未履行的国家义务或与公民或企业、机构和组织以及社会团体的根本利益有关的财产义务；告知申请人作为被告人被追究刑事责任或根据已经生效的法院判决服刑的信息，或者此人退出国籍违反吉尔吉斯共和国国家安全利益。

第 35 条 国税和领事费的征收

在吉尔吉斯共和国境内提交取得吉尔吉斯共和国国籍、恢复或退出国籍的申请时，须缴纳国家税，在吉尔吉斯共和国境外则须按照吉尔吉斯共和国法律规定的程序缴纳领事费。

与吉尔吉斯共和国公民结婚的吉尔吉斯族人、外国公民和无国籍女性在获得吉尔吉斯共和国国籍时，免缴国税和领事费。

第 36 条 吉尔吉斯共和国总统国籍问题委员会

1. 为初步审查本法规定的国籍问题，吉尔吉斯共和国总统设立永久性的国籍问题委员会，以下简称委员会。委员会的组成和工作程序由吉尔吉斯共和国总统令批准的条例规定。

2. 在审议国籍问题申请时，委员会要全面审查申请人的理由、国家机构的结论和本法第 33 条规定的附带文件。

3. 委员会应就每一项申请分别向吉尔吉斯共和国总统提交审议建议。

4. 委员会的决定应由出席会议的所有委员会成员签署的纪要做出。

5. 吉尔吉斯共和国总统办公厅自委员会做出决定之日起 14 日内，拟定吉尔吉斯共和国总统关于加入或退出吉尔吉斯共和国国籍的法令草案。

吉尔吉斯共和国总统签署命令后 3 日内，须在吉尔吉斯共和国总统的官方网站上发布给予或退出国籍的总统令。

如果拒绝授予或退出吉尔吉斯共和国的国籍，吉尔吉斯共和国总统办公厅有义务在 3 日内以书面形式通知申请人，并说明拒绝的理由。

第 37 条　就吉尔吉斯共和国国籍问题做出决定的程序和期限

1. 以一般程序审理吉尔吉斯共和国国籍问题的申请，并对申请做出决定，在递交申请和所有符合要求的文件之日起 6 个月之内完成。

2. 以简易程序审理申请人提交的加入或退出吉尔吉斯共和国国籍的申请，并对申请做出决定，由吉尔吉斯共和国总统在递交申请和所有符合要求的必要文件之日起 3 个月之内完成。

3. 国籍的变更要在吉尔吉斯共和国总统签署法令之时起生效。

4. 关于国籍问题的重复申请，应在上次就此问题做出决定 1 年后审查。如果出现申请人既不知情也不可能知道的重要情况，则重复申请可能审理得更快。

第 38 条　吉尔吉斯共和国总统关于吉尔吉斯共和国国籍问题的法令执行程序

吉尔吉斯共和国总统关于在吉尔吉斯共和国境内申请人的国籍问题法令，由人口登记领域的吉尔吉斯共和国国家权力机构实施。涉及居住在吉尔吉斯共和国境外的人的问题，由对外政治活动领域的吉尔吉斯共和国国家权力机构、外交代表处和领事机构实施。

第 39 条　签发护照和居留证

1. 依照本法规定的程序获得吉尔吉斯共和国国籍的人，由吉尔吉斯共和国人口登记领域的国家权力机构或吉尔吉斯共和国的外交代表处和领事机构签发吉尔吉斯共和国的公民护照。未满 16 岁儿童的证件上登记为吉尔吉斯共和国国籍。

2. 由吉尔吉斯共和国人口登记领域的国家权力机构为居住在吉尔吉斯共和国但不是吉尔吉斯共和国公民的人签发外国公民或无国籍人居留证。

第 40 条　对执行吉尔吉斯共和国国籍问题决议的监督

吉尔吉斯共和国总统国籍问题委员会负责监督吉尔吉斯共和国国籍问题决议的执行情况。

第 41 条　对国籍问题的决议提出上诉

1. 关于国籍问题的决议可向法院提出上诉。

2. 申诉可在做出决定之日起 6 个月内提出。如果有充分理由而错过对国籍问题的决议提出上诉的最后期限，可以通过司法程序恢复。

第 6 章　最终条款

第 42 条　对官员在国籍问题上的行为提出上诉

官员违反执行吉尔吉斯共和国国籍问题的决议，拒绝审议吉尔吉斯共和国国籍的申请和其他行为，可以向上级官员提出申诉，或者向法院提出申诉。

第 43 条　吉尔吉斯共和国加入的国际条约准则的适用

如果吉尔吉斯共和国已依法生效的国际条约规定的准则不同于本法包含的准则，则适用吉尔吉斯共和国加入的国际条约的准则。

第 44 条　本法生效

1. 本法自正式签订之日起生效。

2. 承认 1993 年 12 月 18 日第 1333-XII 号《吉尔吉斯共和国国籍法》[1994 年 1 号文件第 1 页吉尔吉斯共和国（议会）公告］失效。

3. 向吉尔吉斯共和国总统建议在 3 个月内依照本法调节其他标准法规。

向吉尔吉斯共和国政府建议：

（1）在 3 个月内向吉尔吉斯共和国议会提交本法产生的法律草案；

（2）依照本法调节其他标准法规。

二、吉尔吉斯共和国国界法

（2022 年 1 月 18 日修订）

本法确立并规定了吉尔吉斯共和国国界政策，以及守卫国界的授权国家机构与其他国家机构和地方自治机构合作按规定对吉尔吉斯共和国国界进行守卫的组织和法律基础，并调节与确保吉尔吉斯共和国边境安全有关的关系。

第 1 章　总则

第 1 条　本法所使用的基本概念和定义

吉尔吉斯共和国国界（以下称国界或国家边界），是指确定吉尔吉斯共和国国家领土（陆地、水域、底土和领空）边界一条线和沿着这条线的垂直表面，即吉尔吉斯共和国国家主权的空间边界。

口岸的国家检查，是指包括对穿越国界的个人和车辆以及穿越国界的货物、商品和动物进行边防检查、海关检查、卫生流行病学检查、兽医检查、植物检疫检查以及其他种类的检查。

划定国家边界，是指根据详细描述国界走向的地图，对吉尔吉斯共和国与邻国之间的国家边界进行条约性界定。

标定国家边界，是指根据划定国家边界的条约（协议）准确界定并用界标在合适地点标明国家边界线。

有效文件，是指身份证明文件，其所有部分和要项都符合签发国的主管机构确定的样本，该证明文件由有权签发的机构正规办理，未过期，属于出示文件者，不是伪造品。

身份证件，是指证明穿越国界者地位的文件，其样本已从外交渠道发送，并得到吉尔吉斯共和国的承认，除非吉尔吉斯共和国加入的、依法生效的国际条约另有规定。

国家边界基础设施，是指为守卫国家边界而建造、装备和使用的边界设施、水利工程和其他设施及障碍物的综合体。

边境安全，是指吉尔吉斯共和国国家安全的一部分，旨在确保个人、社会和国家的切身利益不受国界空间内部和外部威胁，并由吉尔吉斯共和国所有国家权力机构和地方自治机构负责。

边防政策，是国家机构和地方自治机构协调一致的活动，旨在确保边境安全。

边境事件，是指由于邻国公民、军事人员或地方当局的非法行为在国家边界发生的事件，表现为违反吉尔吉斯共和国加入的、依法生效的国际条约，这些条约涉及邻国的利益，涉及违反国家边界制度或造成物质或其他损失。

边界冲突，是指穿越国界的人与行使守卫国界或在口岸履行检查职能的国家权力机构的官方代表之间偶然或故意有组织地发生对立利益（意图）的冲突，这些冲突表现为公开的对立，可以是短期的、持续的或旷日持久的。

边防检查，是国界口岸的一种国家检查，是指采取一系列行动，承认穿越国界进入吉尔吉斯共和国的人有合法理由，或允许离开吉尔吉斯共和国的人越过国家边界，以及采取行动，以发现和拘留穿越国家边界的人，并在法律规定的情况下，发现和扣留法律禁止运入或运出吉尔吉斯共和国的货物、商品和动物。

边境地带，是指毗邻国家边界的领土部分，吉尔吉斯共和国政府确定在其中实行进入、临时居住、迁移和生产作业的特别制度。

吉尔吉斯共和国边防空间，是指吉尔吉斯共和国国家边界及其相邻的领土，以及进行边防活动的国界口岸区域。

边防代表，是指被相邻国家指派到某段共同边界的授权代表，以处理与维持既定国家边界制度有关的问题，并解决边境事件和冲突。

边防制度，是指吉尔吉斯共和国政府制定的、关于进入边境区域、在边境区域居住、迁移、来往和生产作业的规范和规定，其唯一目的是为守卫国家边界创造必要条件。

穿越国界，是指人员、飞机和其他车辆穿越国界，货物、商品和动物穿越国界运输。

边境地区，是指与国家边界相邻的行政区域单位（地区、城市、村镇）内的领土，在其内部建立和实行边防制度。

国界口岸，是指对国际交通（国际飞行）开放的火车站、空港、机场内的领土，以及直接在靠近国界专门装备的地点，根据吉尔吉斯共和国法律，对个人和车辆、运输的货物、商品和动物进行国家检查和放行。

界标，是指在与邻国接壤的国家边界线上竖立的人造永备设施；界标有主要界标和过渡性界标；界标的形状、大小、描述和安装方式由吉尔吉斯共和国加入并依法生效的国际条约和吉尔吉斯共和国政府确定。

边防执勤组，是指一名或多名武装边防军人，执行守卫国家边界的命令。

国界制度，是指国际条约和法律法规规定的关于维护国家边界、人员和车辆穿越国界，货物、商品和动物运输穿越国界，在国家边界从事经济、捕鱼和其他活动，解决与违反上述规定的边境事件的规则。

重立界标，是指恢复地形上的国界线，并根据现有条约文件用界标标示。重立界标规定修复界标，恢复丢失的界标，安装补充界标，起草新的描述性纪要、地图和议定书，并安置界标。新文件须经双方按现行法律批准。

口岸制度，是指吉尔吉斯共和国政府规定的人员、车辆、进出口货物、商品和动物的进入（离开）口岸的程序。

制度性措施，是指守卫国界领域的授权机构开展的一种组织形式，旨在加强对国界制度、边防制度和口岸制度遵守情况的检查。

邻国，是指与吉尔吉斯共和国有某段共同国家边界的相邻国家。

服役性动物，是指为加强边防执勤部队力量，防止、侦查、查明和制止边境地区的犯罪，以及对罪犯产生身体、心理、阻挡和其他作用的狗和马。

特别行动，是指为制止国家边界和国界口岸的非法行为而开展的一系列部队、行动、制度和边防代表活动。

确定国家边界，是指国家边界走向的书面说明，以及在地形上对国界走向的标示。

简化通行规则，是指吉尔吉斯共和国和邻国公民，根据吉尔吉斯共和国加入并依法生效的双边国际条约和协议，确定有权穿越国界进入吉尔吉斯共和国和离开吉尔吉斯共和国的规则。

经济活动和其他活动，是指根据吉尔吉斯共和国的立法和吉尔吉斯共和国加入并依法生效的国际条约开展的经济活动和其他活动，这种活动遵守穿越国界规则，向守卫国界的授权国家机构通报穿越国界的地点、时间和生产作业情况、参加人数、使用的技术、运输和其他工具及机器。

第 2 条　吉尔吉斯共和国关于国界的立法

1. 吉尔吉斯共和国关于国界的立法以《吉尔吉斯共和国宪法》、本法和颁布的吉尔吉斯共和国其他法律法规为基础。

2. 吉尔吉斯共和国关于国界的立法是根据吉尔吉斯共和国加入并依法生效的国际条约建立的。

第 3 条　吉尔吉斯共和国的边防政策

1. 吉尔吉斯共和国根据相互尊重、主权、领土完整和国家边界不可侵犯的国际原则实施边防政策，并根据吉尔吉斯共和国加入并依法生效的国际条约和宣言确认其国界走向。

2. 在吉尔吉斯共和国与邻国的关系中，确保实行主权、领土完整和国家边界不可侵犯性的原则。

认为使用武力夺取领土不能被承认，也不能用于国际承认或强行改变其法律地位。

确认准备针对每种具体情况，通过使用国际条约和宣言框架内为此规定的相关国际文件的协商机制和平解决边界争端、事件和冲突。

3. 吉尔吉斯共和国在现有国界内的领土是不可侵犯和不可分割的。

为了守卫国家边界，确保吉尔吉斯共和国的边境安全、不可侵犯、主权和领土完整，实现和保护国家利益与国家安全，本法规定了一定的规则。

4. 建立国家机构，以守卫国家边界。

5. 边防政策通过与邻国在和平、非暴力解决国界问题的原则基础上进行互利的全面合作来实现。

第 4 条　国界守卫

1. 守卫国家边界是吉尔吉斯共和国国家保障安全制度的一个不可分割的组

成部分，是执行政治、法律、组织、经济、环境、技术、业务、军事和其他措施的制度。

（1）防止非法、暴力地改变既定国家边界的走向，防止邻国或其公民非法使用（开发）吉尔吉斯共和国领土的边界部分；

（2）确保自然人和法人遵守吉尔吉斯共和国加入并依法生效的国际条约和吉尔吉斯共和国法律规定的国界法律关系，以及查明和制止违反国界、国界制度、边境制度和口岸制度的迹象和事实。

2. 在陆地、界河和其他水体的直接守卫国界的责任由守卫国界的授权国家机构负责，领空由吉尔吉斯共和国武装部队总参谋部负责。

第 2 章　确定、变更国家边界的走向和标示

第 5 条　国界走向的设立和变更

1. 根据吉尔吉斯共和国批准的国际条约，确定和变更国家边界。

2. 除非吉尔吉斯共和国加入并依法生效的国际条约另有规定，否则国家边界的确定包括划界、标界和重立界标。

3. 除非吉尔吉斯共和国加入并依法生效的国际条约另有规定，国家边界按以下方式确定：

（1）在陆地上，根据特征点、地形线或明显可见的地标（在山区，严格按照山体的分水岭和山脊）；

（2）在河流上，按河流的中心线或主要支流的中心线；

（3）在水体上，按连接国界与水体岸边相交的直线；

（4）在水库、水力发电设施和其他人工水体中，根据在地表的国界走向直至淹入水中；

（5）在穿过界河的铁路和公路桥梁、水坝和其他设施上，按这些设施的中心线或其技术轴线，而不管国界在水上的走向。

4. 任何在边境地带可能发生的自然变化，都不会导致国界线走向的变化。

第 6 条　国界的标示

1. 地形上的国界由明显可见的界标标示。

2. 界标的形状、大小、描述和安装方式由吉尔吉斯共和国政府和吉尔吉斯共和国加入并依法生效的国际条约决定。

第 7 条　在国界安装设备

1. 在国界安装设备是出于守卫国界和边境安全的目的，是指发展物质技术基地，包括设计、建造、翻修、设备和在国界上建立运输和工程基础设施，为在过境口岸和守卫吉尔吉斯共和国国界组织检查所需的楼房、建筑物、设施、信息和电信系统提供技术装备保护。

2. 在国界安装设备由守卫国界的授权国家机构与其他国家机构和地方自治机构协作进行。

第3章　国界制度

第8条　国界制度

1. 国界制度是根据吉尔吉斯共和国的规范性法律法规和吉尔吉斯共和国加入并依法生效的国际条约确定。

2. 国界制度包括以下规则：

（1）国界的维护；

（2）穿越国界；

（3）放行人员、交通工具、货物、商品和动物穿越国界；

（4）解决边境事件；

（5）进入边境地带、在边境地带临时逗留、居住和迁移；

（6）在国界开展经济、捕捞或其他活动，举行社会政治、文化或其他活动。

3. 国界制度在国家边界和边境地带实行，旨在对吉尔吉斯共和国与邻国在国界上的相互关系的所有问题进行法律调节。

第9条　国界的维护

1. 国界的维护包括界标的安装、保护和维护的程序，对界标的检查，与邻国联合检查国家边界的走向。

2. 为了维护国界和建设国界基础设施，向守卫国界的授权国家机构沿陆上紧邻国界线的地方划拨宽50米的地带供其永久使用，如有必要，沿界河和其他水体的吉尔吉斯水域的岸边和吉尔吉斯共和国政府规定的地点和程序划拨土地。

3. 根据吉尔吉斯共和国的土地法，允许没收属于居住在边境地区的公民的财产和与国界接壤的土地，以保护国家和边境安全。

吉尔吉斯共和国政府有义务赔偿业主或土地使用者遭受的损失，或向他们提供另一块同等价值的土地，以补偿被收归国有的土地，以确保边境安全。

第10条　穿越国界

1. 在陆地上，人员和车辆在国际铁路、公路和空中交通线的边境口岸穿越国界，或根据吉尔吉斯共和国加入并依法生效的国际条约规定的其他地方过境。

2. 根据吉尔吉斯共和国的法律法规，飞机在专门划定的空中走廊穿越国界。

只有在负责保护吉尔吉斯共和国领空的机构的许可下，才允许在空中走廊外穿越国界。

飞机在从国界到口岸往返时，以及在穿越吉尔吉斯共和国领空过境飞行时，禁止在吉尔吉斯共和国政府未向国际交通开放的吉尔吉斯共和国空港（机场）降落（起飞）、人员登机（下机）、装载（卸载）行李、货物、商品和动物。

在发生自然灾害、事故和向机上人员提供紧急医疗援助和飞机迫降是例外。

3. 在运输工业和农业用途的跨境设施，电信网络和输电线路通信维护、修理、运营，牲畜转场和其他与邻国授权的守卫国界的授权国家机构事先商定开展联合经济活动的情况下，也可以在口岸之外穿越国界。

4. 为了吉尔吉斯共和国的安全，以及邻国的要求下，吉尔吉斯共和国政府可以做出决定在国界的某些地段暂时限制或终止穿越国界，并通知有关国家的当局。

5. 守卫国界的授权国家机构在履行守卫国家边界的责任时，有权通过与邻国边防机构商定的其他方式穿越国界。

6. 在发生自然和人为紧急情况时，紧急救援、事故处置部队（力量）根据吉尔吉斯共和国加入并依法生效的国际条约穿越国界，以便控制和消除紧急情况的后果。

7. 在吉尔吉斯共和国全境或某些地区实行军事或紧急状态时，邻国的自然人穿越国家边界由吉尔吉斯共和国政府决定。

第 11 条 放行人员、车辆、货物、商品、动物穿过国界

1. 根据吉尔吉斯共和国法律，以及吉尔吉斯共和国加入并依法生效的国际条约，在既定和开放的口岸放行人员、车辆、货物、商品和动物穿越国界。

2. 口岸清单由吉尔吉斯共和国政府批准。

3. 放行人员、车辆、货物、商品和动物穿过国境的依据是持有有效证件，证明他们有权进入或离开吉尔吉斯共和国，以及有吉尔吉斯共和国加入并依法生效的国际条约规定的车辆、货物、商品和动物的证件。

4. 根据吉尔吉斯共和国法律不允许进入吉尔吉斯共和国的外国公民和无国籍人，以及按法律规定的程序做出禁止（限制）离开吉尔吉斯共和国决定的人，不予放行穿越国界。

5. 根据吉尔吉斯共和国加入并依法生效的国际条约，可以规定穿越国界的简易放行程序。

禁止商业目的的车辆、货物、商品和动物以简易程序放行穿越国界。

允许以简易程序出入口岸的货物清单，根据吉尔吉斯共和国立法规定的程序确定。

6. 不论是人员、交通工具离开口岸，还是货物、商品和动物运出口岸，放行穿越国界都视为边防检查程序的结束。

第 12 条 货物、商品和动物跨国界运输

1. 货物、商品和动物的跨国界运输，按照吉尔吉斯共和国法律和吉尔吉斯共和国加入并依法生效的国际条约规定的地点和方式进行。

2. 禁止吉尔吉斯共和国法律规定的不符合环境、辐射、卫生和流行病学、兽医、植物检疫和化学品安全要求的货物、商品、动物和车辆过境，还禁止在吉尔吉斯共和国禁止公开销售的任何类型的产品和生产废料运输过境。

第 13 条 在边境地带和国家边界开展经济、捕捞和其他活动，开展社会政治、文化和其他大型活动

1. 法人和自然人在国家边界和边境地带从事经济、捕捞或其他活动，开展社会政治、文化和其他活动，应得到守卫国界的授权国家机构的许可。

2. 为了获得通行证，自然人和法人应提供有关工作性质、地点、参与者、生产作业或开展活动的时间，所有运输和其他技术设备的信息。

3. 在国家边界、边境地带开展各种经济和其他活动的方式由吉尔吉斯共和国政府决定。

4.（法人和自然人）在国家边界开展经济和生产活动，包括跨境（联合）活动，应按照吉尔吉斯共和国加入并依法生效的国际条约进行，遵守穿越国界的规则，并通知守卫国界的授权国家机构关于穿越国界的地点、时间、生产作业、参与人数、车辆和机器的数量。

上述活动不得：

损害吉尔吉斯共和国和邻国的环境和其他安全，或有造成这种损失的威胁；

干扰国家边界制度。

5. 守卫国界的授权国家机构，考虑到守卫国家边界的利益，可以实行限制或暂时停止进入边境地带。

第 14 条　边境事件的解决

1. 边境事件的解决属于边防代表和授权的外事国家机构的职权范围，由吉尔吉斯共和国加入并依法生效的国际条约决定。

2. 边境事件的解决是通过单方面或与邻国联合调查、在吉尔吉斯共和国和邻国边防代表会议上处理边境事件来实现。

对边境事件的联合调查和边防代表的其他会议在边防代表的会晤地点进行。

如有必要，可直接在边境事件现场组织上述活动。

3. 边境事件的解决活动由守卫国界的授权国家机构进行。

在解决边境事件时，守卫国界的授权国家机构可以聘请其他授权机构的代表。

4. 守卫国界的授权国家机构无法解决的边境事件，由吉尔吉斯共和国外事领域的授权国家机构解决。

第 15 条　吉尔吉斯共和国的边防代表

1. 任命吉尔吉斯共和国边防代表，以解决与维持既定国家边界制度有关的问题，并解决国家边界地区的边境事件。

2. 边防代表的活动方式由吉尔吉斯共和国政府决定。

边防代表的活动应遵循吉尔吉斯共和国加入并依法生效的国际条约、本法和吉尔吉斯共和国其他法律法规。

边防代表的活动是国际合作的一种形式，旨在发展吉尔吉斯共和国与邻国的友好关系。

3. 吉尔吉斯共和国边防代表未解决的问题通过外交渠道解决。

第 16 条　违反国界制度

违反吉尔吉斯共和国国界制度是不遵守以下规则的罪行：

（1）国界的维护；

（2）人员、车辆穿越国界；

（3）放行人员、车辆、商品、货物和动物穿越国界；

（4）货物、商品和动物跨国界运输；

（5）进入边境地带、在边境地带临时停留、居住、迁移和在边境地带上空飞行；

（6）在国界和边境地带从事经济、捕捞或其他活动，举行社会政治、文化或其他活动。

第 17 条　偷越国界者

1. 下列人员被认为是偷越国界者：

（1）正在口岸外以任何方式穿越或试图穿越国界的人，或在口岸违反既定过境程序的人；

（2）为非法进入吉尔吉斯共和国或离开吉尔吉斯共和国而穿越国界的人；

（3）未在空中走廊，没有必要的许可证或违反既定程序穿越国家边界的飞机和其他飞行器；

（4）没有规定的许可证或违反既定程序穿越或试图穿越国界的其他人、任何技术和其他工具。

2. 偷越吉尔吉斯共和国国界的人，根据吉尔吉斯共和国法律规定的程序被追究法律责任。

第 4 章　边防制度

第 18 条　建立边防制度

1. 吉尔吉斯共和国政府建立边防制度，以确保国家边界有适当的秩序，为守卫国家边界创造必要条件。

2. 吉尔吉斯共和国政府确定边境地区，边防制度规定公民出入边境地区、在边境地区临时逗留、迁移、居住、生产作业和其他活动的程序。

3. 在个别边境地区，根据性质、地形、人口、环境保护和吉尔吉斯共和国与邻国的关系，可以不建立边防制度，但为了守卫国家边界，可以在这些地点开展制度性活动。

第 19 条　进入边境地区、在边境地区内临时居留、居住、迁移

1. 吉尔吉斯共和国公民、外国公民和无国籍人进入确定的但未设立边防制度的边境地区、在边境地区临时居留和迁移，应持有有效的身份证件，并通知守卫国界的授权国家机构。

2. 吉尔吉斯共和国公民、外国公民和无国籍人进入设立边防制度的边境地区、在边境地区临时逗留和迁移，在获得居民登记领域吉尔吉斯共和国授权机构的许可，凭有效身份证件进行，并通知守卫国界的授权国家机构。

以同样的方式，确定进入界河和其他设立边防制度的水体的吉尔吉斯水域。

3. 凭允许出入吉尔吉斯共和国的有效证件，允许过境人员进入边境地区，在边境地区临时停留或沿公路通行。

第 20 条　在边境地区从事经济、捕捞和其他活动，举办社会政治、文化和其他活动的程序

1. 在设立边防制度的边境地区从事经济、捕捞和其他活动，举办社会政治、

文化和其他活动，应获得居民登记的授权机构批准，凭有效的身份证件进行，并通知守卫国界的授权国家机构。

这些活动不应妨碍边防制度。

2. 进入边境地区、在边境地区临时居留、从事各种经济和其他活动的程序由吉尔吉斯共和国政府确定。

第 21 条　违反边防制度

在设立边防制度的某些边境地区不遵守既定的入境（通行）、临时居留或迁移，从事经济、捕捞或其他活动，举办社会政治、文化或其他活动的程序，均被视为违反边防制度。

第 5 章　边境口岸

第 22 条　边境口岸的设立和开放

1. 边境口岸由吉尔吉斯共和国政府根据吉尔吉斯共和国加入并依法生效的国际条约设立。

2. 边境口岸的设立、开放（关闭）、运作（使用）、分类、设计、建造（翻修）、装备、口岸的设备安装以及口岸内技术装备和国家检查组织的要求由吉尔吉斯共和国政府决定。

第 23 条　边境口岸制度

1. 边境口岸制度包括为进行国家检查专门设立的人员、车辆进出这些口岸、在口岸停留，货物、商品和动物运入、运出口岸和在口岸停留的规则。

口岸范围是受限制的。

2. 边境口岸制度由吉尔吉斯共和国政府、吉尔吉斯共和国加入并依法生效的国际条约确定。

3. 口岸制度应排除以下可能性：

（1）人员和车辆非法越境；

（2）货物、商品和动物非法运输过境；

（3）外人进入口岸封闭的地点、建筑（设施），以及接触国际车辆。

第 24 条　边境口岸的边防检查

在边境口岸的边防检查是国家对人员、车辆、货物、商品和动物的一种检查，包括：

（1）检查证件。

（2）护送车辆、货物、商品和动物从口岸到国界并返回。

（3）检查车辆、货物、商品和动物。

（4）对跨境运输的车辆、货物和商品进行检查，目的是：

①发现和拘留藏匿在内的偷越国界者；

②发现吉尔吉斯共和国法律禁止运入和运出吉尔吉斯共和国的货物和商品。

（5）人身检查。

（6）检查边境口岸的建筑和所辖范围。

第 25 条　人员、车辆、货物和商品在边境口岸的停留和移动

1. 抵达边境口岸的人，如果声称属于吉尔吉斯共和国国籍，并在境外逗留期间丢失了允许进入吉尔吉斯共和国的证件，则需在确定其身份之前留在口岸。

2. 根据吉尔吉斯共和国法律不允许入境的外国公民，以及持有无效证件抵达的外国公民到达国境口岸，需要留在口岸，直到承运人将其原路运回。

他们留在口岸的程序由吉尔吉斯共和国法律确定。

3. 国际运输的交通工具在边境口岸的停车地点和时间须与守卫国界的授权国家机构协商确定。

4. 在进行边防检查和其他检查期间，人员进入车辆受到限制，必要时禁止进入车辆。

5. 国际运输车辆只有在得到守卫国界的授权国家机构的许可后方可启动离开口岸以及改变停车地点。

在口岸进行特别行动时，禁止人员进入车辆，包括国际运输车辆，禁止接触运输的货物和商品。

6. 乘客在离开（抵达）时上（下）国际运行车辆，须经守卫国界的授权国家机构的许可，行李、邮件、货物、商品和动物的装卸须得到海关部门授权的国家机构与守卫国界的授权国家机构协商后做出许可。

7. 如果包装、印章、关封破损和有外人或禁止运输的物品隐藏迹象，运输企业、组织的代表、车主必须应守卫国界和海关事务的授权国家机构官员的要求，打开铅封的（封印的）车厢、集装箱、汽车、车辆其他隔间和车上货物进行检查。

第 26 条　在边境口岸进行的经济活动

1. 在边境口岸进行的经济活动不应影响人员、车辆、货物、商品和动物的既定通行程序，也不应影响这些口岸的国家检查。

2. 在边境口岸开展的经济活动的种类清单由吉尔吉斯共和国政府确定。

第 27 条　边境口岸的补充制度规则

1. 在边境口岸规定了区域和场所，可以直接进行国家检查。

2. 守卫国界的授权国家机构在进行专项行动时，可以按吉尔吉斯共和国法律规定的程序实行进一步的制度限制。

第 28 条　违反边境口岸制度

不遵守人员、车辆进入国境口岸、货物、商品和动物运入运出口岸的既定程序，被视为违反口岸制度。

第 6 章　守卫国界的国家权力机关和地方自治机关的权限

第 29 条　吉尔吉斯共和国总统的权限

吉尔吉斯共和国总统：

（1）与总理协商后进行谈判和签署守卫国家边界的国际条约；

（2）任命和解除守卫国界的授权国家机构负责人及其副手的职务；

（3）确定由高级军官担任的守卫国界的授权国家机构的职务清单；

（4）行使吉尔吉斯共和国法律规定的其他权力。

第 30 条　吉尔吉斯共和国议会的权限

吉尔吉斯共和国议会：

（1）解决吉尔吉斯共和国国家边界变更的问题；

（2）批准和声明废止确立和更改国家边界的国际条约；

（3）通过守卫国家边界的法律；

（4）批准守卫国家边界的共和国预算；

（5）监督落实吉尔吉斯共和国议会通过的守卫国家边界方面的法律和决定。

第 31 条　吉尔吉斯共和国政府的权限

吉尔吉斯共和国政府：

（1）实施吉尔吉斯共和国的边防政策；

（2）就守卫国家边界问题颁布法律法规；

（3）负责守卫国界的授权国家机构的资产和人员配置；

（4）保证执行吉尔吉斯共和国国家边界的立法；

（5）向吉尔吉斯共和国议会提出守卫国家边界费用的共和国预算法草案（相应年份）的建议；

（6）安排为守卫国界的授权国家机构配备武器和军事装备，保障其物资、资源和提供服务；

（7）为守卫国界的授权国家机构发展的国家计划提供财政和物质支持；

（8）确保守卫国界的授权国家机构的基础设施得到发展；

（9）为守卫国界，规划、保障并采取措施快速在吉尔吉斯共和国境内安装设备；

（10）确定为边境安全需要提供和利用土地、森林、水和其他自然资源的程序；

（11）确定因边境安全所需利用吉尔吉斯共和国法人和公民的财产为其造成的损失补偿费用的程序；

（12）就国家边界问题进行国际谈判；

（13）确保为边境安全需要建立国家财政和物资储备；

（14）确定边境地带的边界；

（15）确定边境区域的清单和界线；

（16）在个别地段实行临时限制或停止穿越国家边界；

（17）做出决定设立隔离带，在一些州和地区实行检疫制度或取消检疫制度；

（18）建立边境口岸制度；

（19）确定边境口岸开放（关闭）、运作（使用）、分类、分级、安装设备以及技术装备和工作的要求；

（20）批准边境口岸清单；

（21）确定负责边境口岸运作和维护的授权国家机构；

（22）规定从国境到边境口岸的国际铁路和公路交通线的标示和设备要求，以及按这些线路行驶的程序；

（23）确定边境口岸开展经济和其他活动的种类；

（24）规定界标的形状、尺寸、描述、结构和安装方式；

（25）确定吸引公民参与守卫国界的程序，包括边境专员；

（26）确定使用守卫国界所需土地的程序；

（27）确定在守卫国界时使用特种设备的清单和程序；

（28）确定在守卫国界执勤时使用装备和控制方法的程序；

（29）根据吉尔吉斯共和国法律行使其他职能。

第 32 条 吉尔吉斯共和国外交领域授权国家机构的任务

吉尔吉斯共和国外交领域的授权国家机构的任务是：

（1）实施守卫国家边界的外交和国际法保障；

（2）根据吉尔吉斯共和国国家权力机关做出的决议，制定调解国界上相互关系问题的国际条约；

（3）在自己职权范围内为吉尔吉斯共和国公民、外国公民和无国籍人签发吉尔吉斯共和国出入境证件；

（4）协调国家机关与划界、标界和重立界标有关的活动，参加缔结国界制度条约的谈判；

（5）通过外交手段和方法解决遵守国界制度的问题，以及在守卫国界的授权国家机构未能解决的边境事件；

（6）与邻国交换边防代表名单；

（7）参与划定国家边界；

（8）解决守卫国界领域的其他问题。

第 33 条 负责吉尔吉斯共和国国家安全问题的授权国家机构的任务

负责吉尔吉斯共和国国家安全问题的授权国家机构的任务是：

（1）与国家权力机关共同参与起草涉及守卫国界利益的自然人和法人活动的法律法规；

（2）参与国界划定、标界、重立界标；

（3）收集和综合威胁吉尔吉斯共和国边境安全的信息，并按规定程序向守卫国界的授权国家机构通报；

（4）根据吉尔吉斯共和国法律和协作计划，协助守卫国界的授权国家机构守卫国界。

第 34 条 国防问题授权国家机构的任务

负责国防事务的授权国家机构的任务是：

（1）根据吉尔吉斯共和国法律和协作计划，协助守卫国界的授权国家机构为守卫国界提供物资技术资助；

（2）拟订组织国土防御、保护国界、预防和处置紧急情况后果的建议；

（3）军事干部培训；

（4）保障兵役登记的组织，为公民提供兵役培训，征召公民到守卫国界的授权国家机构服兵役，建立和积累军事统计专业的受过军事训练的后备队；

（5）行使吉尔吉斯共和国法律规定的其他职能。

第 35 条　负责内务事务的授权国家机构的任务

负责内务事务的授权国家机构的任务是：

（1）协助守卫国界的授权国家机构在边境地区开展行政和制度活动；

（2）向守卫国界的授权国家机构部队通报吉尔吉斯共和国边境地区治安状况、已查明的违法行为、犯罪团伙和对国家边界有非法企图的人；

（3）在国界和吉尔吉斯共和国边境地区举行大型活动时确保社会秩序；

（4）在发生紧急情况、实行紧急状态时，确保吉尔吉斯共和国边境地区的治安；

（5）参与对吉尔吉斯共和国边境地区人民进行法律教育，在国界和国境口岸预防犯罪；

（6）确保负责内务问题授权国家机构的力量和装备按本法和吉尔吉斯共和国其他法律规定的情况下按程序参与守卫国家边界；

（7）执行守卫国界方面法律法规规定的其他任务。

第 36 条　国家运输和通信领域授权国家机构的任务

国家运输和通信领域授权机构的任务是：

（1）在自己的职权范围内建设空中、铁路口岸的基础设施；

（2）在进入边境地区处设置道路（信息）标志；

（3）执行守卫国界领域法律法规规定的其他任务。

第 37 条　吉尔吉斯共和国武装部队总参谋部的任务

吉尔吉斯共和国武装部队总参谋部：

（1）制订吉尔吉斯共和国武装部队使用计划、动员扩充计划、作战和动员训练计划，为国防和边境安全制订国家境内设备安装计划；

（2）保证守卫吉尔吉斯共和国领空的国家边界；

（3）监督领空穿越国境规则的遵守情况；

（4）拦截非法越境或违反吉尔吉斯共和国领空使用规则的飞机，迫使其在吉尔吉斯共和国境内降落；

（5）协助在不可抗力或机组人员非故意行为造成的非法越境的飞机，通过恢复其航向，引导进入吉尔吉斯共和国境内或吉尔吉斯共和国领空以外的机场着陆；

（6）分配航空和增援单位，协助守卫国界的授权国家机构参与边境搜索和边境行动，并在危机局势中加强对国家边界的守护；

（7）为守卫国界的授权国家机构提供地形保障。

第 38 条　海关事务授权国家机构的任务

海关事务授权的国家机构的任务是：

（1）按照国际条约和吉尔吉斯共和国法律规定的形式和方式对过境货物、商品、车辆和动物进行海关和其他检查；

（2）在自己职权范围内组织海关和其他检查，办理车辆、货物、商品和动物运入、运出吉尔吉斯共和国的许可文件；

（3）根据本法和吉尔吉斯共和国其他法律法规，协助守卫国界的授权国家机构守卫国家边界；

（4）向守卫国界的授权国家机构就国境口岸制度保障问题，通报影响边境安全的其他信息；

（5）执行守卫国界方面法律法规规定的其他任务。

第 39 条 卫生、流行病学、兽医和植物检疫安全方面的授权国家机构的任务

卫生、流行病学、兽医和植物检疫安全方面的授权国家机构的任务是：

（1）在国境口岸实施卫生、流行病学、兽医和植物检疫检查；

（2）协助守卫国界的授权国家机构；

（3）执行守卫国界方面法律法规规定的其他任务。

第 40 条 地方国家行政机构和地方自治机构的任务

1. 地方国家行政机构和地方自治机构在自己辖区，根据吉尔吉斯共和国法律规定的职权进行下列活动：

（1）组织向自然人和法人解释吉尔吉斯共和国国家边界的法律法规；

（2）创造条件，号召公民自愿参与守卫国家边界；

（3）协助守卫国界的授权国家机构守卫国家边界；

（4）根据法律规定的方式，为守卫国界而无偿提供土地；

（5）参加旨在维护和进一步发展国家边界基础设施和守卫国界的授权国家机构的活动。

2. 边境地区地方国家行政机构和地方自治机构领导，在处理国家边界的经济活动问题时，包括与邻国一道，参与边防代表的工作。

第 41 条 守卫国界的授权国家机构

1. 守卫国界的授权国家机构是唯一的负责守卫国界，实施吉尔吉斯共和国的国家边防政策的国家执法机构，是吉尔吉斯共和国武装力量的一部分。

2. 守卫国界的授权国家机构在其活动中遵循《吉尔吉斯共和国宪法》、本法、吉尔吉斯共和国的其他法律法规和吉尔吉斯共和国加入并依法生效的国际条约。

3. 守卫国界的授权国家机构由吉尔吉斯共和国总统根据吉尔吉斯共和国法律任免的领导人领导。

第 42 条 守卫国界的授权国家机构的任务

守卫国界的授权国家机构的任务是：

（1）守卫国家边界；

（2）在国界安装设备；

（3）确保国界制度、国境口岸制度和边防制度；

（4）在国境口岸进行边防检查；

（5）履行吉尔吉斯共和国加入并依法生效的国界方面的国际条约规定的义务，参与国界划定、标界和重立界标；

（6）参与解决吉尔吉斯共和国的国防和国家安全任务；

（7）参与保护吉尔吉斯共和国在国家边界的经济利益；

（8）协助吉尔吉斯共和国的执法机构和环保机构保护公民、自然资源和环境，并在边境地区遵守吉尔吉斯共和国的移民法。

第 43 条　守卫国界的授权国家机构的责任

在守卫国家边界时，守卫国界的授权国家机构有义务：

（1）制止任何变更国界走向，非法占领吉尔吉斯共和国领土的企图；

（2）查明和拘留偷越国界者；

（3）在自己职权范围内参与吉尔吉斯共和国的防御任务，以及确保紧急状态或戒严制度；

（4）击退对吉尔吉斯共和国领土的武装入侵，制止国家边界的武装和其他挑衅行为，保护人民、国家和私人财产免受这些犯罪的攻击；

（5）预防和制止个人和车辆在既定口岸外穿越国界或在口岸非法越境的企图；

（6）按既定程序对持有正规办理的证件，通过各种检查的人员和车辆、货物、商品和动物放行；

（7）确保执行国家边界制度、边防制度和国境口岸制度；

（8）在自己职权范围内监督国家边界制度、内水制度的遵守情况，预防犯罪；

（9）检查穿越国家边界人员出入境证件，在证件上做相应的标记，并没收无效文件；

（10）对车辆、货物和商品进行检查，以发现偷越国界者和禁止跨界运输的货物、商品和动物；

（11）限制根据吉尔吉斯共和国法律不允许进入吉尔吉斯共和国领土或离开吉尔吉斯共和国领土的外国公民和无国籍人入境（出境）；

（12）限制未在吉尔吉斯共和国法律规定的期限内执行法院判决的吉尔吉斯共和国公民、外国公民和无国籍人进入（离开）吉尔吉斯共和国；

（12.1）根据司法文件限制吉尔吉斯共和国公民和外国公民出境；

（13）不允许持无效证件的人以及没有合法理由穿越国界的人通过国界；

（14）不允许吉尔吉斯共和国公民和其他在吉尔吉斯共和国或在国外逗留期间丢失身份证件的人通过国家边界，在确定其身份和国籍之前留在过境点；

（15）根据吉尔吉斯共和国法律对个人进行行政拘留和人身搜查，并检查物品；

（16）拦截、检查和扣留违反本法规定的车辆，将车辆运送（押送）到守卫国界的授权国家机构的单位所在地，以查明违法情况；

（17）单独或与其他授权的国家机构一起，按规定的程序扣留和没收跨境运输的爆炸物、有毒物质、放射性物质、麻醉药品、武器、弹药和其他禁止运入和运出吉尔吉斯共和国的货物和商品，以及违反规定运输的货物和商品；

（18）协助负责国防事务的授权国家机构守卫领空的国家边界；

（19）履行本法和吉尔吉斯共和国其他法律法规规定的职责。

第 44 条 守卫国界的授权国家机构的权力

1. 在执行守卫国家边界的任务时，守卫国界的授权国家机构有权：

（1）参与划定国界、标界和重立界标，制定与国界制度和边防问题合作有关的国际条约草案，缔结这方面的部门间协议；

（2）与参与守卫国界的授权国家机构、地方国家行政部门和地方自治机构进行协作；

（3）根据公认的国际法原则和规则，以及吉尔吉斯共和国加入并依法生效的国际条约，与邻国边防部门组织和开展协作；

（4）向授权的国家机构、组织和社会团体查询并无偿获取履行守卫国家边界职责所需的信息；

（5）可以在包括特别保护区和自然保护区在内的任何地段（部署边防执勤组），并在执行公务时在这些地区走动，要求土地所有者（租户）腾出地方用于边防执勤组和装备移动、穿过围栏或穿越其他障碍物的通道维持良好状态；

（6）在进入吉尔吉斯共和国边境地区处组织边防检查站；

（7）开展情报、反情报和侦搜活动；

（8）吸引公民自愿参与守卫国家边界的任务，包括作为边境专员；

（9）参与对吉尔吉斯共和国居民进行法律教育，开展预防活动，防止在国界犯罪，利用媒体向公众宣传国家边界和吉尔吉斯共和国边境地区的局势；

（10）根据本法和吉尔吉斯共和国其他法律法规使用武力、特种装备、服役性动物、武器和军事装备；

（11）建立和使用专门的统计数据和信息系统，以确保执行守卫国家边界的任务；

（12）在守卫国界领域开展基础和应用研究；

（13）按规定程序检查跨境运输的车辆、货物和商品；

（14）建造和安装工程和技术设施、路障和通信线路；

（15）护送车辆并配备边防执勤组；

（16）在加强对国家边界的守卫时，按照与负责国防和内务问题的授权国家机构的联合决定确定的方式，使用它们提供的力量和装备；

（17）在执行守卫国家边界的任务时，为追捕和拘留偷越国界的人，可以不受阻碍地进入住宅和非住宅，进入组织所属区域和房舍；

（18）在进行边境搜查、边境行动和其他搜查行动时，可自行设立检查站，临时限制或禁止人员和车辆通行，阻止公民进入某些地区，迫使他们留在原地或离开这些地点，以保护人民的健康和生命；

（19）在出现威胁吉尔吉斯共和国安全的情况时，临时限制在边境地带的生产作业，并通知当地国家行政机构、地方自治机构和其他授权国家机构，但国防工程、履行国际义务和处理自然和人为紧急情况后果的工作除外；

（20）在击退对吉尔吉斯共和国领土的武装入侵、阻止大规模非法越境和在国家边界进行其他挑衅、开展搜索行动、运送犯罪嫌疑人时，可使用组织的通信设备和信道、交通工具，在必要情况下，使用公民的车辆，然后按照车主的要求，按照吉尔吉斯共和国法律规定的程序偿还费用或对车主造成的损害进行赔偿；

（21）要求公民遵守国家边界的既定规则，停止妨碍守卫国界的授权国家机构的活动的非法行为，如果不执行这些要求，采取吉尔吉斯共和国法律规定的相应措施；

（22）邀请个人到守卫国界的授权国家机构的单位，听取他们所知道的违反既定制度的情况。

2. 为确保国家边界和边境地区个人、社会和国家的利益得到保护，放行个人和车辆通过国界，守卫国界的授权国家机构：

（1）执行边防政策，确保边境安全；

（2）协调在国家边界对国界制度、边防制度和国境口岸制度的遵守和执行情况进行各种检查的国家机构的活动；

（3）组织守卫国家边界；

（4）放行自然人、车辆、货物、商品和动物通过国界；

（5）与地方国家安全机构和签发签证的机构协商，放行持有有效证件但比吉尔吉斯签证提早到达的和查明了因主管机构失误造成吉尔吉斯签证上有技术性错误的外国公民和无国籍人入境；

（6）查明造成边境安全威胁的罪行的原因和条件，并采取措施加以纠正；

（7）在自己的职权范围内采取一系列措施，打击非法移民、跨境犯罪、恐怖主义、走私和国界上的行政犯罪；

（8）审查守卫国界方面的行政违法案件，并按照吉尔吉斯共和国法律确定的方式进行行政处罚；

（9）完成相关授权机构针对根据吉尔吉斯共和国法律被限制出入吉尔吉斯共和国的人的查询委托；

（10）收集、汇编和分析吉尔吉斯共和国在国界和边境地区对国家安全的威胁信息，并按规定程序通知吉尔吉斯共和国总统和吉尔吉斯共和国政府以及有关国家机构；

（11）对持有过期证件、无有效穿越国界的证件或从外国遣返来到吉尔吉斯斯坦入境的吉尔吉斯公民，在核实了他们的身份，确定了吉尔吉斯共和国国籍后，与国家安全机构商议后放行；

（12）在有吉尔吉斯共和国加入的、依法生效的国际条约规定的情况下，做出在向双边交通开放的口岸放行第三国公民和在口岸外放行人员穿越国界的决定；

（13）对持有过期护照（替代性证件）和吉尔吉斯共和国有效签证的外国公民和无国籍人通过国界进行放行，如果他们延误出境是因为无法控制的原因（自然灾害、车辆延误、天气条件、疾病等）；

这一规定不适用于在吉尔吉斯共和国境内永久居住的外国公民和无国籍人；

（14）向吉尔吉斯共和国政府提出改变边境地区界线的建议；

（15）组织边防代表的活动；

（16）行使吉尔吉斯共和国其他法律法规规定的其他职权。

第 45 条 服役及合同工作

1. 根据吉尔吉斯共和国法律在守卫国界的授权国家机构的部队和单位服兵役。

2. 在吉尔吉斯共和国高等军事院校、高等和中等特种院校、培训中心（学校）以及根据协定（条约）在外国军事院校对守卫国界的授权国家机构干部和专家进行培训、进修和提高技能。

3. 根据吉尔吉斯共和国法律，征召吉尔吉斯共和国公民到守卫国界的授权国家机构服兵役。

4. 军人在执行公务时是权力的代表，受到国家保护，除吉尔吉斯共和国法律授权的官员外，任何人无权干涉其公务活动。

阻碍守卫国界的授权国家机构的军人和公民履行守卫国界的职责，侵犯他们的生命、健康、荣誉和尊严、财产和家属，将会追究吉尔吉斯共和国法律规定的责任。

5. 所有守卫国界的授权国家机构的部队在守卫国界执勤时，都是一种战斗值班（战斗勤务）。

第 7 章 在守卫国界时使用武力、特种装备、服役犬、武器和作战装备

第 46 条 使用武力、特种装备、武器和军事装备的条件和限度

在履行守卫国界的指定职责时，守卫国界的授权国家机构的军人有权在吉尔吉斯共和国法律规定的情况下使用武力、存放和使用特种装备、武器和常规军事装备。

第 47 条 使用体力、特种装备和服役犬

1. 为了自卫、制止和预防犯罪、拘留肇事者、制服抵抗和不服从合法要求、妨碍合法进入房舍、属地、车辆和其他妨碍执行公务的行为，如果非暴力手段不能确保履行这些职责，守卫国界的授权国家机构的军人有权使用武力，包括格斗招数和手边器材。

2. 在履行守卫国家边界的责任时，守卫国界的授权国家机构的军人有权使用特种装备：

（1）在押运和守卫被拘留者时，如果有足够的理由认为他们会逃跑、伤害他人或自己的健康；

（2）打开和拆除设施和车辆，以制止国家边界的违法行为；

（3）为击退对军人和其他个人的攻击，协助解救人质；

（4）为制止吉尔吉斯共和国边境地区的大规模骚乱；

（5）为防止和制止其他违法行为，并在必要时进行必要的防御。

3. 禁止对以下人使用特种装备：

（1）有明显怀孕迹象的妇女、有明显残疾迹象的人、明显看出是或知道是未成年人，除非受到他们的武装或集体攻击；

（2）已非法越境（正越境）的自然人，如果已（正在）发生这种情况显然是偶然的，或由于事故或有其他不可抗力因素。

4. 守卫国界的授权国家机构人员所使用的特种装备清单由吉尔吉斯共和国政府确定。

5. 在守卫国界时，警犬用于：

（1）加强边防执勤组的力量和自身安全；

（2）搜寻和发现走私和其他禁止运输过境的货物；

（3）索寻、追捕、拘留、守卫和押运偷越国界及违反国界制度的人；

（4）对违法者产生身体、心理和阻拦性影响。

在使用警犬之前，应当发出明确的警告，警告他们打算使用警犬。

第 48 条　使用武器和军事装备

1. 守卫国界的授权国家机构的军人在守卫国家边界时，按以下程序使用武器和军事装备：

（1）无警告：

①使用武器、作战装备和特种装备的攻击；

②如果有对边防执勤人员攻击（殴打）的直接威胁，当拖延使用武器会对人的生命构成直接威胁，或可能造成其他严重后果；

③为制止被拘留者携带抢夺的武器逃跑，制止抢夺武器和军事装备的企图；

④为击退对守卫国界的授权国家机构单位和设施的攻击。

（2）警告后和枪口朝上警告性射击后：

①对违反本法规定的规则越过（正在穿越）国界的人和交通工具，回击他们使用武力，或在无法以其他手段制止违法或拘捕违法者的情况下；

②为保护公民免受威胁其生命、健康和所守卫国界地段财产的攻击；

③为击退对执行守卫国界公务或社会义务的人及其家属的攻击；

④为制止边境地区的大规模骚乱，以及在大规模非武装越境或企图越境，侵犯公民生命和健康或国家安全的团伙违法行动的情况下；

⑤为拘捕实施违法行为并武装抵抗者，以及拒绝遵守边防执勤组合法要求的武装人员，如果无法用其他方式和手段镇压抵抗，拘捕该人或缴获他的武器；

⑥在被拘留者在国家边界逃跑时；

⑦为防止和制止其他违法行为，以及在必要防御和绝对必要的情况下。

2. 禁止使用武器和军事装备：

（1）针对妇女和未成年人，除非他们进行武装攻击、抵抗或威胁生命的团体攻击；

（2）针对载客车辆；

（3）针对因意外或因遭受不可抗力影响而偷越国界的人；

（4）针对动物，除非生命和健康受到威胁。

3. 边防执勤组有权使用武器发出警报或呼救，并有权对威胁人类生命或健康的动物使用武器。

边防执勤组每次使用武器的情况均向直接上级报告。

第 49 条　守卫国界的协作

1. 协助守卫国界的授权国家机构：

（1）在履行守卫国界的责任时相互通报情况；

（2）在国家边界组织其部队与国家机构、企业（不论所有制形式）、参与保护国家边界或从事涉及国家边界保护利益活动的机构、组织、社会团体之间的协作；

（3）按照吉尔吉斯共和国跨部门性质的国际条约确定的方式，与邻国的有关机构在守卫国家边界上协作。

2. 协助守卫国界的授权国家机构与地方机构的联合行动由守卫国界的授权国家机构协调。

第 8 章　吉尔吉斯共和国自然人和法人在守卫国家边界方面的权利和义务

第 50 条　法人在守卫国家边界方面的义务

1. 为了边境安全，在边境地区活动的法人无论其组织法律形式还是所有制形式如何，都有义务协助守卫国界的授权国家机构和其他主管机构守卫国家边界，执行它们的合法要求，提供它们活动所需的信息。

2. 法人不论其所有制形式如何，协助守卫国界的程序由吉尔吉斯共和国政府决定。

第 51 条　自然人守卫国家边界的义务和权利

1. 吉尔吉斯共和国公民以及在吉尔吉斯共和国境内的外国公民和无国籍人，有义务遵守国界制度、边防制度和国境口岸制度，在跨越国界的过境点，协助并执行守卫国界的授权国家机构和监督维护国界制度、边防制度和国境口岸制度国家机构的要求。

2. 吉尔吉斯共和国公民有权按照吉尔吉斯共和国法律规定的方式参与守卫国家边界。

吉尔吉斯共和国政府决定公民参与守卫国家边界的程序。

按既定程序参与守卫国界的吉尔吉斯共和国公民，有权得到国家的社会和法律保护。

第9章　军人和其他参与守卫国界的公民的法律和社会保护

第52条　守卫国界的授权国家机构的军人（雇员）、参与守卫国界的其他人及其家属的法律保护

1. 根据吉尔吉斯共和国法律，守卫国界的授权国家机构的军人（雇员）和其他参与守卫国界的公民及其家属享有生命、健康、荣誉、尊严和财产的法律和社会保护。

2. 守卫国界的授权国家机构的人、国家和地方机构及其领导，在执行公务时，不得超出吉尔吉斯共和国法律法规规定的职权范围。

第10章　资金和物资技术保障

第53条　守卫国界的资金保障

守卫国家边界的资金保障来自国家预算、法人自愿捐款，不论其所有制形式，吉尔吉斯共和国国家土地、物资技术基金以及吉尔吉斯共和国法律未禁止的其他来源。

第54条　守卫国界的物资技术保障

守卫国界的物资技术、食品和医疗保障及其标准和储备量由吉尔吉斯共和国政府确定。

第55条　违反国界法的责任

违反国界制度、边防制度或国境口岸制度的人，根据吉尔吉斯共和国法律的规定程序被追究法律责任。

第56条　本法的生效

1. 本法自正式公布之日起生效。

2. 吉尔吉斯共和国政府在6个月内使其法律法规符合本法。

3. 承认下列法律已失效：

吉尔吉斯共和国1999年3月19日通过的《吉尔吉斯共和国国界法》；

吉尔吉斯共和国1999年3月19日通过的《吉尔吉斯共和国边防局法》；

吉尔吉斯共和国2002年10月16日通过的《吉尔吉斯共和国边防局法修正案》；

吉尔吉斯共和国2008年3月20日通过的《吉尔吉斯共和国边防局法补充和修正案》；

吉尔吉斯共和国2011年12月22日通过的《吉尔吉斯共和国边防局法修正案》；

吉尔吉斯共和国2011年12月22日通过的《吉尔吉斯共和国国界法的补充》。

三、吉尔吉斯共和国外国公民的法律地位法

（2020 年 7 月 24 日修订）

一、本法调节的对象

本法规定了吉尔吉斯共和国外国公民以及获得外国国籍同胞地位的外国公民的基本权利、自由和义务，规定了给予和终止这种地位的条件和程序。

第 1 条 吉尔吉斯共和国的外国公民

非吉尔吉斯共和国公民，并有证明自己属于外国国籍的人，被承认为吉尔吉斯共和国的外国公民。

根据本法规定，获得具有外国国籍同胞地位的外国公民，被承认为外国国籍的同胞。

根据《吉尔吉斯共和国宪法》，吉尔吉斯共和国的外国公民保证享有法律规定的权利和自由。

第 2 条 外国公民在吉尔吉斯共和国法律地位的立法

吉尔吉斯共和国关于外国公民在吉尔吉斯共和国法律地位的立法，包括本法和其他根据。

第 3 条 吉尔吉斯共和国外国公民法律地位的原则

在吉尔吉斯共和国，外国公民和无国籍人享有与吉尔吉斯共和国公民平等的权利和义务，法律或吉尔吉斯共和国加入并依法生效的国际条约另有规定的情况除外。

吉尔吉斯共和国的外国公民在法律面前一律平等，不分性别、种族、语言、身体状况、族裔、宗教信仰、年龄、政治或其他信仰、教育、出身、财产或地位以及其他情况。

对吉尔吉斯共和国公民权利和自由有特别限制的国家的公民，吉尔吉斯共和国的立法可规定对应限制。

外国公民在吉尔吉斯共和国享有其权利和自由不应损害吉尔吉斯共和国公民和其他个人的权利和合法利益、社会和国家利益。

第 4 条 尊重吉尔吉斯共和国宪法和吉尔吉斯共和国法律的义务

在吉尔吉斯共和国行使给予外国公民的权利和自由，与他们履行吉尔吉斯共和国法律规定的职责是分不开的。

在吉尔吉斯斯坦的外国公民有义务遵守吉尔吉斯共和国宪法及法律，尊重吉

尔吉斯斯坦人民的传统和习俗。

第5条　在吉尔吉斯共和国永久居住和暂时居留的外国公民

外国公民如果获得经授权的居民权利登记领域国家机构颁发的居住证，或具有外国国籍的同胞地位，可以永久居住在吉尔吉斯共和国。

在吉尔吉斯共和国以其他合法理由居留的外国公民被视为临时居留。他们必须按照规定的方式登记其出国护照或替代证件，并在他们确定的逗留期满后离开吉尔吉斯共和国。

第6条　提供庇护

吉尔吉斯共和国根据国际义务，为因政治原因和侵犯人权和自由而受到迫害的外国公民提供庇护。

二、吉尔吉斯共和国外国公民的基本权利、自由和义务

第7条　劳动活动

永久居住在吉尔吉斯共和国的外国公民可以在企业、机构和组织中担任工人和雇员，或根据为吉尔吉斯共和国公民确定的理由和方式从事其他劳动活动。

临时居留的外国公民，如果符合他们在吉尔吉斯共和国逗留的目的和时间，或已按吉尔吉斯共和国政府规定的程序获得移民领域授权的国家机构的相应许可，则可以从事劳动活动。

外国公民不得被任命担任个别职务或从事某些劳动活动，如果根据法律，这些职位或职业的任命与吉尔吉斯共和国国籍有关。

外国公民在与共和国公民平等的劳动关系中享有权利和义务。

第8条　休息权

吉尔吉斯共和国的外国公民与吉尔吉斯共和国公民一样享有休息权。

第9条　健康保护

永久居住在吉尔吉斯共和国的外国公民，与吉尔吉斯共和国公民一样享受医疗援助。

临时居留的外国公民按吉尔吉斯共和国卫生部规定的方式获得医疗援助。

第10条　社会保障

永久居住在吉尔吉斯共和国的外国公民，有权与吉尔吉斯共和国公民一样领取福利、养恤金和其他形式的社会保障。

临时居留的外国公民，有权根据吉尔吉斯共和国法律规定的方式领取福利、养恤金和其他形式的社会保障。

如果养恤金需要一定的工龄，外国公民可根据法律规定和程序，计入在国外的工龄。

第11条　财产权和个人非财产权

根据吉尔吉斯共和国法律，外国公民可以拥有财产，科学、文学和艺术作品的著作权，发明权、合理化建议权、外观设计权以及其他财产和个人非财产权。

第 12 条　接受教育

根据吉尔吉斯共和国法律规定的程序，外国公民有权与吉尔吉斯共和国公民平等地接受教育。

根据吉尔吉斯共和国法律，被吉尔吉斯共和国教育机构录取的外国公民有学生的权利和义务。

第 13 条　享受文化成就

吉尔吉斯共和国的外国公民有权与吉尔吉斯共和国公民平等地享受文化成就。

外国公民有义务保护历史和文化古迹以及其他文化珍品。

第 14 条　参加社会团体

永久居住在吉尔吉斯共和国的外国公民，有权与吉尔吉斯共和国公民一样加入没有政治目的的社会团体，除非这有违这些协会的章程（条例）。

第 15 条　宗教信仰自由

吉尔吉斯共和国的外国公民与吉尔吉斯共和国公民一样享有信仰自由。

禁止煽动与宗教信仰有关的敌意和仇恨。

第 16 条　婚姻和家庭关系

吉尔吉斯共和国的外国公民可以根据吉尔吉斯共和国法律与吉尔吉斯共和国公民和其他人缔结和解除婚姻关系。

外国公民在婚姻家庭关系中享有与吉尔吉斯共和国公民平等的权利和义务。

第 17 条　人身和住宅的不可侵犯

根据吉尔吉斯共和国法律，外国公民的人身、住房和其他个人权利不可侵犯。

第 18 条　外国公民在吉尔吉斯共和国境内的迁移和居住地的选择

外国公民可以在吉尔吉斯共和国境内迁移，并根据吉尔吉斯共和国法律规定的程序选择居住地。为确保国家安全、公共秩序、公共卫生和道德，保护吉尔吉斯共和国公民和其他人的权利和合法利益，必要时，允许限制迁移和居住地的选择。

第 19 条　税费

外国公民应与吉尔吉斯共和国公民共同缴纳税款和费用，除非吉尔吉斯共和国法律另有规定。

第 20 条　保护外国公民的权利

吉尔吉斯共和国的外国公民，为保护属于个人的财产、家庭和其他权利，有权诉诸法院和其他国家机构。

外国公民在法庭上享有与吉尔吉斯共和国公民平等的诉讼权利。

在吉尔吉斯共和国的外国公民，可以与其国家的外交或领事代表处联系，如果没有，则可以与另一国授权保护其国家公民权利和合法利益的外交或领事代表处联系。

第 21 条　关于选举法

外国公民不得选举和当选为民选国家机构成员，也不得参加民众投票（全民投票）。

第 22 条　关于服兵役

外国公民不承担吉尔吉斯共和国武装部队的兵役义务。

第 23 条　外国公民对犯罪的责任

在吉尔吉斯共和国境内犯下罪行、行政或其他违法行为的外国国民，与吉尔吉斯共和国公民一样承担责任。

第 24 条　该法对无国籍人有效

除非吉尔吉斯共和国法律另有规定，本法对外国公民的规定同样适用于无国籍人。

第 25 条　外国代表处领导、工作人员和其他人员的特权和豁免

本法的规定不涉及法律和吉尔吉斯共和国加入的国际条约规定的个人及其家庭成员的特权和豁免。

三、曾是吉尔吉斯共和国国籍的外国公民的权利

第 26 条　曾是吉尔吉斯共和国国籍的外国公民的权利

曾是吉尔吉斯共和国国籍的外国公民，有权获得外国国籍的同胞地位。

除本条第 1 款所述人员外，具有外国国籍的同胞身份可授予下列人员：

作为外国公民，之前属于吉尔吉斯共和国国籍的外国公民的子女或孙子女，无论其最初是否属于吉尔吉斯共和国国籍；

作为吉尔吉斯共和国公民的子女或孙子女的外国公民，无论其最初是否属于吉尔吉斯共和国国籍；

出生在吉尔吉斯苏维埃社会主义共和国的外国公民及其子女和孙子女。

与吉尔吉斯共和国接壤国家的公民不得授予外国国籍的同胞地位。

第 27 条　授予外国国籍同胞地位的程序

具有外国国籍的同胞地位，应根据本法第 26 条所述有权获得这种地位的外国公民的申请授予。

吉尔吉斯共和国的驻外机构接受申请并签发具有外国国籍同胞地位的文件。

吉尔吉斯共和国政府决定授予、延长、终止和剥夺具有外国国籍同胞地位、相应证书的样式和签发方式。

对申请的审查和做出决定授予具有外国国籍的同胞地位或拒绝授予该地位，应在申请登记之日起 6 个月内进行。

在授予具有外国国籍的同胞地位时，颁发具有外国国籍的同胞证书，这是一份具有国家意义的重要文件，能证明外国国籍的同胞地位及其根据本法和吉尔吉斯共和国其他法律法规规定的权利。

在退出吉尔吉斯共和国国籍时，具有外国国籍的同胞地位由吉尔吉斯共和国政府以简易方式授予。

具有外国国籍的同胞地位无限期有效。

具有外国国籍的同胞证书自签发之日起 10 年有效，可按规定的方式延期。

签发具有外国国籍的同胞证书需要支付国家费用或吉尔吉斯共和国法律法规规定的资金。

第 28 条 拒绝获得外国国籍同胞身份的理由

在下列情况下，外国公民申请具有外国国籍同胞地位可能会被拒绝：

在递交申请时，提供了虚假信息；

有犯罪记录；

从事对吉尔吉斯共和国安全构成威胁的活动；

是恐怖主义、极端主义或分离主义组织的成员；

暂时或永久禁止进入吉尔吉斯共和国，在取消限制之前不授予具有外国国籍同胞地位。

拒绝授予外国国籍同胞地位的决定应在做出决定后 1 个月内通知申请人，并应申请人的要求以书面形式通知。

第 29 条 具有外国国籍同胞的权利

拥有外国国籍的同胞有权：

在持有外国国籍同胞证件的情况下，不用办理签证，仅凭一种有效证件便可进入、离开、过境以及在吉尔吉斯共和国境内迁移和居留。

永久居住在吉尔吉斯共和国，无需居留证。具有外国国籍的同胞相当于永久居住在吉尔吉斯共和国的外国公民，不论其在吉尔吉斯共和国境内逗留的时间长短。

在企业、机构和组织中工作，或为吉尔吉斯共和国公民确定的理由和方式从事其他工作，无须办理工作签证和授权的国家机构签发的工作许可。

根据吉尔吉斯共和国法律，在保健和教育领域与吉尔吉斯共和国公民平等地支付有偿服务的费用。

具有外国国籍的同胞不得担任吉尔吉斯共和国的国家和市政职务。

第 30 条 终止和剥夺具有外国国籍的同胞地位

在下列情况下，具有外国国籍的同胞地位应终止：

恢复了吉尔吉斯共和国国籍；

根据获得具有外国国籍同胞地位的人的申请。

在下列情况下，获得外国国籍同胞地位的外国公民将失去其地位：

在申请地位时，提供了虚假信息；

确认有犯罪记录的事实；

法院对他的判决生效；

从事对吉尔吉斯共和国安全构成威胁的活动；

是恐怖主义、极端主义或分离主义组织的成员。

终止具有外国国籍的同胞身份，签发的外国国籍同胞证件同时失效。

四、吉尔吉斯共和国对外移民法

（2021 年 9 月 13 日修订）

本法调节对外移民的法律关系，并规定吉尔吉斯共和国对外移民的法律基础。

第一部分　总则

第 1 条　本法使用的基本概念

行政驱逐，是指在吉尔吉斯共和国法律规定的情况下，强迫和监督外国公民和无国籍人穿越国界离开吉尔吉斯共和国。

免签证制度，是指外国公民有权凭吉尔吉斯共和国承认的一种有效证件进入、离开、过境、迁移和在吉尔吉斯共和国境内居留的一种制度，吉尔吉斯共和国加入的国际条约另有规定的情况除外。

居留证，是指允许外国公民或无国籍人永久或临时居住在吉尔吉斯共和国的文件。

签证，是指在吉尔吉斯共和国承认的外国公民或无国籍人的有效证件上做的标记，允许其进入吉尔吉斯共和国、在吉尔吉斯共和国境内停留、离开吉尔吉斯共和国和过境通行。签证有统一的国家标准、形状、说明。签证的统一国家标准、形状和说明由吉尔吉斯共和国政府批准。

对外移民，是指将自然人迁入吉尔吉斯共和国领土或从吉尔吉斯共和国迁往国外。

法定代表，是指父母、养父母、监护人、保护人，以及参与案件的人所保护的组织和个人的代表。

入境移民，是指为永久居留而合法进入吉尔吉斯共和国的外国公民或无国籍人。

入境移民行为，是指外国公民或无国籍人进入吉尔吉斯共和国永久居留。

外国公民，是指非吉尔吉斯共和国公民，并有证明其属于某一外国国籍的人。

无国籍人，是指非吉尔吉斯共和国公民，也没有证据证明其属于某个外国国籍的人。

移民行为，是指自然人因各种原因从吉尔吉斯共和国移居到其他国家，从其他国家移居到吉尔吉斯共和国，以及在吉尔吉斯共和国境内，为永久或暂时改变居住地的迁移。

过境移民，是指外国公民和无国籍人通过吉尔吉斯共和国领土迁移到另一国。

劳务移民，是指永久居住在吉尔吉斯共和国境内的自然人志愿、合法地迁移到境外，以及永久居住在吉尔吉斯共和国境外的外国公民和无国籍人来到吉尔吉斯共和国从事有偿的临时或永久的劳务活动。

简化签证制度，是指外国公民有权进入、离开、过境、迁移和留在吉尔吉斯共和国境内的一种制度，其依据是抵达吉尔吉斯共和国领土时通过个人申请获得的签证，并免于登记身份证件。

电子签证，是指由吉尔吉斯共和国授权的国家机构以电子方式（包括通过互联网）向吉尔吉斯共和国承认的外国公民或无国籍人提供的书面证明，与签证等同，它具有特殊的可读代码，代码与持有有效证件可允许进入吉尔吉斯共和国、在吉尔吉斯共和国境内停留、离开吉尔吉斯共和国和过境。

出境移民，是指吉尔吉斯共和国公民离开吉尔吉斯共和国，前往另一国永久居住。

出境移民行为，是指吉尔吉斯共和国公民为了永久居留而离开吉尔吉斯共和国领土前往另一国。

签证制度，是指外国公民有权根据吉尔吉斯共和国法律规定获得的有效签证进入、离开、过境、迁移和在吉尔吉斯共和国境内停留的一种制度。

有效证件，是指证明身份的证件，其所有部分和详细信息都符合签发国主管机构规定的样式，是正规办理的并有权力机构的签字，没有过期，属于持证人，不是伪造品。

身份证件，是指通过外交渠道发送的证明穿越吉尔吉斯共和国国界者身份的文件，并以这种身份得到吉尔吉斯共和国的承认，除非吉尔吉斯共和国加入的，并以法律规定的程序生效的国际条约另有规定。

外国国籍的同胞地位，是指外国公民的特殊法律地位，其权利和义务由吉尔吉斯共和国关于外国公民法律地位的立法、本法和吉尔吉斯共和国其他法律法规确定。

第 2 条　本法的主要任务

本法的主要任务是：

调节吉尔吉斯共和国的对外移民进程；

保护移民者的权利和合法利益；

预防和防止非法移民；

稳定吉尔吉斯共和国的移民状况。

第 3 条　调节对外移民的立法

在吉尔吉斯共和国，对外移民进程受《吉尔吉斯共和国宪法》、本法、吉尔吉斯共和国其他规范性法律的制约，并受吉尔吉斯共和国加入的、按法定程序生效的国际条约的制约。

本法不适用于获得难民地位的人和申请难民地位的人。

第 4 条　吉尔吉斯共和国调节对外移民的基本原则

对外移民的调节基于以下原则：

确保《吉尔吉斯共和国宪法》规定的自由选择居住地、自由选择活动和职业种类以及自由迁移的人权；

不允许基于性别、种族、语言、残疾、族裔、信仰、年龄、政治或其他见解、教育、出身、财产或其他状况以及其他情况的歧视、侵犯权利和自由；

确保吉尔吉斯共和国法律符合国际法公认的准则和依法生效的吉尔吉斯共和国加入的、对移民方面的国际条约；

根据对潜在移民和移民流动方向预测的纲领性行动，防止因社会经济和社会政治局势的变化导致的自发和无序移民；

有关国家机构参与调节对外移民进程；

移民要尊重和遵守吉尔吉斯共和国法律。

第 5 条　授权的国家机构

在吉尔吉斯共和国，对外移民领域的授权国家机构是移民、人口登记、守卫和保护国家边界、执行外交政策的授权国家机构、内务机构和国家安全机构。

在吉尔吉斯共和国，保证和执行单一签证政策的授权国家机构是实施外交政策的授权国家机构。

上述机构在吉尔吉斯共和国法律规定的授权范围内监督本法的遵守情况。

第 5.1 条　免签证制度

吉尔吉斯共和国单方面或根据吉尔吉斯共和国加入的、依法生效的国际条约，对外国实行免签证制度，以发展友好、睦邻关系，加强经济、贸易、科学和技术、文化及其他联系。

吉尔吉斯共和国单方面实行的免签证制度是根据吉尔吉斯共和国政府发起并被吉尔吉斯共和国议会通过的吉尔吉斯共和国有关法律进行的。

吉尔吉斯共和国实行的免签证制度是根据吉尔吉斯共和国加入的、依法生效的国际条约，基于吉尔吉斯共和国批准的这一国际条约实行的。

第二部分　外国公民和无国籍人进入吉尔吉斯共和国并在共和国境内逗留

第 1 章　外国公民和无国籍人入境并在吉尔吉斯共和国逗留的基本要求

第 6 条　允许外国公民或无国籍人进入吉尔吉斯共和国，在吉尔吉斯共和国逗留、过境和离开吉尔吉斯共和国

免签证的外国公民可以进入、离开、过境、迁移和在吉尔吉斯共和国境内逗留，无须按一种有效证件签发的签证。

吉尔吉斯共和国政府批准的有关名单规定的外国公民适用简化的签证制度。

这些外国的公民有权在抵达吉尔吉斯共和国领土时通过个人申请获得的签证进入、离开、过境、迁移和在吉尔吉斯共和国境内停留。

外国公民或无国籍人可根据有效证件和出入吉尔吉斯共和国的签证，进入吉尔吉斯共和国并离开吉尔吉斯共和国，本法第7条第2款规定的情况除外，除非吉尔吉斯共和国政府的规范性法律文书或以法定方式生效的吉尔吉斯共和国参加的国际条约另有规定。

获得外国国籍同胞身份的外国公民，只需出示外国国籍同胞证件，可以多次入境、离开、过境、迁移和在吉尔吉斯共和国境内停留，无须用一种有效证件办理签证。

电子签证（文件证明）的办理和签发方式由吉尔吉斯共和国政府决定。

抵达吉尔吉斯共和国临时或永久居留的外国公民或无国籍人的入境和居留，须根据吉尔吉斯共和国政府规定的程序签发的有效证件和签证、临时或永久居留证。

外国公民或无国籍人自越过吉尔吉斯共和国国家边界之日起，必须在5个工作日内按照本法规定的方式在居住地登记，除非吉尔吉斯共和国加入并依法生效的国际条约另有规定。

在吉尔吉斯共和国从事劳动活动的外国公民或无国籍人必须根据吉尔吉斯共和国法律拥有工作许可证，但获得外国国籍同胞地位的外国公民以及外国劳务移民法规定的情况除外。

获得外国国籍同胞身份的外国公民，自越过吉尔吉斯共和国国界之日起，必须在90个工作日内按照本法规定的程序在居住地登记。

在吉尔吉斯共和国的外国公民或无国籍人，可以申请签证、居留证和工作许可证延期。

如果居留期缩短或居留证被吊销，外国公民或无国籍人必须在签证、登记、居留证到期后离开吉尔吉斯共和国。

第7条　外国公民或无国籍人出入吉尔吉斯共和国国境

外国公民或无国籍人凭有效证件和签证通过对国际交通开放的国界口岸进入和离开吉尔吉斯共和国，除非吉尔吉斯共和国法律法规和吉尔吉斯共和国加入的、依法生效的国际条约另有规定。

有下列情况，外国公民或无国籍人不得进入吉尔吉斯共和国：

（1）没有签证或有效证件；

（2）为了维护国家安全或者维护公共秩序；

（3）会对吉尔吉斯共和国公民和居住在吉尔吉斯共和国的其他人的健康、权利和合法利益构成威胁；

（4）在上一次逗留期间发现他们违反了吉尔吉斯共和国法律；

（5）在申请进入吉尔吉斯共和国时，他们报告虚假信息或提供虚假文件；

（6）吉尔吉斯共和国授权机构根据吉尔吉斯共和国政府规定的程序针对他们做出不能在吉尔吉斯共和国停留（居住）的决定；

（7）吉尔吉斯共和国法律规定的其他理由。

对持有签证者，应由做出拒绝入境的国家主管机构的官员立即以书面形式通知申请人拒绝入境，并写明拒绝的理由。

拒绝入境可根据吉尔吉斯共和国法律确定的方式提出上诉。

在下列情况下，外国公民或无国籍人离开吉尔吉斯共和国可能受到限制：

（1）根据吉尔吉斯共和国法律，因涉嫌犯罪而被拘留或作为被告被起诉的，在案件做出裁决之前或在法院判决生效之前限制离境；

（2）在吉尔吉斯共和国境内犯罪被判刑的，在服刑（执行）期满或刑满释放之前限制离境；

（3）逃避履行法院对他们施加义务的，在履行义务之前或在当事各方达成协议之前限制离境；

（4）没有履行吉尔吉斯共和国法律规定的纳税义务的，在履行这些义务之前限制离境；

（5）根据吉尔吉斯共和国法律，在吉尔吉斯共和国境内被追究行政责任的，执行完处罚或免于处罚之前限制离境。

外国公民或无国籍人在进入吉尔吉斯共和国和离开吉尔吉斯共和国时，要接受移民管理。

吉尔吉斯共和国政府批准《移民管理条例》。

具有外国国籍的同胞凭有效证件，通过对国际交通开放的国界口岸出入吉尔吉斯共和国，只需出示外国国籍同胞证件，无须办理签证。

穿越吉尔吉斯共和国国界的程序受本法、吉尔吉斯共和国国家边界法以及吉尔吉斯共和国加入的、以法定程序生效的国际条约的制约。

第 8 条 外国公民或无国籍人的登记

吉尔吉斯共和国政府批准了一份外国清单，其中列明了这些国家抵达吉尔吉斯共和国的公民和无国籍人免于在执行外交政策、人口登记的授权国家机构和旅馆进行登记的时限，但本条第 2 款另有规定的情况除外。

如果吉尔吉斯共和国加入的、按法定程序生效的国际条约规定了不同的停留期限和方式，则适用该国际条约的规定，同时考虑互惠原则和平等基础。

免于登记身份证件的人如下：

（1）应吉尔吉斯共和国总统、议会和政府邀请抵达吉尔吉斯共和国的外国国家元首和政府首脑，国家、议会和政府代表团成员，这些代表团的行政和技术人员，所列人员的家属。

（2）按照既定程序抵达吉尔吉斯共和国的外国军用飞机的机组人员。

军用飞机机组人员根据抵达军用飞机的接待计划，在吉尔吉斯共和国境内迁移。

（3）国际航线的民用飞机机组人员，位于运营时间表所列的机场时。

第 9 条 在授权的对外政策执行机构登记

以下享有特殊国际保护的外国公民在经授权的国家外交政策执行机构登记，

吉尔吉斯共和国承认其特殊地位：

（1）派驻吉尔吉斯共和国的外国外交代表处和领事机构负责人、外交人员、领事官员、外交代表处和领事机构的行政技术人员和服务人员及其家属，以及外交代表处和领事机构的客人，如果他们居住在上述代表处和机构内；

（2）因公抵达吉尔吉斯共和国并持有外交或公务护照的外国部委工作人员及其家属；

（3）因公抵达吉尔吉斯共和国的国际组织官员，这些组织在吉尔吉斯共和国代表处的工作人员，以及总部设在吉尔吉斯共和国的国际组织的国家代表处，根据这些组织的宪法性文件或根据吉尔吉斯共和国所加入的、按法定程序生效的国际条约，这些组织的工作人员及其家庭成员享有特权和豁免。

执行外交政策的授权国家机构向上述人员发放认证卡或直接在护照上做登记标注。

在必要时，经授权的执行外交政策的国家机构在外交代表处或领事机构以及国际组织和其他接待组织提出申请时，登记抵达吉尔吉斯共和国的国家要人和公众人物及其家属的护照。

第 10 条 在居民登记领域的授权国家机构登记

本法第 8 条第（1）至（3）项和本法第 9 条中未提及的外国公民和无国籍人，在实际居住地的居民登记授权国家机构登记。

外国公民和无国籍人根据吉尔吉斯共和国政府规定的程序进行登记。

为外国公民和无国籍人提供临时安置服务的自然人和法人，必须在本法规定的时限内在授权的居民登记机构登记。

第 11 条 酒店登记

（根据 2016 年 10 月 24 日吉尔吉斯共和国第 171 号法律已失效）

第 12 条 登记延期

外国公民和无国籍人在吉尔吉斯共和国的签证或居留证延期后，登记的有效期也延长。

吉尔吉斯共和国政府决定延长免签证制度的外国国民的登记延期程序。

第 13 条 签证发放

外国公民或无国籍人进入吉尔吉斯共和国的签证由吉尔吉斯共和国外交代表处或领事机构签发，如果没有此类机构，则根据本法第 14 条由其他国家的特别授权代表处签发，电子签证除外，这些签证由授权的执行外交政策的国家机构签发和延期。

吉尔吉斯共和国境内的签证延期由执行外交政策的授权国家机构进行。

外国公民或无国籍人申请吉尔吉斯共和国入境签证的期限不超过 7 个工作日。

签证的类别和种类以及签证的办理和签发方式由吉尔吉斯共和国政府决定。

第 14 条 签发签证的依据

签发吉尔吉斯共和国入境签证的依据如下：

出于商业目的抵达吉尔吉斯共和国的外国公民和无国籍人，由接待组织提出书面申请，并附上必要的证明是商务性质的文件；

吉尔吉斯共和国政府批准的有关名单规定的外国公民，由个人申请；

为就业抵达吉尔吉斯共和国的外国公民和无国籍人，由吉尔吉斯共和国境内按规定方式登记的雇主提出申请；

为个人经营而来到吉尔吉斯共和国的外国公民和无国籍人，由个体经营者个人提出申请；

因私抵达吉尔吉斯共和国的外国公民和无国籍人，由吉尔吉斯共和国公民提出申请或在吉尔吉斯共和国境内登记的保健组织发邀请函；

通过吉尔吉斯共和国领土过境的外国公民和无国籍人，个人申请或由法人申请，必要时附上带有前往国家签证的有效证件，或第三国官方核证的许可证（邀请函）副本，如果抵达时获得签证；

为旅游目的抵达吉尔吉斯共和国的外国公民和无国籍人，由个人申请或旅游组织的书面申请；

为学习目的抵达吉尔吉斯共和国的外国公民和无国籍人，由在吉尔吉斯共和国境内注册的教育机构提出申请；

对于在吉尔吉斯共和国从事投资活动的外国公民和无国籍人，提交经济领域授权机构签发的证明文件，证明他们对吉尔吉斯共和国货币和物质经济的贡献，价值不少于1000万苏姆。

第14.1条　签证延期的依据

延长签证有效期的理由包括：

在吉尔吉斯共和国就业和从事个人商业活动的外国公民和无国籍人，凭移民领域授权的国家机构颁发的有权在吉尔吉斯共和国境内工作的许可证；

为了家庭团聚而进入吉尔吉斯共和国临时或永久居留的外国公民和无国籍人，包括移居吉尔吉斯共和国的吉尔吉斯族人，凭申请人申请发放居留许可或加入国籍的申请文件；

为了探亲而进入吉尔吉斯共和国的外国公民和无国籍人，包括吉尔吉斯族人访问吉尔吉斯共和国，凭吉尔吉斯共和国公民的申请和（或）亲属关系证明文件；

在吉尔吉斯共和国学习的外国公民和无国籍人，凭在吉尔吉斯共和国境内注册的教育机构的申请，附上申请人与教育组织之间经其核证的个人合同副本。

第15条　居留证

抵达吉尔吉斯共和国的外国公民或无国籍人可以申请居留证。

居留证分为临时居留证和永久居留证。

根据本法，外国公民或无国籍人在吉尔吉斯共和国超过6个月，可获得临时居留证。

在吉尔吉斯共和国境内居住超过5年的外国公民或无国籍人，根据本法可获得入境移民身份，根据本法还可获得永久居留证。

吉尔吉斯共和国政府规定办理和发放居留证的程序。

获得外国国籍同胞身份的外国公民，无须获得居留许可即可在吉尔吉斯共和国境内永久居留。

根据本法，在吉尔吉斯共和国，居留证由经授权的移民领域国家机构颁发。

临时或永久居留证是外国公民或无国籍人在吉尔吉斯共和国境内逗留期间的身份证。

临时或永久居留证以及有效证件允许多次穿越国界，而无须获得进入吉尔吉斯共和国和离开吉尔吉斯共和国的签证。

第16条 拒绝签证和居留证的理由

如果申请人符合下列情况，则不会给外国公民或无国籍人签发和延期签证：

（1）对吉尔吉斯共和国公民和居住在吉尔吉斯共和国的其他人的健康、权利和合法利益构成威胁；

（2）在申请签证、实际居住地登记或申请工作许可证时提供虚假信息；

（3）不遵守吉尔吉斯共和国法律规定的获得签证和居留证程序；

（4）从事对吉尔吉斯共和国安全构成威胁的活动；

（5）是吉尔吉斯共和国提起刑事诉讼的人，直到诉讼结束；

（6）因在吉尔吉斯共和国犯罪被判刑，直到服完刑或免刑；

（7）患有健康障碍或疾病，其性质、严重程度和可能的持续时间对他人的健康构成威胁，或需要卫生机构特别监督并列入吉尔吉斯共和国政府批准的疾病清单中；

（8）不能为自己及其赡养人提供保障；

（9）在被拒绝进入吉尔吉斯共和国不到一年，再次提出同样的申请；

（10）被行政或强制驱逐出吉尔吉斯共和国，并暂时或永久禁止进入吉尔吉斯共和国，在禁止入境期限届满之前；

（11）非法进入吉尔吉斯共和国，或帮助另一外国公民或无国籍人非法进入吉尔吉斯共和国；

（12）是恐怖主义、极端主义或分离主义组织的成员。

如果申请人有下列情况，不向外国公民或无国籍人发放居留证：

（1）对吉尔吉斯共和国公民和居住在吉尔吉斯共和国的其他人的健康、权利和合法利益构成威胁；

（2）在申请签证、实际居住地登记、申请居留证或工作许可证时提供虚假信息；

（3）不遵守吉尔吉斯共和国法律规定的获得签证和居留证程序；

（4）从事对吉尔吉斯共和国安全构成威胁的活动；

（5）是吉尔吉斯共和国提起刑事诉讼的人，直到诉讼结束；

（6）在吉尔吉斯共和国犯罪被判刑，直到服完刑或获释；

（7）患有健康障碍或疾病，其性质、严重程度和可能的持续时间对他人的健康构成威胁，或需要卫生机构特别监督并列入吉尔吉斯共和国政府批准的疾病清单中；

（8）不能为自己及其赡养人提供保障；

（9）在获得吉尔吉斯共和国居留证被拒不到 1 年，再次提出相同的申请；

（10）被行政或强制驱逐出吉尔吉斯共和国，并暂时或永久禁止进入吉尔吉斯共和国，在禁止入境期限届满之前；

（11）非法进入吉尔吉斯共和国，或帮助另一外国公民或无国籍人非法进入吉尔吉斯共和国；

（12）是恐怖主义、极端主义或分离主义组织的成员；

（13）不掌握为在吉尔吉斯共和国境内永久居留所需的国家或官方语言。

证明掌握国家或官方语言的水平的程序由吉尔吉斯共和国政府决定。

拒绝签发签证或居留证的决定应在做出决定后的 3 日内通知申请人。

拒绝签证或居留证的决定应申请人的要求以书面形式发出。

第 17 条　撤销签证或居留证

外国公民或无国籍人有下列情况是撤销其签证的依据：

（1）在申请签证和延长签证有效期、在实际居住地登记或申请工作许可证时提供虚假信息；

（2）从事对吉尔吉斯共和国安全构成威胁的活动；

（3）中断在吉尔吉斯共和国的学习，或被教育机构开除，而延长签证期限是因为学习；

（4）在劳动合同一方的倡议下终止了雇佣关系，而延长签证期限是因为劳动合同；

（5）解除与吉尔吉斯共和国公民的婚姻，如果婚姻中没有子女，或法院将子女判留吉尔吉斯共和国公民或永久居住在吉尔吉斯共和国的父母一方；

（6）有经济领域的授权国家机构证明停止投资活动。

外国国民或无国籍人有以下情况是撤销其居留证的依据：

（1）在申请签证和延长签证有效期、在实际居住地登记、申请居留证或工作许可证时提供虚假信息；

（2）从事对吉尔吉斯共和国安全构成威胁的活动；

（3）与吉尔吉斯共和国公民或在吉尔吉斯共和国拥有永久居留证的外国公民或无国籍人假结婚，目的是在吉尔吉斯共和国获得永久居留证；

（4）中断在吉尔吉斯共和国的学习，或被教育机构开除，而在吉尔吉斯共和国获得居留证是因为学习；

（5）在劳动合同一方的倡议下中断了劳资关系，而在吉尔吉斯共和国获得居留证的依据是劳资关系；

（6）与吉尔吉斯共和国公民或在吉尔吉斯共和国拥有 5 年永久居留证的人解除婚姻关系，如果婚姻中没有子女，或法院将子女判给吉尔吉斯共和国公民或永久居民的父母一方；

（7）授权的国家机构证明停止投资活动。

第 18 条　缩短外国公民和无国籍人在吉尔吉斯共和国的逗留时间

违反外国公民和无国籍人的法律地位法和居留方式的外国公民和无国籍人，可缩短其在吉尔吉斯共和国的逗留时间。

缩短逗留时间的决定由签发签证或居留证的机构做出。

第 19 条　离开吉尔吉斯共和国的命令、行政和强制驱逐出吉尔吉斯共和国

签证或居留证到期，或居留证被撤销的外国公民和无国籍人，经授权的国家外交政策执行机构、内务机构或国家安全机构命令其离开吉尔吉斯共和国。

外国公民和无国籍人必须在离境令规定的时限内离开吉尔吉斯共和国。

移民、人口登记和外交政策执行领域的授权国家机构有义务将已查明的违反吉尔吉斯共和国居留令的事实通知内务机构或国家安全机构。

如果不遵守规定，外国公民或无国籍人将被行政驱逐出吉尔吉斯共和国。

在下列情况下，外国公民或无国籍人可能会被行政驱逐：

（1）其行为与国家安全或公共秩序利益相抵触；

（2）为保护人民的健康和道德，保护吉尔吉斯共和国公民和其他人的权利和合法利益必须这样做；

（3）他们一再违反吉尔吉斯共和国法律，又没理由追究他们的刑事责任。

行政驱逐材料由授权的执行外交政策的国家机构、内务机构或国家安全机构签发。

将外国公民和无国籍人行政驱逐出吉尔吉斯共和国是一项行政处罚措施，由法院（法官）确定。

除了离开该国的命令或行政驱逐外，内务或国家安全机构还处以暂时或永久禁止进入吉尔吉斯共和国的惩罚，并必须通知守卫和保护国界以及执行外交政策方面的授权国家机构。

根据法院的裁决，由内务机构和国家安全机构对外国公民或无国籍人进行行政驱逐。

在下列情况下，外国公民或无国籍人可在未经法院判决的情况下被强制驱逐出吉尔吉斯共和国：

（1）在没有相应许可证的情况下从事劳动或个体经营活动；

（2）无签证、登记或居留证在吉尔吉斯共和国境内停留 1 年以上；

（3）尽管签证或居留证到期、注销或缩短，但仍拒绝自动离开吉尔吉斯共和国。

强行驱逐外国公民和无国籍人的决定由内务机构或国家安全机构做出。

根据所犯罪行的程度和公共危险程度，法院命令剥夺外国公民或无国籍人进入和留在吉尔吉斯共和国境内的期限从 10 年到永久不等。

根据所犯罪行的程度和公共危险程度，授权的国家外交政策执行机构、内务机构或国家安全机构对外国公民或无国籍人入境及在吉尔吉斯共和国境内居留权的剥夺期限从 1 年到 10 年不等。

根据离开该国的命令或授权的执行外交政策的国家机构、内务机构或国家安

全机构的行政驱逐，在外国公民或无国籍人的有效旅行证件上做特殊标记（印章），写明禁止进入吉尔吉斯共和国的期限。

行政驱逐费用的资金来自：

（1）被驱逐的外国公民和无国籍人；

（2）邀请和（或）接待的组织或个人；

（3）在特殊情况下，用预算资金支付。

第 19.1 条 驱逐出境

外国公民和无国籍人因犯罪或过失服刑期满后，如果他们没有吉尔吉斯共和国对外移民立法规定的理由留在吉尔吉斯共和国境内，应按吉尔吉斯共和国加入的、按法定程序生效的国际条约和吉尔吉斯共和国的刑事执行法驱逐出吉尔吉斯共和国。

在将外国公民和无国籍人驱逐出吉尔吉斯共和国的同时，内务机构或国家安全机构还处以其暂时或永久禁止进入吉尔吉斯共和国，必须通知边防局和执行外交政策的授权国家机构。

剥夺外国公民和无国籍人进入和留在吉尔吉斯共和国境内的期限为：

犯有《吉尔吉斯共和国轻罪法》分则制裁条款规定的任何第一类处罚的不当行为，期限为 2 年；

犯有《吉尔吉斯共和国轻罪法》分则制裁条款规定的任何第二类处罚的不当行为，期限为 3 年。

根据所犯罪行的类型，剥夺外国公民和无国籍人进入和留在吉尔吉斯共和国境内的期限为：

情节较轻罪行，5 年；

情节较重罪行，10 年；

情节特别恶劣罪行，终身监禁。

驱逐费用的资金来自：

（1）被驱逐的外国公民和无国籍人；

（2）邀请和（或）接待的组织或个人；

（3）在特殊情况下，由预算资金支付。

执行惩罚和刑事强制措施的机关和机构、移民机构、国家安全机构、内务机构、边防局在外国公民和无国籍人因犯罪或轻罪服刑期满后驱逐出吉尔吉斯共和国的相互协作的程序，对外国公民和无国籍人处以禁止进入和留在吉尔吉斯共和国境内的程序，驱逐外国公民和无国籍人费用的供资方式，由吉尔吉斯共和国政府决定。

第 20 条 在吉尔吉斯共和国境内迁移

外国公民和无国籍人可以在吉尔吉斯共和国对他们开放的地区自由行动。

在不对外国公民和无国籍人开放的地区，必须持有授权的居民登记领域国家机构的许可证才能进入和迁移。

第 21 条 迁移方式的确定

外国公民或无国籍人的迁移方式，其有效证件或替代证件在经授权的国家外交政策执行机构的登记方式，由吉尔吉斯共和国政府决定。

这个方式也适用于在吉尔吉斯共和国永久认证的航空公司、银行、贸易和工业公司以及其他外国办事处的工作人员。

在授权的国家外交政策执行机构认证的外国记者及其家属的迁移方式由吉尔吉斯共和国法律调节。

第 22 条 旅行证件

在吉尔吉斯共和国的外国公民或无国籍人必须持有有效证件。

外国公民或无国籍人身份证件丢失，应立即向最近的内务机构办事处和隶属国的外交代表处或领事机构报告，并获得关于这一事实的书面证明。

第 23 条 过境旅行

外国公民和无国籍人通过吉尔吉斯共和国领土的过境旅行，根据吉尔吉斯共和国政府批准的《吉尔吉斯共和国领土过境规则》和吉尔吉斯共和国加入的、按法律程序生效的国际条约进行。

第 24 条 外国公民和无国籍人乘私家车和公务车入境、迁移、出境的程序

外国公民和无国籍人乘私家车和公务车辆入境、迁移和出境的程序由吉尔吉斯共和国政府决定。

外国公民和无国籍人根据回程义务运入的车辆，在规定时间期满后必须运出吉尔吉斯共和国，不得驶入吉尔吉斯共和国境内。

违反本条第 2 款驶入的车辆，可根据法院命令没收归国家所有。

第 25 条 邀请外国公民和无国籍人的自然人和法人的责任

邀请外国公民或无国籍人进入吉尔吉斯共和国的自然人和法人，接待组织有义务及时向外国公民和无国籍人解释吉尔吉斯共和国法律规定的他们的权利和义务，并采取措施及时登记和办理他们在吉尔吉斯共和国的逗留权、迁移权以及在他们确定的逗留期满后离开吉尔吉斯共和国的权利。

如双方没有书面约定，外国公民和无国籍人士的资金保障和医疗服务由接待方承担。

第 2 章 外国公民和无国籍人进入吉尔吉斯共和国临时居住

第 26 条 临时居留证

临时居留证可发给来吉尔吉斯共和国 6 个月以上，在吉尔吉斯共和国有合法生存来源的以下外国公民或无国籍人：

（1）有劳动合同和工作许可证来工作的；

（2）应教育机构的申请在教育机构学习的；

（3）在吉尔吉斯共和国境内开展投资活动的。

外国公民或无国籍人可获得临时居留证的期限为：

（1）不超过 1 年，随后每年延长，不超过 5 年；

（2）劳动合同规定的期限，或为从事其他活动，包括教学计划或科学合作计划规定的期限。

临时居留证也可发给上述人员的家庭成员。

第 27 条　外国公民和无国籍人实施劳动活动的程序

除获得归国吉乔地位的吉尔吉斯族人外，外国公民和无国籍人在吉尔吉斯共和国境内从事劳动活动的程序由吉尔吉斯共和国政府决定。

吸引外国劳动力进入吉尔吉斯共和国是根据吉尔吉斯共和国法律由经授权的移民领域国家机构颁发的许可证进行的。

获得外国国籍同胞地位的外国公民从事劳动活动以及作为劳动力吸引他们在吉尔吉斯共和国境内工作，不需要吉尔吉斯共和国授权国家机构签发的许可文件（工作许可证）和工作签证。

在管理劳务移民时，首先要保护国内劳动力市场。

第 28 条　劳务移民配额

劳务移民配额规定了外国公民和无国籍人进入吉尔吉斯共和国工作人数的上限。

每年在每个日历年开始前 4 个月由吉尔吉斯共和国政府确定劳务移民配额。

对有意邀请劳务移民进入吉尔吉斯共和国的法人和自然人，劳务移民配额由移民领域的授权国家机构根据年度劳务移民配额确定。

第 29 条　外国公民和无国籍人在吉尔吉斯共和国逗留的条件

按劳务移民方式抵达的、不涉及国籍改变的外国公民和无国籍人，必须在吉尔吉斯共和国境外拥有永久居留权。

没有授权国家机构的许可证而抵达吉尔吉斯共和国从事劳动活动的外国公民和无国籍人，根据本法应被驱逐出境。

第 3 章　入境移民

第 30 条　入境移民配额

为了国家调控移民到吉尔吉斯共和国的过程，每年确定移民配额，为入境移民设定上限。

每个日历年开始前 4 个月，吉尔吉斯共和国政府确定移民配额。

第 31 条　给予移民身份

暂时在吉尔吉斯共和国并希望在吉尔吉斯共和国获得移民身份的外国公民和无国籍人，可向授权的移民领域国家机构提出申请。

年满 18 岁、有行为能力的外国公民或无国籍人有权申请向吉尔吉斯共和国移民。

移民领域的授权国家机构应按照吉尔吉斯共和国政府规定的方式，根据确定的移民配额审查承认该人为移民的申请，并做出决定。

申请获得移民身份的审理期限不得超过 9 个月。

对移民领域的授权国家机构在审查给予移民地位申请时做出的决议，可向法院提出上诉。

外国公民或无国籍人要想获得入境移民地位，必须有固定收入来源，使他们能够满足吉尔吉斯共和国政府宣布的自己（及其家庭成员）的迫切需要。

如果申请人及其家庭成员缺乏足够的经济能力，应有不低于吉尔吉斯共和国规定的最低生活费的就业保障或经济保障。

第 32 条　申请入境移民的程序

移民申请书应附有申请人的下列经公证的文件：

（1）有效证件或吉尔吉斯共和国加入的、依法定程序生效的国际条约规定的替代文件的复印件；

（2）出生证明或同等证件的复印件；

（3）家庭成员证明、结婚证复印件；

（4）有能保证申请人及其家庭成员最低生活的固定合法收入来源的证明；

（5）体检证明；

（6）外国公民在所属国境内没有犯罪记录的证明，对于无国籍人，出具在进入吉尔吉斯共和国之前居住的国家境内没有犯罪记录的证明。

除上述文件外，申请书还附有：

（1）对于本法第 33 条第（1）项所述人员，证明父母一方国籍的文件；

（2）对于本法第 33 条第（2）（3）项所述人员，吉尔吉斯共和国公民亲属发出的邀请函，证明亲属关系的文件；

（3）对于本法第 33 条第（3）项所述的人，如果他们与提出申请的人一起出行，则需要申请人的授予移民地位的申请，如果他们去入境移民处居住，则需要入境移民的邀请；

（4）对于本法第 33 条第（4）（5）项所述人员，需要证明监护或庇护事实的文件；

（5）对于本法第 33 条第（6）项所述人员，需要证明有专业（职业）的文件。

如果 14 至 18 岁的未成年子女与移民父母一起迁移，需获得子女对移民的书面同意。

如果只有父母一方陪同 18 岁以下的子女移居吉尔吉斯共和国，必须提交另一方经公证的声明，证明其不反对子女与移民父母同住。

如果没有这种同意，移民父母一方必须提交有关国家将子女判给该父母的法院裁决。

如有必要，经授权的移民国家机构有权要求申请人提供补充文件。

第 33 条　享有获得入境移民地位优先权的人

下列外国公民或无国籍人享有获得移民地位优先权：

（1）有吉尔吉斯血统，即父母一方是吉尔吉斯族人的另一国的公民或无国籍人；

（2）吉尔吉斯共和国公民的父母、配偶、18 岁以下的儿童或成年无行为能力的子女；

（3）移民的父母、配偶、18 岁以下子女或成年无行为能力的子女；

（4）吉尔吉斯共和国公民监护或庇护的人；

（5）吉尔吉斯共和国公民的监护人或保护人；

（6）对吉尔吉斯共和国经济、社会和文化发展做出重大贡献的著名科学、文化界人士和其他人，以及吉尔吉斯共和国经济所需的高素质专业人员。

第 34 条　拒绝获得移民地位的理由

在下列情况下，外国公民或无国籍人申请移民地位可能被拒绝：

（1）对吉尔吉斯共和国公民和居住在吉尔吉斯共和国的其他人的健康、权利和合法利益构成威胁；

（2）在申请签证、实际居住地登记、申请居留证或工作许可证时提供虚假信息；

（3）不遵守吉尔吉斯共和国法律规定的获得签证和居留证明程序；

（4）从事对吉尔吉斯共和国安全构成威胁的活动；

（5）是吉尔吉斯共和国提起刑事诉讼的人，在诉讼结束之前；

（6）在吉尔吉斯共和国犯罪被判刑，在服完刑或免刑之前；

（7）患有健康障碍或疾病，其性质、严重程度和可能的持续时间对他人的健康构成威胁，或需要卫生机构的特别监督，吉尔吉斯共和国政府批准的病症清单中列入了这种疾病；

（8）不能为自己及其赡养人提供保障；

（9）申请吉尔吉斯共和国居留证被拒绝未满 1 年，再次提出申请；

（10）被行政或强制驱逐出吉尔吉斯共和国，并暂时或永久禁止其进入吉尔吉斯共和国，禁止入境期满之前；

（11）非法进入吉尔吉斯共和国，或协助另一外国公民或无国籍人非法进入吉尔吉斯共和国领土；

（12）是恐怖主义、极端主义或分离主义组织的成员；

（13）不精通在吉尔吉斯共和国境内永久居留所需的国家或官方语言。

确认掌握国家语言或官方语言水平的程序由吉尔吉斯共和国政府决定。

拒绝给予移民地位的决定应在做出决定后 3 日内通知申请人。

拒绝给予移民地位的决定应申请人的要求以书面形式下发。

第 35 条　永久居留证

根据本法，获得移民地位的外国公民和无国籍人的永久居留证由居民登记领域的授权国家机构颁发。

第 36 条　入境移民的权利和义务

《吉尔吉斯共和国外国公民的法律地位法》、本法和吉尔吉斯共和国的其他规范性法律以及吉尔吉斯共和国加入的、依法生效的国际条约规定了移民的权利和义务。

第 37 条　重新审查移民申请

被拒绝在吉尔吉斯共和国给予移民地位的外国公民或无国籍人，有权再次申请移民。

做出上一项决定1年后，才重新接收移民申请。

第38条 移民基金

（根据2016年10月24日吉尔吉斯共和国第171号法律已失效）

第三部分 吉尔吉斯共和国公民出入境

第1章 吉尔吉斯共和国公民离境和进入吉尔吉斯共和国的基本要求

第39条 吉尔吉斯共和国公民出入境吉尔吉斯共和国的原则和程序

吉尔吉斯共和国的每一位公民都有权出入境吉尔吉斯共和国。

吉尔吉斯共和国公民不得被剥夺离开吉尔吉斯共和国的权利。

根据本法第46条，离开吉尔吉斯共和国的权利可能暂时受到限制。

吉尔吉斯共和国公民不得被剥夺进入吉尔吉斯共和国的权利。

吉尔吉斯共和国公民，根据吉尔吉斯共和国加入的、依法生效的国际条约，凭有效证件或替代性证件，通过对国际交通开放的国界口岸离开吉尔吉斯共和国。

第40条 未成年人出境

未满18岁的吉尔吉斯共和国公民，可根据经公证的法定代表的申请离开吉尔吉斯共和国。

在没有法定代表或其中一人申请的情况下，可根据法院判决允许未成年人出境。

14至18岁的儿童，只有在其用书面形式表达的、经公证同意的情况下才能离开吉尔吉斯共和国永久居住。

第41条 无行为能力者离开吉尔吉斯共和国

被法院认定为无行为能力的吉尔吉斯共和国公民，根据其法定代表经公证的申请或法院判决可允许离开吉尔吉斯共和国。

第42条 有权离开吉尔吉斯共和国和进入吉尔吉斯共和国的文件

有权出入境吉尔吉斯共和国并在境外逗留期间证明吉尔吉斯共和国公民身份的文件如下：

（1）吉尔吉斯共和国公民的普通护照；

（2）外交护照；

（3）公务护照；

（4）回国证明。

外交和公务护照的签发和使用方式由吉尔吉斯共和国政府规定。

外交和公务护照在吉尔吉斯共和国法律规定的情况下应交还给国家。

根据吉尔吉斯共和国法律，违反签发、使用和归还外交和公务护照的规则将承担责任。

如果吉尔吉斯共和国公民丢失了身份证件，则有权进入吉尔吉斯共和国的文件是吉尔吉斯共和国外交代表处或领事机构签发的返回吉尔吉斯共和国的证明。

回国证明条例由吉尔吉斯共和国政府批准。

在吉尔吉斯共和国加入的、依法生效的国际条约规定的情况下，可用其他证明身份的证件代替本条第 1 款规定的文件离开吉尔吉斯共和国。

第 43 条 吉尔吉斯共和国公民普通护照的办理程序

吉尔吉斯共和国公民离开吉尔吉斯共和国的普通护照，由年满 16 岁、长期居住在吉尔吉斯共和国的公民根据个人申请办理。

未满 16 岁公民的普通护照，根据父母或法定代表经公证的申请办理。

如果父母一方没有提出申请，将根据法院的裁决办理普通护照。

在申请中要列出未满 16 岁公民的情况，以及根据本法没有限制离开吉尔吉斯共和国权利的情况。

未满 16 岁儿童的普通护照有效期为 3 年。

永久居住在吉尔吉斯共和国的吉尔吉斯共和国公民，普通护照由居住地居民登记领域的授权国家机构签发，而居住在境外的人的护照由吉尔吉斯共和国的外交代表团和领事机构签发。

吉尔吉斯共和国公民的外交或公务护照由执行外交政策的授权国家机构的领事部门按规定程序办理。

第 44 条 护照的签发和办理、临时扣留和没收的规则

吉尔吉斯共和国政府根据本法确定签发和办理护照、护照扣留和没收的规则，并予以公布。

第 45 条 审查出境证件的时间和程序

（根据 2005 年 8 月 6 日吉尔吉斯共和国第 125 号法律已失效）

第 46 条 吉尔吉斯共和国公民离开吉尔吉斯共和国的权利受到临时限制的理由

在下列情况下，吉尔吉斯共和国公民可能被暂时拒绝出境：

（1）如果申请人知道构成国家机密的信息，在吉尔吉斯共和国法律规定的期限届满之前不能出境；

（2）如果有未履行的赡养费、合同或其他义务，在履行义务或解决双方在法定情况下相互同意的争端之前，或以留置权担保义务之前不能出境，除非吉尔吉斯共和国加入的、依法生效的国际条约另有规定；

（3）如果对申请人提起了刑事诉讼，则在诉讼结束之前不能出境；

（4）如果申请人被判定犯有罪行，则在服完刑或免刑之前不能出境；

（5）如果申请人逃避履行法院判决赋予的义务，在履行义务之前不能出境；

（6）如果申请人故意报告关于自己的虚假信息，则在查明提供虚假信息的原因和后果之前不能出境；

（7）如果申请人应征入伍，则在决定推迟入伍之前不能出境；

（8）（根据 2020 年 1 月 14 日吉尔吉斯共和国第 1 号法律已失效）

（9）如果根据法院的判决，申请人被认定为特别危险的累犯，或在警察的行政监督下，犯罪记录被取消（撤销）或监督结束之前不能出境。

如果护照有本条第1款第（1）至（9）项中规定的情况，或护照被用来犯罪或发现伪造的情况，以及吉尔吉斯共和国国籍终止的情况下，护照可以暂时扣留或没收。

在这种情况下，临时扣留或没收护照由法院、检察机关、国家安全机构、吉尔吉斯共和国边防局进行。

第47条　为了吉尔吉斯共和国公民的安全，限制他们离开吉尔吉斯共和国

如果某一外国发生紧急情况，无法为吉尔吉斯共和国公民的安全创造条件，吉尔吉斯共和国政府根据执行外交政策的授权国家机构的报告，做出吉尔吉斯共和国公民前往该国的特殊程序，或有权对前往该国实行临时限制的决定。

上述限制的有效期到阻止离开的情况结束。

吉尔吉斯共和国政府的决定必须通知有意前往吉尔吉斯共和国政府做出决定的国家的吉尔吉斯共和国公民，并警告他们吉尔吉斯共和国在发生紧急情况时无法向公民保证必要的安全。

此警告不是出境禁令。

第48条　争议解决程序

对拒绝签发和办理普通护照，或暂时扣留、没收护照，吉尔吉斯共和国公民可向法院提出申诉。

以本法第46条第1款第（3）至（5）项和第（9）项规定的理由，拒绝吉尔吉斯共和国公民离开吉尔吉斯共和国，不得上诉。

第49条　吉尔吉斯共和国公民在国外的登记

吉尔吉斯共和国公民在吉尔吉斯共和国境外居留超过3个月，在15日内要到入境国的吉尔吉斯共和国外交代表处或领事机构登记。

如果吉尔吉斯共和国外交代表处或领事机构不设在抵达点，应通过所在国的电子或传真通信手段进行登记。

如果所在国没有吉尔吉斯共和国的外交代表处或领事机构，则在其他国家的特别授权代表处登记。

第2章　吉尔吉斯共和国公民到吉尔吉斯共和国境外临时居留

第50条　吉尔吉斯共和国保护吉尔吉斯共和国公民在国外的权利和合法利益

根据吉尔吉斯共和国法律，吉尔吉斯共和国公民在吉尔吉斯共和国境外受到吉尔吉斯共和国的保护和庇护。

第51条　吉尔吉斯共和国公民在境外从事劳动活动

吉尔吉斯共和国公民，除服兵役者外，可以在吉尔吉斯共和国境外工作。

在吉尔吉斯共和国安排吉尔吉斯共和国公民境外就业的自然人和法人的活动程序由吉尔吉斯共和国政府决定。

第 52 条　公务旅行

吉尔吉斯共和国公民因公离开吉尔吉斯共和国，按照吉尔吉斯共和国政府批准的条例进行。

第 53 条　因私出境

吉尔吉斯共和国公民因私离开吉尔吉斯共和国，根据本法和吉尔吉斯共和国的其他法律法规进行。

第 3 章　出境移民

第 54 条　吉尔吉斯共和国公民到吉尔吉斯共和国境外永久居留的程序

到吉尔吉斯共和国境外永久居留的吉尔吉斯共和国公民，必须持有入境国按法定程序颁发的签证或许可证。

获得出境证件的吉尔吉斯共和国公民，有权携带到出境国，以及有权在吉尔吉斯共和国境内保留属于其所有的财产。

不允许限制他们的公民、社会、劳动、住房和其他权利。

吉尔吉斯共和国公民将对国家来说具有文化、历史或其他价值的物品带出吉尔吉斯共和国，受吉尔吉斯共和国法律和吉尔吉斯共和国加入的、依法生效的国际条约的约束。

吉尔吉斯共和国公民在出国永久居留之前，必须履行对吉尔吉斯共和国管辖范围内的自然人和法人的财产义务。

前往外国的程序受相应入境国的法律以及吉尔吉斯共和国加入的、依法生效的国际条约的制约。

到吉尔吉斯共和国境外永久居留的吉尔吉斯共和国公民，在返回吉尔吉斯共和国永久居留时，在一般基础上享有吉尔吉斯共和国法律保障的所有权利，并承担法定义务。

第 55 条　非出境移民

吉尔吉斯共和国驻外国大使馆和代表处的工作人员、在国外从事临时劳动活动的吉尔吉斯共和国公民、执行维持和平任务的军人以及应组织和个人邀请在外国学习、治疗、旅游和出差的人不算作出境移民。

暂时离开吉尔吉斯共和国的其他人也不算作出境移民。

第 56 条　了解国家机密的公民离开吉尔吉斯共和国

在吉尔吉斯共和国《保护吉尔吉斯共和国国家机密法》规定的情况下，可能不允许吉尔吉斯共和国公民离开吉尔吉斯共和国。

企业、机构、组织或其组织授权机构的行政部门、教育机构的负责人、部队的指挥人员在招工（招生）和招兵时，应告知接触国家机密的公民这些临时限制。

第 57 条　吉尔吉斯共和国公民离开吉尔吉斯共和国的费用

吉尔吉斯共和国公民离开吉尔吉斯共和国前往其他国家永久居留的费用，由出境移民自费支付，也可以从其他合法来源支付。

第四部分　违反吉尔吉斯共和国法律的责任

第58条　犯罪责任的依据

在吉尔吉斯共和国境内有违法行为的入境移民与吉尔吉斯共和国公民一样承担责任，吉尔吉斯共和国加入的、依法生效的国际条约另有规定的情况除外。

第59条　外国公民和无国籍人非法进入吉尔吉斯共和国的责任

根据吉尔吉斯共和国法律，外国公民和无国籍人应对非法进入吉尔吉斯共和国负责。

第60条　雇用外国公民和无国籍人的责任

如果法人和自然人在吉尔吉斯共和国境内为没有相应许可证的外国公民和无国籍人安排工作，根据吉尔吉斯共和国法律雇主将被追究责任。

第61条　邀请外国公民和无国籍人的自然人和法人的责任

如果不遵守本法第25条的规定，根据吉尔吉斯共和国法律，邀请外国公民和无国籍人进入吉尔吉斯共和国的自然人和法人将承担责任。

第62条　违反逗留或过境秩序的责任

外国公民或无国籍人违反在吉尔吉斯共和国的居留程序，即无证件居住或根据无效证件居住，不遵守规定的登记或迁移、选择居住地的程序，在一定逗留期后逃避出境，或不遵守通过吉尔吉斯共和国领土的过境规则，应根据吉尔吉斯共和国法律承担责任。

根据吉尔吉斯共和国法律和国际法律法规享有特权和豁免权的人的责任问题通过外交途径解决。

第63条　承运人的责任

（根据2016年10月24日吉尔吉斯共和国第171号法律已失效）

第五部分　最后条款

第64条　国税和领事费

根据本法，国税和领事费及其他费用按吉尔吉斯共和国法律规定的数额和方式支付。

第65条　本法的实施

本法自公布之日起实施。

吉尔吉斯共和国政府在3个月内使其法律法规符合本法。

承认吉尔吉斯共和国《外国公民在吉尔吉斯共和国居留规则法》失效。

五、吉尔吉斯共和国因公出入境条例

（1995 年 10 月 18 日修订）

第 1 章　总则

1. 本条例规定了吉尔吉斯共和国公民、长期居住在吉尔吉斯共和国的外国公民、无国籍人（以下简称外国公民）因公离开吉尔吉斯共和国的程序，以及外国公民因公进入吉尔吉斯共和国的程序。

2. 在派出代表团和专家到国外出差以及接待外国代表团和专家时，必须遵循吉尔吉斯共和国法律、国际条约和协定、合同、国际合作计划，并从政治和经济可行性出发。

3. 吉尔吉斯共和国的派遣和接待组织应确保协调好公务旅行和接待外国代表团和专家的方案，提交必要的文件，并对其可信度负责。

4. 吉尔吉斯共和国外交部及其驻外机构和代表处负责办理出国和入境吉尔吉斯共和国的证件。

5. 吉尔吉斯共和国外交部经与吉尔吉斯共和国内务部和吉尔吉斯共和国国家安全委员会协商，制定和批准《吉尔吉斯共和国因公出入境证件办理细则》。

该细则以及因公出入吉尔吉斯共和国所需的证件样本由吉尔吉斯共和国外交部发送。

6. 办理出境和入境证件、派出及接待代表团和专家的财务费用以及其他费用由派出或接待组织承担，除非费用是集中供资的。

第 2 章　因公出国

7. 无论出差期限多长，决定出国情况如下：

（1）吉尔吉斯共和国总统针对下列情况做决定：

官方国家代表团；

吉尔吉斯共和国总统国务秘书及其副手。

（2）吉尔吉斯共和国立法会议议长和人民代表会议议长及其副手针对下列情况做决定：

议会官方代表团；

吉尔吉斯共和国议会相应议会的议员；

议会机构领导；

州议员代表和市议会代表。

(3) 吉尔吉斯共和国总理针对下列情况做决定:

吉尔吉斯共和国副总理;

吉尔吉斯共和国政府官方代表团;

吉尔吉斯共和国政府办公室领导;

各部、国家委员会、行政部门领导和州国家行政领导以及地方自治市议会、市议员及其副手。

(4) 吉尔吉斯共和国宪法法院院长针对下列情况做决定:

吉尔吉斯共和国宪法法院法官;

吉尔吉斯共和国宪法法院办公室主任。

(5) 吉尔吉斯共和国最高法院和最高仲裁法院院长针对最高法院、最高仲裁法院、州法院、市法院和区法院法官及其工作人员做决定。

(6) 吉尔吉斯共和国总统办公厅、吉尔吉斯共和国议会办公室、吉尔吉斯共和国政府以及吉尔吉斯共和国宪法法院的领导人,对自己机构的工作人员做决定。

(7) 各部、国家委员会和行政部门的领导对下列人员做决定:

这些部、国家委员会和行政部门的工作人员;

隶属于上述部、国家委员会、行政部门的国有和国有股份制企业、组织和机构负责人。

(8) 州、国家行政领导和地方自治城市议会代表领导针对下列人员做决定:

这些行政机构的工作人员;

在上述地方国家行政和地方自治城市管辖的领土上的公有制的国有企业的领导;

区(市)国家行政机构领导及其副手。

(9) 州议会和市议会主席针对下列人员做决定:

这些议会的办公室领导和工作人员;

区(市)议会主席。

(10) 区(市)国家行政主管及其副手针对下列人员做决定:

这些行政机构办公室的领导和工作人员;

位于上述区(市)国家行政单位并归其管辖的国有企业、组织、机构领导。

(11) 区(市)议会主席对下列人员做决定:

这些议会的工作人员;

村(镇)议会主席和其他工作人员。

(12) 国有企业、组织和机构领导对这些企业、组织和机构的工作人员做决定。

(13) 国际组织、合作社、社会组织和协会、合资企业和小企业、私营公司领导对其工作人员做决定。

8. 因公经常被派往国外或有理由定期出国的工作人员,对代表团和专家出国做决定的机关和组织可颁发多次到所有国家的出国许可。

为确保保护国家利益，防止泄露国家机密信息，并查明在离开吉尔吉斯共和国的权利方面可能存在法律规定的临时限制理由，吉尔吉斯共和国外交部及其代表处向国家安全机构和内务机构提出请求，要求对本条例第 7 条第（7）至（10）项所列工作人员，在他们初次因公出国并办理出国护照时，对其进行查询［第（8）项第 3 段所指的人除外］。

国家安全机构对此类查询的回复时间不超过 10 日。

内务机构对此类查询的回复时间不超过 3 日。

因公多次出国时，本条例第 9 条未列人员，通知国家安全机构便可。

9. 由吉尔吉斯共和国总统决定出国旅行的吉尔吉斯共和国公民，吉尔吉斯共和国立法会议议长、吉尔吉斯共和国人民代表会议议长、吉尔吉斯共和国总统国务秘书、吉尔吉斯共和国总理、吉尔吉斯共和国宪法法院、最高法院和最高仲裁法院院长、吉尔吉斯共和国议会办公室和吉尔吉斯共和国政府领导做出因公出国决定的公民，以及检察机构、外交部、内务部的工作人员，无须向国家安全机构和内务机构发送查询函。

10. 永久居住在吉尔吉斯共和国的外国公民有权与吉尔吉斯共和国公民平等地因公出国。

11. 根据本条例第 2 条，对长期居住在吉尔吉斯共和国的外国公民的因公出国决定权授予雇用这些外国公民的企业、组织和机构的负责人。

12. 吉尔吉斯共和国外交部及其代表处在所有情况下都与国家安全机构协商长期居住在吉尔吉斯共和国的外国公民因公出国问题，并通知内务机构。

13. 与吉尔吉斯共和国交通部和国家安全机构协商后，根据航空公司、吉尔吉斯铁路局、制造业协会和其他组织的领导人做出决定，允许为国际航空、铁路和公路线路提供服务的工作人员出境。

出境许可只有在初次办理多次出国手续时才可通过，有效期为工作人员整个出差的劳务活动期间。

吉尔吉斯共和国国防部有权决定军用飞机机组人员向国外飞行。

14. 如果向国外派出的报告未获批，派出组织应将无法出访的原因通知有关专家。

第 3 章　出国逗留时间、办理出国护照

15. 代表团和专家在国外停留的时间由派出组织与国外接待国组织协商确定。

有财政支持的情况下，吉尔吉斯共和国大使、吉尔吉斯共和国总领事可以延长代表团和专家在国外的逗留时间，允许他们前往第三国。

延长出差期限和前往第三国的决定应与派出组织协商。

16. 为了办理出国护照和签证，派出组织向吉尔吉斯共和国外交部及其代表处提供必要的文件。

吉尔吉斯共和国外交部及其代表处办理公务出境证件的时限不得超过：

前往免签证国家，时限 20 日；

前往签证国家，时限 30 日。

17. 吉尔吉斯共和国外交部及其代表处办理各种出国护照和各类别签证。

18. 因公出国出差者的出国护照类型，根据 1993 年 10 月 20 日吉尔吉斯共和国政府批准的《吉尔吉斯共和国出国护照条例》确定。

19. 吉尔吉斯共和国的企业、组织和机构根据吉尔吉斯共和国外交部及其代表处签发的出境证件，独自向位于比什凯克市的外国外交和领事代表处申请。

20. 在莫斯科、阿拉木图和塔什干的外国外交和领事代表处获得签证，可以通过吉尔吉斯共和国驻这些城市的大使馆，也可独自获得。

第 4 章　因公进入吉尔吉斯共和国

21. 外国代表团和专家因公进入吉尔吉斯共和国，他们要符合《吉尔吉斯共和国外国公民居留程序法》的要求，还要根据本条例第 7 条所指的国家政权和管理机构、企业、组织和机构所做的邀请和接待决定，在共和国境内迁移和选择居住地。

22. 吉尔吉斯共和国外交部及其驻外机构和代表处负责办理外国公民因公进入吉尔吉斯共和国的文件。

23. 为保护国家利益，并查明对进入吉尔吉斯共和国权利可能受到的限制，吉尔吉斯共和国外交部及其代表处在入境前至少 5 日向国家安全机构通报本条例第 21 条所列外国公民入境的情况。

在特殊情况下，向国家安全机构报告外国公民入境情况的时限可能会缩短。

国家安全机构应按照规定的程序向吉尔吉斯共和国外交部通报哪些人是在吉尔吉斯共和国不受欢迎的人。

24. 外国公民在吉尔吉斯共和国的逗留时间由接待组织决定，吉尔吉斯共和国外交部和吉尔吉斯共和国内务部可按规定方式延长。

25. 在下列情况下，可能不允许外国公民入境：

（1）为了国家安全或公共秩序；

（2）为了保护吉尔吉斯共和国公民和其他人的权利和合法利益，必须这样做；

（3）在上一次逗留期间，确认了外国公民违反吉尔吉斯共和国法律的事实；

（4）外国公民在申请入境时提供虚假信息或者未提交必要的文件；

（5）根据吉尔吉斯共和国法律规定的其他理由。

26. 如果吉尔吉斯共和国的国际协议规定了外国公民因公进入吉尔吉斯共和国的其他程序，则这些协议规定的程序有效。

第三部分

塔吉克斯坦共和国
边防出入境法律法规

一、塔吉克斯坦共和国国籍法

（2015 年 8 月 8 日修订）

本法调节与塔吉克斯坦共和国国籍有关的事宜，确定取得和终止塔吉克斯坦共和国国籍的依据、原则、条件和程序。

第 1 章　总则

第 1 条　基本概念

本法使用下列基本概念：

塔吉克斯坦共和国公民，是指在通过《塔吉克斯坦共和国宪法》之日起为塔吉克斯坦共和国公民，或根据塔吉克斯坦共和国法律和塔吉克斯坦共和国签署的国际条约获得塔吉克斯坦共和国国籍的人；

塔吉克斯坦共和国国籍，是指某人与塔吉克斯坦共和国之间有稳定的政治和法律关系，包括相互的权利和义务；

外国公民，是指没有塔吉克斯坦共和国国籍，拥有外国国籍的人；

无国籍人，是指根据各国法律规定不具有任何国家国籍的人；

双重国籍，是指根据塔吉克斯坦共和国签署的国际条约，塔吉克斯坦共和国公民拥有外国国籍和外国公民拥有塔吉克斯坦共和国国籍；

儿童，是指未满 18 岁的人；

居住，是指某个人合法住在塔吉克斯坦共和国境内或境外；

永久居留，是指外国公民或无国籍人根据居留证在塔吉克斯坦共和国境内连续居留；

居留证，是指能证明在塔吉克斯坦共和国境内的外国公民或无国籍人身份的文件，该文件证明无国籍人或外国公民获得了在塔吉克斯坦共和国的永久居留许可。

第 2 条　塔吉克斯坦共和国关于塔吉克斯坦共和国国籍的立法

塔吉克斯坦共和国关于国籍的立法是依据《塔吉克斯坦共和国宪法》，并由本法、其他塔吉克斯坦共和国法律法规以及塔吉克斯坦共和国承认的国际法律文件构成。

第 3 条　关于国籍的国际条约的适用

本法和塔吉克斯坦共和国签署的国际条约适用于解决塔吉克斯坦共和国国籍问题。

第 4 条 塔吉克斯坦共和国国籍的原则

塔吉克斯坦共和国国籍基于以下原则：

—每人都拥有国籍权；

—所有公民一律平等，与获得国籍的依据无关；

—有助于预防无国籍现象；

—无论居住地、缔结和解除婚姻状况，均保留塔吉克斯塔共和国国籍。

第 5 条 禁止将塔吉克斯坦共和国公民引渡到另一个国家

1. 禁止将塔吉克斯坦共和国公民引渡到外国；

2. 根据塔吉克斯坦共和国签署的国际条约决定将实施犯罪的人引渡到外国。

第 6 条 有助于预防无国籍现象

塔吉克斯坦共和国支持无国籍人获得塔吉克斯坦共和国国籍，也不阻止无国籍人获得其他国家国籍。

第 7 条 缔结和（或）解除婚姻时保留塔吉克斯坦共和国国籍

1. 塔吉克斯坦共和国公民与非塔吉克斯坦共和国公民缔结和（或）解除婚姻时，不要求上述人改变国籍。

2. 夫妻一方改变国籍不要求另一方也改变国籍。

3. 解除婚姻不要求婚内所生子女或夫妻所收养子女改变国籍。

第 8 条 获得双重国籍

1. 还有其他国籍的塔吉克斯塔共和国公民，只承认他是塔吉克斯坦共和国公民，塔吉克斯坦共和国签署的国际条约规定的情况除外。

2. 由塔吉克斯坦共和国签署的国际条约决定是否获得双重国籍。

第 9 条 塔吉克斯坦共和国荣誉公民

1. 非塔吉克斯坦共和国公民，对塔吉克斯坦共和国或国际社会有杰出贡献，经其同意可被授予塔吉克斯坦共和国的荣誉公民身份。

2. 塔吉克斯坦共和国荣誉公民身份的授予程序由塔吉克斯坦共和国总统批准的《塔吉克斯坦共和国荣誉公民条例》规定。

第 10 条 证明塔吉克斯坦共和国国籍的文件

1. 能证明塔吉克斯坦共和国国籍的文件是包含该人国籍信息的官方文件。

2. 能证明塔吉克斯坦共和国国籍的文件清单由塔吉克斯坦共和国的法律规定。

第 11 条 在境外的塔吉克斯坦共和国公民的保护与庇护

处在境外的塔吉克斯坦共和国公民受到塔吉克斯坦共和国的保护与庇护。

塔吉克斯坦共和国国家机构、外交代表处、领事机构和塔吉克斯坦共和国其他的官方代表处有义务协助确保塔吉克斯坦共和国公民能够充分享受其居住国或停留国法律规定的所有权利，以保护其权利和合法权益。

第2章　塔吉克斯坦共和国国籍的取得

第12条　塔吉克斯坦共和国国籍取得的依据

塔吉克斯坦共和国国籍的取得基于以下条件：

—按出生；

—加入国籍；

—恢复国籍；

—在变更塔吉克斯坦共和国国界时，通过选择塔吉克斯坦共和国国籍的方式。

第13条　按出生取得塔吉克斯坦共和国国籍

1. 父母双方或唯一的父（母）亲有塔吉克斯坦共和国国籍，无论儿童在哪里出生，均被认为具有塔吉克斯坦共和国国籍；

2. 父母具有不同国籍，儿童出生之时父母一方是塔吉克斯坦共和国国籍，儿童可以获得塔吉克斯坦共和国国籍，如果儿童：

—出生在塔吉克斯坦共和国境内；

—出生在国外，父母或父母一方当时在塔吉克斯坦共和国常住。

3. 父母具有不同国籍，父母的一方在儿童出生时是塔吉克斯坦共和国国籍，而另一方是外国国籍，如果当时父母双方在国外常住，出生在塔吉克斯坦共和国境外的儿童的国籍可以由父母双方书面协议决定。如果父母在儿童出生之日起3个月内未达成协议，如果根据其出生地所在国的法律，儿童不能获得该国国籍，则该儿童被视为具有塔吉克斯坦共和国国籍。

4. 父母双方的一方在儿童出生之时是塔吉克斯坦共和国国籍，而另一方为无国籍人或不知是何人，无论儿童出生在何地，儿童均被认为是塔吉克斯坦共和国国籍。

5. 在已建立父子关系的情况下，儿童母亲是无国籍人，而父亲是塔吉克斯坦共和国国籍，儿童无论出生在何地，均被认为是塔吉克斯坦共和国国籍。

6. 在承认塔吉克斯坦共和国国籍妇女生育儿童的情况下，如果父亲是无国籍人，儿童无论出生在何地，均被认为是塔吉克斯坦共和国国籍。

7. 在塔吉克斯坦共和国境内出生的儿童，父母为无国籍人，如果父母或者父母中一方为塔吉克斯坦共和国常住居民，则儿童是塔吉克斯坦共和国国籍。

8. 出生在塔吉克斯坦共和国境内的儿童，其父母不详，则该儿童获得塔吉克斯坦共和国国籍。

9. 出生在塔吉克斯坦共和国境内的儿童，其父母是外国国籍，或者父母中一方是外国国籍，而另一方是无国籍人或不知是何人，如果根据这些国家的法律规定，不能给儿童国籍，则儿童被认为是塔吉克斯塔共和国国籍。

第14条　加入塔吉克斯坦共和国国籍

1. 根据本法，外国公民和无国籍人有权申请加入塔吉克斯坦共和国国籍。

2. 年满18岁的外国公民或无国籍人，不论民族、种族、性别、语言、宗教信仰、政治立场、教育、社会和（或）财务状况，有权申请加入塔吉克斯坦共和国国籍。

第15条 加入塔吉克斯坦共和国国籍的一般条件

加入塔吉克斯坦共和国国籍的一般条件有：

—自获得居留证到申请塔吉克斯坦共和国国籍之日，在塔吉克斯坦共和国连续居住5年的外国公民和无国籍人，一年内一次性出境时间不超过3个月，学习、治疗和出差除外；

—掌握能够交流的官方语言；

—没有受到刑事处罚。

第16条 以简易程序加入塔吉克斯坦共和国国籍

1. 以下外国公民和无国籍人，有权以简易程序申请塔吉克斯坦共和国国籍，无须遵守本法第15条第1段和第2段规定的条件，也无须提交居留证：

—在科学、技术、保健和体育领域取得杰出成就，在塔吉克斯坦共和国的经济、社会和文化发展以及实现共同的人类价值方面有贡献的人士；

—拥有苏联国籍，居住在塔吉克斯坦共和国境内且参加过卫国战争的退役军人；

—由塔吉克斯坦共和国公民监护或监管的儿童或无行为能力的人；

—在教育或治疗机构、社会福利机构或者在塔吉克斯坦共和国其他类似机构中，全权由国家照管的儿童或无行为能力的人；

—出生在塔吉克苏维埃社会主义共和国、具有苏联国籍、曾居住或现居住在属于苏联的国家，但没有获得这些国家国籍的无国籍人。

2. 下列人可以申请加入塔吉克斯坦共和国国籍，但可将本法第15条第1段规定的永久居留期限减少一半：

—无国籍人，本条第1款第5段规定的人除外；

—出生时父亲或母亲为塔吉克斯坦共和国公民的外国公民，因出生获得了外国国籍，在年满18岁之日的5年内；

—父亲或母亲为塔吉克斯坦共和国公民的外国公民；

—出生在塔吉克苏维埃社会主义共和国境内，具有苏联国籍的人。

3. 塔吉克斯坦共和国总统可考虑接纳外国公民和无国籍人加入塔吉克斯坦共和国公民的问题，此时无须遵守本法第15条规定的条件。

第17条 塔吉克斯坦共和国国籍的恢复

1. 因父母国籍改变而丧失塔吉克斯坦共和国国籍的人，根据其申请，可在年满18岁后的5年之内恢复塔吉克斯坦共和国的国籍。

2. 由于收养而失去塔吉克斯坦共和国国籍的人，根据其申请，可恢复塔吉克斯坦共和国国籍。

3. 以前拥有塔吉克斯坦共和国国籍的人，根据其申请，可以恢复塔吉克斯坦共和国的国籍。

第 18 条　加入和恢复塔吉克斯坦共和国国籍申请驳回的依据

下列人员加入和恢复塔吉克斯坦共和国国籍的申请会被驳回：

—提交虚假信息和伪假文件；

—他们的行为会威胁塔吉克斯坦共和国的国家安全；

—是塔吉克斯坦共和国官方禁止的党和其他组织的成员；

—因犯有严重和重大罪行而被判刑；

—受到刑事起诉；

—正在服刑；

—塔吉克斯坦共和国与该国家没有关于双重国籍的国际协议的外国公民。

第 19 条　当塔吉克斯坦共和国国界变更时国籍的选择

当塔吉克斯坦共和国国界根据塔吉克斯坦共和国法律发生变更时，居住在国家属性要发生变化地区的人，有权根据塔吉克斯坦共和国批准的国际条约规定的程序和期限选择塔吉克斯坦共和国国籍。

第 3 章　塔吉克斯坦共和国国籍的终止

第 20 条　塔吉克斯坦共和国国籍终止的依据

在下列情况下，塔吉克斯坦共和国国籍终止：

—退出塔吉克斯坦共和国国籍；

—丧失塔吉克斯坦共和国国籍；

—取消加入塔吉克斯坦共和国国籍的决定；

—塔吉克斯坦共和国国界变更时选择了其他国家国籍。

第 21 条　退出塔吉克斯坦共和国国籍

1. 塔吉克斯坦共和国公民有权退出塔吉克斯坦共和国国籍，本法第 22 条规定的情况除外。

2. 根据塔吉克斯坦共和国公民申请，可退出塔吉克斯坦共和国国籍。

3. 14 岁以下的儿童，父母一方为塔吉克斯坦共和国国籍，另一方为外国公民，或其单亲父（母）为外国公民，根据父母的申请或单亲父（母）的申请儿童退出塔吉克斯坦共和国国籍，除非塔吉克斯坦共和国批准的国际条约另有规定。

第 22 条　拒绝退出塔吉克斯坦共和国国籍的依据

拒绝退出塔吉克斯坦共和国国籍的依据有：

—收到服兵役的通知（直到服兵役结束）；

—被刑事起诉；

—有塔吉克斯坦共和国法律规定的对国家未尽的义务；

—有已生效且待执行的法院终审判决；

—没有外国国籍或者不能保证可以获得外国国籍；

—退出塔吉克斯坦共和国国籍会对国家安全造成威胁。

第 23 条　塔吉克斯坦共和国国籍的丧失

1. 加入外国的安全机构、司法机构、执法机构或其他国家机构中服兵役的塔吉克斯坦共和国公民，将失去塔吉克斯坦共和国国籍，除非塔吉克斯坦共和国批准的国际条约另有规定。

2. 塔吉克斯坦共和国公民自愿获得未与塔吉克斯坦共和国达成双重国籍协议的外国国家的国籍，则丧失了塔吉克斯坦共和国的国籍。

第 24 条 取消加入塔吉克斯坦共和国国籍的决定

1. 如果该决议是以申请人提交的伪假证件或故意提交的假信息为基础做出的，则获得塔吉克斯坦共和国国籍的决定会被取消。使用伪假证件或故意提交假信息的事实通过法律程序来确定。

2. 取消加入塔吉克斯坦共和国国籍的决定不会使该人免除法律规定的责任。

3. 做出加入塔吉克斯坦共和国决定之日起的 5 年内都可取消国籍。

第 25 条 塔吉克斯坦共和国国界变更时，其他国家国籍的选择

根据塔吉克斯坦共和国法律规定程序变更塔吉克斯坦共和国国界时，居住在国家属性发生变化的行政区域单位的人，按照塔吉克斯坦共和国批准的国际条约，有权选择外国国籍。

第 4 章 父母、监护人、保护者国籍改变时儿童的国籍，无行为能力人的国籍

第 26 条 父母国籍改变时儿童国籍的改变

1. 如果儿童的父母双方或单亲父（母）获得了塔吉克斯坦共和国国籍，儿童可获得塔吉克斯坦共和国国籍。

2. 儿童在其父母或单亲父（母）终止塔吉克斯坦共和国国籍时，如果儿童不会出现无国籍的情况，则该儿童的塔吉克斯坦共和国国籍终止。

3. 对于 14 至 18 岁的儿童，获得或终止塔吉克斯坦共和国的国籍，必须征得他的同意。

4. 如果被剥夺了父母权利的父母国籍发生变化，则儿童的塔吉克斯坦共和国国籍不会发生变化。

第 27 条 父母之一获取或终止国籍时儿童的国籍

1. 如果作为外国公民的父母一方获取了塔吉克斯坦共和国国籍，其居住在塔吉克斯坦共和国境内的儿童由已获取塔吉克斯坦共和国国籍的父母一方申请可以获取塔吉克斯坦共和国国籍。

2. 如果作为外国公民的父母一方获取了塔吉克斯坦共和国国籍，其居住在塔吉克斯坦共和国境外的儿童由已获取塔吉克斯坦共和国国籍的父母一方申请可以获取塔吉克斯坦共和国国籍。

3. 如果作为外国公民的父母一方获取了塔吉克斯坦共和国国籍，而父母另一方为无国籍人，他们的子女由已获取塔吉克斯坦共和国国籍的父母一方申请可以获取塔吉克斯坦共和国国籍。

4. 如果愿意获取塔吉克斯坦共和国国籍的父母一方是无国籍人，另一方是

外国国籍，儿童由父母双方申请可获取塔吉克斯坦共和国国籍。

5. 如果父母一方的塔吉克斯坦共和国国籍将终止，而另一方还是塔吉克斯坦共和国公民，则儿童保留塔吉克斯坦共和国国籍。经将要终止国籍的父母一方申请，有作为塔吉克斯坦共和国公民的父母另一方的书面同意，儿童的塔吉克斯坦共和国国籍可以终止，但是在儿童不会成为无国籍人的情况下。

第 28 条　收养时的儿童国籍

1. 被塔吉克斯坦共和国公民一人收养或被塔吉克斯坦共和国公民夫妇收养的儿童，或收养的夫妇一方是塔吉克斯坦共和国公民，而另一方为无国籍人，该儿童由塔吉克斯坦共和国公民收养人申请，自收养之日起获得塔吉克斯坦共和国国籍，不论居住地在何处。

2. 被夫妇收养的儿童，夫妇一方是塔吉克斯坦共和国公民，而另一方为外国国籍，儿童由收养人双方提出申请可获得塔吉克斯坦共和国国籍，不论儿童居住何地。自收养之日起 1 年内，收养人没有提出申请，则儿童获得塔吉克斯坦共和国国籍，前提是他居住在塔吉克斯坦共和国。

第 29 条　确定了监护权或保护权的儿童和无行为能力人的国籍

1. 已经确定塔吉克斯坦共和国公民为监护人或保护人的儿童和无行为能力人，由监护人或保护人根据本法第 16 条第 1 款第 3 段规定提出申请，可以获得塔吉克斯坦共和国国籍。

2. 完全由国家保护的、在孤儿院或医疗机构、居民社会保护机构或其他类似的塔吉克斯坦共和国机构中生活的无国籍儿童和无行为能力人，由儿童和无行为能力人所在机构领导根据本法第 16 条第 1 款第 4 段规定提出申请，可以获得塔吉克斯坦共和国国籍。

3. 已确定由正在获得塔吉克斯坦共和国国籍的外国人作为监护人或保护人的无国籍儿童和无行为能力人，由上述监护人或保护人提出申请，可与其同时获得塔吉克斯坦共和国国籍。

4. 儿童和无行为能力人是塔吉克斯坦共和国公民，对他确定的监护人或保护人为外国公民，则儿童和无行为能力人保留塔吉克斯坦共和国国籍。

5. 父母之间以及父母与监护人或保护人之间关于儿童和无行为能力人的国籍之争，以儿童和无行为能力人的利益为出发点由法律程序判定。

第 5 章　塔吉克斯坦共和国国籍问题的授权机构

第 30 条　塔吉克斯坦共和国国籍问题的授权机构

塔吉克斯坦共和国国籍问题的授权机构有：

—塔吉克斯坦共和国总统；

—塔吉克斯坦共和国总统下设的国籍问题委员会；

—内务机构；

—外事机构。

第 31 条 塔吉克斯坦共和国总统在塔吉克斯坦共和国国籍问题上的权限

1. 塔吉克斯坦共和国总统：

—审议获得和终止塔吉克斯坦共和国国籍的问题；

—废除加入塔吉克斯坦共和国国籍的决定；

—批准关于塔吉克斯坦共和国国籍审议问题程序的规定；

—批准塔吉克斯坦共和国名誉公民条例；

—成立国籍事务委员会，用以初步审议国籍问题并批准其条例；

—确定审议与执行本法有关的塔吉克斯坦共和国国籍问题的授权机构的活动和协作规则；

—审议无须遵守本法第 15 条第 1、2 段规定的无国籍人和外国公民加入塔吉克斯坦共和国国籍问题；

—确定获取和终止塔吉克斯坦共和国国籍问题的审议程序；

—根据塔吉克斯坦共和国宪法和其他法律法规，履行塔吉克斯坦共和国国籍问题的其他职权。

2. 为解决塔吉克斯坦共和国国籍问题颁布塔吉克斯坦共和国总统令。

第 32 条 塔吉克斯坦共和国总统下设的国籍问题委员会的权限

依据塔吉克斯坦共和国总统批准的委员会条例确定塔吉克斯坦共和国总统下设的国籍问题委员会的权限。

第 33 条 内务机构在国籍问题上的权限

针对国籍问题，内务机构有以下权限：

—确定居住在塔吉克斯坦共和国的人拥有塔吉克斯坦共和国国籍；

—接收居住在塔吉克斯坦共和国的人递交的塔吉克斯坦共和国国籍问题申请；

—核查为申请提交的支撑事实和文件，如有必要向相应的国家机构查询补充信息；

—向塔吉克斯坦共和国总统提交塔吉克斯坦共和国国籍法问题申请，提交作为获得或终止塔吉克斯坦共和国国籍具体依据的结论、文件或其他材料；

—执行塔吉克斯坦共和国总统做出的、有关居住在塔吉克斯坦共和国境内人员的塔吉克斯坦共和国国籍问题的决定；

—在自己的权限范围内办理关于国籍问题的相应文件。

第 34 条 外事部门在塔吉克斯坦共和国国籍问题上的权限

外事部门在塔吉克斯坦共和国国籍问题上有如下权限：

—确定居住在塔吉克斯坦共和国境外的人属于塔吉克斯坦共和国国籍；

—接收居住在塔吉克斯坦共和国境外的人提交的有关塔吉克斯坦共和国国籍问题的申请；

—核查提交作为申请的支撑事实和文件，如有必要向相应的国家机构查询补充信息；

—向塔吉克斯坦共和国总统提交关于塔吉克斯坦共和国国籍法问题的申请，

提交作为获得或终止塔吉克斯坦共和国国籍具体依据的结论、文件或其他材料；

—执行塔吉克斯坦共和国总统做出的、有关居住在塔吉克斯坦共和国境外人员的塔吉克斯坦共和国国籍问题的决定；

—在自己的权限范围内办理国籍问题的相应文件；

—对居住在塔吉克斯坦共和国境外的塔吉克斯坦共和国公民进行登记，对丧失塔吉克斯坦共和国国籍的人进行登记。

第 6 章　申请审议程序与塔吉克斯坦共和国国籍问题的解决

第 35 条　塔吉克斯坦共和国国籍问题申请的递交程序

1. 致塔吉克斯坦共和国总统的关于塔吉克斯坦共和国国籍问题的申请，由居住在塔吉克斯坦共和国境内的人向其居住地的内务机构递交，居住在塔吉克斯坦共和国境外的人向外事机构递交。

2. 申请须由申请人亲自提交。如果申请人不能亲自提交，申请书和必要的文件可通过委托人转交或邮寄。这种情况下申请书是否由本人签字，申请书所附文件是否真实必须经过公证。

3. 儿童或无行为能力人改变国籍的申请由其父母或其他合法代表按申请人的居住地或儿童或无行为能力人居住地进行提交。

4. 与获得或终止塔吉克斯坦共和国国籍的具体依据相对应的申请表的格式和随附的信息清单以及所需文件清单，由塔吉克斯坦共和国国籍问题审议程序条例规定。

第 36 条　国税和领事费的征收

审理和颁发获得或终止塔吉克斯坦共和国国籍的文件，要征收国税和领事费，征税的额度和程序由塔吉克斯坦共和国法律规定。

第 37 条　塔吉克斯坦共和国国籍问题申请的审理期限

塔吉克斯坦共和国国籍问题的申请审理、建议和做出获得塔吉克斯坦共和国国籍的决定、终止塔吉克斯坦共和国国籍的决定的期限，自提出申请并提交所有必要符合要求的文件之日起，不超过 1 年。

第 38 条　接收塔吉克斯坦共和国国籍问题的重复申请

1. 首次做出获得塔吉克斯坦共和国国籍或终止塔吉克斯坦共和国国籍的决定 1 年后，接收重复申请。

2. 在查明申请人以前不知情的情况下，则可以接收重复申请，可不受本条第 1 款规定的期限限制。

第 39 条　获得和终止塔吉克斯坦共和国国籍的日期

1. 塔吉克斯坦共和国国籍取得：

—根据本法第 13 条，从儿童出生之日算；

—根据本法第 28 第 1、2 款，从儿童收养之日算；

—在其他情况下，按塔吉克斯坦共和国总统相应法令颁布之日算。

2. 塔吉克斯坦共和国国籍终止按塔吉克斯坦共和国总统相应法令颁布之

日算。

第 40 条　与获得或终止塔吉克斯坦共和国国籍相关的文件

1. 内务机构为居住在塔吉克斯坦共和国境内，依据本法规定程序获得塔吉克斯坦共和国国籍的人发放塔吉克斯坦共和国公民护照。在 16 岁以下儿童的证件中，要标注他们属于塔吉克斯坦共和国国籍。如果无法在儿童证件中标注，则向他们颁发证明是塔吉克斯坦共和国国籍的证明。

2. 外事机构向根据本法规定的程序获得塔吉克斯坦共和国国籍、居住在塔吉克斯坦共和国境外的人颁发塔吉克斯坦共和国普通出境护照或者返回塔吉克斯坦共和国证明。

3. 居住在塔吉克斯坦共和国境内的人，根据本法规定的程序终止了塔吉克斯坦共和国国籍，也没有外国国籍，由内务机构为其颁发无国籍人居留证并没收国籍证明文件。无国籍人从塔吉克斯坦共和国出境时由内务机构为其颁发相应的文件。

4. 居住在塔吉克斯坦共和国境外的人员，根据本法规定的程序终止了塔吉克斯坦共和国国籍，但未取得外国国籍，由内务机构为其颁发由内务机构签发的无国籍人证明，没收其国籍证明文件。

第 7 章　最后条款

第 41 条　对塔吉克斯坦共和国国籍问题机构的决定和负责人行为的申诉

对无正当理由拒绝接收塔吉克斯坦共和国国籍问题申请的机构的决定、负责人和行为、不遵守申请审查期限和程序、违反塔吉克斯坦共和国国籍获得或终止程序、不执行塔吉克斯坦共和国国籍问题决定，都可向上级机构或法院提出申诉。

第 42 条　不遵守本法要求的责任

根据塔吉克斯坦共和国的法律，对不遵守本法规定的自然人和法人追究责任。

第 43 条　承认《塔吉克斯坦共和国国籍法》失效

承认 1995 年 11 月 4 日通过的《塔吉克斯坦共和国国籍法》失效。

第 44 条　本法生效的程序

本法正式公布后生效。

二、塔吉克斯坦共和国国界法

（2009 年 3 月 26 日修订）

根据《塔吉克斯坦共和国宪法》，塔吉克斯坦共和国的领土不可分割且不可侵犯。

本法确定和巩固塔吉克斯坦共和国国界的确立、走向和保卫的法律基础，以及国家机构、地方自治机构、塔吉克斯坦共和国武装部队和保卫塔吉克斯坦共和国国界领域的其他部队和军事单位的职权。

第 1 章　总则

第 1 条　塔吉克斯坦共和国的国界

塔吉克斯坦共和国的国界（以下称国界或国家边界）是确定塔吉克斯坦共和国国家领土（陆地、水域、底土和空间）边界，以及沿此边界划定的垂直面，即有效行使国家主权的空间界线。

塔吉克斯坦共和国的法律法规和塔吉克斯坦认可的国际法律法规明确了国家边界。

第 2 条　塔吉克斯坦共和国边防政策

边防政策是塔吉克斯坦共和国总统决定的塔吉克斯坦共和国国内和外交政策的一部分。

边防政策是在尊重主权、领土完整和国家边界不受侵犯的国际原则的基础上制定的，其基础是塔吉克斯坦共和国：

将国界视为法律上界定领土（陆地、水域、底土、空间）的稳定的空间界限的线，塔吉克斯坦共和国拥有该界限内的所有主权；

在宣布的对苏联合法继承的基础上，依据本法生效之日法定有效的国际法令，包括塔吉克斯坦共和国和其他国家（苏联其他共和国）的行政区划法令，确定自己国界的走向；

在确定和变更国界走向、建立和维持塔吉克斯坦共和国和邻国在国界线上的法律关系、规范塔吉克斯坦边境地区的法律关系以及塔吉克斯坦境内的国际交通路线，采取措施以确保塔吉克斯坦共和国安全和国际安全的目标相一致、符合与邻国互利和全面合作的利益、符合和平和非暴力解决国界问题的原则；

在塔吉克斯坦认可的国际法律法规规定的情况下，与独立国家联合体成员国协调建立国界制度及其保卫和守卫活动。

第 3 条 国界的保卫和守卫

作为保障塔吉克斯坦共和国安全和实施塔吉克斯坦共和国国家边防政策体系的组成部分，保卫国界是指国家权力机构和地方自治机构在自己职权范围内通过采取政治、法律、外交、经济、国防、边防、情报、反情报、侦查作业、海关、保护自然、卫生防疫、环保等措施而进行的协调活动。企业、机关、社会团体和公民都按规定的程序参与这一活动。

根据塔吉克斯坦共和国承认的国际法律法规和塔吉克斯坦共和国法律确定的国界地位，对国界采取保卫措施。

塔吉克斯坦共和国与外国根据国际法公认的原则和法规以及塔吉克斯坦共和国批准的国际条约进行保卫国界方面的合作。

保卫国界要保障个人、社会和国家在边境地区（边界区域、界河、界湖和其他水域的塔吉克斯坦部分，过境口岸以及紧临国界、边界区域、界河岸、界湖岸和其他水域岸边的城市和行政区）内在国界上的切身利益，所有权力执行机构根据塔吉克斯坦共和国法律赋予的权限进行保护。

国界的守卫是保卫国界的组成部分，由边防部队在边境地区的陆地、河流、湖泊和其他水域实施，塔吉克斯坦共和国空军和防空部队在领空实施。

守卫国界的目的是不允许非法变更国界走向、保证自然人和法人遵守国界制度、从口岸穿越国界的边防制度。在本法中，守卫国界的措施是边防措施。

边防措施是包含在统一国家安全政策框架内采取的安全措施，它与个人、公民和国家切身利益受到的威胁相匹配。

第 4 条 塔吉克斯坦共和国国界的立法

塔吉克斯坦共和国国界的立法基础是《塔吉克斯坦共和国宪法》，它由本法、塔吉克斯坦共和国其他法律法规和塔吉克斯坦共和国承认的国际法律法规组成。

第 2 章 确定和变更国界走向及国界的标示

第 5 条 确定和变更国界走向

国界的走向由塔吉克斯坦共和国承认的国际法律法规确定。

以塔吉克斯坦共和国的国际条约为基础，根据塔吉克斯坦共和国法律的规定，进行现场勘查所做出的变更和明确国界走向的文件才能生效。

如果塔吉克斯坦共和国批准的国际条约没有其他规定，则国界走向的确定遵循下列标准：

（1）在陆地上—根据特征点、地貌线或明显的永久地标划定。

（2）在通航的河流—按主航道中心线或河的深泓线划定；在不通航的河流和小溪—按河流或其主要支流的中心线划定；在湖泊或其他水域—按等距线、中心线、国界通往湖岸或其他水域沿岸的直线或其他线划定。

（3）在水库和其他人工水上设施—根据水淹前穿过的国界线划定。

（4）在桥梁、堤坝和其他穿越河流、湖泊和其他水域的设施—按这些设施的中线或按技术轴线划定，而不考虑国界在水上的走向。

第 6 条　国界的标示

国界处要有明显的界标标示。

界标的形状、尺寸、描述和设置程序由塔吉克斯坦共和国批准的国际条约、塔吉克斯坦共和国政府决议规定。

第 3 章　国界制度

第 7 条　国界制度的内容和规定

根据本法、塔吉克斯坦共和国其他规范性法规、塔吉克斯坦共和国承认的国际法律法规确定国界制度，包括下列规定：

国界的维护；

人员和交通工具穿越国界；

货物、商品和动物穿越国界；

人员、交通工具、货物、商品和动物的过境放行；

在国界或塔吉克斯坦共和国国界线附近从事生产、捕捞或其他活动；

与外国共同解决违反上述规定的事件。

考虑到塔吉克斯坦共和国和相邻国家的相互利益，国界制度的个别规定不制定，已制定的规则可以简化。

第 8 条　国界的维护

国界维护的规则规范界标的设置、维护和保持在完好状态，及其对界标检查的程序、边境通道设备的安装和维护、与邻国共同检查国界线走向。

在不变更国界的情况下，由塔吉克斯坦共和国政府批准共同检查国界走向的文件。

为了对国界进行合理维护，根据塔吉克斯坦共和国法律规定的程序，按既定规范为塔吉克斯坦共和国国家安全委员会边防部队（以下简称边防部队）划出陆上紧邻国界或界河、界湖或其他水域塔吉克斯坦一侧沿岸的地带供其无限期（永久）使用。

第 9 条　人员和交通工具穿越国界

在陆地上，人员和交通工具在国际铁路和公路交通线上穿越国界，或者在塔吉克斯坦共和国批准的国际条约规定的地方或塔吉克斯坦共和国政府决议规定的地点穿越国界。这些文件可以规定过境的时间，规定穿越国界线到达口岸和返回的规则，此时交通工具不允许人员下车，卸载货物、商品、动物，也不允许交通工具上人和装载货物和动物。

边境口岸是指对国际交通（国际航班）开放的火车站、汽车站、海河港口、民用机场、军用机场，及其他专门装备用以进行边防、海关检查，必要时进行其他类型检查的地方，以及人员、车辆、货物、商品和动物放行的地方。

在履行守卫国界责任时，边防部队经与塔吉克斯坦共和国相邻国家当局协商后赋予这些部队的军人和其他人员享有采取其他方式穿越国界的权利。

非军用和军用河船应根据本法、塔吉克斯坦共和国批准的国际条约在界河、界湖和其他水域过境。

穿越国界但不进入塔吉克斯坦共和国及邻国港口（锚地）时，在界河、界湖和其他水上设施内航行，要遵守塔吉克斯坦共和国与邻国签署的条约。

非军事船舶从国界到达过境口岸以及返回，外军船舶在界河、界湖和其他水域的塔吉克斯坦一侧水域航行，但不进入塔吉克斯坦港口（锚地）无害通过时，禁止以下行为（本法规定的情况除外）：

（1）进入塔吉克斯坦共和国政府未对国际运输、外国船舶开放的塔吉克斯坦共和国港口（锚地）；

（2）从塔吉克斯坦共和国政府未对国际运输开放的港口（锚地）出港；

（3）驶入已公布的禁止航行的区域；

（4）在非指定区域，或者在指定区域但没有许可的情况下停靠、私放乘客下（上）船，卸（装）货物、商品、动物，向水中投放或回收任何漂浮物，从船上起飞、接收飞行器，进行捕捞、研究或其他活动；

（5）其他塔吉克斯坦共和国法律和塔吉克斯坦共和国批准的国际条约禁止的行为。

外国非军事和军用船舶在塔吉克斯坦界河、界湖和其他水域航行和停留时，必须遵守塔吉克斯坦共和国法律、塔吉克斯坦共和国批准的国际条约和塔吉克斯坦共和国政府决定规定的无线电通信、航行、港口、海关、卫生检疫和其他规定。

飞机要沿着专门划定的空中走廊穿越国界，并遵守塔吉克斯坦共和国规定的在领航信息文件中公布的规则。除本条第11款规定的情况外，不在划定的空中走廊穿越国界必须得到塔吉克斯坦共和国政府的允许。

飞机从国界到过境口岸以及返回，以及在塔吉克斯坦共和国领空过境时（本法规定的情况除外）禁止以下行为：

（1）在塔吉克斯坦共和国政府未对国际航班开放的塔吉克斯坦共和国空港和机场降落；

（2）从塔吉克斯坦共和国政府未对国际航班开放的空港和机场起飞，在个别情况下，执行特殊国际飞行任务时，经国家单一制航空企业“塔吉克航空”和塔吉克斯坦共和国国防部许可，在与塔吉克斯坦共和国国家安全委员会协商后，可以由塔吉克斯坦共和国起飞，飞入塔吉克斯坦共和国后可在未对外开放的空港和机场降落；

（3）飞入通告的禁飞区；

（4）塔吉克斯坦共和国法律、塔吉克斯坦共和国批准的国际法律禁止的其他行为。

为保证塔吉克斯坦共和国的安全，根据外国请求，塔吉克斯坦共和国政府可以通过做决定的方式，临时限制或终止在个别地段穿越国境，同时要通知相关国家当局。

当发生自然或人为重大事故时，处置情况的抢险救援和灾后恢复部队（力量）应按塔吉克斯坦共和国批准的国际条约和塔吉克斯坦共和国政府文件规定的程序穿越国界。

如有下列特殊情况：不幸事件、事故、威胁船舶安全的自然灾害，拖引受损的船舶、运送被救人员、对船员与乘客提供紧急医疗救助或其他紧急情况，人员、交通工具被迫穿越塔吉克斯坦共和国陆上国界，外国非军事船舶、军事河船驶入界河、界湖和其他水域的塔吉克斯坦共和国一侧，飞机被迫飞入塔吉克斯坦领空不属于违反过境规则的行为。

在不得已穿越国界或违反本法规定的塔吉克斯坦共和国领水和领空法规时，船长、军舰舰长、机长应立即向最近的塔吉克斯坦河港、空港、机场报告。之后按照他们的指示或前来救援或调查情况的塔吉克斯坦共和国的船长或机长的指示行事。

第 10 条　货物、商品和动物穿越国界

货物、商品、动物穿越国界，要依据塔吉克斯坦共和国批准的国际条约、塔吉克斯坦共和国法律和塔吉克斯坦共和国政府决议规定的地点和方式。

第 11 条　人员、交通工具、货物、商品和动物过境

在设定的过境口岸放行人员、交通工具、货物、商品和动物通过国界，意味着承认进入塔吉克斯坦共和国领土的人员和交通工具的合法性，以及承认运输的货物、商品和动物进入塔吉克斯坦共和国的合法性，或者意味着允许离开塔吉克斯坦共和国的人员和交通工具穿越国界，以及允许运输的货物、商品和动物穿越国界到境外。

人员、交通工具、货物、商品、动物穿越国界的依据是：人员有权出入塔吉克斯坦共和国的有效证件；交通工具、货物、商品、动物的有效文件。

根据塔吉克斯坦共和国法律，禁止入境的外国人和无国籍人员以及按照俄联邦法律程序做了决定禁止离开塔吉克斯坦共和国的人，不得穿越塔吉克斯坦共和国国界。

塔吉克斯坦承认的国际法律法规可以就出入塔吉克斯坦权利的文件方面规定塔吉克斯坦共和国和邻国公民简易过境的程序。塔吉克斯坦共和国政府根据塔吉克斯坦共和国有关部委提交的报告做出的决定，依据塔吉克斯坦承认的国际法律法规确定简易过境点。在不设海关机构的地方，由边防部队代表以简易程序对货物、货币、贵重物品和其他属于个人的财产进行检查和过境放行。

对人员、交通工具、货物、商品和动物的过境放行包括边防检查（核查入境塔吉克斯坦共和国或从塔吉克斯坦共和国出境的文件，检查车辆以发现偷越边境者），必要时进行海关、卫生检疫、兽医、植物检疫和塔吉克斯坦共和国政府规定的其他方面的检查。

按塔吉克斯坦共和国相应权力执行机构以本法为基础，经与塔吉克斯坦共和国司法部、海关机构协商，此外，在确保人、动物和植物生命和健康安全方面与塔吉克斯坦共和国卫生部和塔吉克斯坦共和国其他有关权力行政机关协商，制定规范性法规以确定检查的内容、手段、方法及适用程序。

塔吉克斯坦安全机构同空港、机场行政部门或塔吉克斯坦武装部队空军指挥部，对在不对外开放的空港、机场起飞执行专门国际飞行任务的飞机，以及迫降在非指定地点的外国航空器和塔吉克斯坦航空器实施过境检查，之后通知边防部队和塔吉克斯坦共和国其他相关机构。

第 12 条　出入境检查费用的收取

（根据 2006 年 11 月 21 日塔吉克斯坦共和国第 209 号法律已删除）

第 13 条　开设过境口岸

塔吉克斯坦共和国政府根据塔吉克斯坦共和国各部委提出的报告，与边防部队协商，同时考虑邻国的国家利益，按塔吉克斯坦共和国承认的国际法律法规开设过境口岸。

塔吉克斯坦共和国相关部委就设计方案与边防部队、海关以及其他在过境口岸联检单位协商后，对大楼、场所、设施建造、装备和投入使用之后，过境口岸开放。制定设计方案时，应当考虑组织边防检查和其他形式检查所必备的场所和设施。上述设施的建造和装备的费用由塔吉克斯坦共和国国家预算和塔吉克斯坦共和国相关部委支出。

企业、机关、组织，不论其所有制形式如何，根据需要在过境口岸免费提供办公场所、设施和设备，以确保边防检查机构和其他检查活动的顺利开展，确保参加过境口岸治安活动的顺利实施。

第 14 条　在国界从事生产、捕捞及其他活动

塔吉克斯坦和外国的法人和自然人，包括共同、直接在国界线或靠近国界线的地方从事与穿越国界相关的生产、捕捞及其他活动，或以其他方式涉及塔吉克斯坦共和国和其他国家利益时，不应：

对塔吉克斯坦共和国、邻国及其他外国居民健康、环境、其他安全造成危害，或威胁可能会造成这种损失；

妨碍维护国界。

本条第 1 款所指的活动根据塔吉克斯坦共和国批准的国际条约或与外国达成的协议进行，但要遵守过境规则，并通知边防部队穿越国境和生产作业的时间、地点以及人员、所使用的捕捞船只、交通工具、其他工具、器械的数量。

第 15 条　在传染病蔓延威胁下暂停过境

如果在塔吉克斯坦共和国或外国有特别危险的传染病传播威胁时，根据塔吉克斯坦共和国政府的决定，人员、车辆、货物、商品和动物在指定区域过境可能会暂时受到限制或禁止，或对过境的人、动物、货物、种子、种植材料、其他动植物产品进行检疫。

第 16 条　违反国界制度事件的处理

处理违反国界制度事件的程序归塔吉克斯坦共和国边防代表、国防部还是外交部管辖，由塔吉克斯坦共和国承认的国际法律以及塔吉克斯坦共和国政府的决议决定。

人员、航空器、河上军事船舶和非军船舶及其他交通工具违反本法规定穿越国界即非法越境。

从国外来塔吉克斯坦共和国但没有在塔吉克斯坦居住或逗留地位的外国公民和无国籍人，如果有实施犯罪或行政违法行为的迹象，要依现行塔吉克斯坦共和国法律追究他们的责任。

针对本条第 3 款所指的违法者缺乏提起刑事诉讼和行政违法案件的依据，且他们不享有申请政治避难的权利时，根据《塔吉克斯坦共和国宪法》，边防部队将通过正式程序将其移交给入境国家当局。如果塔吉克斯坦承认的国际法律法规对移交越境者没有约定，边防部队可以将其在边防部队确定的地点从塔吉克斯坦驱逐出境。如果塔吉克斯坦承认的国际法律法规没有规定，从过境口岸向塔吉克斯坦共和国境外驱逐外国公民和无国籍人事宜，要通知驱逐所到国（或过境国）当局。被追究行政责任的违法者，针对其做了驱逐出境的决议，也用这种程序驱逐出塔吉克斯坦。

逗留国外期间丢失入境证件的塔吉克斯坦共和国公民从边检站入境时，要在边检站停留一段时间以便确定他们的身份，但不会超过 30 日。在口岸停留的条件和程序由塔吉克斯坦共和国政府确定。

第 17 条　塔吉克斯坦共和国边防代表

为解决遵守国界制度问题、处理边境事件，根据塔吉克斯坦共和国批准的国际条约，向塔吉克斯坦共和国国界指定地段委派塔吉克斯坦共和国边防代表（边防委员、边境全权代表及其副手）。

边防代表的活动要遵循《塔吉克斯坦共和国宪法》、本法、其他塔吉克斯坦共和国法律、塔吉克斯坦共和国批准的国际条约以及由塔吉克斯坦共和国政府批准的边防代表条例。

塔吉克斯坦共和国履行其公职的边界代表，可以按照塔吉克斯坦共和国的法律法规和塔吉克斯坦承认的关于国界制度的国际法律规定的方式穿越国家边界。

塔吉克斯坦共和国国防部代表负责解决与塔吉克斯坦或外国军用航空器和军用河船、其他军事设施或军人（不涉及预防危险军事活动利益的边防部队设施或军人除外）有关的边境事件，而塔吉克斯坦共和国边防代表参与解决此类事件。

塔吉克斯坦共和国边防代表或塔吉克斯坦共和国国防部代表解决不了的边境问题或事件，通过外交途径解决。

第 4 章　边防制度

第 18 条　边境地区和边境地带

为了确保保卫国界的必要条件，塔吉克斯坦共和国政府决定设立边境地区和边境地带。

边境地区通常设立在与国界相邻的城市、地区、镇、村庄，距国界线不超过 25 公里的范围内。边境地区还包括塔吉克斯坦共和国的内水、界河、界湖和其他水域的塔吉克斯坦一侧以及这些水域中的岛屿。

边境地带是边境地区的组成部分，是直接沿国界在其陆地部分或沿界河、界湖和其他水域的河岸设立的宽达2公里的地带。

第19条 边防制度的内容和制定

边防制度包括以下规则：

人员与交通工具进入边境地区、在边境地区临时逗留以及移动的规则；

在边境地区从事生产、捕捞及其他活动，举办大型群众性社会政治、文化及其他活动的规则；

小型船舶的统计、维护和使用规则；

在界河、界湖和其他水域的塔吉克斯坦一侧从事捕捞、科研、勘察和其他活动的规则。

不允许建立其他边防制度，任何对公民权利和自由的限制只以塔吉克斯坦共和国法律规定为基础，按规定的程序进行。

边境地区和边境地带入口处设有界标。

基于塔吉克斯坦共和国与周边国家的关系性质，在一些地区可以不设立边防地带。

边境地区和边境地带的边界线以及警告性标志由边防部队与当地权力执行机构协商设立。

本法所制定的边防制度规则的具体内容、时间和空间界线以及不适用哪些人员，由塔吉克斯坦共和国政府规定并对外公布。

第20条 进入（通过）边境地区和边境地带

如果塔吉克斯坦共和国的法律法规没有做出其他规定，无外交部和内务机构的许可，禁止外国公民和无国籍人进入边境地区。

人员和交通工具凭证明身份的有效证件进入（通过）边境地区。由边防部队规定人员和交通工具进入（通过）边境地区的地点、行驶路线、停留时间以及其他逗留条件。

边防部队颁发边境地带的进入、临时停留、居住和生产作业许可。在必要时它们可以对进入边境地带和在边境地带生产作业实行临时补充限制制度。

第21条 在边境地区从事生产、捕捞和其他活动，举办群众性社会政治、文化等活动

在边境地区从事生产、捕捞和其他与利用土地、森林、矿藏、水资源的活动，以及举行群众性社会政治、文化等活动都必须遵守塔吉克斯坦共和国法律和塔吉克斯坦共和国政府及当地国家权力机关的规范性法律文件，具体的工程和活动需要边防部队的许可方可进行。

进行工作、举办活动的许可，除本法第20条的规定外，还包括明确时间、地点、参与人员的数量以及负责人等。定期的工程和活动可以有固定的举办地点。

第22条 在国界附近饲养和放牧牲畜

为防止传染病过境，可以禁止或限制在陆上国界沿线的地带（隔离带）喂

养、放牧牲畜。

隔离带及其宽度、安装栅栏的程序以及兽医制度由塔吉克斯坦共和国农业部确定。在边境地带饲养和放牧牲畜同样要遵守本法第20条的规定。

第23条　塔吉克斯坦小型船只（交通工具）的统计、保养和使用

在界河、界湖和其他水域塔吉克斯坦一侧航行的小型动力船、非动力船（交通工具），必须在码头、停泊处或其他停泊点强制统计和停放。边防部队负责船只从停泊点出码头和返回的程序，并对船只出航时间、水上停留和离开停泊点及河岸的时间做出限制。

第24条　在界河、界湖和其他水域塔吉克斯坦一侧从事生产、捕捞、研究、勘察等活动

在界河、界湖和其他水域塔吉克斯坦一侧从事生产、捕捞、研究、勘察等活动，应遵守塔吉克斯塔共和国法律、塔吉克斯坦共和国政府及当地国家权力机关的法规，并按本法第9、21、23条的要求进行。

在边防机关的允许下，在界河、界湖和其他水域塔吉克斯坦一侧开展本条第1款指定的活动。

第5章　过境口岸制度

第25条　过境口岸制度的内容与制定

过境口岸制度包括人员与交通工具出入、停留口岸规则，货物、商品和动物进出、存放口岸规则。这些规则均为实施边防检查、海关检查以及其他种类的检查创造必要条件而专门制定。

塔吉克斯坦共和国交通部根据本法、塔吉克斯坦承认的国际法律法规以及与边防部队和海关机构协商后制定的规范性法规而建立口岸制度。

根据塔吉克斯坦共和国运输部和其他部门的规范性法律文件，空港、飞机场、内河港口、码头、火车站、汽车站的负责人及其他运输公司的领导，根据当地情况，与边防部队、海关和其他检查机构协商后发布命令（指示），制定本过境口岸的制度。

不在本条第3款所指的配备了运输设施的过境口岸制度，由边防部队根据本条第2款的要求，经与海关和其他在这些口岸对人员、交通工具、货物、商品和动物放行的机构协商制定。

第26条　人员和交通工具以及货物、商品和动物在过境口岸通行办法

人员、交通工具、货物、商品、动物进出口岸，凭空港、机场、河港和码头、铁（公）路车站以及其他交通企业管理机关与边防部队协商后颁发的通行证在指定口岸通过。

第27条　人员与交通工具在口岸的停留

国际交通工具在口岸停留的地点和时间由空港、机场、河港、铁（公）路车站等运输企业的管理机关与边防部队和海关机构协商确定。

在进行边防检查、海关检查和其他检查时，限制人员靠近外国交通工具或登

上外国交通工具，必要时禁止此类行动。在从塔吉克斯坦共和国离境和入境塔吉克斯坦共和国时，乘客上下交通工具、装卸行李、邮件和货物要取得边防部队和海关机构的许可。

运输企业、组织负责人及交通工具所有人有义务按照边防部队代表的要求，在海关工作人员的参与下，必要时打开铅封（密封）的车厢、汽车、船舱、交通工具的其他舱室及其所运输的货物进行检查。

国际交通工具离开塔吉克斯坦共和国或者入境，以及变更停留点，应取得边防部队和海关机构的许可。

没有有效入境证件的塔吉克斯坦共和国公民，停留口岸期间按照本法第 16 条第 5 款的规定办理。

第 28 条 外国非军事、军用河船在塔吉克斯坦共和国港口和码头入港、停留

外国非军用河船可以进入塔吉克斯坦共和国为这类船只开放的港口和码头。在这些港口、码头入港、停留规则，进行乘客和货物作业、船只与海岸的联系、船员和乘客上岸、非船员的人员来访规则以及涉及外国河船在塔吉克斯坦共和国港口和码头入港、出港相关的其他规则，由本法、塔吉克斯坦共和国其他法律法规、塔吉克斯坦共和国政府决议确定。

前往塔吉克斯坦共和国港口和码头的外国非军用河船将到达时间通知目的地港口或码头机构。

针对塔吉克斯坦船只建立了入港许可或通知制度的国家，其非军用河船在获得塔吉克斯坦主管部门的许可或根据互惠原则向其发了通知后，方可进入塔吉克斯坦共和国的港口和码头。

除非另有规定，外国军用河船凭塔吉克斯坦共和国政府的事先许可进入塔吉克斯坦共和国的港口和码头。塔吉克斯坦共和国政府确定外国军用河船在塔吉克斯坦共和国入港和在港口停留的程序。

第 29 条 过境口岸制度的补充规定

在过境口岸，划定专门区域直接进行边防和海关检查以及其他形式的检查。在这些查验地点实行一些限制性补充规定。这些补充规定根据本法第 25、26、27 和 28 条所确定的规则和方式制定。

第 6 章 保卫国界领域的国家权力机关的权限

第 30 条 塔吉克斯坦共和国最高国家权力机关的权限

塔吉克斯坦共和国议会下院：

通过保卫国界领域的法律作为国家安全的组成部分；

批准和声明废止有关塔吉克斯坦共和国领土划界的国际条约，包括关于国家边界走向的条约。

塔吉克斯坦共和国总统：

确保保卫国界领域的所有国家权力部门的协调运作；

谈判并签署有关保护国界的国际条约。

塔吉克斯坦共和国政府：

制定和实施保卫国界安全的措施；

确保塔吉克斯坦共和国各部委和地方权力执行机关执行本法。

塔吉克斯坦共和国司法部门在塔吉克斯坦共和国法律对其规定的权限范围内，参与保卫国家边界。

第 31 条 塔吉克斯坦共和国国家安全委员会的职权

塔吉克斯坦共和国国家安全委员会：

—保证守卫陆地、河流、湖泊和其他水域的国界，以及守卫过境口岸；

—指导塔吉克斯塔共和国边防部队和边防代表的活动，参与塔吉克斯坦共和国边防政策的制定和实施；

—确定边防部队的优先活动方向，制定守卫国界构想和旨在改善其活动的综合方案，以及实施这些方案的法律、组织、经济和其他机制；

—协调在国界进行各类遵守国界制度、边防制度和过境口岸制度检查的国家机关的活动；

—与塔吉克斯坦共和国国防部一起协调保卫国界的空军和防空军的行动；

—参与由国家权力机关涉及保护国界利益的规范性法律文件的制定；

—参与国界的划定、标界、重立界标，制定国界制度的规范性法律文件；

—收集、整理（和分析）威胁塔吉克斯坦共和国保卫国界领域安全的情报，并提交给塔吉克斯坦共和国总统、塔吉克斯坦共和国议会上院和下院、塔吉克斯坦共和国政府，并通知相关各部委；

—为保卫国界进行情报、反情报和侦搜行动；

—为保卫国界与独联体成员国和其他国家的边防部门、国际组织进行沟通和联系；

—与海关机构一起制定和实施打击走私的措施；

—为保卫国界与塔吉克斯坦共和国地方国家权力机关、各社会团体以及外国情报部门和组织相互配合；

—在塔吉克斯坦共和国国界和边境地区举行国家级、州级或者国际性的大规模社会政治活动时，参加安保活动。

本法没规定而由塔吉克斯坦共和国政府规定的塔吉克斯坦共和国国家安全委员会的其他职权。

第 32 条 塔吉克斯坦共和国各部门执行权力机关的职权

1. 塔吉克斯坦共和国外交部：

—根据塔吉克斯坦共和国最高国家权力机构的决定，通过外交手段确保塔吉克斯坦共和国的主权、安全、领土完整、边界不可侵犯、经济和其他利益；

—就缔结关于确立、巩固国界、制定国界制度进行谈判，对执行这些法律的情况进行总体监督；

—在其职权范围内，执行塔吉克斯坦共和国边防政策方面的外交方针；

—在自己权限范围内办理塔吉克斯坦公民、外国公民和无国籍人的出入境证件；

一参与制定遵守国界制度的规则，解决塔吉克斯坦共和国边防代表或塔吉克斯坦共和国国防部无法解决的边境事件。

2. 塔吉克斯坦共和国国防部：

负责保卫领空的国界，并负责执行此任务；

保障国界受到武装保护，塔吉克斯坦武装力量按照本法和塔吉克斯坦共和国其他法律所规定的情况和方式参加陆上、界河、界湖以及其他水域的国界保卫；

在自己的权限范围内解决违反国界制度的事件；

根据塔吉克斯坦共和国法律和部门间的协议，在资源、情报和其他方面协助边防部队保卫国界。

3. 塔吉克斯坦共和国内务部：

协助边防部队采取措施保卫国界、打击非法越境行为、侦查违反国界制度的人员、检查和查明被行政拘留或者刑事拘留人员的违法情况；

向边防机关通报边境地区的治安情况，查明的违法案件以及针对国界和边防部队具有犯罪意向的犯罪团伙和人员的情况；

保证塔吉克斯坦共和国内务部边防部队按照本法规定的情形和方式参加保卫国界；

保证内务机构参加监督遵守过境口岸边防制度的情况；

在实施边境搜寻行动、抵抗武装入侵或邻国大量公民涌入塔吉克斯坦境内时，根据边防机关的报告，确保对个别地段或国界线附近目标实行临时限制或禁止人员通行；

在国界或边境地区举办大规模国内、国际活动时，保证社会治安；

在发生紧急情况和实施紧急状态时，保证边境地区的治安；

参加对边境地区居民的法制教育，与边防部队共同预防国界和过境口岸的违法行为。

4. 在国界实施海关、卫生检疫、兽医、植物检疫以及其他检查的塔吉克斯塔共和国权力执行机构：

组织和开展以保护国境上的个人、社会和国家的经济、环境和其他利益的活动；

在自己职权范围内颁布塔吉克斯坦共和国境内所有法人和自然人强制执行的法律；

在其职权范围内，监督企业、组织、机关、社会团体、公民遵守塔吉克斯坦共和国批准的国际条约、塔吉克斯坦共和国法律的要求；

在必要情况下在口岸建立检查机构（站）并组织其工作，根据本法第 11 条第 6 款的要求，规定检查手段和方法；

各部门相互协作，共同协助边防部队保卫国界；

与国外有关机构在保护国界领域开展合作。

第 33 条　戈尔诺-巴达赫尚自治区、州、边境城市和地区的地方国家权力机关的权力

戈尔诺-巴达赫尚自治区、州、边境城市和地区的地方国家权力机构：

为依法保卫国界的部队和机关创造条件，并在本法规定的权限范围内通过相关法律文件；

根据塔吉克斯坦共和国法律为保护国界提供必需地段，监督土地使用及在这一地域遵守塔吉克斯坦共和国环境保护法的情况；

向边防部队通报有关边境地区形势的信息；

为公民自愿参加保卫国界创造条件；

监督自己辖区内所有机关、企业、单位、组织、负责人和公民遵守塔吉克斯坦共和国国界法的情况。

第 7 章　塔吉克斯坦共和国边防部队、防空部队、其他部队和军事组织在保卫国界方面的权限

第 34 条　边防部队的权限

边防部队负责守卫陆上、河流、湖泊、其他水域的国界以及过境口岸，同时实施过境放行。为此，边防部队必须：

在过境口岸进行出入境检查；

采取现有措施防止违法变更国界走向；

打击对塔吉克斯坦共和国领土的武装入侵，制止国界上的武装和其他挑衅，保护居民、国家和其他形式的财产免受上述犯罪侵害；

查明和拘捕偷越国界者；

警告和防止人员及交通工具在口岸外或通过非法手段穿越国界；

确保履行塔吉克斯坦共和国批准的国际条约在国界制度方面的义务；

监督具有许可或通知性质的国界制度、边防制度和过境口岸制度的执行；

进行部队、情报、侦搜、过境检查和军事技术活动；

对塔吉克斯坦共和国法律赋予其管辖的行政违法案件进行诉讼，并在自己的权限范围内审议这些案件，执行对它们的决议；

对塔吉克斯坦共和国法律赋予其管辖的案件进行初步调查；

预防归边防部队管辖的违法犯罪；

参加塔吉克斯坦共和国边防代表的活动；

必要时进行边境搜寻和作战行动。

边防部队为行使自己对管辖活动的职权，有权：

（1）根据塔吉克斯坦共和国法律，按既定法规无限期（永久）提供的土地上修建必要的工程技术设施，架设通信线网，安置和使用技术装备和武器。

（2）执行公务时，在任何地段停留和移动；要求边境地区的地段的所有者和使用者划出一部分区域用于边防执勤组、装备的移送以及维护通过围栏、越过其他障碍物的通道；押送非军用船只及其他交通运输工具，并在上面布置边防勤

务人员；为了预防和制止违反国界制度、边防制度和过境口岸制度，对人员和交通运输工具的必要证件进行检查，查验交通运输工具以及运送的货物。

（3）边防执勤人员可对怀疑其偷越国界、边防制度和过境口岸制度的人实施扣留或人身检查，把他们移交给边防部队驻地或其他地方以便进一步查清违法情况；边防快艇可拦截、检查和扣留违反上述制度的非军用船只，运送（押送）其到就近的塔吉克斯坦共和国港口进一步查清违法情况。在检查和押送船舶期间禁止其使用无线电台。每次检查和扣留船只都要进行记录。扣留记录要附上从船长处没收的船舶以及货物的证件。

（4）对违反国界制度、边防制度和过境口岸制度的人员实施拘留，拘留最长 3 小时以做记录，在必要情况下，可扣留最多 3 日以确定身份并查明违法情况，并在扣留之时起的 24 小时内以书面形式通知检察官，或如果罪犯没有可证明其身份的文件，从检察官批准之日起可扣留最多 10 日；对被拘留者进行人身搜查，在必要时检查和扣押其随身携带、拥有或占有的其他物品以及文件。应就每项行政拘留、对被拘留者的人身搜查、检查和扣押其所拥有的物品都要做记录。

（5）根据本法第 16 条第 4 款的规定，经法官批准拘留非法越境的外国公民和无国籍人，做出将其移交给邻国权力机关或行政驱逐出塔吉克斯坦共和国的决定，或者在做决定或决议所需的时间内做出将其驱逐出塔吉克斯坦共和国的决议。

（6）把行政拘留人员关押在为他们特设的边防部队关押室，因涉嫌犯罪被刑事起诉的人和作为预防措施被关押的嫌疑人，通常被关押在边防部队临时拘留室或者为行政拘留人员特设的关押室，必要时，把他们关押到内务机关的审讯室、拘留所和其他特设的关押室。

（7）邀请知情人员到边防部队，向他们了解违法穿越国界或其他违反国界制度、边防制度或口岸制度的情况。必要时，也可了解在其他地方实施的违法信息。如果知情人请而不到，会被拘传。

（8）在过境证件上做相应的标注，必要时，暂时没收这些证件，以及没收伪假证件。

（9）将缴获的走私品，违法运输的商品、货物和交通运输工具转交给海关机构，若当地未设海关机构，由执行保卫国界任务的边防部队扣留这些物品。

（10）临时限制或禁止个别地段人员的活动和交通工具的运行，包括小型船只（工具），在进行边境搜索和边境行动、其他侦搜活动，以及对刑事案件和行政违法案件进行侦查时，为了保证公民的人身和生命安全，个别地段禁止人员进入，应责令其停留在原地或离开这些地方。

（11）国界发生危及塔吉克斯坦共和国利益的事件时，要通知当地国家权力机关、地方自治机关、有关企事业单位和组织，临时限制各类生产作业，国防工程和与处置自然灾害或者严重传染病有关的活动除外。

（12）追捕那些有足够证据证明其违反了国界制度的人员时，可以随时进入公民住所、企事业单位和组织的驻地和办公室进行搜查，享有外交豁免权的除外。如果未经居住人同意而进入其住所，须在24小时内通知检察官。

（13）在执行公务时，使用通信工具不受任何限制。在抵抗武装入侵塔吉克斯坦共和国国境、阻止大规模非法越境、搜查以及押送违法犯罪嫌疑人时，可以使用企事业单位、组织（不限制所有权）和社会团体的交通工具而不受任何限制，必要时可以有偿使用公民个人的交通工具，根据他们的要求、按照法律的规定，付费或补偿造成的损失。属于外国的外交、领事、代表处、国际组织和专门用途的通信工具和交通工具除外。

（14）为履行法律所赋予的职责，边防部队可无偿咨询和获取国家机关、企事业单位、组织和社会团体的有关信息，法律规定的采用特殊方法获取的信息除外。

（15）为监督国界制度、边防制度和过境口岸制度的遵守情况，进行必要的人员登记、实际数据的核查和统计，可在不违反法律的情况下使用信息系统。

（16）向国家机关、企事业单位、组织和社会团体提交关于消除导致违法行为发生原因与条件的报告，初步调查和审理归边防机关管辖的案件。

（17）根据自愿原则，以边防部队编外工作人员及其他形式吸收社会团体成员中的公民参加国界保卫任务，表彰保卫国界工作中表现突出的公民。

（18）按照本法规定的方式和情形使用武器、作战装备、特种器材、武力和警犬。

（19）在界河、界湖以及其他水域塔吉克斯坦共和国一侧，对非军用河船：

如果未悬挂国旗，建议船只悬挂本国国旗；

询问船长（船主、船员）驶入这片水域的目的；

如果船只不悬挂本国国旗，不回答询问信号，不服从改变航向的要求或者违反国际法公认的原则和准则，则拦截船只并进行检查，根据检查的结果，可能允许其遵循规定继续在塔吉克斯坦共和国水域航行（停留）或者被要求驶离塔吉克斯坦共和国水域，依据本法规定不一定予以扣留；

针对实施犯罪者，根据塔吉克斯坦共和国法律应负刑事责任的人员带离船舶并扣留，如果塔吉克斯坦共和国批准的国际法律没有其他规定，将其移交给问讯机构或预审机关；

追捕和扣留在界河、界湖及其他水域塔吉克斯坦一侧违反航行（停留）规则的船只，在远距离发出可视信号或声音信号并确保船只能够看见或听见后，进入本国或第三国领海之前，依然要对其实施追捕和扣留。

（20）（已删除）

（21）（已删除）

边防部队在塔吉克斯坦境内实施边界搜寻和进行业务活动时，可以行使塔吉克斯坦共和国法律规定的其他权力。

执行公务时，边防部队的舰艇、飞机（直升机）有权无偿：

使用塔吉克斯坦共和国领水和领空、河港、码头、塔吉克斯坦境内的空港、机场（降落场），不取决于其归属和用途；

获取航行、水文、气象及其他信息；

保障飞行和航行。

法律赋予边防机关的其他权力。

边防部队不得使用权力去解决法律未赋予的任务。

边防机关不参与其他任务，除了处置自然灾害、事故和灾难之外。

第 35 条 塔吉克斯坦共和国空军和防空军的权限

空军负责领空的国界守卫：

对飞机遵守国界制度进行监督；

对非法穿越塔吉克斯坦共和国国境或者违反塔吉克斯坦共和国领空飞行制度的航空器采取措施，使其迫降在塔吉克斯坦共和国领土上；

对因不可抗力穿越国界的飞机或机组成员非故意进入塔吉克斯坦领空的飞机提供帮助，使其恢复航向，指引其降落到塔吉克斯坦共和国或者飞离塔吉克斯坦共和国国境。

空军和防空军有权：

出现非法穿越国界的威胁或者在非法穿越国界时，使用现有装备对其进行识别；

必要时，按照塔吉克斯坦共和国政府规定的方式使用武装力量其他军种和国家机构的兵力和装备，查明空域情况，采取措施预防和制止非法空中越境行为；

在领空受到非法越境威胁或已发生非法越境时，坚决禁止和限制航空器在塔吉克斯坦共和国领空个别地区飞行；

如果塔吉克斯坦共和国承认的国际条约未作其他规定，先将非法越境的航空器机组人员请到塔吉克斯坦共和国武装力量部队或其他地方以查明非法越界情况，然后将其移交给讯问或预审机构；

依据本法使用作战装备和武器。

第 36 条 塔吉克斯坦共和国武装力量、塔吉克斯坦共和国内务部内务部队、其他部队和军事单位参与保卫国界

未对无关人员和交通工具开放的塔吉克斯坦共和国的军事目标、卫戍部队、内务部队和其他军队和军事单位的驻地的指挥部负责保卫上述单位陆界、沿海、界河、界湖和其他水域岸边某些地段的国界。这些地段由边防局指挥员（局长）、其他部队和军事单位领导决定，并以相应的文件形式确定下来。

塔吉克斯坦共和国武装力量、塔吉克斯坦共和国内务部内务部队、塔吉克斯坦共和国其他部队和军事单位，按照塔吉克斯坦共和国相关部委的共同决定，派遣兵力和装备给边防部队用于边境搜寻和边防行动。

塔吉克斯坦共和国武装力量、塔吉克斯坦共和国内务部内务部队、塔吉克斯坦共和国其他部队和军事单位参与其他形式的国界保卫行动只能根据塔吉克斯坦共和国法律进行。

第37条　保卫国界的协作

边防部队、空军和防空军：

在履行保卫国界职责时相互协助；

在本法规定的权限范围内，协调国家机关实施维护国境制度的各种检查行动，但不干预这些行动；

直接在国界组织自己的兵力与参加保卫国界或进行涉及国界利益活动的国家机构、企事业单位、组织（不受所有制形式限制）、社会团体的联合行动，边防部队、空军和防空军指挥员在自己的权限内颁布命令，要求塔吉克斯坦共和国所有机关、企事业单位、组织、社会团体、官员、公民遵守国界制度、边防制度和口岸制度；

按塔吉克斯坦共和国承认的国际条约规定的程序，与相应的外国机构、军队进行保卫国界的协作。

第38条　武器和作战装备的使用

塔吉克斯坦共和国边防部队、空军和防空军在边境地区履行保卫国界职责时，可以使用武器和作战装备打击对塔吉克斯坦共和国领土的武装入侵，预防向国外劫持飞机、河船和其他没有乘客的交通工具。

武器和作战装备还可用于下列情况：对付违反本规定非法越境的人员、飞机、河船以及其他交通工具；回击违法使用武力或者使用其他方式不能制止和拘捕的非法越界者；保护公民免受威胁其生命和健康的攻击；解救人质；当军人、执行公务或保卫国界职责的人员以及他们的家庭成员的生命受到威胁时，用以抗击攻击；抗击对参与守卫国界的塔吉克斯坦共和国边防部队、武装力量及其他部队和军事编制的攻击，包括对遭受武装攻击的舰艇、飞机、直升机提供支援。

使用武器和作战装备前，应发出明显警告或鸣枪示警。

对塔吉克斯坦共和国进行武装入侵，对军人和其他公民突然攻击或武装攻击，使用作战装备、飞机、河船以及其他交通工具攻击，武装抵抗、被拘留人员携带武器逃跑以及解救人质时，可不预先警告而使用武器和作战装备。

军人有权使用武器制服危及军人和其他公民生命、健康的动物，有权使用武器发报警信号和呼叫救援。

对妇女、未成年人禁止使用武器和作战装备，除非受到他们的武装攻击、武装抵抗或者危及生命的群体攻击；对载有乘客的飞机、船只和其他运输工具禁止使用武器；对纯属偶然、不幸事件或自然界不可抗力造成的非法越界或企图越界人员，禁止使用武器。

塔吉克斯坦共和国武装力量其他军种的军人、其他部队和军事单位的军人在保卫国界时，依据本条规定，可使用武器和作战装备。

第39条　使用特种装备和体力

在边境地区履行保卫国界职责时，根据塔吉克斯坦共和国法律规定，边防部队的军人可以使用特种装备（手铐或捆绑工具、橡皮棍、催泪弹、诱导性声光装置、强制性停车装置）、体力包括武装格斗和警犬。

第 8 章　地方自治机构、企事业单位、组织、社会团体、公民参加保卫国界

第 40 条　塔吉克斯坦共和国地方自治机构、企事业单位、组织、社会团体在保卫国界方面的权限

地方自治机关、企事业单位、组织（不论所有制形式）、社会团体及其负责人具有以下权力：

为边防部队、空军、防空军、在国界进行各种检查的国家机构提供帮助，执行它们的合法指示，为它们的活动提供必要的信息；

为公民在边境地区自愿保卫国界创造条件。

第 41 条　公民参加保卫国界

边境地区的公民自愿参加社会团体、民间志愿队，作为边防部队编外人员和其他形式参加国界的保卫。

吸收公民参加保卫国界的办法由塔吉克斯坦共和国政府制定。

第 9 章　参加保卫国界的军人和其他公民的法律保护和社会保护

第 42 条　参加保卫国界的军人及其家庭成员的法律保护

直接参加保卫国界的军人享有《塔吉克斯坦共和国军人地位法》规定的履行特种义务的军人地位。他们是权力的代表，受国家保护。公民和公职人员对他们的合法要求必须予以照办。除法律特别授权的人，其他人员无权干涉他们的活动。

妨碍军人履行其保卫国界的义务，蓄意侵害军人或其家庭成员的生命、健康、荣誉和尊严、财产，根据塔吉克斯坦共和国法律须追究其责任。

第 43 条　参加保卫国界的公民及其家庭成员的法律保护

对保护国界的公民及其家庭成员的违法行为，须追究塔吉克斯坦共和国法律所规定的责任。

第 44 条　参加保卫国界的军人和其他公民的社会保护

对直接参加保卫国界的军人和其他公民的社会保护由塔吉克斯坦共和国法律保障。

第 45 条　对参加保卫国界的军人和其他公民给予保障和补偿的补充规定

对参加保卫国界的军人和其他公民给予除本法规定以外的保障和补偿，由塔吉克斯坦共和国法律、塔吉克斯坦共和国政府、地方国家权力机构和自治机构在其权限范围内的决定规定。

第 10 章　违反国界法的责任和对本法实施的监管

第 46 条　违反国界法的责任

违反国界制度、边防制度和过境口岸制度的人员，负塔吉克斯坦共和国法律规定的刑事和行政责任。

第 47 条　对实施《塔吉克斯坦共和国国界法》的监督

塔吉克斯坦共和国总检察长及其下属的检察官在其职权范围内对《塔吉克斯坦共和国国界法》的实施情况进行监督。

第 11 章　保护国界的资金和物质技术保障

第 48 条　保护国界的资金保障

保卫国界的资金保障由塔吉克斯坦共和国国家预算负责。

第 49 条　保护国界的物质技术保障

保护国界的物质技术保障来自塔吉克斯坦共和国国家土地、物质技术和其他基金。

物质技术保障的规范和程序由塔吉克斯坦共和国政府确定。

三、塔吉克斯坦共和国外国人和无国籍人地位法

（2018 年 5 月 17 日修订）

本法规定了外国公民和无国籍人的法律地位、在塔吉克斯坦共和国境内居留程序以及他们的权利和义务。

第 1 章　总则

第 1 条　基本概念

本法使用以下基本概念：

外国公民，是指没有塔吉克斯坦共和国国籍而是外国公民的人；

无国籍人，是指根据任何国家的法律不被视为该国公民的人；

政治庇护，是指为外国公民和无国籍人提供机会，在塔吉克斯坦共和国境内避难，以免在国籍国或其他国家遭受政治迫害，如果这种迫害的风险确实存在，会导致被侵犯人权；

中转过境，是指外国公民和无国籍人通过塔吉克斯坦共和国领土前往另一国；

行政驱逐，是指从塔吉克斯坦共和国领土行政驱逐外国公民和无国籍人作为行政处罚；

禁止入境，是指限制外国公民和无国籍人进入塔吉克斯坦共和国领土；

特别机构，是指经授权的国家特别机构，用于临时安置行政上被驱逐出塔吉克斯坦共和国领土的外国公民和无国籍人。

第 2 条　塔吉克斯坦共和国关于外国公民和无国籍人在塔吉克斯坦共和国法律地位的立法

塔吉克斯坦共和国关于外国公民和无国籍人在塔吉克斯坦共和国的法律地位的立法以塔吉克斯坦共和国宪法为基础，包括本法、塔吉克斯坦共和国的其他规范性法律文件以及塔吉克斯坦承认的国际法律法规。

第 3 条　塔吉克斯坦共和国外国公民和无国籍人的法律地位

塔吉克斯坦共和国的外国公民和无国籍人享有既定的权利和自由，在与塔吉克斯坦共和国公民平等的基础上承担义务和责任，但塔吉克斯坦共和国法律另有规定的情况除外。

塔吉克斯坦共和国的外国公民和无国籍人在法律面前一律平等，不论其国籍、种族、性别、语言、宗教信仰、政治立场、社会地位、教育程度和财产

如何。

对于塔吉克斯坦共和国公民的权利和自由受到侵犯的国家的公民，塔吉克斯坦共和国规定了对等的限制。

外国公民和无国籍人在塔吉克斯坦共和国享有的权利和自由，不得损害国家利益、塔吉克斯坦共和国公民和其他人的权利和合法利益。

第 4 条 外国公民和无国籍人遵守塔吉克斯坦共和国法律的义务

塔吉克斯坦共和国境内的外国公民和无国籍人，有义务尊重和遵守塔吉克斯坦共和国宪法和法律，尊重生活在塔吉克斯坦共和国境内的人民的传统和习俗。

第 5 条 外国公民和无国籍人在塔吉克斯坦共和国的永久和临时居留

持有内务机构颁发的居留许可证的外国公民和无国籍人，被确认为在塔吉克斯坦共和国永久居留。

外国公民和无国籍人必须在进入塔吉克斯坦共和国之日起的 10 个工作日内，按照既定程序登记，并在居住期结束时离开塔吉克斯坦共和国，除非塔吉克斯坦共和国法律和塔吉克斯坦共和国承认的国际条约另有规定。外国公民护照登记规则和登记表样本由塔吉克斯坦共和国政府批准。

临时在塔吉克斯坦共和国免签证居留的外国公民的登记期限，不得超过塔吉克斯坦共和国承认的国际条约规定的期限。在塔吉克斯坦没有这种国际协议的情况下，如果没有规定免签证逗留期限，则在外国公民的申请或外国公民所在组织的申请中指定的期限内进行登记，但不能超过 1 年。

临时居留在塔吉克斯坦共和国的外国公民，有义务根据既定程序延长签证和登记期，直到逗留结束。

临时居住在塔吉克斯坦共和国的外国公民，是与塔吉克斯坦共和国有免签证出入境程序的国家的公民，有义务根据既定程序延长登记有效期，但不超过 1 年。

第 6 条 政治避难

塔吉克斯坦共和国可向成为侵犯人权行为受害者的外国公民和无国籍人提供政治庇护。给予政治庇护的程序由塔吉克斯坦共和国总统决定。

第 2 章 塔吉克斯坦共和国外国公民和无国籍人的基本权利、自由和义务

第 7 条 劳动权

外国公民和无国籍人的劳动活动，是由塔吉克斯坦共和国的法律规定的。

抵达塔吉克斯坦共和国临时居留的外国公民和无国籍人，可以从事某些劳动活动，但必须符合其抵达塔吉克斯坦共和国的目的。

外国公民和无国籍人在劳动关系中享有与塔吉克斯坦共和国公民平等的权利和义务。

外国公民在塔吉克斯坦共和国的劳动活动，可以根据经授权的国家机构颁发的许可证进行。

向在塔吉克斯坦共和国从事劳动活动的外国公民颁发工作许可证的规则和其

监管的样本文件，由塔吉克斯坦共和国政府批准。

第 8 条 休息权

居住在塔吉克斯坦共和国的外国公民和无国籍人，有权以与塔吉克斯坦共和国公民一样的理由休息。

第 9 条 健康保护权

塔吉克斯坦共和国的外国公民和无国籍人有权获得健康保护。

塔吉克斯坦共和国法律规定了为抵达塔吉克斯坦共和国临时居留的外国公民和无国籍人提供医疗服务的程序。

外国公民和无国籍人按照塔吉克斯坦共和国法律规定的程序和条件为他们的生命和健康投保。

第 10 条 社会保障权

永久居住在塔吉克斯坦共和国的外国公民和无国籍人，有权根据塔吉克斯坦共和国的法律规定和塔吉克斯坦承认的国际法律行为获得福利、养恤金和其他形式的社会保障。

抵达塔吉克斯坦共和国临时居留的外国公民和无国籍人，有权根据塔吉克斯坦共和国法律规定的程序领取福利和其他类型的社会保障。

如果外国公民或无国籍人需要一定的工龄才能领取养恤金，那么他（她）在国外就业的期限可以根据塔吉克斯坦共和国法律规定的程序记入工龄。

第 11 条 住房权

塔吉克斯坦共和国的外国公民和无国籍人，有权按照塔吉克斯坦共和国住房法律规定的程序获得临时使用的住房。

外国公民和无国籍人无权获得建筑物和住宅建筑以及属于房产的其他房舍的所有权（法定继承人继承的除外），除非塔吉克斯坦共和国法律和塔吉克斯坦共和国承认的国际法律另有规定。

为在塔吉克斯坦共和国境内安置外交代表处、相当于外交代表处的国际组织代表处和外国领事机构而提供不动产的规则由塔吉克斯坦共和国总统确定。

第 12 条 财产权和人身非财产权

塔吉克斯坦共和国的外国公民和无国籍人可以拥有个人财产、继承财产和遗赠财产，拥有科学作品、文学和艺术作品、发现、发明、工业品外观设计以及其他财产和非财产权，但塔吉克斯坦共和国法律另有规定的除外。

第 13 条 教育权

居住在塔吉克斯坦共和国的外国公民和无国籍人，有权按照塔吉克斯坦共和国法律规定的程序在与塔吉克斯坦共和国公民平等的基础上接受教育。

第 14 条 享受文化成果的权利

塔吉克斯坦共和国的外国公民和无国籍人，有权在与塔吉克斯坦共和国公民平等的基础上享受文化成果。

塔吉克斯坦共和国的外国公民和无国籍人有义务保护塔吉克斯坦共和国的历史和文化古迹及其他文化珍品。

第 15 条　参加社会团体

在塔吉克斯坦共和国永久居住的外国公民和无国籍人，有权在与塔吉克斯坦共和国公民平等的基础上加入除政党以外的工会，科学、文化、体育协会和其他社会团体，只要与这些协会的创立文件和塔吉克斯坦共和国的法律不相矛盾。

第 16 条　信仰自由

外国公民和无国籍人在与塔吉克斯坦共和国公民平等的基础上享有信仰自由。

禁止煽动与宗教信仰有关的敌意和仇恨。

第 17 条　家庭关系

塔吉克斯坦共和国的外国公民和无国籍人，可以根据塔吉克斯坦共和国的法律和塔吉克斯坦共和国承认的国际条约规定，与塔吉克斯坦共和国及其他国家的公民缔结和终止婚姻。

塔吉克斯坦共和国境内的外国公民和无国籍人，在与塔吉克斯坦共和国公民平等的基础上享有家庭关系中的权利和义务，但塔吉克斯坦共和国法律另有规定的除外。

第 18 条　人身和住所的不可侵犯性

根据塔吉克斯坦共和国的法律规定，外国公民和无国籍人的人身和住所不容侵犯，但塔吉克斯坦共和国法律另有规定的除外。

第 19 条　外国公民和无国籍人在塔吉克斯坦共和国境内的迁移和居住地的选择

外国公民和无国籍人可以在塔吉克斯坦共和国境内迁移，并按照塔吉克斯坦共和国法律规定的外国公民和无国籍人的居留规则在塔吉克斯坦共和国境内选择居住地。

第 20 条　税费和其他强制性收费

塔吉克斯坦共和国境内的外国公民和无国籍人需缴纳税款、各种费用和其他强制性收费，但塔吉克斯坦共和国法律和塔吉克斯坦共和国承认的国际法律另有规定的除外。

第 21 条　外国公民和无国籍人的权利保护

塔吉克斯坦共和国的外国公民和无国籍人可以向法院和其他国家机构申请保护他们的权利。

外国公民和无国籍人在法庭上与塔吉克斯坦共和国公民一样享有诉讼权。

第 22 条　国家机关职务和选举权

根据塔吉克斯坦共和国的法律规定，外国公民和无国籍人不得当选或被任命到法律、行政和司法机构，也不得参加选举和全民投票。

第 23 条　服兵役

外国公民和无国籍人在塔吉克斯坦共和国没有在武装部队和其他军事部队中服兵役的义务。

第 3 章　外国公民和无国籍人进出塔吉克斯坦共和国

第 24 条　进入塔吉克斯坦共和国

持有外国护照或替代证件的外国公民和无国籍人，如果持有塔吉克斯坦共和国有效的入境签证，则可进入塔吉克斯坦共和国，但塔吉克斯坦共和国法律和塔吉克斯坦共和国承认的国际条约另有规定的除外。

塔吉克斯坦共和国签证由塔吉克斯坦共和国领事机构、外交机构及其在塔吉克斯坦共和国境内的代表处签发。

塔吉克斯坦共和国可以在相互对待原则的基础上为个别国家实行免签证制度。

塔吉克斯坦共和国政府根据塔吉克斯坦共和国外交机构的建议，决定对外国实行单方面免签证制度。

在下列情况下，外国公民和无国籍人不得进入塔吉克斯坦共和国：

—为了保障国家安全、公共秩序或居民健康；

—如果他们曾经或现在反对塔吉克斯坦共和国的主权，并呼吁破坏塔吉克斯坦共和国的统一和领土完整；

—如果为了保护塔吉克斯坦共和国公民和其他人的权利和合法利益而需要这种限制；

—如果有关于他们参与极端主义或恐怖活动的信息；

—如果发现他们有违反塔吉克斯坦共和国法律的事实；

—如果他们在提交入境申请时提供了虚假信息或未能提交必要的文件；

—如果他们被与塔吉克斯坦共和国缔结引渡协定的其他国家的有关机构通缉；

—基于塔吉克斯坦共和国法律规定的其他原因。

被行政驱逐出塔吉克斯坦共和国的外国公民和无国籍人，在相关决定做出之日起 5 年内不得进入塔吉克斯坦共和国。

如果外国公民和无国籍人被行政驱逐出塔吉克斯坦共和国 2 次或 2 次以上，则禁止他们在有关决定之日起 10 年内进入塔吉克斯坦共和国。

第 25 条　出境

如果外国公民和无国籍人持有塔吉克斯坦共和国有效的出境签证，则他们凭出国护照或替代证件离开塔吉克斯坦共和国，除非塔吉克斯坦共和国法律和塔吉克斯坦共和国承认的国际条约另有规定。

永久居住在塔吉克斯坦共和国的无国籍人离开塔吉克斯坦共和国时，替代出国护照的文件是内务部颁发的无国籍人证书。

在下列情况下，外国公民或无国籍人不得离开塔吉克斯坦共和国：

—有根据追究他的刑事或行政责任；

—他因犯罪被判刑，在服刑期满或被免于刑罚之前；

—他的出境危害国家安全的利益，直到阻止离开的情况终止；

—他对塔吉克斯坦共和国及其自然人和法人负有财务和财产义务，直到履行这些义务为止；

—有塔吉克斯坦共和国法律规定的其他阻止其出境的理由。

第 26 条　过境

持有塔吉克斯坦共和国过境签证的外国公民和无国籍人，可以以过境方式穿越塔吉克斯坦共和国领土，遵守过境规则按既定路线前往塔吉克斯坦共和国边防站，可在过境签证规定的期限内在塔吉克斯坦共和国领土逗留，但塔吉克斯坦共和国法律和塔吉克斯坦共和国承认的国际条约另有规定的除外。

第 27 条　进入、停留、离开塔吉克斯坦共和国，从塔吉克斯坦共和国过境规则的确定

外国公民和无国籍人入境、逗留和离开塔吉克斯坦共和国及其过境塔吉克斯坦共和国的规则由塔吉克斯坦共和国政府确定。

第 28 条　对外国公民和无国籍人在塔吉克斯坦共和国逗留的监管

外国公民和无国籍人在塔吉克斯坦共和国境内的逗留和过境迁移由内务机构和其他授权机构按照塔吉克斯坦共和国的法律进行监管。

第 4 章　外国公民和无国籍人违反在塔吉克斯坦共和国逗留规则、减少逗留期限和行政驱逐的责任

第 29 条　违法行为的责任

在塔吉克斯坦共和国境内实施违法行为的外国公民和无国籍人，除塔吉克斯坦共和国法律和塔吉克斯坦共和国承认的国际条约规定的情况外，将按一般理由追究责任。

第 30 条　违反塔吉克斯坦共和国逗留规则的责任

外国公民和无国籍人有义务遵守在塔吉克斯坦共和国境内的逗留规则，包括不得无居留证居住，或凭无效证件居住，遵守登记、落户、迁移和选择居住地的既定程序，在逗留期满后不得逃避离境，以及遵守经塔吉克斯坦共和国领土过境的规则。

第 31 条　缩短在塔吉克斯坦共和国的逗留期限

违反本法和塔吉克斯坦共和国其他法律法规的外国公民和无国籍人，在塔吉克斯坦共和国的逗留时间将被缩短。

无国籍人和外国公民在塔吉克斯坦共和国的逗留期限也在无理由继续逗留的情况下缩短。在这种情况下，外国公民和无国籍人有义务在授权机构确定的期限内，不迟于 10 个日历日离开塔吉克斯坦共和国领土。减少外国公民和无国籍人的逗留期限的决定由内务机构、外交机构和国家安全机构做出。

第 32 条　将外国公民和无国籍人行政驱逐出塔吉克斯坦共和国

外国公民和无国籍人违反塔吉克斯坦共和国关于逗留、进出塔吉克斯坦共和国、穿越塔吉克斯坦共和国领土过境以及在其他情况下违反塔吉克斯坦共和国法律，按塔吉克斯坦共和国法律规定的程序，根据司法文件，将其行政驱逐出塔吉

克斯坦共和国。

外国公民和无国籍人被行政驱逐出塔吉克斯坦共和国的决定送交起诉机构、内务机构和国家安全机构。

将外国公民和无国籍人从塔吉克斯坦共和国行政驱逐的费用，由外国公民、无国籍人或邀请方、第三方承担。

执行了行政驱逐外国公民和无国籍人的决议后，相关机构须通知做出该决定的法院。

执行将外国公民和无国籍人驱逐出塔吉克斯坦共和国决定的国家机构，须通过塔吉克斯坦共和国外交机构，通知被驱逐者所属国或在其领土上居住的外国的外交代表处和领事机构。

已做出行政驱逐出塔吉克斯坦共和国决定的外国公民或无国籍人，在执行驱逐出塔吉克斯坦共和国决定之前，可由法院决定在内务机构和国家安全机构特别指定的机构对其进行行政拘留，或被塔吉克斯坦共和国公民保释。

第 5 章　最后条款

第 33 条　外国代表机构负责人和雇员及其他人员的特权和豁免权

塔吉克斯坦共和国法律和塔吉克斯坦共和国承认的国际法律规定了外交代表处和领事机构负责人和雇员以及等同于他们的外国公民的特权和豁免权。

第 34 条　外国代表处员工逗留的规定

外国外交代表处和领事机构及其家庭成员，在塔吉克斯坦共和国的逗留受塔吉克斯坦共和国法律和塔吉克斯坦共和国承认的国际法律调节。

第 35 条　违反本法承担的责任

违反本法要求的自然人和法人，应根据塔吉克斯坦共和国法律承担责任。

第 36 条　承认塔吉克斯坦共和国法律《外国公民在塔吉克斯坦共和国的法律地位》失效

承认塔吉克斯坦共和国 1996 年 2 月 1 日颁布的法律《外国公民在塔吉克斯坦共和国的法律地位》失去效力。

第 37 条　本法的生效程序

本法正式公布后生效。

四、塔吉克斯坦共和国移民法

（2018 年 8 月 3 日修订）

本法确定了境内移民和国外移民的法律、经济和社会基础，旨在调节塔吉克斯坦共和国的移民进程。

第 1 条 基本概念

本法使用以下基本概念：

对外劳务移民，是指永久居住在塔吉克斯坦共和国的公民合法自愿离境，以及永久居住在塔吉克斯坦共和国境外的外国公民和无国籍人进入塔吉克斯坦依据劳动合同（合同）从事有偿工作。

边境劳务移民，是指塔吉克斯坦共和国公民每天或每周离开塔吉克斯坦共和国到邻国，以及邻国公民每天或每周到塔吉克斯坦共和国，依据劳动合同（合同）从事有偿工作，但须以在出发国境内永久居住为条件。

劳务移民，是指曾经、现在或将要在非常住国家或不是该国公民的国家从事有偿劳动的人。

边境劳工，是指在邻国保留自己的常住地，每天或每周都返回邻国的劳务移民。

出发国，是指劳务移民为了从事有偿劳动从一个国家去往另一个国家，是劳务移民常住国。

就业国，是指劳务移民曾经、现在或者将来要从事有偿劳动的国家。

境内移民，是指塔吉克斯坦共和国境内的自然人永久离开、暂时以及季节性地迁移。

外侨，是指到达塔吉克斯坦共和国暂时或永久居留的外国公民或无国籍人。

外来移民，是指外国公民或者无国籍人入境塔吉克斯坦共和国暂时或永久居留。

家族性外来移民，是指入境塔吉克斯坦共和国的一组亲属暂时或永久居留。

集体移民，是指外国公民和无国籍人有组织地移居塔吉克斯坦共和国。

非法移民，是指外国公民或无国籍人，未持有授权机构颁发的相应许可或以欺诈手段获得许可，自行到达塔吉克斯坦共和国，以及持有相应许可进入塔吉克斯坦共和国领土，在逗留期满后没有离开。

迁移者，是指回到原居住地永久定居的人，回到其故土（遣返者）的人，以及与塔吉克斯坦共和国公民结婚的人，或者自愿离开永久居留国并前往塔吉克斯坦共和国永久居留的人：

（1）为了与居住在塔吉克斯坦共和国境内的家人团聚；

（2）为了返回到以前的居住地；

（3）为了回到其故土（遣返者）；

（4）因为与塔吉克斯坦共和国公民结婚。

被迫迁移者，是指塔吉克斯坦共和国公民，由于对他们实施暴力和迫害而被迫离开永久居留地而到达另一国，或者不仅自己，而且自己的家庭成员也因种族、民族、宗教信仰、语言、政治见解、社会群体属性而陷入受迫害的风险，以及在武装冲突和种族冲突中有遭受暴力和迫害的真实风险。

迁移者的临时住所，是指由中央执法机构与当地国家权力执行机构和其他主管机构共同确定的塔吉克斯坦共和国境内的居民点，在此居民点有适合安置遣返者、归侨、被迫移民和难民的住宅和临时住所。

遣返，是指使战俘、移居者、难民、侨民返回家园。

被遣返者，是指因遣返而返回的自然人。

侨居国外，是指从塔吉克斯坦共和国永久离开或暂时离开去往另一个国家的自然人。

归侨，是指曾侨居国外又回到祖国的人。

出境移民，是指侨居海外的自然人。

环境移民者，是指由于环境灾害而不得不离开自己住所的人。

环境移民，是指因居住环境的恶化和环境灾难，公民被迫在本国迁移的过程。

经营主体，是指从事经营活动，并获得与塔吉克斯坦共和国公民在国外就业，以及将外国工人吸引到塔吉克斯坦共和国并有相关活动许可证的自然人或法人。

第 2 条 移民管理的基本原则

基于以下原则移民：

保证人员拥有自由选择居住地点、劳动自由、自由选择活动和职业种类、自由出境、自由迁移的权利；

不允许基于民族、种族、性别、语言、宗教信仰、政治见解、教育程度、社会地位和财产状况的任何歧视；

相应国家机构参与调整移民过程；

移民者个人应参与国家倡议精准帮扶的在新定居地的就业和独立就业，特别是来自环境和自然灾害地区的移民；

禁止驱逐或强迫移民返回来源国；

与其他国家合作。

第 3 条 塔吉克斯坦共和国移民立法

塔吉克斯坦共和国的移民立法是基于塔吉克斯坦共和国宪法，包括本法、塔吉克斯坦共和国其他法律法规以及塔吉克斯坦共和国承认的国际法律文件。

第 4 条　移民主体

1. 根据本法，在塔吉克斯坦共和国获得常住或临时居住许可的人，获得外侨地位。

2. 从塔吉克斯坦共和国合法移居到另外一些国家永久性居住的人，获得出境移民地位（塔吉克斯坦共和国驻外国使馆和代表处的雇员、在国外从事临时性劳动的塔吉克斯坦共和国公民、履行维和使命的军事人员、求学、接受治疗的人员、旅游和商务出差人士除外）。

3. 在塔吉克斯坦共和国境内被迫迁移的人获得境内移民的地位。

4. 犯有危害和平、人类安全、恐怖主义和极端主义性质罪行的人，不得承认为外侨或归侨。

第 5 条　实施境内移民和生态移民的程序

实施境内移民和生态移民的程序由塔吉克斯坦共和国政府确定。

第 6 条　塔吉克斯坦共和国管理移民进程的国家授权机构

1. 由塔吉克斯坦共和国政府确定的国家授权机构在塔吉克斯坦共和国对移民程序进行管理。

2. 国家授权机构条例由塔吉克斯坦共和国政府批准。

第 7 条　国家授权机构的权限

国家授权机构有如下权限：

（1）协调塔吉克斯坦共和国移民方面的工作；

（2）向从事劳动活动的外国公民和无国籍人发放相应的许可证；

（3）分析和预测国内的移民进程并将此信息通报给塔吉克斯坦共和国政府和地方国家权力执行机构；

（4）向塔吉克斯坦共和国政府提交关于移民配额的建议，供其参考；

（5）在批准的配额内，组织接收和安置遣返者、归侨和国内被迫迁移者；

（6）对已到达的遣返者、归侨和被迫迁移者进行登记、统计；

（7）接收希望在塔吉克斯坦共和国获得政治庇护的人的书面申请，并拟定必要的文件；

（8）对塔吉克斯坦共和国出国和回国公民进行统计；

（9）发放与塔吉克斯坦共和国公民在国外就业和吸引外国工人到塔吉克斯坦共和国进行活动的许可证，协助组织经营主体的活动并对其活动进行检查；

（10）防止非法劳务移民，一旦查明外国公民和无国籍人违反居住规则，起草材料以追究他们的行政和刑事责任；

（11）行使塔吉克斯坦共和国法律规定的其他权力。

第 8 条　派遣劳务移民出国

国家在征得塔吉克斯坦共和国劳务移民同意的情况下，将他们按照组织程序派遣到保护其权利的国家。

以下情况可保证国家对境外劳务移民权益的保护；

—在就业国存在保护劳务移民权利的劳动和社会立法；

—就业国参与保护劳务移民权利有关的国际公约、宣言和决议；

—就业国与塔吉克斯坦共和国签订了关于保护境外劳务移民权利的双边或多边协定；

—就业国采取积极有效的措施保护劳务移民的权利。

第8.1条 派遣和吸引劳动力的程序

塔吉克斯坦共和国的经营主体，首先要得到塔吉克斯坦共和国国家授权机构，根据塔吉克斯坦共和国《个别活动类型许可法》颁发的许可证（执照），之后，根据该许可证开展与塔吉克斯坦共和国公民在境外就业和吸引外国劳动力到塔吉克斯坦共和国的相关活动。

第8.2条 劳务移民出入境程序

1. 塔吉克斯坦共和国公民出国进行有偿工作时，必须有与雇主签订的雇佣合约（合同）、根据既定程序在内务机构办理的出国护照，必要时还必须有外交代表处或领事处签发的就业国签证。

2. 吸引劳务移民的程序、对其年龄等要求，应根据就业国法律和塔吉克斯坦共和国批准的国际条约确定。

3. 劳务移民者凭塔吉克斯坦共和国驻外外交代表处或领事机构按照既定程序签发的签证到塔吉克斯坦共和国就业。

4. 在提交文件，证明签证未被使用的理由正当（疾病、自然灾害等），而且根据塔吉克斯坦共和国国家授权机构与雇主签订的劳动合约（合同）保留了工作岗位的情况下，签证可以延期。

5. 签证延期的程序由塔吉克斯坦共和国外交部决定。

6. 抵达塔吉克斯坦共和国的劳务移民，必须根据自然人或法人的书面申请，在临时居住地的内务机构按照既定程序进行登记。

7. 劳务移民及其家庭成员有权自由离开和返回塔吉克斯坦共和国。

8. 在劳动合约（合同）到期时，劳务移民及其家庭成员必须离开就业国。

第8.3条 劳动合约（合同）

劳务移民与雇主的劳动关系是由劳动合约（合同）确立的，需要符合劳动法的要求，其中应当包含以下资料：

—合同的有效期，有偿劳动的性质和地点，劳动条件及报酬，包括夜班、休息日和节假日工作的报酬；

—奖金、津贴和工资扣除额；

—双方的权利、义务和责任，终止或延长雇佣合约（合同）的程序和条件；

—劳务移民及其家庭成员的搬迁、食宿和医疗服务；

—劳务移民的社会保险的程序和条件；

—劳务移民在有偿劳动活动过程中对健康造成损害的赔偿程序和其他社会保障。

1. 塔吉克斯坦共和国的雇主，有义务在当地移民管理机构登记签署的劳动合约（合同）。

2. 将一份劳动合约（合同）在劳务移民未到达就业国前交给他。

第 8.4 条　塔吉克斯坦共和国发放工作许可证

向在塔吉克斯坦共和国开展劳务活动的外国公民和无国籍人发放工作许可证的程序，由塔吉克斯坦共和国政府确定。

第 9 条　移民和吸引外国劳动力配额的确定

塔吉克斯坦共和国总统根据塔吉克斯坦共和国政府的建议，确定每个日历年的移民和吸引外国劳动力到塔吉克斯坦共和国的配额。

第 9.1 条　移民的统计报告和信息

1. 由塔吉克斯坦共和国政府确定，提交塔吉克斯坦共和国公民到国外的劳务移民，及其从国外返回，以及吸引外国公民和无国籍人到塔吉克斯坦共和国进行劳务活动的统计报告的程序。

2. 经授权的国家机构应无偿与相关国家机构交流其履行职责所需的报告和信息。

3. 授权的国家机构应保证公布对外劳务移民和移民状况、对外劳务移民的需求和供应、就业机会和专业方向的相关统计数据和信息材料。

第 9.2 条　汇款

在塔吉克斯坦共和国从事有偿劳动的劳务移民，可根据塔吉克斯坦共和国法律和塔吉克斯坦共和国的国际条约将其收入和储蓄汇到劳务移民输出国。

第 10 条　外侨的权利和义务

被承认为外侨并获得居留许可的人，在塔吉克斯坦共和国享有所有权利和自由，并承担塔吉克斯坦共和国法律或国际条约规定的义务。

第 11 条　非外侨的人

1. 下列居住在塔吉克斯坦共和国境内的外国公民和无国籍人不授予外侨地位：

—在位于塔吉克斯坦共和国境内的军事单位服兵役的人；

—外交代表处和国际组织成员；

—正在塔吉克斯坦共和国学习或生产实践的人；

—根据国际协议开展劳务活动的人；

—游客、出差者、临时劳务移民（包括运动员、运动队、演员）、过境旅客、贸易商和投资者储户；

—派驻在塔吉克斯坦共和国的外国大众媒体、广播和电视台代表；

—在塔吉克斯坦共和国正式注册的宗教协会中开展专业活动者；

—抵达塔吉克斯坦共和国提供慈善和人道主义援助者；

—海上和河流船舶、航空、铁路和公路运输企业的乘员。

2. 本条第 1 款所述人员的法律地位由塔吉克斯坦共和国法律和塔吉克斯坦共和国的国际条约确定。

第 12 条　外国公民或无国籍人在塔吉克斯坦共和国获得永久居留许可的申请和审议程序

1. 外国公民和无国籍人，如果持有在塔吉克斯坦共和国签发的相应许可证，则可以在塔吉克斯坦共和国永久居住。

2. 临时居住在塔吉克斯坦共和国的外国公民和无国籍人向内务机构递交永久居住许可的申请，而居住在国外的人向塔吉克斯坦共和国外交代表处或领事机构递交永久居留许可申请。

3. 按外国公民和无国籍人的申请，颁发给他们在塔吉克斯坦共和国永久居留许可的决定由内务机构做出。

4. 在塔吉克斯坦共和国签发永久居留许可的材料的审议期，不应超过1个月。

5. 为塔吉克斯坦共和国的外国公民和无国籍人签发永久居留证的正面决定，是他们正式办理和签发居留证的依据。

6. 拒绝外国公民和无国籍人在塔吉克斯坦共和国永久居留的决定，须在做出决定之日起3日内以书面形式通知申请人。

第13条 申请被承认为外侨和迁移者的权利和义务

1. 在登记被承认为外侨或迁移者的申请时，提交申请并位于塔吉克斯坦共和国境内的人，将获得一份到外侨及迁移者临时居住地的介绍信，包括他们自主选择的地方，但这必须与授权的国家机构协商。

2. 在被承认为外侨或迁移者的问题得到解决之前，在审议申请期间已经提交申请并在塔吉克斯坦共和国境内的人，享有塔吉克斯坦共和国法律对外国公民和无国籍人规定的权利和义务。

3. 如果申请人被拒绝承认为外侨或迁移者，则在做出决定之日起30日内向他发出书面通知。如果上述人员位于塔吉克斯坦共和国境外，则向其发出书面通知，说明拒绝的理由和对该决定提出上诉的程序。

4. 拒绝承认申请人为外侨或迁移者的决定，可在收到书面通知之日起1个月内向上级授权机构或依法律程序上诉。已生效的拒绝承认申请人为外侨或迁移者的决定也被送交相关内务机构，以便办理被拒绝的申请人离开塔吉克斯坦共和国领土。

第14条 递交申请被承认为遣返者、被迫迁移者和归侨的权利和义务

1. 在被承认为遣返者、被迫迁移者或归侨问题得到解决之前，在审议申请期间，已经递交申请并在塔吉克斯坦共和国境内的人享有塔吉克斯坦共和国法律为外国公民和无国籍人规定的所有权利和义务。

2. 申请被承认为遣返者、被迫迁移者、归侨的人在塔吉克斯坦共和国的临时居住地的居住条件、公共服务费用支付、医疗和其他福利及补偿的程序，由塔吉克斯坦共和国政府确定。

3. 在塔吉克斯坦共和国境内提交被承认为遣返者、被迫迁移者和归侨申请的人有下列义务：

—在收到去迁移者临时居住地的介绍信后，在1个月内到达那里，如果是自主选择居住地，则必须同内务机构协商；

—遵守迁移者临时居住地的既定居住规则；

—按医疗保健领域的国家授权机构的要求进行体检、接受疫苗接种、治疗以及执行卫生机构的指示；

—向国家授权机构提交审议上述申请所需的信息。

第 15 条　承认被遣返者、被迫迁移者和归侨的程序

1. 承认某人为被遣返者、被迫迁移者或归侨的决定由国家授权机构在申请承认被遣返者、被迫迁移者或归侨登记之日起 30 日内做出。

2. 被确认为遣返者、被迫迁移者或归侨的人会获得相应的证书。

3. 如果拒绝承认某人是被遣返者、被迫迁移者或归侨，应在做出决定之日起 30 日内向他发出书面通知。如果上述人员位于塔吉克斯坦共和国境外，则向他（她）发送书面通知，说明拒绝的原因和对所做的决定提出上诉的程序。

4. 拒绝承认某人为被遣返者、被迫迁移者或归侨的决定，可在收到书面通知之日起 1 个月内向上级授权机构或法庭提出上诉。

5. 已生效的拒绝承认某人为被遣返者、被迫迁移者或归侨的决定，也将其送交相关的内务机构，以便组织被拒绝的人离开塔吉克斯坦共和国领土。

第 16 条　家庭移民

1. 构成移民家庭的人是配偶、父母和他（她）抚养的子女，包括收养的子女，以及没有父母或监护人的未成年兄弟姐妹，依赖他（她）赡养的其他残疾亲属，他（她）有义务在其原居地抚养他们。

2. 未满 18 岁的儿童，经其父母和养父母（监护人或照看人）同意，可迁移到塔吉克斯坦共和国。此时，14 至 18 岁的儿童要出示他们经公证的同意函。

第 17 条　集体移民

集体移民根据塔吉克斯坦共和国政府有组织地迁移，根据希望集体返回其历史家园的决议进行。

第 18 条　外侨进入塔吉克斯坦共和国的程序

办理外侨进入塔吉克斯坦共和国领土的登记程序，由塔吉克斯坦共和国政府确定。

第 19 条　拒绝外国公民和无国籍人进入塔吉克斯坦共和国的根据

在下列情况下，外国公民和无国籍人不得进入塔吉克斯坦共和国：

（1）他犯了危害人类和平与安全的罪行；

（2）他煽动国家间、种族间和宗教仇恨；

（3）他故意反对塔吉克斯坦共和国的主权和独立；

（4）他被判参与极端主义活动罪，或有先前犯下严重或特别严重罪行的犯罪记录；

（5）在申请入境时，有提供虚假个人信息或未提交必要文件；

（6）他之前被驱逐出塔吉克斯坦共和国；

（7）先前在塔吉克斯坦共和国逗留期间，有违反塔吉克斯坦共和国法律和其他法规的行为；

（8）为保护塔吉克斯坦共和国公民的权利和合法利益有必要这样做；

（9）他的行为威胁塔吉克斯坦共和国的居民健康和公共秩序；

（10）他的行为对塔吉克斯坦共和国的国家安全和经济独立构成威胁；

（11）他与恐怖主义或其他极端主义活动，贩运人口、武器和爆炸物，非法贩运麻醉药品、精神药物及制毒原料，组织非法移民和其他破坏国防、安全或公共秩序的非法行为有关。

第20条 外国公民和无国籍人在塔吉克斯坦共和国永久居留权的证明文件

获得塔吉克斯坦共和国永久居留许可的外国公民和无国籍人，由内务机构颁发居留许可，为无国籍人颁发无国籍人证书，其证书或许可的样式由塔吉克斯坦共和国政府确定。

第21条 拒绝签发塔吉克斯坦共和国居留许可和无国籍人证书的理由

1. 下列人可能会被拒绝签发塔吉克斯坦共和国居留许可和无国籍人证书：

（1）非法移民；

（2）从剥夺自由的地方释放的人，其犯罪前的永久居住地在塔吉克斯坦共和国境外；

（3）犯下危害人类罪的人；

（4）患有可能在塔吉克斯坦共和国境内引起流行病的人；

（5）根据塔吉克斯坦共和国国家授权机构、内务机构和国家安全机构按塔吉克斯坦共和国政府制定的程序做出的理由充分的决定，认为违反塔吉克斯坦共和国外国人和无国籍人地位法的人。

2. 对于拒绝签发外国公民的居留许可和无国籍人的证书，可以向上级授权机构或法院提出上诉。

第22条 被遣返者

1. 遭受大规模政治镇压的受害者以及其亲属和后代享有被遣返者身份。

下列人被承认为被遣返者的亲属和后代：

—被遣返者的子女（包括收养子女）、配偶；

—被遣返者的兄弟姐妹；

—被遣返者的孙子和曾孙；

—由被遣返者的成年子女、孙子女和曾孙组成的家庭。

2. 承认某人为被遣返者的决定由国家授权机构在登记承认为遣返者的申请之日起30日内做出。

第23条 给予被遣返者的福利和补偿

国家为自然人返回其历史家园，为他们的重新安置和适应创造优惠条件，并提供：

（1）免费旅行和免费运输财产到迁移者的临时居住地或永久居住地；

（2）国家为资金汇到塔吉克斯坦共和国和其继承权提供保护；

（3）协助再就业，在不可能就业的情况下，无论居住时间长短均可获得失业救济金；

（4）根据塔吉克斯坦共和国法律支付养恤金和津贴；

（5）按照塔吉克斯坦共和国政府确定的程序支付一次性津贴，分配土地和优惠的长期贷款，用于住房建设和组织生产；

（6）根据塔吉克斯坦共和国法律提供其他优惠。

第 24 条　出境移民离境办理和资金筹措的程序

1. 移民离境办理程序，由塔吉克斯坦共和国政府决定。

2. 与公民离开塔吉克斯坦共和国到其他国家永久居留有关的费用，由出境移民自费筹措，如果不违反塔吉克斯坦共和国的法律，也可以从其他渠道进行筹措。

3. 离开塔吉克斯坦共和国到其他国家永久居留的塔吉克斯坦共和国公民，有权根据塔吉克斯坦共和国法律自费携带属于他们及其家庭成员的财产。

4. 公民向塔吉克斯坦共和国境外携带具有文化、历史或其他价值的物品，受塔吉克斯坦共和国相关法律和国际条约的管制。

第 25 条　拒绝从塔吉克斯坦共和国出境的依据

在下列情况下，可以拒绝塔吉克斯坦共和国公民出境：

（1）掌握了国家机密或其他受法律保护的机密信息；

（2）因涉嫌犯罪或作为被告而被拘留，直到对该案做出决定或法院判决生效为止；

（3）因犯罪被判刑，直到服满刑期；

（4）正在服兵役，直到服役结束；

（5）在办理离开塔吉克斯坦共和国的文件时填写了关于本人的虚假信息，直到办理文件机构解决该问题为止，但不超过 1 个月；

（6）逃避履行法院对他裁定的义务，直至履行义务为止；

（7）法庭对他提起民事诉讼，直到诉讼结束为止。

第 26 条　非法出入境塔吉克斯坦共和国的责任

根据塔吉克斯坦共和国法规规定，对非法进入塔吉克斯坦共和国的外国人和无国籍人或者非法从塔吉克斯坦共和国出境的塔吉克斯坦共和国公民追究责任。

第 27 条　违反本法的责任

根据塔吉克斯坦共和国法律规定，对违反本法的法人和自然人要追究责任。

五、为外国公民和无国籍人办理、签发塔吉克斯坦共和国签证和电子签证规则

（2017 年 1 月 25 日修订）

自 2017 年 1 月 1 日起，在塔吉克斯坦共和国驻外使馆和领事馆以及塔吉克斯坦共和国外交部总领事司启动电子系统为外国公民和无国籍人办理和签发签证。

该系统旨在简化塔吉克斯坦共和国签发签证的程序，这是推广电子政务服务的又一重要步骤。

目前，外国公民和无国籍人必须提交必要的文件，以便在塔吉克斯坦共和国驻外机构的外交代表处和领事馆获得签证，以及在塔吉克斯坦共和国外交部总领事司的门户网站 www. visa. gov. tj 办理签证延期。根据初步评估的结果，申请人将收到电子邮件邀请，以完成所需的程序。

应该强调的是，申请到达该国机场领取的塔吉克斯坦签证也必须通过门户网站 www. visa. gov. tj 提交。根据初步评估的结果，系统会向申请人发送确认函，用于在到达前按要求出示，在机场的领事机构作为获得签证的证明文件。

为避免误解，在此告知，塔吉克斯坦共和国签证电子签发系统与塔吉克斯坦共和国“电子签证”系统未对接。如您所知，塔吉克斯坦共和国的“电子签证”系统网址是 www. evisa. tj。这是一次性签证，期限最多 90 日，但签证持有人从抵达之日起在塔吉克斯坦逗留最多 45 日。电子签证不可延期，除非是不可抗力的情况。

根据塔吉克斯坦共和国政府 2017 年 1 月 25 日第 31 号法令第 45 条，签证的审议和办理期限自外国公民和无国籍人申请之日起不超过 20 个工作日。本规则规定的情形除外，以及塔吉克斯坦共和国法律法规和塔吉克斯坦共和国承认的国际条约另有规定除外。签证申请日期自提交本规则规定的所有文件之日起计算。在某些情况下，如果需要详加考查，可以延长签证申请的审理期限，但不得超过 10 个工作日。

1. 签证的类别。

根据入境和在塔吉克斯坦居留的目的，签证可分为以下类别：

—外交签证，类别为 Д；

—公务签证，类别为 X；

—投资签证，类别为 C；
—商务签证，类别为 K；
—劳务签证，类别为 M；
—旅游签证，类别为 T；
—学习签证，类别为 O1 和 O2；
—因私签证，类别为 XC1 和 XC2；
—自由经济区签证，类别为 MOИ；
—交通签证，类别为 H；
—长期居留签证，类别为 ИД；
—媒体签证，类别为 Ж；
—传教签证，类别为 TБ；
—人道主义签证，类别为 Б；
—过境签证，类别为 TP；
—出境签证，类别为 Хуручи。

Д 类签证签发给外国国家元首、政府首脑、外国官方代表团成员、外交代表处的外交代理人、领事馆的领事负责人、对外政策部门的工作人员、外交信使和外国各领事馆、塔吉克斯坦共和国承认其外交地位的国际组织代表处工作人员、根据塔吉克斯坦共和国批准的协议在塔吉克斯坦共和国境内进行观察的观察员及有外交护照的上述人员的家庭成员。如果没有外交护照的外国公民的外交地位得到塔吉克斯坦共和国的承认，也可以签发外交签证。如果外国公民有外交护照，但他的外交地位没得到塔吉克斯坦共和国的承认（如果是因私出行），也可能给他签发其他种类的签证，这取决于出访的目的。

X 类签证签发给外国官方代表团成员、外交代表处技术及行政人员和服务人员、领事机构领事和服务人员、在塔吉克斯坦共和国的国际组织工作人员、有外交邮件但无外交护照的人、塔吉克斯坦共和国境外荣誉领事、受外国部委委派或应塔吉克斯坦部委邀请以官方身份出访的外国公民，不论其持何种护照，以及上述人员的家庭成员。

C 类签证签发给实实在在参与为塔吉克斯坦共和国经济投资的公司和企业领导及其家庭成员。

K 类签证签发给因以下目的来塔吉克斯坦共和国的外国公民和无国籍人：

（1）参加商务谈判、会议、学术座谈会、论坛、学术会议、招标、拍卖、展览、博览会、文化和体育活动。

（2）为了与塔吉克斯坦共和国法人和自然人签合同、办合资企业、研究国内市场、安装维修和维护设备、访学、提供咨询和审计服务。

M 类签证签发给来塔吉克斯坦共和国从事劳务活动的外国公民和无国籍人，以及他们的家庭成员。

T 类签证签发给作为旅游者来塔吉克斯坦共和国的外国人和无国籍人。

O1 类签证签发给因以下目的来塔吉克斯坦共和国的外国公民和无国籍人：

（1）为了受教育，进入中学、技校、职业学校、高等院校以及学生交流项目和预科。

（2）为了在院校学习的研究生和博士生及其家庭成员。

O2 类签证签发给准备来学习、进行科学研究、参加语言学习班或技能提高班的外国公民和无国籍人。

XC1 类签证签发给准备来塔吉克斯坦共和国治疗、诊断和走亲访友以及其他因私目的（参加婚礼、葬礼和其他私人活动）的外国公民和无国籍人。

XC2 类签证专门签发给塔吉克斯坦共和国的前公民、塔吉克斯坦共和国公民的家庭成员和近亲属以便临时居留。

MOИ 类签证签发给在自由经济区从事劳动、经营和贸易活动的外国公民和无国籍人。

H 类签证签发给作为运输工具司机从事国际货运和客运的外国公民和无国籍人。

ИД 类签证签发给在塔吉克斯坦共和国递交了获得永久居留许可申请的外国公民和无国籍人，在获得相应许可前使用这类签证。

Ж 类签证签发给外国媒体的通讯员、摄影师、新闻记者和其他工作人员及其上述人员的家庭成员。如果他们进行了认证，塔吉克斯坦共和国外交部会发给他们此类签证。

TБ 类签证签发给在塔吉克斯坦共和国宗教组织作为工作人员正式登记的、从事这种活动或准备从事这种活动的外国公民和无国籍人。

Б 类签证签发给为塔吉克斯坦共和国带来人道主人援助货物或押运货物的外国公民和无国籍人，或者参加人道主人援助的其他人。

TP 类签证签发给通过空中和地面交通工具从塔吉克斯坦共和国过境到目的国的外国公民和无国籍人，期限是 72 小时。通过塔吉克斯坦共和国机场过境到第三国的外国公民和无国籍人，如果不通过边防口岸穿越国界，则不需要签证。在不可抗力情况下（地震、洪水和其他飞机 24 个小时以上不能飞行），过境飞往第三国的外国公民可以没有签证疏散到旅馆，直到局势稳定。给乘地面轻型交通工具到目的国的外国公民和无国籍人签发过境签证，期限为过境最短路线所用的时间。这个期限是按车辆每天行驶距离为 400 公里计算的。过境签证签发的条件是：申请人有穿越塔吉克斯坦共和国所到国家的签证，或者要到的第三国无须签证。如果申请人有他要到国家的多次往返签证，或去第三国无须签证，则可以签发多次过境签证。

Хуручи 类签证由塔吉克斯坦共和国外交部总领事司签发，在特殊情况下由塔吉克斯坦共和国境内的塔吉克斯坦共和国外交部代表处签发，如果外国公民和无国籍人无法离境，根据有关机构做出的外国公民和无国籍人不想逗留或终止在塔吉克斯坦共和国的劳动合同的决定，以及签发给在塔吉克斯坦共和国有永久居住地，又前往其他国家长期居住的外国公民和无国籍人。出境签证的期限不超过 7 日。如果外国公民和无国籍人有正当理由在规定时间没离境，则签发期限最长

3 日的另一个签证。有离境签证，但在规定时间无正当理由没离境的人，其行为算作违反在塔吉克斯坦共和国居留规则，将被行政驱逐出塔吉克斯坦共和国。有在塔吉克斯坦共和国的长期居留地，又从塔吉克斯坦共和国到其他国家长期居住的外国公民和无国籍人，根据塔吉克斯坦共和国内务部护照登记局的许可，签发出境签证。

2. 签证的种类。

签证按种类分为：

（1）签证；

（2）电子签证。

3. 签证的次数。

签证分一次性签证和多次签证。

一次性签证签发给有权在签证所指的时间内一次出入塔吉克斯坦共和国的外国公民和无国籍人。

多次签证给予签证所指的时间内多次（2 次以上）入出或出入塔吉克斯坦共和国的权利。

电子签证只有一次性的。

附件

公民有权以简易程序获得塔吉克斯坦共和国签证的国家清单

1. 澳大利亚；
2. 奥地利共和国；
3. 阿尔及利亚民主人民共和国；
4. 埃及共和国（针对Д类和X类签证）；
5. 阿根廷共和国；
6. 保加利亚共和国；
7. 卢森堡大公国；
8. 匈牙利共和国；
9. 越南社会主义共和国；
10. 文莱达鲁萨兰国；
11. 以色列国；
12. 希腊共和国；
13. 中华人民共和国；
14. 爱尔兰共和国；
15. 伊朗伊斯兰共和国；
16. 冰岛共和国；
17. 意大利共和国；
18. 加拿大；
19. 卡塔尔国；
20. 塞浦路斯共和国；
21. 爱沙尼亚共和国；
22. 日本国；
23. 巴林王国；
24. 比利时王国；
25. 约旦哈希姆王国；
26. 丹麦王国；
27. 西班牙王国；
28. 摩洛哥王国；
29. 荷兰王国；
30. 挪威王国；
31. 沙特阿拉伯王国；
32. 瑞典王国；
33. 科威特国；

34. 拉脱维亚共和国；
35. 立陶宛共和国；
36. 黎巴嫩；
37. 马来西亚；
38. 马耳他共和国；
39. 墨西哥合众国；
40. 新西兰；
41. 阿拉伯联合酋长国；
42. 阿曼苏丹国；
43. 波兰共和国；
44. 葡萄牙共和国；
45. 大韩民国；
46. 印度尼西亚共和国；
47. 克罗地亚共和国；
48. 罗马尼亚；
49. 新加坡共和国；
50. 斯洛伐克共和国；
51. 斯洛文尼亚共和国；
52. 大不列颠及北爱尔兰联合王国；
53. 美利坚合众国；
54. 泰王国；
55. 土耳其共和国；
56. 突尼斯共和国；
57. 巴西联邦共和国；
58. 德意志联邦共和国；
59. 菲律宾共和国；
60. 芬兰共和国；
61. 法兰西共和国；
62. 捷克共和国；
63. 瑞士联邦；
64. 南非共和国；
65. 巴基斯坦伊斯兰共和国（针对 C 类、MOИ 类和 H 类签证）；
66. 印度共和国（针对 C 类、MOИ 类和 H 类签证）；
67. 也门民主人民共和国（针对 Д 类和 X 类签证）；
68. 土库曼斯坦；
69. 委内瑞拉玻利瓦尔共和国；
70. 乌兹别克斯坦共和国（针对 Д 类、X 类、C 类、MOИ 类和 H 类签证）；
71. 安道尔公国；

72. 梵蒂冈城国；
73. 列支敦士登公国；
74. 摩纳哥公国；
75. 古巴共和国；
76. 智利共和国；
77. 蒙古国；
78. 塞内加尔共和国（针对Д类、X类签证）。

第四部分

土库曼斯坦
边防出入境法律法规

一、土库曼斯坦国籍法

（2018 年 11 月 11 日修订）

第 1 章　总则

第 1 条　土库曼斯坦国籍

土库曼斯坦国籍，是指某人与土库曼斯坦稳定的法律关系，表现为相互的权利与义务。

第 2 条　公民与国家

1. 土库曼斯坦以机构和官员为代表对每位公民负责。土库曼斯坦公民应对国家负责，有义务遵守土库曼斯坦的宪法和法律，履行宪法和法律规定的义务，维护土库曼斯坦的利益，维护领土完整，促进土库曼斯坦的主权和独立，维护宪法制度，尊重国家语言、文化、习俗、传统，尊重土库曼斯坦境内所有民族代表的语言。

2. 国家确保为个人的自由发展创造条件，保护生命、荣誉、尊严和自由、人格不可侵犯以及公民的天赋人权和不可剥夺的权利。

第 3 条　土库曼斯坦的国籍立法

1. 土库曼斯坦国籍立法包括《土库曼斯坦宪法》、本法和土库曼斯坦在其基础上通过的其他规范性法律文件。

2. 如果土库曼斯坦签署的国际条约有与本法不同的规则，则适用国际条约的规则。

第 4 条　土库曼斯坦国籍的基本原则

土库曼斯坦国籍依据以下基本原则：

（1）每个人都有权拥有国籍；

（2）土库曼斯坦所有公民的国籍都是平等的，无论其获得国籍的依据如何；

（3）国籍的授予不能违背公民意愿；

（4）土库曼斯坦公民不能被剥夺国籍，不能被剥夺更改国籍的权利，不能被引渡至其他国家或被驱逐出土库曼斯坦以及限制其返回祖国；

（5）预防和减少无国籍情况的发生。

第 5 条　土库曼斯坦公民

1. 土库曼斯坦公民是指至本法生效之日是土库曼斯坦国籍的人，以及取得了土库曼斯坦国籍或有权根据本法保留国籍的人。

2. 土库曼斯坦公民拥有的其他国家国籍不被承认。如果土库曼斯坦公民具有其他国家的国籍，那么根据土库曼斯坦的立法，他仅被视为土库曼斯坦的公民。

3. 土库曼斯坦公民在其他国家领土上居住本身不意味着其土库曼斯坦国籍的终止。

第 6 条 国家对土库曼斯坦公民的保护

1. 土库曼斯坦公民在土库曼斯坦境内和境外均得到国家的保护和庇护。

2. 为以法律规定的方式保护土库曼斯坦公民的权利和合法利益，并在必要时恢复其被侵犯的权利，土库曼斯坦、土库曼斯坦驻国外的外交代表处和领事机构及其官员有义务采取一切措施，确保土库曼斯坦公民有机会充分享有驻在国立法、土库曼斯坦和驻在国均签署的国际条约赋予他们的一切权利。

3. 如果在土库曼斯坦公民所在国未设有土库曼斯坦的外交代表处或领事机构，则根据土库曼斯坦国际条约，对土库曼斯坦公民权利和合法权益的保护可由其他国家的相应机构实施。

第 7 条 缔结或解除婚姻时的土库曼斯坦国籍

1. 土库曼斯坦公民和外国公民或无国籍人缔结或解除婚姻不要求改变国籍。

2. 夫妻一方改变国籍不要求另一方也改变国籍。

3. 解除婚姻不要求婚内所生子女或夫妻所收养子女改变国籍。

4. 与土库曼斯坦公民缔结婚姻的外国公民或无国籍人可以在自愿并符合本法规定的条件下加入土库曼斯坦国籍。

第 8 条 外国公民和无国籍人

1. 外国公民是指不是土库曼斯坦公民且有证据证明属于其他国家国籍的人。

2. 无国籍人是指不是土库曼斯坦公民且无证据证明属于其他国家国籍的人。

3. 根据土库曼斯坦立法和国际条约，外国公民和无国籍人享有土库曼斯坦公民的权利和自由并承担义务。

4. 在土库曼斯坦境内的外国公民有权向本国外交代表处和领事机构提出请求。

第 9 条 证明土库曼斯坦国籍的证件

1. 证明土库曼斯坦国籍的证件是土库曼斯坦公民的护照或由土库曼斯坦国家权力机构签发的能够证明土库曼斯坦国籍的其他证件。

2. 未满 16 岁儿童的国籍由其出生证或父母一方是库曼斯坦公民的护照证明。

第 2 章 土库曼斯坦国籍的获得

第 10 条 土库曼斯坦国籍获得的依据

1. 土库曼斯坦国籍凭以下依据获得：

（1）出生；

（2）加入国籍；

（3）恢复国籍；

（4）按本法或土库曼斯坦国际条约规定的其他依据。

2. 在确定某人是否属于土库曼斯坦国籍时，适用发生与此有关情况时有效的土库曼斯坦的规范性法律。

第 11 条　按出生获得土库曼斯坦国籍

1. 在以下情况下，一个人出生时即是土库曼斯坦公民：

（1）无论婴儿在哪里出生，其父母双方或唯一的父（母）亲是土库曼斯坦公民。

（2）无论婴儿在哪里出生，其父母的一方是土库曼斯坦公民，而另一方是无国籍人或失踪或其所在地不明。

（3）如果婴儿出生在土库曼斯坦境内，其父母一方是土库曼斯坦公民，而另一方是外国公民。

（4）无论婴儿在哪里出生，其父母一方是土库曼斯坦公民，而另一方是外国公民，父母双方或一方在婴儿出生前长期居住在土库曼斯坦境内。

（5）婴儿父母一方是土库曼斯坦公民，而另一方是外国公民，如果在婴儿出生时父母双方均长期居住在土库曼斯坦境外且婴儿在土库曼斯坦境外出生，需依据父母的共同申请。如果没有该申请，则婴儿获得土库曼斯坦国籍。

（6）如果婴儿出生于土库曼斯坦境内，且长期居住在土库曼斯坦境内的婴儿父母双方或唯一父（母）亲是无国籍人。

（7）长期居住在土库曼斯坦的婴儿父母双方或唯一父（母）亲是外国公民，如果婴儿出生于土库曼斯坦境内，而其父母双方或唯一父（母）亲所属国家不给予婴儿国籍。

（8）如果婴儿出生在土库曼斯坦境内，且婴儿父母双方或唯一父（母）亲的所在地和国籍不详。

2. 如果确认婴儿父亲为土库曼斯坦公民，母亲是无国籍人，那么无论婴儿在哪里出生，都将是土库曼斯坦公民。

3. 在土库曼斯坦境内的婴儿，不知其父母为何人，被视为在土库曼斯坦出生且是土库曼斯坦公民。如果该婴儿的父母、监护人或保护人中至少有一人出现，则婴儿的国籍可以根据本法变更。

第 12 条　加入土库曼斯坦国籍的条件

1. 凡年满 18 岁且有行为能力的人，经书面申请，在以下情况下可以接受加入土库曼斯坦的国籍：

（1）承担遵守和尊重土库曼斯坦宪法和法律的义务；

（2）懂土库曼斯坦的官方语言，达到能沟通的程度；

（3）在最近 5 年长期居住在土库曼斯坦境内；

（4）拥有合法的生活来源。

除本法第 34 条规定的情况外，如果某人在 1 年内离开土库曼斯坦领土不超过 3 个月，则其在土库曼斯坦境内的长期居住期限视为连续。

2. 本条第 1 款第（3）项规定的长期居住期限可以缩短或不适用于下列

人员：

（1）土库曼斯坦人及其后代（子女、孙辈、曾孙辈等）；

（2）在土库曼斯坦有近亲且以永久居留为目的前来的苏联公民；

（3）对土库曼斯坦立下重大功勋，在科学、技术、文化和体育领域取得杰出成就或具有符合土库曼斯坦国家利益的专业或资格的人员；

（4）以前拥有过土库曼斯坦国籍的人；

（5）获得庇护的人员；

（6）根据土库曼斯坦法律或国际条约被确认为难民的人；

（7）在土库曼斯坦境内长期居住，但因政治或宗教原因受到迫害而被强行驱逐或离境的人及其后代。

3. 在特殊情况下，土库曼斯坦总统有权在申请人仅遵守本条第 1 款第（1）项的情况下接受其加入土库曼斯坦国籍。

第 13 条　土库曼斯坦国籍的恢复

根据本法规定的理由终止土库曼斯坦国籍的人，如果长期居住在土库曼斯坦境内或有意在土库曼斯坦定居，并符合本法第 12 条第 1 款第（1）项和第（2）项规定的条件，可经其书面申请后恢复土库曼斯坦国籍。

第 14 条　拒绝加入或恢复土库曼斯坦国籍的依据

如果有下列情形，申请加入或恢复土库曼斯坦国籍者的申请将被驳回：

（1）犯有危害人类和平与安全的罪行，犯有国际法规定的战争罪行，进行恐怖主义活动；

（2）主张武力改变土库曼斯坦宪法制度的基础或采取其他行动对国家安全和人民健康构成威胁；

（3）煽动国家间、民族间和宗教仇恨；

（4）提交伪假证件或故意提供虚假信息；

（5）被判犯有严重和特别严重的罪行，并对所犯罪行有未撤销的犯罪记录；

（6）正在服刑；

（7）当前拥有其他国家的国籍。

第 3 章　土库曼斯坦国籍的终止

第 15 条　终止土库曼斯坦国籍的依据

土库曼斯坦国籍在下列情况下被终止：

（1）退出土库曼斯坦国籍；

（2）丧失国籍；

（3）根据本法或土库曼斯坦国际条约规定的其他依据。

第 16 条　退出土库曼斯坦国籍的程序

1. 退出土库曼斯坦国籍需在公民自愿的情况下，根据本法规定的程序提出书面申请进行。

2. 儿童退出土库曼斯坦国籍由其合法代理人办理。

3. 公民申请退出土库曼斯坦国籍在下列情况下会被驳回：

（1）作为被告被追究刑事责任，或有已生效并将被执行的法院判决；

（2）对国家、自然人或法人有未履行的义务或未偿清的债务；

（3）根据土库曼斯坦立法违反国家安全利益；

（4）成为无国籍人。

第 17 条　丧失土库曼斯坦国籍

在下列情况下会丧失土库曼斯坦国籍：

（1）除土库曼斯坦政府间条约规定的情况外，由于某人在另一国服兵役，以及在安全、警察、司法、外交或国家权力机构任职；

（2）通过故意提交虚假信息或伪造文件而获得的土库曼斯坦国籍；

（3）根据土库曼斯坦政府间条约规定的依据。

第 4 章　父母国籍变更、收养和建立监护权（保护权）时儿童的国籍

第 18 条　父母国籍变更时儿童国籍的改变

1. 如果父母双方或唯一的父（母）亲加入或恢复土库曼斯坦国籍，那么儿童也被认为是土库曼斯坦公民。

2. 如果父母双方或唯一的父（母）亲退出或丧失土库曼斯坦国籍，儿童如果不成为无国籍人，那么也将退出土库曼斯坦国籍。

3. 当被剥夺父母权利的父母国籍发生变更时，儿童的国籍不会发生变化。

第 19 条　在父母一方获得土库曼斯坦国籍时儿童的国籍

1. 如果父母一方获得了土库曼斯坦国籍，而另一方仍是其他国家公民，则不论儿童的出生地为何，都能根据父母的共同申请获得土库曼斯坦国籍。

2. 如果父母一方获得了土库曼斯坦国籍，而另一方仍是无国籍人，则不论儿童的出生地为何，都将成为土库曼斯坦公民。

第 20 条　在父母一方的土库曼斯坦国籍被终止时儿童的国籍

如果父母一方终止了土库曼斯坦国籍，而另一方仍然是土库曼斯坦公民，儿童将保留土库曼斯坦国籍，或根据父母的共同申请与终止土库曼斯坦国籍的父（母）亲同时退出土库曼斯坦国籍。

第 21 条　被收养儿童的国籍

1. 外国公民收养国籍为土库曼斯坦的儿童时，如果该儿童居住在土库曼斯坦境内，则保留土库曼斯坦国籍。

2. 外国公民收养国籍为土库曼斯坦的儿童时，如果该儿童居住在土库曼斯坦境外，且收养儿童的夫妻双方所属国不给予其国籍，则该儿童保留土库曼斯坦国籍。

3. 国籍为土库曼斯坦的儿童被收养时，如果收养者为无国籍人，或收养夫妻一方是土库曼斯坦公民，另一方是无国籍人或是外国公民，或收养夫妻一方是外国公民，另一方是无国籍人，那么儿童保留土库曼斯坦国籍。

4. 土库曼斯坦公民收养的外国儿童或无国籍儿童被视为土库曼斯坦公民。

5. 由夫妻一方是土库曼斯坦公民，另一方是无国籍人，或夫妻双方均为长期居住在土库曼斯坦境内的无国籍人收养的外国儿童被视为土库曼斯坦公民。

6. 由夫妻一方是土库曼斯坦公民，而另一方是外国公民收养的外国儿童经收养夫妻的书面同意可以被视为土库曼斯坦公民。

7. 由夫妻一方是土库曼斯坦公民收养的无国籍儿童被视为土库曼斯坦公民。

8. 在土库曼斯坦出生的儿童，如果被外国公民或无国籍人收养，则保留土库曼斯坦国籍，否则将成为无国籍人。

9. 国籍为土库曼斯坦的儿童退出土库曼斯坦国籍须由其养父母共同提出申请。

第 22 条 被监护或被保护的儿童保留土库曼斯坦国籍

如果居住在土库曼斯坦境内的儿童的父母双方或父母一方终止了土库曼斯坦国籍，并被剥夺了父母权利，则该儿童应监护人或保护人的申请可以保留土库曼斯坦国籍。

第 23 条 在变更儿童国籍时必须征得儿童的同意

当父母双方或唯一父（母）亲改变国籍以及收养年龄在 14 至 18 岁之间的儿童时，只有在儿童本人同意且具有经过公证的自愿书面申请的情况下才允许被改变国籍。

第 5 章 土库曼斯坦总统和国家机关就土库曼斯坦国籍问题的权限

第 24 条 土库曼斯坦总统就土库曼斯坦国籍问题的权限

1. 土库曼斯坦国籍方面的问题由土库曼斯坦总统做出决定。

2. 土库曼斯坦总统就土库曼斯坦国籍问题可以做出下列决定：

（1）关于加入、恢复和退出土库曼斯坦国籍的问题；

（2）关于拒绝加入和恢复土库曼斯坦国籍申请的问题；

（3）依据本法第 17 条关于丧失土库曼斯坦国籍的问题。

3. 土库曼斯坦总统批准《土库曼斯坦国籍问题审议程序条例》。

第 25 条 土库曼斯坦国籍问题的国家权力机构

土库曼斯坦国家移民局、外交部、驻国外的外交代表团和领事机构是土库曼斯坦关于土库曼斯坦国籍问题的国家权力机构。

第 26 条 土库曼斯坦国家移民局的权限

土库曼斯坦国家移民局：

（1）接收长期居住在土库曼斯坦的人就土库曼斯坦国籍问题提出的申请，对申请和所附文件进行相应核查，并提交土库曼斯坦总统审议；

（2）根据土库曼斯坦的立法确定某人的土库曼斯坦国籍，并签发相应的文件；

（3）执行土库曼斯坦总统就在土库曼斯坦长期居住的人的土库曼斯坦国籍问题通过的决定；

（4）对终止、加入或恢复土库曼斯坦国籍且在土库曼斯坦长期居住的人以及已确定其土库曼斯坦国籍的人进行登记。

第 27 条　土库曼斯坦外交部、驻国外外交代表团和领事机构的权限

土库曼斯坦外交部、驻国外外交代表团和领事机构：

（1）接收在土库曼斯坦境外居住的人就土库曼斯坦国籍问题提出的申请，并按照土库曼斯坦法律规定的程序将这些申请和所附文件提交土库曼斯坦总统审议；

（2）根据按照土库曼斯坦法律确定程序提交的某人属于土库曼斯坦国籍的书面确认书，向该人签发相关文件；

（3）执行土库曼斯坦总统就在土库曼斯坦境外居住人员的土库曼斯坦国籍问题通过的决定；

（4）对在土库曼斯坦境外长期居住的人进行登记；

（5）对在土库曼斯坦境外长期居住且终止土库曼斯坦国籍的人进行登记。

第 6 章　土库曼斯坦国籍问题的办理

第 28 条　就土库曼斯坦国籍问题提交申请的程序

1. 根据既定程序提交土库曼斯坦国籍问题的申请：

（1）居住在土库曼斯坦的人提交至土库曼斯坦国家移民局和其地方机构；

（2）居住在土库曼斯坦境外的人提交至土库曼斯坦外交部、驻国外的外交代表团和领事机构。

2. 就加入、恢复和退出土库曼斯坦国籍等问题的申请，经本条第 1 款规定的国家权力机构提交至土库曼斯坦总统。

3. 就儿童和被认定为无行为能力人的土库曼斯坦国籍问题的申请由其父母或其他合法代理人提交。

第 29 条　土库曼斯坦国籍问题文件的审理

1. 接受土库曼斯坦国籍问题申请的土库曼斯坦国家移民局机构或土库曼斯坦驻国外的外交代表团或领事机构对这些申请做出合理的结论。

2. 土库曼斯坦国家移民局、外交部将关于土库曼斯坦国籍问题的申请结论或报告和其他必要资料送交土库曼斯坦总统审议和决策。

3. 由总统设立的国籍问题委员会负责审查提交给土库曼斯坦总统的文件，并向土库曼斯坦总统呈交关于批准或拒绝每一位申请人加入、恢复、退出土库曼斯坦国籍的建议。

4. 国籍问题委员会有权要求有关国家机构和社会团体提供必要的文件和资料，这些机构和社会团体需在委员会规定的期限内提交必要的文件和资料。

5. 在申请退出土库曼斯坦国籍的结论中应就本法第 16 条中提出的问题阐述准确的信息。

第 30 条　土库曼斯坦国籍问题的法令

土库曼斯坦总统就加入、恢复和退出土库曼斯坦国籍问题发布命令，在驳回加入、恢复土库曼斯坦国籍以及根据本法第 17 条丧失土库曼斯坦国籍时，发布决议。

第 31 条　土库曼斯坦国籍问题申请的审理期限

土库曼斯坦国籍问题的申请审理期限自受理申请之日起不应超过 6 个月。

第 32 条　土库曼斯坦国籍问题申请的再次审理

在驳回加入或恢复土库曼斯坦国籍以及退出土库曼斯坦国籍的情况下，在通过该决定 1 年后，将审理再次提交的这些问题的申请。如果出现申请人不知道或不可能知道的情况，可在此期限之前审理再次提交的申请。

第 33 条　获得或终止土库曼斯坦国籍的日期

1. 土库曼斯坦国籍获得于：

（1）婴儿出生或领养之日；

（2）在向未成年儿童父母授予土库曼斯坦国籍之日；

（3）自土库曼斯坦总统接受加入或恢复土库曼斯坦国籍的命令生效之日。

2. 土库曼斯坦国籍自土库曼斯坦总统决议生效之日起终止。

第 34 条　在土库曼斯坦境内居住期限的计算

1. 本法第 12 条第 1 款第（3）项中规定的在土库曼斯坦境内长期居住的期限应计入以下情况：

（1）在军队服役的时间，如果该人此前居住在土库曼斯坦境内，并且从军队退役之日到抵达土库曼斯坦长期居住之日之间的时间不超过 6 个月；

（2）在土库曼斯坦境外学习的时间，如果从学习结束或被学校开除到抵达土库曼斯坦当日之间的时间不超过 6 个月；

（3）赴土库曼斯坦境外出差的时间，如果出差结束和抵达土库曼斯坦当日之间的时间不超过 6 个月。

2. 如果发生疾病、自然灾害或其他正当原因应暂停本条第 1 款规定的 6 个月期限的计数。

3. 在土库曼斯坦境内居住的时间不包括执行其他国家司法机构所规定的刑事处罚的时间，以及在土库曼斯坦境内出差、医疗和其他临时居留的时间。

4. 土库曼斯坦总统有权认可某人不在土库曼斯坦境内的其他情况，并将其计入在土库曼斯坦境内长期居住的期限内。

第 35 条　土库曼斯坦国籍问题决议的执行

1. 接受土库曼斯坦国籍问题申请的国家权力机构将做出的决定通知至申请人。

2. 获得土库曼斯坦国籍的人将按照土库曼斯坦立法规定的程序获得土库曼斯坦公民护照。

第 36 条　土库曼斯坦国籍问题决议执行的监督

土库曼斯坦总统设立的国籍问题委员会对土库曼斯坦国籍问题决议的执行进行监督。

第 7 章　土库曼斯坦国籍问题决议的申诉

第 37 条　土库曼斯坦国籍问题决议的申诉

1. 关于土库曼斯坦国籍问题的决定可由土库曼斯坦总统进行复审。

2. 关于土库曼斯坦国籍问题的投诉将提交给土库曼斯坦总统。

第 38 条　对官员在土库曼斯坦国籍问题上的行为提出上诉

拒绝接受有关土库曼斯坦国籍问题的申请、违反申请审查期限以及官员违反审查程序和土库曼斯坦国籍问题决议执行的其他行为，可按规定程序向上级官员或法院提出上诉。

第 8 章　过渡条款

第 39 条　土库曼斯坦国籍的认可

凡确认 1992 年 10 月 21 日之前在土库曼斯坦境内长期居住的所有苏联公民，如果他们没有书面申请退出土库曼斯坦国籍，则被视为土库曼斯坦公民。

第 40 条　暂时离开土库曼斯坦的人的权利

1. 在 1992 年 10 月 21 日之前因以下原因暂时离开土库曼斯坦的人被视为土库曼斯坦公民：

（1）应征服现役；

（2）应征具有军官军衔和其他预备役军衔的军事人员服现役；

（3）就业、服务或教育、医疗（无论其户籍地为何）；

（4）在国家儿童机构安置教育，转交给亲属、监护人或保护人，履行监护人或保护人的职责；

（5）因被判刑前往服刑地。

2. 与本条第 1 款中指定的人员共同暂时离开土库曼斯坦的家庭成员被视为土库曼斯坦公民。

第 41 条　选择国籍的权利

1. 年满 18 岁且同时拥有土库曼斯坦国籍和另一国家国籍的人，其中包括通过出生获得土库曼斯坦国籍和另一国家国籍的人，有权选择土库曼斯坦国籍或另一国家的国籍。

2. 终止土库曼斯坦国籍的人如果继续在土库曼斯坦居住，则由土库曼斯坦国家移民局颁发居留证。

3. 选择土库曼斯坦国籍的程序由土库曼斯坦立法和国际条约确定。

第 9 章　最后条款

第 42 条　违反本法的责任

违反本法将承担土库曼斯坦立法规定的责任。

第 43 条　本法的生效

1. 本法自官方公布之日起生效。

2. 土库曼斯坦的规范性法律应与本法保持一致。

3. 在土库曼斯坦的法律和其他规范性法律与本法相一致之前，只要不与本法相抵触，这些法律法规将继续有效。

4. 声明失效：
1992 年 9 月 30 日《土库曼斯坦国籍法》；
2003 年 6 月 14 日《土库曼斯坦某些法律法规的修订和补充》第二部分；
2007 年 6 月 12 日《土库曼斯坦某些法律法规的修订和补充》第一部分。

二、土库曼斯坦国界法

（2021 年 6 月 5 日修订）

第 1 章　总则

第 1 条　土库曼斯坦国界

土库曼斯坦国界（以下称国界或国家边界）是指确定土库曼斯坦国家领土（陆地、底土、水域和空间）边界，以及沿此边界划定的垂直面，即有效行使国家主权的空间界线。

第 2 条　调节国界法律关系的原则

在确定和变更国界、维持与邻国的关系以及调节边境地区和国际交通道路上的法律关系时，土库曼斯坦遵循以下原则：

（1）保障土库曼斯坦和国际安全；

（2）与外国进行互利合作；

（3）和平解决边境问题。

第 3 条　土库曼斯坦国界立法

1. 土库曼斯坦国界立法旨在确保土库曼斯坦国界的主权和安全，以《土库曼斯坦宪法》为基础，由本法和土库曼斯坦其他规范性法律组成。

2. 如果土库曼斯坦的国际条约同本法有不同规定，则适用国际条约的规则。

第 4 条　国界的确定

1. 国界按照以下标准确定：

（1）陆地—根据特殊点、地貌线或明显的地标划定。

（2）海上—根据土库曼斯坦领海的外部边界划定。

（3）通航的河流—按河流中航道的中心线划定；不通航的河流—按河流或其主要支流的中心线划定；湖泊或其他水体—按国界通往水体沿岸的直线划定。穿过河流、湖泊或其他水体的国界，不论是在岸上轮廓或水位变化时，还是河床偏向某一方时都不会发生位移。

（4）水库和其他人工水体—根据水淹前穿过的国界线划定。

（5）铁路和公路桥梁、堤坝和其他设施—按这些设施的中线或技术轴线划定，而不考虑国界在水上的走向。

2. 土库曼斯坦的领海包括里海的沿岸水域，宽 12 海里。海里的计算，不论是在大陆还是在土库曼斯坦的岛屿上，都从最高潮水线量起，或从连接领海基点的直线基线量起。这些基点的地理坐标由土库曼斯坦总统批准。

3. 在土库曼斯坦领海范围内新形成的岛屿是土库曼斯坦领土的一部分。

4. 在里海水域里不与邻国领海相邻的国界沿土库曼斯坦领海的外部边界确立。

5. 土库曼斯坦海洋经济区的外部边界由土库曼斯坦的国际条约确定。

6. 土库曼斯坦的内水包括：

（1）位于里海的卡拉博加兹海湾、土库曼斯坦巴什海湾和土库曼斯坦海湾水域；

（2）土库曼斯坦港口的水域，以穿过水利工程和其他港口设施海洋方向最远的点的直线为界；

（3）河岸属于土库曼斯坦的河流、湖泊和其他水体的水域，直至国界为止。

7. 国界的确立和变更由土库曼斯坦议会根据土库曼斯坦政府间协定决定。

第5条 国界的保护和守卫

1. 作为确保国家安全的国家体系的组成部分，保护国界是指国家机构在其权力范围内采取政治、军事、侦搜、外交、海关、经济、生态和其他措施的协调行动。

2. 作为保护国界的组成部分，守卫国界是指实施法律、组织、军事、侦搜、海关、技术和信息等永久性措施，以发现和预防妨碍实现国家利益或在国界上对国家利益造成危险的条件、过程和因素。

3. 国家机构在土库曼斯坦法律规定的权力范围内负责保护国界。

4. 土库曼斯坦国家边防局负责守卫土库曼斯坦陆地、海洋、河流、其他水体以及海洋经济区的国界，国界的守卫通过在边境地区监控所有自然人和法人遵守关于国界制度的国际条约和土库曼斯坦有关边境问题的立法实现。

5. 领空受土库曼斯坦武装力量保护。

6. 土库曼斯坦卫生保健和医疗工业部、土库曼斯坦农业和环境保护部下属的国家兽医局、土库曼斯坦农业和环境保护部国家植物检疫检查局、土库曼斯坦卫生保健和医疗工业部国家卫生和流行病学局负责守卫土库曼斯坦的领土免受各种疾病、植物害虫和杂草的入侵。

7. 土库曼斯坦国家海关总署保护土库曼斯坦在国界上的经济利益。

8. 公民和非政府组织可以在土库曼斯坦法律法规和国际条约所确定的权利范围内参与国界的保护和守卫。

第6条 国界的标志

1. 在国界所处地应有明显的标志。

2. 国界标志的形状及其说明均由土库曼斯坦总统批准。

在主要国界标志的界桩上放置土库曼斯坦国徽图案以及象征着土库曼斯坦和平和永久中立的散开的金色橄榄枝。

3. 国界标志的尺寸及其安装和维护的程序由土库曼斯坦签署或认可的国际条约确定。

第 7 条　土库曼斯坦的边境地区及其监管

1. 土库曼斯坦的边境地区是指国界线和从国界线到边境区外部边界的边境地带，或边境检查地带、边界地带，如果没设立边界地带，则到行政区域单位的外部边界，以及领海、内水，在土库曼斯坦经济区还包括穿越土库曼斯坦国界的口岸辖区（设施）（以下简称口岸）。对边境地区的监管是一种国家管理制度，用以查明和制止侵犯国界和违反边境地区规定的迹象。

2. 土库曼斯坦国家边防局和土库曼斯坦立法授权的其他国家机关对边境地区进行监管。

第 8 条　解决国界问题的程序

1. 为解决国界的走向、标志、划界、标界以及重立界标的问题成立了跨国委员会。

2. 跨国委员会土库曼斯坦一方关于划界、标界和重立界标问题的文件由土库曼斯坦总统批准。

第 2 章　国界制度的保障

第 9 条　国界制度

1. 国界制度包括以下规则：

（1）国界的维护；

（2）人员、交通工具、货物和商品的过境；

（3）在国界进行经济和其他活动的程序；

（4）解决边境事件的程序。

2. 国界制度根据土库曼斯坦的国家间条约建立，其遵守由本法和土库曼斯坦的其他规范性法律保障。

第 10 条　国界的维护

土库曼斯坦国家边防局根据土库曼斯坦关于划定和重新划定国界的国际条约和规范性法律法规对国界进行维护。

第 11 条　穿越国界的程序

1. 人员、交通工具和其他技术装备应在国际交通路线上或在土库曼斯坦国家间条约和协定或土库曼斯坦总统法令确定的其他地方穿越国界。这些法令规定了从国界到口岸和反向的路线和行进顺序。此时不允许人员下车和卸下物品、动物以及将它们装载到交通工具上。

2. 海上和河流非军用船只和军舰根据土库曼斯坦总统批准并在《航海通告》中公布的规则穿越国界和进入土库曼斯坦的内水、停泊处和港口。

3. 除特别飞行情况外，飞机应按照《土库曼斯坦领空使用规定》确定的方式在国际航线过境点或沿专门为此指定的空中走廊穿越国界。

有关空中走廊的信息发布在《土库曼斯坦航空资料汇编》中。

4. 过境飞机的降落和飞往国外飞机的起飞只在开放国际航班的机场进行。此类机场的清单发布在《土库曼斯坦航空资料汇编》中。

5. 如果在土库曼斯坦或外国存在特别危险传染病传播的威胁，根据土库曼斯坦总统的决定，穿越受威胁地区国界的交通可能会暂时受到限制或终止，并通知有关国家当局。

第 12 条　人员在穿越国界时的义务

过境人员在通过开设用于国际交通的口岸时有义务向边防检查机构出示身份证件，并交验车辆进行检查。

第 13 条　在国界处进行经济或其他活动的制度

1. 土库曼斯坦公民、外国人和无国籍人在土库曼斯坦国界处从事经济、捕捞、科研、勘察和其他活动，包括联合活动，应根据土库曼斯坦的立法和国际条约进行，并确保国界处的正常秩序。

2. 土库曼斯坦主管机构在与土库曼斯坦边防部队授权代表协调后，考虑到当地情况，制定在国界处开展各类经济活动的制度。

第 14 条　解决边境事件的程序

解决与违反国界制度有关的事件并将这些事件交由土库曼斯坦边防代表管辖的程序，由土库曼斯坦与邻国关于国界及其制度的条约、土库曼斯坦的国际条约、本法和土库曼斯坦的其他规范性法律规定确定。

第 15 条　禁止捕捞、科研和勘察活动

禁止外国公民、非军用船只和军舰在土库曼斯坦领海和内水进行捕捞、科研和勘探活动，但经土库曼斯坦总统许可或根据土库曼斯坦缔结的国家间协定进行此类活动的情况除外。

第 16 条　违反国界制度的人员

以下人员属于违反国界制度的人：

（1）违反国界维护秩序和在国界处从事经济、捕捞、科研、勘察和其他活动的人；

（2）在国界处从事各种劳动以及经济、捕捞、科研和其他活动时违反过境制度，以不确定的方式越境进行接触的人；

（3）违反航行规则和在土库曼斯坦内水和领海的停留规则，并在国界和土库曼斯坦界河、界湖和其他水体进行各种劳动以及经济、捕捞、科研和其他活动的土库曼斯坦和外国非军用船只和军舰；

（4）违反航行规则、在土库曼斯坦内水和港口停留规则的外国非军用船只和军舰；

（5）在国界处进行航空摄影和其他活动时违反飞行规则和惯例的飞机和其他飞行器。

第 17 条　侵犯国界人员

以下人员属于侵犯国界的人：

（1）在口岸外以任何方式或在口岸内但违反了既定规则穿越或试图穿越国界的人；

（2）以非法从土库曼斯坦出境而潜入或企图潜入外国或前往外国的交通工

具的人；

（3）违反进入土库曼斯坦领海和内水、土库曼斯坦界河、界湖和其他水体的既定规则而进入这些水域的外国非军用船只和军舰，以及在水下侵犯国界的外国潜艇和其他水下交通工具；

（4）未获得主管机构的相应许可或犯有其他违反过境飞行规则而穿越土库曼斯坦国界的飞机和其他飞行器。

第 18 条　土库曼斯坦的边防代表

1. 为了解决与维护国界制度有关的问题以及解决边境事件，委派数名边境部队军官作为土库曼斯坦的边防代表及其副代表前往国界的某些地区。土库曼斯坦的边防代表配有助理、授权代表、秘书和翻译。土库曼斯坦的边防代表由土库曼斯坦总统任命，其副手、助理、秘书和翻译由国家边防局局长（土库曼斯坦边防部队司令）任命。

2. 根据土库曼斯坦缔结的关于边境问题的国际条约，边防代表及其陪同人员在过境时拥有特殊地位。

3. 边防代表未能解决的问题通过外交手段解决。

4. 土库曼斯坦边防代表在其活动中应遵循本法、土库曼斯坦其他规范性法律法规和国际条约。

第 3 章　国际交通路线上的边检

第 19 条　口岸

1. 根据土库曼斯坦总统的决议，在穿越国界的国际交通路线上设立口岸。

2. 口岸是在海港、河港、机场、火车站、汽车站里的某一区域以及配有其他特殊装备的地方，在这些地方有边检机关和单位、海关及其他有关机构及其分部行使职能，这些机构有义务确保土库曼斯坦在跨越国境交通路线上的利益。

第 20 条　口岸的开设

1. 口岸房舍、设施、房间的建造、装备和维护由土库曼斯坦内阁委托有关部委进行，费用由土库曼斯坦国家预算及其自有资金承担。

2. 用于国际交通的口岸是在国家边防局、海关和参与口岸管理的其他机构的代表在建造、装备和启用后，根据土库曼斯坦总统的决定开设。

第 21 条　口岸制度

1. 土库曼斯坦总统法令规定了口岸制度，以规范人员、交通工具进入、停留、离开这些口岸，货物、物品运入、存储、运出口岸，以及与通过土库曼斯坦国界有关的其他活动的规则。

2. 根据土库曼斯坦总统关于口岸制度的法令，运输企业负责人与国家边防局、海关和其他管理机构的有关官员共同发布在该口岸建立制度的细则。边境检查机构负责监督口岸遵守该制度的情况。

3. 如果口岸位于运输企业外，则国家边防局与海关和其他在这些口岸对人员、交通工具、货物和动物实施监管的机构协商后制定相应的细则。

第 22 条 口岸的检查

1. 过境人员、交通工具、货物和物品须在口岸接受海关、移民和卫生检疫检查。畜牧货物、生物材料、植物、农产品和渔产品过境时，也应进行兽医和植物检疫检查。必要时需进行其他检查。

2. 检查的类型和内容由土库曼斯坦内阁就每个口岸确定。检查的手段和方法及其应用程序由有关部委与司法和卫生部门商定的条例确定。

3. 如果交通工具、海船和河船越过国界到达未设有口岸的地方，则由土库曼斯坦国家边防局会同海关和其他机构进行检查。

4. 如果飞机越过国界到达（降落在）未设有口岸的地方，则由土库曼斯坦国家安全机构进行检查，并通知至最近的土库曼斯坦国家边防局和海关总署部门。

第 22.1 条 口岸检查的强化措施

1. 发生任何可能对居民健康造成大规模危害的情况下，为了进行各类特殊的和强化的补充检查，在口岸建造并配备车辆消毒通道和消除污染设施，对公路和铁路交通工具进行消毒，并在交通工具上进行相应的作业，根据初步检查结果以规定的方式进行消毒蒸熏作业，以去除各类交通工具带来的受检植物和植物产品上的昆虫。

2. 本条第 1 款规定的作业由土库曼斯坦内阁委托相关部委进行。

3. 执行本条第 1 款和第 2 款所述措施的程序应由土库曼斯坦内阁批准。

第 4 章 边防制度

第 23 条 边防检查地带

1. 为了确保公民在国界处的正常秩序和安全，本法规定了边防检查地带，这是指从陆地、界河、界湖和其他水体上的国界到划拨给国家边防局用于配置工程技术（检查）设施的地带。

2. 边防检查地带包括土库曼斯坦领海和内水。

第 23.1 条 边境地带

1. 在边防检查地带，从国界开始的陆地领土，以及从界河、界湖和其他水体岸边开始的一定区域设置边境地带。边境地带的宽度由土库曼斯坦内阁确定。

2. 除根据土库曼斯坦国际条约进行的工程以及加固河床和界河、界湖和其他水体的用水工程外，禁止在边境地带进行工程作业。

第 24 条 边境区

1. 本法将地区和与国家边界直接相邻的地区级市列入边境区。

2. 应执法机构的要求，土库曼斯坦总统可在边境区实施临时限制制度：入境和在边境区停留的规则，以及交通工具检查制度和限制人员进入边境区的制度。

第 25 条 边境区的限制制度的监督

1. 边境地区和地区级城市的内务机构与国家边防局部门协同负责监督边境

区遵守限制制度的情况。

2. 倡议在边境区实行限制制度的国家机构有义务派代表前往正在设立的检查站。

第 26 条　边防制度

边防制度包括进入边境区、边防检查地带和边境地带以及在其停留的规则、公民和其他人员的迁移规则、从事经济活动的规则、机动和非机动船只的登记规则以及它们在土库曼斯坦领海、内水、界河、界湖和其他水体的航行和维护规则，边防制度由土库曼斯坦总统法令规定。

第 5 章　国家权力机关和公民参与守卫国界

第 27 条　土库曼斯坦内阁参与守卫国界

土库曼斯坦内阁参与守卫国界，执行下列任务：

（1）根据土库曼斯坦国家边防局的订单，组织生产、采购和为边防局机构装备武器、设备、物资、资源和服务；

（2）制定向在边防检查地带工作和居住的公民发放和收回土地使用优惠的程序。

第 28 条　各部委参与守卫国界的工作

1. 土库曼斯坦外交部负责解决遵守国界制度的问题，并负责调停土库曼斯坦边防代表未能解决的边境事件。

2. 土库曼斯坦内务部：

（1）确保内务机构遵守边防制度、边境区制度和口岸制度；

（2）根据需要在口岸创建流动岗；

（3）在有充分理由的情况下对土库曼斯坦过境公民的车辆、货物和行李进行检查，以检测非法贩运毒品、精神药物和制毒原料，以及酒精和烟草产品、咀嚼用毒品、精神活性、高活性或其他麻醉药物。

（4）协助土库曼斯坦国家边防局执行行政违法案件的诉讼、进行调查和侦搜活动；

（5）确保在国界举办国际性大型活动以及边境出现紧急情况时的公共秩序；

（6）参与边境区居民的法律教育和预防与国界制度有关的违法犯罪活动。

3. 土库曼斯坦国家安全部：

（1）分析和预测边境区和国际交通路线上的政治、社会经济环境和犯罪环境；

（2）指导国家安全机构和国家边防局的侦搜、情报和反间谍工作，以查明、预防和制止外国情报机构、犯罪团伙和个别人穿越国界的非法活动；

（3）为确保土库曼斯坦的安全与外国情报机构进行联系；

（4）在国界处举办国际性大型活动以及出现紧急情况时参与安全保障行动。

4. 土库曼斯坦国防部确保土库曼斯坦武装力量根据土库曼斯坦立法规定的程序，参与保护陆地上和水域（包括水下）的国界。

5. 土库曼斯坦国家移民局在开设国际交通的口岸保障边防检查，包括土库曼斯坦公民、外国公民和无国籍人的登记、核实身份证件和过境证件，以及根据土库曼斯坦立法，向外国公民和无国籍人发放禁止通行地区（边防检查地带）的进入许可证。

第 29 条　土库曼斯坦国家边防局

1. 国家边防局的组成、结构和规模由土库曼斯坦总统批准。

2. 土库曼斯坦国家边防局：

（1）采取一切措施确保禁止非法变更国界；

（2）监管所有人员遵守土库曼斯坦关于国界问题的法规，必要时采取强制措施；

（3）进行侦搜活动，开展情报和反间谍活动；

（4）对土库曼斯坦法律赋予其管辖的行政违法案件进行诉讼；

（5）对土库曼斯坦法律赋予其管辖的案件进行初步调查；

（6）预防有关穿越国界和遵守其制度的违法活动。

第 30 条　特种装备、武器和军事装备的使用

土库曼斯坦国家边防局和土库曼斯坦武装力量的军事人员在执行保护和守卫国界的任务时，有权在陆上、水上和空中使用特种装备、武器和军事装备，以击退对土库曼斯坦领土的武装袭击和入侵以及回击使用武器或武力的人员。

第 31 条　地方权力执行机构参与解决守卫国界的问题

边境地区和地区级城市的地方权力执行机构参与解决守卫国界的问题时执行以下任务：

（1）为满足国界守卫的需要提供无偿使用的地块，并对划拨地块的使用进行监管；

（2）为本法第 5 条规定的部队和机构守卫国界提供条件；

（3）根据土库曼斯坦国家边防局军事单位指挥官的意见，在边防检查地带入口处的道路上安装提示边防检查的标志和指示牌；

（4）检查边防检查地带工程的生产和国界制度要求的遵守；

（5）不断向公民解释国界制度的规则和边防检查地带的行为规范；

（6）非边民抵达边境区（季节性工作、狩猎、旅游）期间，向他们通报国界制度、行为规范和违反制度的责任。

第 32 条　公民参与守卫国界

土库曼斯坦公民以及在其境内的外国公民和无国籍人有义务遵守国界制度、边防制度和口岸制度的既定要求，并遵守本法第 5 条规定的部队和机构代表的合法要求。

第 6 章　违反本法的责任

第 33 条　违反本法的责任

对于违反国界制度、边防制度和口岸制度以及违反本法的其他行为，应承担土库曼斯坦立法规定的责任。

第7章　最后条款

第34条　本法的生效

1. 本法自官方公布之日起生效。

2. 1993年10月1日通过的《土库曼斯坦国界法》失效，所有后续的法律或对其进行修订和补充的相应章节和部分均已失效。

三、外国公民在土库曼斯坦法律地位法

（2011年3月26日修订）

本法确定了外国公民在土库曼斯坦的法律地位，并规范了他们在土库曼斯坦境内逗留（居住）和开展劳动、经商或其他活动所产生的关系。

第1章　总则

第1条　在土库曼斯坦的外国公民

在土库曼斯坦的外国公民，是指不是土库曼斯坦公民，并且有证据证明有外国国籍的人。

第2条　外国公民在土库曼斯坦法律地位的立法

土库曼斯坦关于外国公民在土库曼斯坦法律地位的立法以《土库曼斯坦宪法》为基础，由本法和调整外国公民在土库曼斯坦法律地位的其他土库曼斯坦规范性法规组成。

如果土库曼斯坦的国际条约同本法有不同规定，则适用国际条约的规则。

第3条　外国公民在土库曼斯坦法律地位的原则

除《土库曼斯坦宪法》、本法和其他法律文件另有规定，在土库曼斯坦的外国公民享有与土库曼斯坦公民相同的权利和自由，并承担相同的义务。

外国公民，无论其出身、财产和职务状况、种族和民族、性别、教育程度、居住地、语言、宗教信仰以及其他情况如何，在法律面前一律平等。

外国公民在土库曼斯坦享受权利和自由不应损害社会和国家的利益，不损害土库曼斯坦公民和其他人的权利与合法利益。

第4条　遵守土库曼斯坦宪法和法律

行使土库曼斯坦给予外国公民的权利和自由与其履行土库曼斯坦法律规定的义务密不可分。

在土库曼斯坦的外国公民有义务遵守土库曼斯坦宪法和法律，并且尊重其民族传统。

第5条　外国公民在土库曼斯坦居留和逗留

如果外国公民持有按照土库曼斯坦立法规定程序签发的居留证，则可以在土库曼斯坦居住。签发居留证的程序由土库曼斯坦总统确定。

根据其他法律依据在土库曼斯坦停留的外国公民被视为在土库曼斯坦逗留。他们有义务以规定的程序登记其外国护照或替代性证件，并在逗留期限届满后离开土库曼斯坦。

第 6 条　提供庇护

根据土库曼斯坦宪法和公认的国际法准则，土库曼斯坦以法律规定的方式向外国公民提供庇护。

相关庇护问题由土库曼斯坦总统确定。

第 2 章　外国公民在土库曼斯坦的基本权利、自由和义务

第 7 条　劳动活动

居住在土库曼斯坦的外国公民可以在企业、机构和组织中以工人或雇员的身份工作，或依据土库曼斯坦公民劳动法规定的理由和方式从事其他劳动活动。

如果临时逗留在土库曼斯坦的外国公民符合其在土库曼斯坦逗留的目的，并且其劳动活动的类型不违反土库曼斯坦的法律，则可以在土库曼斯坦从事劳动活动。

如果根据土库曼斯坦的立法，在土库曼斯坦的外国公民任命的职务或从事的劳动活动与土库曼斯坦国籍有关，则外国公民不能被任命此职务或从事这些劳动活动。

除土库曼斯坦法律另有规定，在劳动关系中，在土库曼斯坦的外国公民享有与土库曼斯坦公民相同的权利，并承担相同的义务。

第 8 条　休息权

在土库曼斯坦的外国公民享有和本国公民相同的休息权。

第 9 条　医疗保健

在土库曼斯坦的外国公民有权享受医疗保健，并承担和土库曼斯坦公民相同的义务。

在土库曼斯坦的外国公民根据土库曼斯坦法律规定的依据和程序使用医疗保健机构和医疗服务网络。

第 10 条　社会保障

在土库曼斯坦的外国公民有权根据土库曼斯坦法律规定的依据和程序享有社会保障。

第 11 条　居住权

在土库曼斯坦的外国公民有权根据土库曼斯坦的法规获得住所。

第 12 条　财产和个人非财产权利

根据土库曼斯坦的法律，居住在土库曼斯坦境内的外国公民可以拥有住宅和其他财产。

根据土库曼斯坦的法律，外国公民可以继承和遗赠财产，并享有科学、文学和艺术作品、发现、发明、工业品外观设计的著作权，以及其他财产和个人非财产权利。

外国公民也有权按照土库曼斯坦法律规定的方式使用土地。

第 13 条　受教育权

外国公民在土库曼斯坦有权根据土库曼斯坦法律规定的程序接受教育。

在土库曼斯坦教育机构学习的外国公民，根据土库曼斯坦立法，享有学生权利并承担学生义务。

第 14 条 文化成就使用权

外国公民在土库曼斯坦享有与土库曼斯坦公民平等的文化成就使用权。

外国公民在土库曼斯坦有义务爱护历史和文化古迹以及其他文化珍品。

第 15 条 参与社会团体

如果符合相关章程，在土库曼斯坦的外国公民有权加入社会团体。外国公民在社会团体中的成员资格受土库曼斯坦相关立法的约束。

第 16 条 宗教信仰自由

根据土库曼斯坦的法律，外国公民在土库曼斯坦享有与土库曼斯坦公民平等的宗教信仰自由。

禁止煽动与宗教信仰有关的敌对和仇恨情绪。

第 17 条 婚姻和家庭关系

根据土库曼斯坦的法律，在土库曼斯坦的外国公民可以根据土库曼斯坦的法律与土库曼斯坦公民或外国公民缔结和解除婚姻。

根据土库曼斯坦的法律，在婚姻和家庭关系中，外国公民享有与土库曼斯坦公民平等的权利和义务。

第 18 条 人身和住宅不可侵犯

根据土库曼斯坦的法律，保障外国公民在土库曼斯坦的人身、住宅、荣誉和尊严不受侵犯。

第 19 条 在土库曼斯坦境内迁移和居住地选择

外国公民在土库曼斯坦可以根据土库曼斯坦法律规定的程序在土库曼斯坦境内自由迁移并选择居住地。在土库曼斯坦法律确定的情况下，为确保国家安全、维护公共秩序、保证居民身心健康、保护土库曼斯坦公民和其他人的权利、自由和合法权益，允许限制外国公民的迁移和居住地的选择。

第 20 条 纳税

除土库曼斯坦法律另有规定，外国公民在土库曼斯坦须按照与土库曼斯坦公民相同的依据缴税。

第 21 条 保护外国公民的权利

在土库曼斯坦的外国公民有权向法院和其他国家机构以及外交代表团和领事馆提出诉讼，以保护其个人财产和其他权利。

在土库曼斯坦的外国公民在法庭上享有与土库曼斯坦公民同等的诉讼权利。

第 22 条 选举权

在土库曼斯坦的外国公民不得投票和被选入国家机关，也不得参与全民和地方公投。

第 23 条 服兵役

在土库曼斯坦的外国公民不需要履行在土库曼斯坦武装部队服兵役的义务。

第3章　最后条款

第24条　本法对无国籍人的效力

除非土库曼斯坦的法律另有规定，本法的条款适用于在土库曼斯坦逗留（居住）的无国籍人。

第25条　外国代表团团长、雇员和其他人士的特权和豁免权

本法的条款不涉及土库曼斯坦法律和国际条约所确立的外国外交和领事代表团团长、雇员以及享有相同特权和豁免权的其他人。

第26条　违反本法的责任

违反本法将承担土库曼斯坦法律规定的责任。

第27条　本法的生效

本法自正式公布之日起生效。

从本法生效之日起，承认下列法律法规失效：

（1）1993年10月8日《外国公民在土库曼斯坦法律地位法》；

（2）1995年11月24日《土库曼斯坦某些法律的修订和补充》第二部分；

（3）2000年12月19日《土库曼斯坦某些法律的修订和补充》第四部分；

（4）2003年6月14日《土库曼斯坦某些法律的修订和补充》第五部分；

（5）2007年6月12日《土库曼斯坦某些法律的修订和补充》第二部分；

（6）2010年5月10日《土库曼斯坦某些法律的修订和补充》第六部分。

四、土库曼斯坦移民法

（2013年5月4日修订）

本法根据《土库曼斯坦宪法》和公认的国际法准则规定了土库曼斯坦公民、外国公民和无国籍人进入土库曼斯坦、在土库曼斯坦停留和离开土库曼斯坦的程序，确定了土库曼斯坦移民程序领域的法律关系和土库曼斯坦国家机构在规范土库曼斯坦移民程序方面的权限。

第1章　总则

第1条　基本概念

本法使用下列基本概念：

（1）移民，是指自然人从土库曼斯坦到外国、从外国到土库曼斯坦以及在土库曼斯坦境内进行的改变常住地或临时居住地的迁移。

（2）移民者，是指从土库曼斯坦到外国、从外国到土库曼斯坦以及在土库曼斯坦境内以改变常住地或临时居住地为目的进行迁移的自然人。

（3）外国公民，是指不是土库曼斯坦公民，并且有证据证明有外国国籍的人。

（4）无国籍人，是指不是土库曼斯坦公民，并且无证据证明有外国国籍的人。

（5）侨居国外，是指土库曼斯坦公民离开土库曼斯坦到外国永久居留。

（6）侨民，是指离开土库曼斯坦到外国永久居留的土库曼斯坦公民。

（7）境内移民，是指自然人在土库曼斯坦领土上进行的常住地或临时居住地发生变化的迁移。

（8）过境移民，是指外国公民、无国籍人在从一个外国到另一个目的外国途中通过土库曼斯坦领土的过境迁移。

（9）劳务移民，是指为进行劳动活动，在土库曼斯坦长期居住的自然人到土库曼斯坦境外以及在外国长期居住的外国公民、无国籍人到土库曼斯坦的自愿合法迁移。

（9.1）在土库曼斯坦的外国公民和无国籍人进行劳动活动，是指外国公民、无国籍人在土库曼斯坦根据劳动合同或民法性质的合同为完成工作（提供服务）进行的活动。

（9.2）外国公民和无国籍人在土库曼斯坦进行非法劳动活动，是指外国公民、无国籍人在没有按照土库曼斯坦立法规定程序签发的工作许可证的情况下在土库曼斯坦进行劳动活动，以及在土库曼斯坦按照与工作许可证中所指不同专业和职务或按照未签发、未按照既定程序进行续签的工作许可证进行劳动活动。

（9.3）外国工作人员，是指按照土库曼斯坦立法规定的程序在土库曼斯坦进行劳动活动的外国公民。

（10）非法移民，是指自然人违反土库曼斯坦立法规定进入土库曼斯坦、在土库曼斯坦停留和离开土库曼斯坦。

（11）签证，是指在被土库曼斯坦承认的外国公民和无国籍人的护照或其他替代性通行证件上带有的允许进入土库曼斯坦、在其领土上停留和离开土库曼斯坦的特殊标记（带有相关国家机构印章的特殊标签）。

（12）认证证书，是指为参加土库曼斯坦领土上的国际体育赛事由土库曼斯坦国家授权机构签发给外国公民或无国籍人的证件。

（13）在土库曼斯坦的居留证，是指根据土库曼斯坦立法规定程序签发给外国公民、无国籍人以证明其身份和赋予其在土库曼斯坦居住权的证件。

（14）行政驱逐，是指在土库曼斯坦立法规定的情况下将外国公民、无国籍人在被监控下强制通过土库曼斯坦国界转移至国外。

（15）土库曼斯坦人口统一登记，是指土库曼斯坦公民个人数据统一登记系统。

（16）居住地，是指自然人长期或主要居住的地方。

（17）停留地，是指自然人暂时居住的地方。

（18）外国公民、无国籍人在居住地（停留地）的登记，是指授权机构对外国公民、无国籍人在居住地（停留地）进行登记，以及对根据土库曼斯坦立法规定程序从一个地方迁移到另一个地方的信息进行登记。

（19）外国公民、无国籍人在居住地（停留地）登记的国家信息系统，是指土库曼斯坦国家移民局为规范某些地区外国公民和无国籍人的移民过程而创建的一套信息资源。

（20）邀请函，是指以书面或电子形式签发的文件，是向外国公民、无国籍人签发入境土库曼斯坦签证的依据。

（21）土库曼斯坦外国公民和无国籍人的接待方，是指邀请来土库曼斯坦临时停留和（或）接待外国公民、无国籍人的自然人，居住在土库曼斯坦的土库曼斯坦公民、外国公民、无国籍人和从事商业活动的非独立法人以及法人，其中包括国家机构、地方自治机构、外国驻土库曼斯坦的外交代表处或领事机构、国际组织在土库曼斯坦的代表处或外国驻土库曼斯坦国际组织的代表处、法人的分支机构或代表处。

第 2 条　土库曼斯坦的移民立法

1. 土库曼斯坦移民立法以《土库曼斯坦宪法》为基础，包括本法和土库曼斯坦规范有关移民问题的其他规范性法律法规。

如果土库曼斯坦的国际条约同本法有不同规定，则适用国际条约的规则。

2. 本法不适用于申请加入、恢复和退出土库曼斯坦国籍的人以及已获得或正在申请难民身份的人。

第3条 规范土库曼斯坦移民过程的基本原则

土库曼斯坦移民过程管理以下列原则为基础：

（1）保障《土库曼斯坦宪法》规定的自由选择居住地、自由选择活动和职业类型以及自由迁移的人权；

（2）不得以国籍、种族、性别、出身、财产和职位、居住地、语言、对宗教的态度、政治信仰、党派关系或不属于任何党派为由或出于其他原因侵犯个人的权利和自由；

（3）确保土库曼斯坦的立法符合公认的国际法准则和土库曼斯坦在移民领域的国际条约；

（4）调查、预防和防止在土库曼斯坦的非法移民；

（5）移民者应尊重和遵守土库曼斯坦法律；

（6）国家授权机构与境内移民过程管理领域的社会团体合作和互助；

（7）国家授权机构参与对外移民进程的管理。

第4条 本法的基本任务

本法的基本任务包括：

（1）管理和稳定土库曼斯坦的移民过程；

（2）保护移民者的权利和合法权益，确保其享受社会保障；

（3）调查、预防和防止非法移民；

（4）进行土库曼斯坦人口的统一登记；

（5）在移民进程发展的背景下协助确保国家安全和维护国家利益；

（6）改善移民过程的法律调节机制。

第5条 土库曼斯坦移民领域的国家授权机构

1. 土库曼斯坦在移民领域的国家授权机构是土库曼斯坦国家移民局、土库曼斯坦外交部、土库曼斯坦国家安全部、土库曼斯坦内务部、土库曼斯坦边防局以及处理移民问题的其他国家机构。

2. 本条第1款规定的国家机构在土库曼斯坦立法规定的权力范围内对本法要求的遵守情况进行监管。

第2章 外国公民和无国籍人进入土库曼斯坦、在土库曼斯坦停留和离开土库曼斯坦

第6条 允许外国公民、无国籍人进入土库曼斯坦、在土库曼斯坦停留和离开土库曼斯坦

1. 除非土库曼斯坦国际条约另有规定，外国公民和无国籍人可持土库曼斯坦的入境签证进入和留在土库曼斯坦境内。

外国公民、无国籍人以居住为目的进入土库曼斯坦和在其领土上停留应根据土库曼斯坦立法规定的程序签发的居留证进行。

2. 无国籍人凭土库曼斯坦授权机构以土库曼斯坦立法规定的方式签发的无国籍人证件可免签证在土库曼斯坦境内居住，凭通行证件出入土库曼斯坦。

对于无国籍人证件的办理和签发、延期、更换、再次办理以及对于无国籍人的通行证件的办理和签发，将按照土库曼斯坦立法规定的方式收取国税或领事费。根据土库曼斯坦立法，个别人可免交国税或领事费用。

2.1　凭居留证在土库曼斯坦居住的外国公民和无国籍人以及凭无国籍人证件在土库曼斯坦生活的无国籍人，应按照土库曼斯坦立法规定的程序进行登记，并按土库曼斯坦立法为土库曼斯坦公民规定的方式办理户口登记。

3. 除非土库曼斯坦国际条约另有规定，外国公民、无国籍人进入土库曼斯坦领土或在其境内变更居住地，在抵达目的地后，应在3个工作日内（不含入境日）根据按本法规定程序办理的签证或居留证进行登记。

4. 在土库曼斯坦的外国公民和无国籍人有权申请延长其在土库曼斯坦的签证、居留证和工作许可证的有效期。

5. 外国公民、无国籍人在下列情况下应离开土库曼斯坦：

签证、居留证有效期届满；

延长签证和居留证的申请未被通过；

在该国境内停留期缩短或签证、居留证被注销；

由于其他原因而确定的在土库曼斯坦停留期届满。

第7条　外国公民和无国籍人出入土库曼斯坦

1. 外国公民可凭有效的（不分年龄）出国护照通过土库曼斯坦国界上设立的用于国际交通的口岸出入土库曼斯坦，无国籍人须凭由其长期居留地国家主管机构签发的有效（不分年龄）身份证明文件，并持有相应签证。

2. 外国公民、无国籍人如遗失护照或护照替代性证件，应立即通知最近的移民局机构、内务部门和有关国家的外交代表处或领事机构，并从内务机构获得这一事实的书面证明。

如果外国公民和无国籍人的通行证件或其他证明其身份的证件丢失、被盗或损坏，而在土库曼斯坦境内未设有本国的外交代表处和领事机构，则由土库曼斯坦国家移民局向上述人员免费签发“回国证明”。

签发“回国证明”的人携带相应的签证通过土库曼斯坦国界上设立的用于国际交通的口岸离开土库曼斯坦。

样表（正式文件）和“回国证明”的描述、其办理和签发的程序由土库曼斯坦内阁批准。

3. 被授予“土库曼斯坦荣誉公民”称号的外国公民，凭有效的出国护照或护照替代性证件，出示“土库曼斯坦荣誉公民”称号的授予证书即可出入土库曼斯坦。在这种情况下，外国公民可免签进入土库曼斯坦。

3.1　属于非军用海（河）船船员的外国公民，如果持有海员证，则凭有效出国护照或护照替代性证件按照土库曼斯坦立法规定的程序出入土库曼斯坦。

非军用海（河）船船员在土库曼斯坦的国际海港和港口城市登陆和停留须

根据移民局机构颁发的许可证进行。

非军用海（河）船船员在土库曼斯坦国际海港和港口城市登陆和停留许可证的签发程序以及许可证样式由土库曼斯坦国家移民局制定。

4.（已失效）

4.1　（已失效）

5. 外国公民和无国籍人出入土库曼斯坦的其他程序可由土库曼斯坦的国际条约规定。

6. 在下列情况下，外国公民和无国籍人不得进入土库曼斯坦：

（1）根据土库曼斯坦立法被限制进入土库曼斯坦；

（2）没有有效签证、护照或护照替代性证件；

（3）为了保障国家安全或维护公共秩序；

（4）他的入境对土库曼斯坦公民和居住在土库曼斯坦的其他人的健康、权利构成威胁；

（5）他上次逗留期间有严重违反土库曼斯坦立法的事实；

（6）在提交土库曼斯坦入境申请时提供了关于自己的虚假信息或提交了伪假文件；

（7）土库曼斯坦立法规定的其他理由。

7. 有土库曼斯坦国家移民局官员通知持有入境签证的外国公民和无国籍人被拒绝进入土库曼斯坦的情况。被拒绝进入土库曼斯坦的外国公民和无国籍人，可根据土库曼斯坦立法规定的程序提出上诉。

8. 在下列情况下，外国公民和无国籍人不得离开土库曼斯坦：

（1）有理由对他提起刑事诉讼，直到案件诉讼结束为止；

（2）他因犯罪而被判刑，直到服刑期满或免除刑罚为止；

（3）他离开土库曼斯坦领土不符合土库曼斯坦国家安全的利益，直到排除阻止他离开的情况为止；

（4）他逃避履行法院赋予他的义务，直到履行义务为止；

（5）在法庭上对他提出民事或仲裁索赔，直到案件诉讼结束为止；

（6）有土库曼斯坦立法规定的情况或阻止他离境的其他情况。

第 8 条　通过土库曼斯坦领土过境

1. 外国公民和无国籍人通过土库曼斯坦领土过境，应根据土库曼斯坦的立法和土库曼斯坦的国际条约进行。

除非本法或土库曼斯坦国际条约另有规定，外国公民和无国籍人通过土库曼斯坦领土从一个外国过境到另一个目的地国，必须持有有效出国护照或替代性通行证件，使他们有权进入土库曼斯坦、通过土库曼斯坦领土和离开土库曼斯坦，并持有根据土库曼斯坦立法规定程序签发的过境签证、有进入出行路线上土库曼斯坦邻国的入境签证或目的地国签证。

2. 通过土库曼斯坦领土过境的外国公民和无国籍人应遵守过境规则，并按照规定的路线行进。外国公民和无国籍人通过土库曼斯坦领土过境的程序由土库曼斯坦内阁批准。

3. 通过土库曼斯坦领土过境的外国公民和无国籍人不得在土库曼斯坦境内停留超过签证上期限的时间，并（或）不得离开指定行进路线。

外国公民和无国籍人只有在外国公民或相关法人和自然人提出合理的要求，并附上证明需要（包括必须）在土库曼斯坦停留的文件，过境签证得到延期或签发相应过境签证的情况下，才能在土库曼斯坦境内停留。

被授予“土库曼斯坦荣誉公民”称号的外国公民，在通过土库曼斯坦领土过境时可免签在土库曼斯坦境内停留。

第 9 条　外国公民、无国籍人乘坐个人或公务交通工具进入土库曼斯坦、在土库曼斯坦境内迁移和离开土库曼斯坦的程序

1. 外国公民、无国籍人乘坐个人或公务交通工具进入土库曼斯坦、在土库曼斯坦境内迁移和离开土库曼斯坦的程序由土库曼斯坦立法规定。

2. 有义务送回外国公民和无国籍人的交通工具，在规定期限届满后应当将上述人员运出到土库曼斯坦境外，不得到土库曼斯坦境内其他地方，土库曼斯坦立法另有规定的情况除外。

3. 违反本条第 2 款规定到了其他地方的交通工具可根据土库曼斯坦立法规定的程序收归国有。

第 10 条　签证的签发和其有效期的延长

1. 向外国公民和无国籍人签发签证：

在土库曼斯坦境内：通过土库曼斯坦国家移民局进行；

在土库曼斯坦境外：通过土库曼斯坦驻外外交代表处或领事机构进行。

外国公民和无国籍人签证有效期的延长由土库曼斯坦国家移民局进行。

2. 签证的种类和类型及其办理、签发和延期的程序由土库曼斯坦总统规定。

3. 为按照土库曼斯坦立法规定的方式向外国公民、无国籍人签发签证，须给邀请方办理并签发进入土库曼斯坦的入境邀请函，并以书面或电子形式通知土库曼斯坦驻外外交代表处和领事机构以及土库曼斯坦移民机构。

根据按照土库曼斯坦立法规定程序做出的签发签证决定的书面或电子通知，土库曼斯坦驻外外交代表处和领事机构以及土库曼斯坦移民机构可以为外国公民和无国籍人签发签证，无须他们提供邀请函。

邀请函的样式由土库曼斯坦国家移民局批准。

4. 为办理和签发签证、签证延期、办理进入土库曼斯坦的入境邀请函将收取领事费和土库曼斯坦立法规定的费用。

5. 在土库曼斯坦接待外国公民、无国籍人的外国公民、无国籍人或法人和自然人应按照既定的形式提出书面或电子申请，并将其作为签证申请发给土库曼斯坦国家移民局，并附上相应文件。

为签发签证，外国公民、无国籍人须提供外国公民和无国籍人的护照或护照替代性证件，该护照或护照替代性证件须为可穿越土库曼斯坦国界的有效证件且保留至少两张空白签证页，其有效期到期不得早于签证有效期结束之日后的 6 个

月。签发外交和公务签证的情况除外。

6. 为外国公民、无国籍人签发出入土库曼斯坦的签证和延长其有效期的依据是：

（1）对于驻土库曼斯坦的外交代表处、领事机构和外国、国际组织及其他同等代表机构的工作人员、驻土库曼斯坦外国记者及其家属—依据是土库曼斯坦外交部签发的派驻证和这些代表机构和组织的书面或电子申请；

（2）对于通过在土库曼斯坦接待的法人、自然人以及驻土库曼斯坦的外交代表处、领事机构和外国、国际组织及其他同等代表机构邀请而抵达土库曼斯坦的外国公民、无国籍人—依据是这些法人、自然人以及驻土库曼斯坦的外交代表处、领事机构和外国、国际组织及其他同等代表机构的书面或电子申请；

（3）对于因公务和商务目的抵达土库曼斯坦的外国公民和无国籍人—依据是在土库曼斯坦接待他们的法人和自然人的书面或电子申请，并附有证明此次出行公务或商务性质的必要文件；

（4）对于为从事投资活动抵达土库曼斯坦的外国公民、无国籍人及其家属—依据是外国公民、无国籍人或在土库曼斯坦接待他们的法人和自然人的书面或电子申请，并附有证明对土库曼斯坦经济做出金钱或物质贡献的必要证据；

（5）对于为从事劳动活动抵达土库曼斯坦的外国公民和无国籍人—依据是土库曼斯坦国家移民局出具的在土库曼斯坦从事劳动活动的许可证和在土库曼斯坦接待他们的法人和自然人的书面或电子申请；

（6）对于为参加体育活动或组织体育活动、体育合作而抵达土库曼斯坦的外国公民、无国籍人及其陪同人员—依据是外国公民、无国籍人或在土库曼斯坦接待他们的法人和自然人的书面或电子申请，并附有证明此次出行为体育性质的必要文件；

（7）对于出于人道主义目的抵达土库曼斯坦的外国公民和无国籍人—依据是外国公民、无国籍人或在土库曼斯坦接待他们的法人和自然人的书面或电子申请，并附有证明此次出行为人道主义目的的必要文件；

（8）对于因私事抵达土库曼斯坦的外国公民和无国籍人—依据是外国公民、无国籍人或在土库曼斯坦接待他们的法人和自然人的书面或电子申请；

（9）对于以学习为目的抵达土库曼斯坦的外国公民和无国籍人—依据是教育机构的书面或电子申请；

（10）对于以旅游为目的抵达土库曼斯坦的外国公民和无国籍人—依据是外国公民、无国籍人或在土库曼斯坦接待他们的旅游企业的书面或电子申请；

（11）对于通过土库曼斯坦领土过境的外国公民和无国籍人—依据是外国公民、无国籍人的书面或电子申请，并附有授权其进入目的地国的文件，如果外国公民、无国籍人在土库曼斯坦境内被迫停留（强制居留），这些外国公民、无国籍人或有关法人和自然人应提供理由充足的申请，并附有证明外国公民和无国籍人被迫停留（强制居留）的必要文件；

（12）对于为进行医疗检查和治疗抵达土库曼斯坦的外国公民和无国籍人—

依据是外国公民、无国籍人或在土库曼斯坦接待他们的法人的书面或电子申请，并附有医疗机构出具的证明这些人必须到土库曼斯坦的文件；

（13）对于属从事国际线路旅客和货物运输的外国交通工具机组人员的外国公民、无国籍人—依据是外国公民、无国籍人、与从事国际线路旅客和货物运输的外国交通工具有关或与在土库曼斯坦接待他们的法人或自然人有关的法人和自然人的书面或电子申请；

（14）对于以外国公民、无国籍人家属身份（配偶、未成年子女和需要其赡养的父母）抵达土库曼斯坦的外国公民和无国籍人—依据是这些外国公民、无国籍人或在土库曼斯坦接待他们的法人和自然人的书面或电子申请；

（15）在外国公民、无国籍人无签证来到土库曼斯坦并留在其领土上的情况下，以及与签证到期、签证注销和在土库曼斯坦停留期缩短有关的情况，在具有正当理由但签证到期或根据其他理由在土库曼斯坦确定的停留期届满后外国公民、无国籍人没有从土库曼斯坦离开的情况下，与护照或其替代性证件丢失有关的情况—依据是外国公民、无国籍人或在土库曼斯坦接待他们的法人和自然人签发出境签证的书面或电子申请。

7. 申请的形式和申请附加的文件清单由土库曼斯坦国家移民局批准。

8. 在外国公民、无国籍人需要紧急办理土库曼斯坦入境签证或在其被迫停留（强制居留）在土库曼斯坦境内时，停留期需要紧急延期的情况下，在土库曼斯坦国家移民局领导决定的基础上，移民机构根据外国公民、无国籍人或相关法人和自然人的申请在下列情况下可办理相应类别的签证：

（1）发生使火车、机动车辆、船舶或飞机延误的自然灾害；

（2）由于零件损坏或交通事故而损坏的相关交通工具需要维修；

（3）根据医生的结论，如果患者的下一步出行会对其生命和健康造成危险而需要提供紧急医疗救助；

（4）在转运点从某一交通工具转移到另一交通工具时发生无法预料的延误；

（5）妨碍外国公民和无国籍人进一步行动的其他不可预见的情况。

9. 下列情况无须办理签证：

（1）土库曼斯坦国际条约规定的免签证制度；

（2）签发在土库曼斯坦的居留证；

（3）土库曼斯坦国家授权机构确定无国籍人的身份并签发无国籍人的身份证；

（4）在执行确认难民身份、签发难民身份证、给予额外或临时保护的程序时；

（5）当外国公民和无国籍人处于缓刑期时；

（6）当外国公民和无国籍人乘飞机在土库曼斯坦领土上空直飞时；

（7）外国公民和无国籍人在没有通过土库曼斯坦国境口岸穿越土库曼斯坦国界的情况下通过土库曼斯坦机场乘飞机进行转机时；

（8）除非土库曼斯坦国际条约另有规定，属于进行国际航线上旅客和货物运输的外国非军用飞机机组成员的外国公民、无国籍人在土库曼斯坦停留不超过3个日历日的情况下；

(9) 属于国际航班飞机旅客的外国公民、无国籍人被迫停留（强制居留）在土库曼斯坦境内，并且发生妨碍外国公民进一步迁移的紧急情况或不可预见状况时，在24小时以内无须签证；

(10) 土库曼斯坦立法规定的其他情况。

10. 在互惠原则的基础上可以根据相应国家向土库曼斯坦公民签发签证的期限向外国公民签发进入土库曼斯坦的入境签证。

第11条　拒绝签发签证的理由

1. 拒绝向外国公民和无国籍人签发签证的理由可能如下：

(1) 他犯下危害和平与人类罪；

(2) 他因犯下严重或特别严重的罪行而被判刑；

(3) 对他提起刑事诉讼，直到案件的初步调查、司法调查或诉讼程序结束为止；

(4) 如果他在土库曼斯坦境内居住会危害土库曼斯坦国家安全利益，会破坏公共秩序或对该国人民造成精神损害；

(5) 如果这对保护土库曼斯坦公民和其他人的权利和合法利益具有必要性；

(6) 如果他感染了人类免疫缺陷病毒（艾滋病病毒感染）、性病、吸毒或患有土库曼斯坦卫生和医疗工业部列入危害土库曼斯坦人民健康疾病清单的其他疾病；

(7) 如果他为获得签证故意提供虚假信息；

(8) 如果以前针对他实施了土库曼斯坦入境限制，则直至限制期结束为止；

(9) 如果他受到土库曼斯坦的行政驱逐，直至行政驱逐期限届满为止；

(10) 他在土库曼斯坦非法居留或协助另一外国公民、无国籍人非法进入土库曼斯坦领土；

(11) 如果他是恐怖主义、反国家、极端主义或其他犯罪组织的成员或是与这些组织有关的人。

2. 拒绝签发签证的决定将在做出决定之日起3个工作日内通知申请人。

第12条　外国公民和无国籍人在土库曼斯坦国家移民局的登记和注销登记

1. 抵达土库曼斯坦的外国公民和无国籍人必须在3个工作日内（入境日除外）在土库曼斯坦国家移民局的有关机构登记。与父母、养父母、监护人（保护人）或其中一人共同抵达土库曼斯坦的未成年子女须与他们同时登记。

2. 外国公民和无国籍人的登记依据如下：

(1) 外国公民和无国籍人抵达土库曼斯坦；

(2) 在土库曼斯坦境内出生的外国公民或未获得土库曼斯坦国籍的其他人的出生登记；

(3) 在土库曼斯坦停留的人丧失了土库曼斯坦国籍。

3. 外国公民和无国籍人注销登记的依据如下：

(1) 外国公民和无国籍人离开土库曼斯坦；

(2) 外国公民和无国籍人在土库曼斯坦死亡；

（3）确认在土库曼斯坦的外国公民、无国籍人失踪或死亡的法院判决生效；

（4）给予在土库曼斯坦的外国公民和无国籍人土库曼斯坦国籍。

外国公民、无国籍人的登记或登记期限的延长应根据个人申请或接待的法人、自然人和组织的书面请求进行。外国公民、无国籍人登记期限的延长应在土库曼斯坦的签证或居留许可证延期后进行。登记和延长其有效期的程序由土库曼斯坦国家移民局确定。

除非土库曼斯坦法律另有规定，外国公民和无国籍人通过土库曼斯坦国界的出入境登记应在土库曼斯坦国境口岸的移民处进行，需要采集他们的人体生物信息，并在护照或其替代性证件上盖上穿越土库曼斯坦国界日期的印戳，并在电子信息数据库中输入有关这方面的必要信息。

下列外国公民和无国籍人在通过土库曼斯坦国界进行出入境登记时免于采集人体生物信息：

土库曼斯坦外交部派驻的外国外交代表处、领事机构和国际组织的外交人员、领事官员及其家属；

作为官方代表团成员抵达土库曼斯坦的外国公民和无国籍人。

除非本法或土库曼斯坦其他规范性法律文件另有规定，抵达土库曼斯坦超过3个工作日的外国公民和无国籍人必须在其居住地或根据其停留地在相应的州和州级市的移民部、在地区和地区级市的移民处（以下简称移民局机构）进行登记。

以简易程序抵达土库曼斯坦的外国公民只能在土库曼斯坦国境口岸的移民处进行登记，他们的停留期限由政府间协议确定。他们应该通过抵达地国境口岸的移民处离开土库曼斯坦。

通过土库曼斯坦领土过境的外国公民、无国籍人的登记只能在土库曼斯坦国境口岸的移民处进行，如果他们在土库曼斯坦停留的期限（入境日除外）不超过5日。

除非土库曼斯坦的国际条约另有规定，属于从事国际线路旅客和货物运输的外国交通工具机组人员的外国公民、无国籍人，在土库曼斯坦停留时间不超过5日的情况下，只能在土库曼斯坦国境口岸的移民处进行登记。如果他们在土库曼斯坦的逗留期限自进入土库曼斯坦领土之日起超过5日，应在移民局机构登记，期限最多15日。

在发生其他无法预料的阻碍从土库曼斯坦出境的状况时，属于从事国际线路旅客和货物运输的外国交通工具机组人员的外国公民、无国籍人的登记可延长至15日。

来参加在土库曼斯坦举行的国际论坛、展销会、学术会议、艺术节、体育比赛、奥林匹克竞赛和其他国家级活动的外国公民，以及土库曼斯坦自由经济区的外国参与者、打算在该区工作的外国公民和无国籍人，如果他们在土库曼斯坦的停留时间不超过5个工作日（入境日除外），其登记只能以简易程序在土库曼斯坦国境口岸的移民处进行，如果停留时间超过5个工作日，则在移民局机构优先登记。优先登记程序由土库曼斯坦国家移民局确定。

外国公民和无国籍人通过土库曼斯坦国界的出入境登记可使用“电子门”系统进行。

使用“电子门”系统登记的程序以及允许使用该系统的人员清单由土库曼斯坦国家移民局批准。

4. 下列人员可以免于在停留地登记：

（1）应土库曼斯坦总统、土库曼斯坦议会、土库曼斯坦内阁的邀请抵达土库曼斯坦的外国国家元首、议会和政府首脑，国家、议会和政府代表团成员，政府间组织和国际组织代表团成员，以及这些代表团的工作人员和上述人员的家属；

（2）按照既定程序抵达土库曼斯坦的外国军事海（河）船船员和飞机的机组人员；

（3）外国非军事海（河）船船员在土库曼斯坦的海港和港口城市停留期间；

（4）国际航空公司民用飞机机组人员、国际铁路列车车组人员在土库曼斯坦机场和火车站以及机场和火车站所在城市停留期间；

（5）抵达土库曼斯坦不超过 3 个工作日的外国公民和无国籍人；

（6）被授予“土库曼斯坦荣誉公民”称号的外国公民和无国籍人。

5. 在外国公民和无国籍人进行登记时，将采集、记录、储存、汇总和使用外国公民和无国籍人的信息。移民机构根据从自然人和法人、为外国公民和无国籍人进行登记的其他组织获得的外国公民和无国籍人的信息建立外国公民和无国籍人登记的国家信息系统（以下简称登记系统）。

外国公民和无国籍人存储在登记系统中的信息是限制访问的信息。登记系统的运行、操作和使用、存储信息变化的输入、对这些信息的授权、保护和提供的程序以及信息的存储期限由土库曼斯坦国家移民局规定。

登记系统中信息交流以及移民机构与其他机构在该领域联合合作的程序由土库曼斯坦国家移民局确定。

为根据本法将外国公民和无国籍人的信息输入到登记系统里，为外国公民和无国籍人办理居住地（停留地）登记和登记延期的国家授权机构必须按照规定的模板在 24 小时内向土库曼斯坦国家移民局提交信息。

提供酒店服务的宾馆和其他机构、在住院条件下提供医疗服务的卫生保健机构、执行行政处罚和刑事处罚的机构必须向土库曼斯坦国家移民局发送外国公民、无国籍人抵达日期、停留期限和离境日期的信息。

为外国公民和无国籍人进行出生和死亡登记，姓名和父称、出生日期和地点变更登记的户籍登记国家机关必须在 24 小时内将这些信息提交给土库曼斯坦国家移民局。

6. 外国公民、无国籍人在居住地（停留地）登记和取消登记的信息可以通过电子通信方式提交给移民局机构。

第 13 条 外国公民和无国籍人在土库曼斯坦其他国家主管机构的登记

1. 土库曼斯坦外交部对以下几类享有国际保护并具有特殊法律地位的外国公民、无国籍人进行登记：

（1）外国外交代表处和领事机构负责人、外交工作人员、领事官员、外交代表处和领事机构的行政技术和服务人员、武官处和贸易代表团工作人员及由其供养的配偶、子女、父母以及外国外交代表和领事机构负责人的来宾，如果这些来宾居住在这些代表处和机构内的官邸；

（2）外国外交部门因公务抵达土库曼斯坦并持有外交或公务护照的工作人员及其家属；

（3）赴驻土库曼斯坦的外交代表处和领事机构公务出差的外国公民及其家属；

（4）根据组织章程或相应的国际条约享有外交特权和豁免权、因公务抵达土库曼斯坦的国际组织官员、这些组织驻土库曼斯坦办事处的工作人员以及总部设在土库曼斯坦的国际组织的各国办事处的工作人员及其家属；

（5）根据联合国签发的护照抵达土库曼斯坦的人，如果他们在土库曼斯坦停留期限（不含入境日）超过 5 日；

（6）获得土库曼斯坦外交部签发的派驻证的外国记者及其家属。

2. 土库曼斯坦外交部向上述人员发放派驻证或在他们的护照上作登记记录。如有必要，土库曼斯坦外交部应外国外交代表处或领事机构以及国际组织和其他接待组织的要求，对已抵达土库曼斯坦的外国社会活动家及其家属进行登记。在这些情况下，外国公民可免于在土库曼斯坦国家移民局登记。

3. 因旅游抵达土库曼斯坦的外国公民和无国籍人，应在旅游领域的国家授权机构登记。

4. 持有国际体育竞赛资格证抵达土库曼斯坦的外国公民和无国籍人的登记细节，以及向国际体育竞赛参加者颁发资格证的程序，应根据土库曼斯坦立法规定的程序确定。

4.1　（已失效）

4.2　（已失效）

5. 本条所述国家主管机构应在 24 小时内向土库曼斯坦国家移民局提交外国公民和无国籍人登记和延长登记有效期的信息。

6. 未在本条中指明的外国公民和无国籍人应在土库曼斯坦国家移民局机构进行登记。

第 3 章　在土库曼斯坦的居留证

第 14 条　居留证的签发

1. 暂时居住在土库曼斯坦并希望在土库曼斯坦取得居留证的外国公民和无国籍人，应向土库曼斯坦国家移民局递交致土库曼斯坦总统的申请。

2. 为获得居留证应满足以下条件之一：

（1）属于土库曼民族；

（2）与土库曼斯坦公民缔结婚姻；

（3）有身份为土库曼斯坦公民的近亲（配偶、祖父母或外祖父母、父母、兄弟姐妹、子女包括养子女、孙子女）居住在土库曼斯坦；

（4）根据既定程序办理对土库曼斯坦公民的监护和保护；

（5）为土库曼斯坦经济投资至少 50 万美元；

（6）具有各种专业的高水平技能以及在科学、文化、艺术和体育领域取得重大成就，可为土库曼斯坦带来利益；

（7）独联体国家的公民或来自独联体国家的无国籍人，在与独联体国家实行签证制度之前已在土库曼斯坦落户。

3. 外国公民和无国籍人近期在土库曼斯坦境内至少居住 2 年，可申请居留证。

在特殊情况下，土库曼斯坦总统可根据本条第 2 款和本款第 1 段未规定的理由发放居留证。

4. 在土库曼斯坦境外并希望取得土库曼斯坦居留证的外国公民和无国籍人，通过土库曼斯坦驻外外交代表处或领事机构向土库曼斯坦国家移民局提交相应的致土库曼斯坦总统的申请。该申请通过土库曼斯坦外交部送交土库曼斯坦国家移民局审议。

5. 年满 18 岁且有行为能力的外国公民和无国籍人，有权申请在土库曼斯坦的居留证。

签发给父母或其中一方的居留证也适用于未满 16 岁的子女（包括养子女）。对于年满 16 岁的子女，土库曼斯坦国家移民局与签证签发管制委员会协调，根据持有土库曼斯坦居留证的父母或其中一方经公证的申请签发居留证。

外国公民、无国籍人在年满 16 岁后，为获得在土库曼斯坦的居留证，应该在 6 个月内向土库曼斯坦国家移民局提出申请。

居留证的发放期限是固定的。

根据文件确定的穿越土库曼斯坦国界权利的期限，为外国公民、无国籍人签发的居留证的有效期最长为 5 年。

接受土库曼斯坦的居留证申请以及办理和签发、延长有效期、更换、重新签发在土库曼斯坦的居留证，按照土库曼斯坦立法规定的程序收取国税或领事费。

关于批准或拒绝批准以及注销在土库曼斯坦的居留证应由土库曼斯坦总统法令决定。

6. 申请获得在土库曼斯坦的居留证的审理期不超过 6 个月。

土库曼斯坦国家移民局和土库曼斯坦外交部在土库曼斯坦总统法令通过后 10 日内将给予申请人在土库曼斯坦居留证的决定通知申请人。

7. 居留证根据身份证件或其替代性证件办理，并通过土库曼斯坦国家移民局向居住在土库曼斯坦的外国公民、无国籍人发放。

如果由于技术故障、信息不准确或公民因健康原因导致指纹改变而没有向持有人签发居留许可证，则在重新签发居留证时不需要提交文件和支付国税。

8. 在土库曼斯坦境外居住的外国公民和无国籍人在土库曼斯坦的居留证由

土库曼斯坦国家移民局办理，并通过土库曼斯坦驻外外交代表处和领事机构移交。

9. 已获得土库曼斯坦居留证和穿越土库曼斯坦国界权利证件的外国公民和无国籍人，无须办理签证即可进入土库曼斯坦并在土库曼斯坦停留。在土库曼斯坦的居留证赋予多次穿越土库曼斯坦国界的权利。

10. 根据本法第 11 条规定的理由，可以拒绝向外国公民和无国籍人签发居留证。

拒绝签发居留证的决定在决定之日起 3 个工作日内通知申请人。

11. 居留证的样式、其办理和签发程序由土库曼斯坦总统法令批准。

第 15 条　居留证的延期

1. 外国公民和无国籍人应向土库曼斯坦移民局机构提出延长居留证期限的申请。在经过相应的检查之后居留证期限的延长由土库曼斯坦国家移民局进行。

2. 根据本法第 11 条规定的理由，可以拒绝外国公民和无国籍人延长居留证期限的申请。

3. 拒绝居留证延期的决定在决定之日起 3 个工作日内通知申请人。

第 16 条　居留证的更换

1. 在必要情况下，根据外国公民、无国籍人的申请可为其更换居留证。居留证的更换由土库曼斯坦国家移民局进行。

2. 下列情况可以更换居留证：

（1）由于公民个人信息的变化需要更换或输入外国公民、无国籍人身份证件中变化的信息时；

（2）发现记录中有不准确之处时；

（3）不适合使用时；

（4）用于标注的页码用尽时；

（5）由于健康原因持有人的指纹或面貌发生变化时。

第 17 条　居留证的注销

1. 注销外国公民和无国籍人在土库曼斯坦的居留许可的理由可能如下：

（1）在提交获得居留证申请时提供虚假信息；

（2）根据法院的判决，认定他犯有严重或特别严重罪行；

（3）他实施了触犯国家安全利益、违反社会法治以及道德的行为；

（4）他是恐怖主义、反国家、极端主义或其他犯罪组织的成员或与它们有关的人；

（5）他进入外国军队或其他国家服务机构服役，但土库曼斯坦政府间条约规定的情况除外；

（6）他被专门的毒品治疗机构登记在册；

（7）他为获得在土库曼斯坦的居留证与土库曼斯坦公民虚假结婚的法院判决生效；

（8）他终止了据此获得在土库曼斯坦的居留证的劳动关系；

（9）从结婚登记之日起5年内与土库曼斯坦公民离婚且没有子女，如果该婚姻是获得在土库曼斯坦居留证的依据；

（10）在土库曼斯坦境外连续居住1年以上，但由于他无法控制的原因滞留国外而无法进入土库曼斯坦的情况除外；

（11）他曾被土库曼斯坦行政驱逐；

（12）他加入了土库曼斯坦国籍；

（13）他死亡或法院判决认定他失踪的决定生效；

（14）土库曼斯坦国家授权机构按照土库曼斯坦立法规定的程序向他签发了无国籍人证明。

2. 根据本条第1款第（12）（13）和（14）项规定的理由，注销外国公民、无国籍人在土库曼斯坦的居留证的决定由土库曼斯坦国家移民局主席做出。

3. 如果已去世的外国公民、无国籍人在土库曼斯坦的居留证被注销，土库曼斯坦国家移民局将为其未满16岁的子女签发一份证明，允许年满16岁时获得居留证。证明的样式由土库曼斯坦国家移民局批准。

第4章　土库曼斯坦移民过程的监管

第18条　注销签证和缩短在土库曼斯坦的停留期限

1. 注销外国公民、无国籍人的签证和缩短其在土库曼斯坦的停留期限的依据可能如下：

（1）他违反了在土库曼斯坦的既定停留程序；

（2）他违法了土库曼斯坦法律；

（3）他对社会造成危险或遵循不道德的生活方式；

（4）他继续在土库曼斯坦停留的理由已不成立；

（5）土库曼斯坦立法规定的其他情况。

2. 注销外国公民、无国籍人的签证和缩短其在土库曼斯坦的停留期限也可以按接待方和其他国家机构的要求进行。

3. 注销外国公民、无国籍人的签证和缩短其在土库曼斯坦的期限的决定由土库曼斯坦国家移民局主席做出。

第19条　离开土库曼斯坦的命令和从土库曼斯坦被行政驱逐

1. 在下列情况下，移民局机构命令外国公民、无国籍人离开土库曼斯坦：

在土库曼斯坦的签证、居留证有效期届满；

在土库曼斯坦的签证、居留证的延期申请未被通过；

在土库曼斯坦停留的期限被缩短；

在土库曼斯坦的签证、居留证被注销；

根据其他理由确认的在土库曼斯坦停留期限届满。

外国公民、无国籍人必须在离开土库曼斯坦的命令规定的期限内离开土库曼斯坦领土。

2. 如果不遵守离开土库曼斯坦的命令，外国公民、无国籍人将被从土库曼斯坦行政驱逐。

3. 在下列情况下，外国公民、无国籍人也可能会遭受行政驱逐，如果：

（1）他的行为触犯保障国家安全和维护社会法治的利益；

（2）这对于保护人民的健康和道德、保护土库曼斯坦公民和其他人的权利和合法利益是必要的；

（3）他严重或多次违反土库曼斯坦法律。

行政驱逐的决定由移民局机构根据收集的材料做出。

4. 在土库曼斯坦国家移民局的出境命令或行政驱逐决定中可对外国公民、无国籍人进入土库曼斯坦施加临时限制或永久禁止其入境。

5. 土库曼斯坦移民局机构对外国公民和无国籍人进行行政驱逐。

6. 行政驱逐的费用支付方如下：

（1）被驱逐的外国公民、无国籍人自费；

（2）由接待单位、法人或自然人承担；

（3）在特殊情况下，由土库曼斯坦国家预算承担。

第 20 条　在土库曼斯坦领土上的迁移

1. 外国公民、无国籍人可自由进入土库曼斯坦领土，并在对外国公民、无国籍人开放的土库曼斯坦领土内迁移。

2. 在对外国公民、无国籍人禁止访问的地区，他们进入该地区和在该地区上迁移必须根据土库曼斯坦法律获得许可证。

此程序也适用于出国护照或护照替代性证件已在土库曼斯坦外交部登记的外国公民和无国籍人。

根据居留证在土库曼斯坦居住的外国公民和无国籍人无须办理土库曼斯坦法律规定的许可证，可前往其登记的位于边境地区的地区中心。

3. 通过边境地区和（或）边境地带过境的外国公民和无国籍人，根据行进路线，凭有效的出国护照或其他用于出境的替代性通行证件和过境签证进入、离开或在边境地区和（或）边境地带迁移。

第 21 条　外国公民、无国籍人在土库曼斯坦接待方的义务

1. 在土库曼斯坦邀请和接待外国公民、无国籍人的法人和自然人，有义务及时向他们解释土库曼斯坦立法规定的权利和义务，确保其遵守土库曼斯坦的法律，遵守办理和延期签证、在土库曼斯坦的居留证、工作许可证和与其在土库曼斯坦停留有关的其他证件的既定程序，遵守登记和延长登记有效期、办理准许其迁移的证件、改变其居住地（停留地）、工作地的既定程序，并遵守土库曼斯坦立法规定的为雇主工作的土库曼斯坦公民与外国公民人数的比例。在该国停留期限结束后，采取措施为其办理注销登记并离开土库曼斯坦的证件，以及及时通知土库曼斯坦国家移民局他们居住地（停留地）和工作地的变化。

2. 如果外国公民、无国籍人无法或拒绝支付为他们提供的医疗服务，则该笔费用由接待方承担。

第 22 条 外国公民、无国籍人在土库曼斯坦境内从事劳动活动的程序

1. 外国公民、无国籍人在土库曼斯坦境内从事劳动活动的程序由土库曼斯坦总统确定。

2. 吸引外国劳动力到土库曼斯坦，应在土库曼斯坦国家移民局按土库曼斯坦立法规定的程序签发的许可证的基础上进行。

3. 在规范劳务移民问题时，应优先考虑保护国内劳动力市场。

4. 在雇用外国公民、无国籍人并为他们办理工作许可证时，必须遵守土库曼斯坦公民享有优先就业权利的原则以及土库曼斯坦立法规定的雇主雇用的外国公民和土库曼斯坦公民的比例。

如果雇主由于员额配置表中的工作人员人数很少而无法遵守土库曼斯坦立法规定的为其工作的土库曼斯坦公民与外国公民人数的比例，他将免于遵守这一要求。

根据需要，基于土库曼斯坦职业技能群体的优先级，同时考虑到政治、经济和社会状况以及评估使用外国劳动力的有效性，雇主雇用的外国公民和土库曼斯坦公民的比例可以根据土库曼斯坦立法规定的程序变化。因此，如果增加外国工人的比例应该考虑用外国雇员填补配额、吸引特定职业技能的外国工人的必要性和国家经济项目的重要性，如果减少外国雇员的比例则应考虑内部劳动市场形势的变化。

雇主雇用的外国公民和土库曼斯坦公民的比例、其变化以及为确定是否需要改变外国雇员的既定比例编制提案的程序均由土库曼斯坦总统法令决定。

为在土库曼斯坦进行劳动活动，外国公民和无国籍人士必须持有在土库曼斯坦工作的许可证。

获得土库曼斯坦工作许可证以及土库曼斯坦立法规定的遵守为雇主工作的土库曼斯坦公民与外国公民比例的要求不适用于以下人员：

持有土库曼斯坦国家授权机构签发的身份证件的无国籍人；

外国外交代表处、领事机构以及土库曼斯坦外交部授权的国际组织办事处工作人员；

根据土库曼斯坦立法和国际条约设立的科学、教育和文化机构的外国工作人员，以及国际人道主义和慈善机构的官方代表；

土库曼斯坦外交部授权的外国大众传媒的记者；

在土库曼斯坦境内正式登记的外国宗教组织工作人员；

应土库曼斯坦各部委与土库曼斯坦内阁协商邀请为开展教学、科研、文化教育活动，其中包括为在土库曼斯坦教育机构举办短期或定期培训班和研讨会而来的外国公民、无国籍人；

抵达土库曼斯坦 1 个月以内的进行财务、审计和其他审计工作、公务谈判、签订合同以及以专家身份抵达的外国公民和无国籍人；

抵达土库曼斯坦 1 个月以内的为开展设备安装、维修和提供技术服务的外国法人的工作人员；

根据土库曼斯坦劳动法无劳动关系的法人（其分支机构和代表处）的创始人、股东、负责人以及属于外国法人管理的外国公民、无国籍人；

在土库曼斯坦教育机构全日制学习、在空闲时间和节假日在这些机构工作的外国学生；

被处以缓刑的外国公民和无国籍人；

从事国际航线旅客和货物运输的外国交通工具的车组人员；

在土库曼斯坦获得庇护的人；

根据土库曼斯坦立法被认定为难民的人；

申请获得难民身份并获得难民身份申请临时登记证书的人；

在土库曼斯坦永久居住和以永久居住为目的抵达土库曼斯坦的外国公民、无国籍人；

土库曼斯坦的国际条约为其确定了从事劳动活动的不同程序的外国公民和无国籍人。

4.1　在组织和举办第五届室内亚运会期间因组织和（或）举办第五届室内亚运会抵达土库曼斯坦的外国公民和无国籍人从事劳动活动的特性，由土库曼斯坦“2017 年在阿什哈巴德市组织和举办第五届亚洲室内与武道运动会的法律”确定。

第 23 条　外国公民、无国籍人按劳务移民程序在土库曼斯坦停留的条件

按劳务移民程序抵达土库曼斯坦且不涉及国籍变更的外国公民、无国籍人，应在土库曼斯坦境外拥有永久居住地。

第 5 章　土库曼斯坦公民出入土库曼斯坦

第 24 条　土库曼斯坦公民出入土库曼斯坦的程序

1. 每一位土库曼斯坦公民都有权出入土库曼斯坦。

不得剥夺土库曼斯坦公民出入土库曼斯坦的权利。

根据本法第 30 条可以暂时限制土库曼斯坦公民离开土库曼斯坦的权利。

2. 土库曼斯坦公民持有准许从土库曼斯坦离境的有效证件、目的地国签证或相应许可证通过土库曼斯坦国界上开设用于国际交通的口岸离开土库曼斯坦，除非土库曼斯坦其他规范性法规或土库曼斯坦国际条约规定了不同的程序，与此同时，通过采集他们的人体生物信息并在护照或护照替代性证件中盖上穿越土库曼斯坦国界日期的印戳，并在电子信息库中输入有关这方面的必要信息来进行登记。

3. 土库曼斯坦公民可使用“电子门”系统进行穿越土库曼斯坦国界的出入境登记。

使用“电子门”系统登记的程序以及允许使用该系统的人员清单由土库曼斯坦国家移民局批准。

第 25 条　土库曼斯坦公民在境外权利和合法利益的保护

根据土库曼斯坦立法，土库曼斯坦公民在土库曼斯坦境外受到土库曼斯坦的

保护和庇护。

土库曼斯坦驻外外交代表处和领事机构应按照土库曼斯坦立法和国际条约规定的程序保护土库曼斯坦公民在外国的权利和合法利益。

第 26 条 未成年土库曼斯坦公民的出境

1. 未成年的土库曼斯坦公民可与父母一方或其他法定代理人一起离开土库曼斯坦，但须经父母另一方公证同意离开。

未满 18 岁的土库曼斯坦公民，无须法定代理人的陪同可以离开土库曼斯坦，但须经其法定代理人以陪同人员的名义的公证同意。如果未成年公民独自离开土库曼斯坦，必须得到其法定代理人的公证同意，并注明出发日期和目的地国。

在没有法定代表人的情况下，未成年人的出境可以由监护和保护机构授权。未成年公民被拒绝允许出境可向法院提出上诉。

父母之间关于未成年公民离开土库曼斯坦的分歧可通过诉讼程序得到解决。

2. 年龄在 14 至 18 岁的未成年土库曼斯坦公民从土库曼斯坦出境到永久居住地，只有得到他们经公证的书面同意才能进行。

3. 未成年的土库曼斯坦公民有权离开土库曼斯坦参加体育比赛、奥林匹克竞赛、群众文化、音乐和其他活动，以及在生病、求学和其他情况下由法定代理人或持有法定代理人经公证的委托书的其他人陪同。

在没有法定代理人的情况下，未成年人的出境可以由监护和保护机构授权。

第 27 条 土库曼斯坦无行为能力公民的出境

被法院宣布为无行为能力的土库曼斯坦公民，可在其法定代理人经过公证的同意书或法院判决的基础上获准离开土库曼斯坦。

第 28 条 准许土库曼斯坦公民出入土库曼斯坦的证件

1. 授予出入土库曼斯坦的权利并证明土库曼斯坦公民身份的证件为：

（1）土库曼斯坦公民的出入境护照；

（2）土库曼斯坦公民的外交护照；

（3）土库曼斯坦公民的公务护照；

（4）（已删除）

这些证件属土库曼斯坦所有，经正当办理后在出入土库曼斯坦时有效。

土库曼斯坦公民外交和公务护照的办理和签发程序、使用规则以及护照样本和说明由土库曼斯坦总统确认。

2. 如果土库曼斯坦公民本条第 1 款规定的证件遗失或失效，授予其进入土库曼斯坦权利的证件是土库曼斯坦驻外外交代表处或领事馆签发的返回土库曼斯坦的证明。

签发返回土库曼斯坦证明的程序由土库曼斯坦外交部、土库曼斯坦内务部和土库曼斯坦国家移民局联合批准。

3. 在土库曼斯坦国际条约规定的情况下，出入土库曼斯坦时可以使用其他证件代替本条第 1 款规定的证件。

第 29 条　土库曼斯坦公民出入境护照的办理程序

1. 土库曼斯坦公民出入境护照（以下简称护照）由土库曼斯坦国家移民局办理。

2. 为获得护照，土库曼斯坦公民应向土库曼斯坦国家移民局提出申请。

3. 在土库曼斯坦境外长期居住的土库曼斯坦公民，应通过土库曼斯坦驻外外交代表处和领事机构向土库曼斯坦国家移民局申请护照。上述公民的护照由土库曼斯坦国家移民局直属机构签发，并通过土库曼斯坦驻外外交代表处和领事机构移交给他们。在土库曼斯坦境内停留期间，他们可以向移民局申请获得护照。

4. 根据土库曼斯坦立法规定的程序，护照可以签发给土库曼斯坦的每位公民。

5. 土库曼斯坦公民的护照是包含带有护照持有人个人数据的电子信息载体，包括个人人体生物信息。这些个人信息的清单由土库曼斯坦总统法令确定。

6. 接受公民的个人申请和随附以签发护照的书面或电子形式的文件应根据土库曼斯坦立法规定的程序进行。采集公民电子图像和人体生物信息日期被认定是接收公民护照签发文件的日期。

移民局根据个人申请和随附的文件以及其他信息建立中央数据库。公民个人申请以及用于签发护照所附文件的接收程序由土库曼斯坦国家移民局批准。

未成年人和被认定为无行为能力人的护照应根据父母一方或其他法定代理人的书面或电子申请签发。在接收未成年人、被认定为无行为能力人的书面申请和为其签发护照时，他们必须在场。

护照有效期为 5 年。

在出示证明其身份的证件时，会根据收据将护照授予持有者本人或其法定代理人。

7. 护照的办理和签发以及更换将收取国税或领事费，其金额确定应考虑护照制作和办理的实际成本。

如果由于技术故障、资料变化或因健康状况导致的指纹变化而无法向所有者签发护照时，再次办理护照无须重新提交文件和支付国税。

根据土库曼斯坦的立法，未满 16 岁的儿童、退伍军人以及残疾人免交国税或领事费。

8. 根据土库曼斯坦总统令，加入或恢复土库曼斯坦国籍的人将按照本法规定的程序发放护照。

9. 在下列情况下可更换护照：

（1）有效期结束；

（2）个人信息发生变化；

（3）发现记录中有不准确之处；

（4）不适用；

（5）签证页和标注页用尽；

（6）由于健康原因或其他状况导致公民的指纹或面部特征发生改变。

如有必要，护照可以在有效期结束之前更换。

10. 在下列情况下护照将被注销：

（1）更换护照；

（2）土库曼斯坦国籍被终止；

（3）护照持有人死亡；

（4）由于技术故障、资料不准确或由于公民健康原因或其他状况导致的指纹或面部特征发生变化而无法向公民签发护照时。

当护照被注销时，其页面将被打孔，并在第1页上加盖“Ýatyryldy/Cancelled”字样。在根据本款第（1）项内容注销的情况下，护照将退还给持有者，在其他情况下护照将按照土库曼斯坦国家移民局规定的程序被销毁。

如果护照遗失，它将被认定无效，并根据土库曼斯坦立法规定的程序签发新的护照。

11. 护照的办理和签发程序、其使用规则以及护照样本和说明由土库曼斯坦总统确认。

第30条 临时限制土库曼斯坦公民出境的依据

1. 在下列情况下，土库曼斯坦公民会受到离开土库曼斯坦的临时限制：

（1）他知道构成国家秘密的信息，直到土库曼斯坦立法规定的期限届满为止；

（2）已针对他提起刑事诉讼，直到诉讼结束为止；

（3）他因犯罪而被判刑，直到服刑期满或免除刑罚为止；

（4）如果他逃避法院判决赋予他的义务，直到履行义务为止；

（5）根据法院的判决，他被裁定犯有特别严重的罪行，或被确认为故意犯有特别危险罪行的累犯，或处在警察的行政监视下，直到处罚期满或监视终止为止；

（6）在法庭上对他提起了民事诉讼，直到诉讼结束为止；

（7）他应当应征服兵役，直到服完兵役或免除服役为止，但要离开土库曼斯坦赴境外永久居留的情况除外；

（8）土库曼斯坦公民在境外停留期间可能成为人口贩运的受害者或奴隶；

（9）此前在国外时他违反了所在国的立法；

（9.1）他的出境对其生命和健康构成威胁；

（10）他的出境危害土库曼斯坦国家安全利益。

2. 如果外国出现无法确保土库曼斯坦公民安全的紧急情况，土库曼斯坦政府将做出暂时限制前往该国的决定。

第31条 解决争端的程序

1. 在拒绝签发护照或者暂时扣留或没收护照的情况下，土库曼斯坦公民可以按照土库曼斯坦立法规定的程序向法院提出上诉。

2. 根据本法第30条第1款第（2）至（6）项的规定限制离开土库曼斯坦，

土库曼斯坦公民不得提出上诉。

第 32 条　土库曼斯坦公民在境外的学习和就业

1. 土库曼斯坦的公民，除服兵役外，都可以在土库曼斯坦境外学习和从事劳动活动。

2. 为在外国接受教育，土库曼斯坦公民必须获得教育机构的相应确认或邀请以及公民长期居住地教育机构的注册证明。

3. 土库曼斯坦公民为在外国从事劳动活动必须持有：

注明企业准确地址的雇主邀请函；

目的国主管机构的工作许可证。

如果不满足上述条件，为了确保土库曼斯坦公民在外国的安全，则可能会拒绝他们前往外国学习或从事劳动活动。

第 32.1 条　应当应征服兵役的土库曼斯坦公民和军人的出境

1. 根据土库曼斯坦立法规定的程序应当应征服兵役的土库曼斯坦公民，如果没有被免除服役且服役未被延期，则必须在从土库曼斯坦出境前应征服兵役，但离开土库曼斯坦前往永久居住地的公民除外。

2. 暂时前往国外、暂时在国外停留并根据土库曼斯坦立法应当应征服兵役的土库曼斯坦公民，在收到征兵通知后必须在土库曼斯坦立法确定的征召期限内到达土库曼斯坦服兵役。

3. 正在履行义务兵役的军人，根据土库曼斯坦规范性法律可因私从土库曼斯坦出境。

第 33 条　土库曼斯坦公民因公、因私和因旅游从土库曼斯坦出境

1. 土库曼斯坦公民有权因公、因私和因旅游从土库曼斯坦出境。

2. 土库曼斯坦公民因公、因私以及因旅游出境，应根据本法和土库曼斯坦其他规范性法律法规进行。

第 34 条　土库曼斯坦公民离开土库曼斯坦赴境外永久居留的程序

1. 土库曼斯坦公民有权离开土库曼斯坦赴境外永久居留。赴土库曼斯坦境外永久居留的土库曼斯坦公民应该持有根据入境国立法规定的程序签发的相应签证或许可证。

2. 审议土库曼斯坦公民的申请和办理离开土库曼斯坦永久居留的文件的总期限不得超过 3 个月。

办理和签发土库曼斯坦公民离开土库曼斯坦永久居留的文件的程序由土库曼斯坦国家移民局批准。

3. 离开土库曼斯坦永久居留的土库曼斯坦公民，有权带出属于自己和家庭成员的财产、合法获得的外币以及在土库曼斯坦领土上拥有的属于自己的财产和存放在银行的金钱、有价证券和其他贵重物品。

土库曼斯坦公民向土库曼斯坦境外携带对国家具有文化、历史或其他价值的物品，受土库曼斯坦立法和土库曼斯坦国际条约的管制。

4. 土库曼斯坦公民在出境永久居留之前必须履行其对受土库曼斯坦管辖的

自然人和法人的财产义务。

为了获得离开土库曼斯坦的许可证，离开土库曼斯坦永久居留的土库曼斯坦公民必须提交一份经过公证的声明，说明其留在土库曼斯坦的父母未要求支付赡养费，以及如果在土库曼斯坦留有未成年子女，则还需提交其在土库曼斯坦法定代理人的同样声明。如果由于任何原因没有获得此声明，离开土库曼斯坦的土库曼斯坦公民有权向法院提出申请，由法院决定其是否具有赡养义务。如果根据法院判决具有赡养义务，则可以一次性履行或根据土库曼斯坦的国际条约确定履行赡养义务的程序。

5. 入境外国的程序由相关入境国的立法以及土库曼斯坦的国际条约规定。

6. 申请离开土库曼斯坦的土库曼斯坦公民及其家庭成员以及离开土库曼斯坦永久居留的土库曼斯坦公民在返回土库曼斯坦一段时间或永久居留后，享有土库曼斯坦立法保障的土库曼斯坦公民的所有权利，并承担法律规定的义务。

第 35 条 非侨民人员

土库曼斯坦驻外外交代表处、领事机构的工作人员，在外国从事暂时性劳动活动的土库曼斯坦公民，在外国学习、治疗、旅行或应法人和自然人邀请而来以及公务出差的人员均不属于侨民。

暂时离开土库曼斯坦的其他人员也不属于侨民。

第 36 条 拥有获得国家机密权限的土库曼斯坦公民从土库曼斯坦出境

在《土库曼斯坦国家机密法》规定的情况下，不得允许拥有获得国家机密权限的土库曼斯坦公民从土库曼斯坦出境。

对出境的临时限制，应在招工、入学、入伍时通知到能获取构成国家秘密的信息的企事业机构管理人员、教育机构负责人、军队指挥官有关的公民。

第 6 章 境内移民

第 37 条 土库曼斯坦公民在境内自由迁移、自由选择居住地和停留地的权利

1. 根据《土库曼斯坦宪法》和其他规范性法律，每位土库曼斯坦公民都有权在土库曼斯坦境内自由迁移、自由选择居住地和停留地。

2. 根据本法规定的理由，允许限制土库曼斯坦公民在土库曼斯坦境内自由迁移、自由选择居住地和停留地的权利。

3. 对于国家权力机关、官员以及其他法人和自然人限制土库曼斯坦公民在境内自由迁移、自由选择居住地和停留地的权利的决定以及作为或不作为行为，可由公民向上级机关、上级官员或法院提出上诉。

第 38 条 土库曼斯坦公民的护照

1. 土库曼斯坦公民的护照是证明持有者身份和国籍的证件。

2. 土库曼斯坦公民的护照归土库曼斯坦所有，并在土库曼斯坦全境有效。

3. 土库曼斯坦公民的护照可为每位年满 16 岁的土库曼斯坦公民签发。

4. 土库曼斯坦公民的护照按照土库曼斯坦立法规定的程序办理。

5. 根据土库曼斯坦立法规定的程序，应公民申请可以为其更换护照。

6. 土库曼斯坦公民护照的办理、签发以及以规定的方式进行更换均需收费。根据土库曼斯坦的立法，个别公民可免于征收相关费用。

7. 土库曼斯坦公民的护照样本和说明由土库曼斯坦总统确认。

8. 土库曼斯坦公民护照的办理和签发程序及其使用规则由土库曼斯坦内阁确认。

第 39 条　保护免遭强制转移的权利

1. 土库曼斯坦的每位公民都有权获得免于被迫离开其居住地或停留地的权利。

根据土库曼斯坦立法规定的程序，土库曼斯坦公民可以向法院提出申请以行使免遭强制转移的权利。

2. 可根据法院判决强制将土库曼斯坦公民从居住地或停留地转移。

第 40 条　对自由迁移、自由选择居住地和停留地的限制

为了国家安全、确保社会法治和保护居民健康，土库曼斯坦内阁可以在土库曼斯坦以下地区限制自由迁移、自由选择居住地和停留地：

（1）边境地区；

（2）封闭式军营；

（3）在生态灾难和自然（人为）灾难的威胁地区：因为存在大规模传染病传播和人类中毒的危险；

（4）在已经宣布进入紧急状态的地区。

第 41 条　强制移民

1. 在紧急情况下，土库曼斯坦政府根据《土库曼斯坦紧急状态法》实行紧急状态。

2. 在紧急状态下，经授权的国家权力机关有权永久或暂时将公民从对其有危险的居住地区迁出，有义务为他们提供其他固定或临时住所。

应向强制移民者提供必要的援助和创造必备的生活条件，包括食物和饮用水、基本的卫生和医疗服务。

3. 土库曼斯坦政府、国家权力机构和地方自治机构、有关社会机构和法律实体应向强制移民者提供一切可能的援助，并为他们在新的居住地或停留地居住创造必要的条件。

4. 在消除自然灾害和其他情况的后果之后，土库曼斯坦政府以及有关的国家权力机构和地方自治机构应向强制移民者提供援助，帮助其返回原居住地并重建家园，包括修复被毁坏的房屋。

第 42 条　居住在土库曼斯坦境内的土库曼斯坦公民、外国公民和无国籍人在居住地和停留地的登记

1. 为了规范境内移民的程序，确保境内移民者行使其权利和自由的必要条件以及履行其对土库曼斯坦其他公民的义务，规定公民应在其居住地进行户口登记和在土库曼斯坦境内的停留地进行登记。

居住地户口登记，是指公民按土库曼斯坦相应地区和城市的住宅的地址进行的正式登记，以及在该公民的护照中进行有关此登记的记录或标注（盖章）。

2. 在土库曼斯坦境内拥有多个住房的人，只能在其中一个住房中进行登记。

在土库曼斯坦境内居住的土库曼斯坦公民、外国公民和无国籍人在居住地的登记程序由土库曼斯坦总统确认。

3. 未从长期居住地迁出而暂时离开去另一个地方超过 45 个日历日的公民，以及外埠的学生和教育机构的学生在学习期间应该在其停留地进行登记。公民为进行劳动活动而在停留地进行的登记由移民局有关机构进行，其抵达目的与劳动活动无关的公民的登记由当地执法机构进行。

停留地的登记是指公民按住房的地址正式办理的临时居住登记。

下列土库曼斯坦公民免于在停留地登记：

（1）未从长期居住地迁出，而是暂时离开到同一州或州级市的另一地方超过 45 个日历日的公民；

（2）应征服兵役的公民；

（3）经法院判决有义务居住在某个地区或正在服刑的公民。

公民在停留地的登记不收取费用。

公民在停留地登记的程序由土库曼斯坦总统批准。

第 43 条 保证土库曼斯坦公民的权利和自由，无论其户口和登记地在何处

1. 土库曼斯坦的每位公民都在土库曼斯坦全境享有土库曼斯坦宪法和立法所保障的权利和自由，无论其是否进行了居住地的户口登记和停留地的登记。

2. 没有进行户口登记或停留地登记不能作为限制土库曼斯坦公民权利和自由的依据。

第 44 条 土库曼斯坦人口统一登记

1. 土库曼斯坦人口统一登记旨在收集、存储、汇总和分析土库曼斯坦公民的信息，并以土库曼斯坦立法规定的方式向土库曼斯坦国家权力机关、其他法人和自然人提供此信息。

2. 土库曼斯坦的人口统一登记由土库曼斯坦公民的个人资料组成。公民个人资料的内容构成了国家人口信息资源的基础，国家人口信息资源的形成和使用由个人资料中央数据库进行。

3. 土库曼斯坦内阁监管数据采集，以便建立土库曼斯坦人口统一登记及其使用。

4. 土库曼斯坦人口统一登记的建立和运作程序由土库曼斯坦总统决定。

第 7 章 违反土库曼斯坦移民立法的责任

第 45 条 违法责任的依据

在土库曼斯坦境内犯下违法行为的外国公民和无国籍人，除土库曼斯坦国际条约规定的情况外，应根据土库曼斯坦立法规定的一般理由承担责任。

第 46 条　接待在土库曼斯坦境内非法停留的外国公民、无国籍人的责任

法人和自然人在没有相关许可证的情况下为在土库曼斯坦非法停留的外国公民和无国籍人进行工作登记，协助其在土库曼斯坦非法居留，以及其他违反本法第 21 条要求的情况下，应承担土库曼斯坦立法规定的责任。

第 47 条　外国公民和无国籍人违反出入土库曼斯坦、在土库曼斯坦停留以及过境土库曼斯坦程序的责任

1. 外国公民、无国籍人违反在土库曼斯坦停留的程序：

未获得在土库曼斯坦居住权证件居住或无签证居住在土库曼斯坦；

凭无效证件居住在土库曼斯坦；

进行非法劳动活动；

不遵守登记、迁移和选择居住地的既定程序；

签证或居留证到期后继续居住；

在签证或居留证延期被拒绝后继续居住；

在该国停留期缩短后到期或签发的签证、居留证被注销后继续居住；

在因其他原因而确定的在土库曼斯坦的停留期限届满后逃避出境，以及不遵守出入境和过境土库曼斯坦领土的规则，均应承担土库曼斯坦立法规定的责任。

2. 根据土库曼斯坦立法和国际法规，享有特权和豁免权的人的责任问题应通过外交渠道解决。

第 48 条　在土库曼斯坦接待外国公民和无国籍人的企业、机构和组织的官员的责任

在土库曼斯坦接待外国公民、无国籍人或为其提供服务，履行与遵守出入境、在土库曼斯坦停留、通过土库曼斯坦领土过境以及遵守签证登记、办理和延期，为其办理居住、迁移和改变居住地权利证件条件有关的企业、机构和组织的官员应承担土库曼斯坦立法规定的责任。

第 49 条　在土库曼斯坦因私接待外国公民和无国籍人的公民的责任

在土库曼斯坦因私接待外国公民、无国籍人而不采取措施确保其及时登记和在签证到期前出境，以及为外国公民、无国籍人提供住房、交通工具或违反规则为其提供其他服务的公民，应承担土库曼斯坦立法规定的责任。

第 50 条　承运人的责任

外国公民、无国籍人在没有相关许可证的情况下抵达土库曼斯坦领土，国家主管机构有义务保证其离开土库曼斯坦领土，费用由外国公民、无国籍人自行承担，如果后者没有这些资金，则由承运人承担。

如果禁止进入土库曼斯坦领土的外国公民和无国籍人无法或极难立即离境，则由土库曼斯坦国家主管机构规定这些人在离境前留在某一地点，相关费用由承运人承担。

承运人违反本法第 6 条和第 7 条规定的进入土库曼斯坦的程序，将外国公民和无国籍人运到土库曼斯坦境内，应承担土库曼斯坦立法规定的责任。

第8章　最后条款

第51条　本法的生效

本法自正式公布之日起生效。

从本法生效之日起，下列法律法规宣布为无效：

（1）2005年12月7日《土库曼斯坦移民法》；

（2）2008年10月23日《土库曼斯坦移民法的修订和补充》；

（3）2010年5月10日《土库曼斯坦某些法律的修订和补充》第七部分；

（4）2011年3月26日《土库曼斯坦移民法的修订和补充》。

五、土库曼斯坦公民出入境法

（2003 年 6 月 14 日修订）

本法保障土库曼斯坦公民出入土库曼斯坦国境的权利，规范出境签证的签发程序，确定临时限制公民从土库曼斯坦出境的情况以及与拒签出境许可证有关纠纷解决的程序。

第 1 章　总则

第 1 条　土库曼斯坦公民出入土库曼斯坦国境的权利

土库曼斯坦公民有权从土库曼斯坦出境和回到土库曼斯坦境内。

土库曼斯坦公民不会被任意剥夺出入土库曼斯坦国境的权利。

具有双重国籍的公民从土库曼斯坦出境和进入土库曼斯坦境内根据土库曼斯坦关于这一问题的国际条约进行。

第 2 条　赋予土库曼斯坦公民出入土库曼斯坦国境权利的文件

土库曼斯坦公民使用国家授权机构签发的规定样式的护照行使出入土库曼斯坦国境的权利。

护照属土库曼斯坦所有。

护照适用于从土库曼斯坦出境前往世界所有国家。入境程序由相应国家的立法规定。

在根据土库曼斯坦国际条约确定的情形下，可以签发替代性证件来代替护照。

赋予土库曼斯坦公民出入土库曼斯坦国境权利的护照或替代性证件的办理和签发程序由土库曼斯坦法律规定。

第 2 章　土库曼斯坦公民出入土库曼斯坦国境证件的办理

第 3 条　土库曼斯坦公民过境时的基本要求

除非土库曼斯坦法律和国际条约中另有规定，在从土库曼斯坦出境时，为了穿越土库曼斯坦的国界，护照上必须有从土库曼斯坦离开的出境签证以及公民直接前往国家的入境签证。

土库曼斯坦公民在从土库曼斯坦出境和进入土库曼斯坦境内时，将在土库曼斯坦边境口岸接受护照检查，并将过境土库曼斯坦的日期标注在护照或替代性证件上。

未满 18 岁的公民在没有法定代理人陪同的情况下，连同护照或替代性证件还需提交其法定代理人经过公证且指出其从土库曼斯坦出境日期和入境国家的申请。

第 4 条 从土库曼斯坦出境签证的签发依据

从土库曼斯坦出境的签证应由土库曼斯坦公民个人或其法定代表申请，以及应将公民派往国外的国家机关、组织和机构、各种所有权形式的企业、社会和宗教团体的要求，由土库曼斯坦外交部或其各州领事机构签发。

从土库曼斯坦出境签证的办理和签发规则由本法和须予公布的土库曼斯坦立法的其他法令规定。

第 5 条 从土库曼斯坦出境签证的签发申请

从土库曼斯坦出境签证的签发申请应由年满 18 岁的公民向土库曼斯坦外交部或其常住地所属州的领事机构提交。

申请应该包含用于办理出境许可证所需的公民信息。申请书应指明办理出境签证的目的：临时出境或离开土库曼斯坦永久居留；是否携行未满 18 岁的儿童；还应指出不涉及本法限制公民从土库曼斯坦出境权利的情况。

申请书应附有缴纳国家税费的确认文件，当有未满 18 岁的儿童出境时应附有其法定代理人的申请书，如果计划离开土库曼斯坦永久居留，那么还应附有根据本法第 13 条第 1 款和第 2 款的要求确认没有未解决的抚养义务的文件，以及证明 14 至 18 岁儿童同意出境的文件。在根据本法第 6 条第 1 款需要加急办理申请的情况下，应附有相应的文件。

由派遣公民到国外临时居留的组织提交的从土库曼斯坦出境的签证申请应当包括本条第 2 款和第 3 款中规定的信息和文件。

第 6 条 从土库曼斯坦出境签证签发申请的审查期限和程序

公民申请签发从土库曼斯坦出境在国外临时居留的签证审查期限为 1 个月，如果出行涉及出境人疾病的紧急治疗或国外亲属患有重大疾病或死亡的情况，那么审查期限为 3 日。

从土库曼斯坦出境以永久居留签证的签发申请审查期限为 3 个月。

这些申请的审查结果将通知至申请人本人。

在拒绝签发从土库曼斯坦出境签证的情况下，该决定将以书面形式告知申请人，并说明拒签的原因。

在拒绝签发从土库曼斯坦出境申请的情况下，这一问题的重复申请将在 3 个月后进行审理。在这种情况下，如果先前提交的文件中指出的信息保持不变，则这些文件将会被给予重点考虑。

由派遣公民到国外临时居留的组织提交的从土库曼斯坦出境签证的签发申请将在 1 个月之内被审理。

第 7 条 暂时限制从土库曼斯坦出境权利的依据

土库曼斯坦公民在以下情况可能会被暂时拒绝签发从土库曼斯坦出境的签证：

（1）公民知道构成国家机密的信息，出境被限制直到阻止他出境的情况终止为止；

（2）对公民提起了刑事诉讼，出境被限制直到诉讼结束为止；

（3）公民被判犯有罪行，出境被限制直到服满刑期或免除刑罚为止；

（4）公民逃避履行法院对他施加的义务，出境被限制直至履行义务为止；

（5）公民故意报告虚假信息；

（6）公民已在征兵区登记，并应当应征服现役，出境被限制直至服完现役或被依法解除服役义务为止；

（7）在法庭上针对公民提起了民事诉讼，出境被限制直到诉讼结束为止；

（8）公民根据法院的判决被确认为特别危险的惯犯或正处在警方的行政监督下，出境被限制直至撤销（解除）定罪或终止监督为止。

出境人被拒绝签发从土库曼斯坦出境以永久居留签证的依据参见本条的第（1）至（7）项，而拒签临时居留签证的依据参见本条的第（1）至（5）项和第（8）项。

在本条规定的情形下，以及签证被伪造、签证被用于犯罪或在土库曼斯坦国籍被撤销的情况下，已经签发给公民从土库曼斯坦出境的签证可以被撤销。

第 8 条　对拒绝签发从土库曼斯坦出境签证或将其撤销提出申诉的程序

土库曼斯坦公民可以就拒绝签发从土库曼斯坦出境签证或将其撤销的情况向授权审理出境签证申请和申诉的上级国家机关或法院提出申诉。

根据本法第 7 条第（2）（3）项和第（8）项规定拒绝签发从土库曼斯坦出境的签证不得申诉。

第 3 章　调整从土库曼斯坦出境权的特殊情况

第 9 条　由于土库曼斯坦公民的健康及其安全受到威胁限制从土库曼斯坦出境

在其他国家发生紧急情况时，土库曼斯坦总统有权以对土库曼斯坦公民的健康构成威胁或无法确保其人身安全为由对前往该国的出境实行临时限制。实施和撤销此类限制的决议须予公布。

第 10 条　土库曼斯坦未成年公民和无行为能力公民的出境

土库曼斯坦未满 18 岁公民可以根据其合法代理人被公证的授权申请从土库曼斯坦出境。在缺少父母中一方同意的情况下可以根据法院的决议允许未成年人出境。

14 至 18 岁儿童从土库曼斯坦出境以永久居留只能在征得其同意，并以书面形式表示并经过公证方可。

被法院确认为无行为能力的土库曼斯坦公民可以应其法定代理人经公证的申请或根据法院的决议从土库曼斯坦出境。

第 11 条　土库曼斯坦应当应征服现役的公民和军人从土库曼斯坦出境

应当依法应征服现役的公民在征兵区登记之后有义务在从土库曼斯坦出境永

久居留之前服役，除非他们以法律规定的程序被豁免服兵役。

临时出境并依法应当应征入伍服兵役的土库曼斯坦公民在收到征兵通知后，必须抵达土库曼斯坦服兵役。

超期服役的军人、准尉、海军准尉和军官在经土库曼斯坦立法规定的程序得到指挥部的许可后，可以因私从土库曼斯坦出境。

第 12 条 掌握构成国家机密信息的土库曼斯坦公民从土库曼斯坦出境的程序

掌握构成国家机密信息的土库曼斯坦公民不得从土库曼斯坦出境，直至其停止获取这些信息的既定期限届满为止。指定期限不应超过 5 年，如果有文件证实公民仍了解包含国家机密的信息，这一期限可以根据个人情况进行延期。构成机密的信息根据规范国家机密保护的法律确定。

第 4 章 从土库曼斯坦出境公民的法律地位

第 13 条 从土库曼斯坦出境以永久居留的公民义务的履行

为获得从土库曼斯坦出境的许可，从土库曼斯坦出境以永久居留的公民需提供留在土库曼斯坦的父母的经公证的确认声明，如果有未成年子女留在土库曼斯坦，需要其在土库曼斯坦的合法代理人经公证的声明，证明子女不要求追偿抚养费用。

如果因某些原因无法收到本条第 1 款规定的声明，则出境人有权向法院提出申请，法院将审理是否存在抚养义务。根据法院的判决这些义务可以一次性偿清或根据土库曼斯坦的国际条约确定支付抚养费的义务。

从土库曼斯坦出境以永久居留的土库曼斯坦公民，有义务经双方协商后履行其对国家、合作社、社会组织和其他组织以及公民的所有财产义务。

第 14 条 从土库曼斯坦出境以永久居留的公民的财产状况

从土库曼斯坦出境以永久居留的公民有权自费带出属于他们及其家庭成员的财产和合法获得的外币，有权在土库曼斯坦境内保留属于他们的财产以及存放在银行的金钱、证券和其他贵重物品。

公民带出艺术品和其他贵重物品受土库曼斯坦立法约束。

第 15 条 从土库曼斯坦出境公民的养恤金

向已从土库曼斯坦出境永久居留的土库曼斯坦公民支付养恤金需按照土库曼斯坦法律规定的程序和条件进行。

第 16 条 禁止限制从土库曼斯坦出境公民的权利

对于申请从土库曼斯坦出境的公民及其家庭成员，土库曼斯坦法律的所有规定仍有效，他们享有土库曼斯坦公民的所有权利并承担法律规定的义务。不允许对其民事、劳动、住房和其他权利进行任何限制。

从土库曼斯坦出境以永久居留的土库曼斯坦公民，在返回土库曼斯坦永久居留或居留一段时间内，享有土库曼斯坦公民的所有权利并承担法律规定的义务。

第 5 章　最后条款

第 17 条　土库曼斯坦公民从土库曼斯坦出境的经费资助

土库曼斯坦公民从土库曼斯坦出境的费用需自行承担或由资助他们出行的个人和组织承担。

第 18 条　国际条约

如果土库曼斯坦的国际条约同本法有不同规定，则适用国际条约的规则。

本法于 1995 年 6 月 15 日通过，于 1995 年 6 月 15 日生效。

六、外国公民出入土库曼斯坦和在土库曼斯坦停留条例

（2005 年 7 月 13 日修订）

第 1 章　总则

第 1 条　本条例以国际法公认的原则和规范为基础，根据土库曼斯坦《外国公民在土库曼斯坦法律地位法》和其他规范性法律法规，确定以下程序：

（1）外国公民出入土库曼斯坦的程序；

（2）外国公民通过土库曼斯坦领土过境的程序；

（3）在土库曼斯坦暂时停留的外国公民的登记程序；

（4）外国公民在土库曼斯坦境内迁移及其居住地选择的程序；

（5）追究违反本条例责任的程序，缩短外国公民的停留期限并将其驱逐出土库曼斯坦的程序。

本条例同时适用于无国籍人。

第 2 条　在土库曼斯坦的外国公民必须持有按照本条例规定的程序登记的出国护照或替代性证件（以下简称出国护照）和移民卡，并应土库曼斯坦主管机构代表的要求出示。

出国护照如有遗失，外国公民应立即将此情况告知土库曼斯坦的接待单位和内务机构，这些机构将应公民请求签发证明。

外国公民在入境土库曼斯坦时须填写移民卡。移民卡分三种类型：过境、一般和简易入境。移民卡一式两份填写，其中第一份留在入境边防检查处，第二份由入境者保管，在离开土库曼斯坦时交给出境边防检查处。如果移民卡丢失，则只能在入境边防检查处签发副本。

第 3 条　在土库曼斯坦临时停留的外国公民在预先通知其接待单位、企业、机构（以下简称机构）、公民所属国家的外交代表团和领事机构、国际组织代表处以及因私邀请他们来土库曼斯坦的人员后，可在宾馆或其他居住区居住。

第 4 条　土库曼斯坦的接待单位负责向外国公民及时解释他们的权利和义务、确保其遵守有关外国公民的法律规范、对外国公民进行相应登记以及负责为他们及时办理文件以便能够在土库曼斯坦境内停留、迁移并在确定的停留期限届满后离开土库曼斯坦。

土库曼斯坦单位邀请外国公民的程序由土库曼斯坦外交部和土库曼斯坦国家

外国公民登记局确定。

第 5 条　如果外国公民应土库曼斯坦某单位的邀请抵达土库曼斯坦，土库曼斯坦另一单位有权在与登记局协调后按照自己的路线在土库曼斯坦接待他，并履行本条例第 4 条规定的有关该公民的职责。

接待单位应在 3 日内通知外国公民登记地的登记机构，因其转到另一单位而从登记册中将其注销，告知签证和登记有效期结束以及劳务合约、合同、学习期限结束等事宜。

第 6 条　因私邀请外国公民并为他们提供居住场所的人员，有义务采取措施按时为外国公民在其居住地的登记机构登记这些公民的出国护照。

邀请人有义务提前告知登记机构外国公民签证和登记有效期的结束以及在外国公民停留期届满后协助其从土库曼斯坦出境。

在明显违反本条例要求的情况下，不允许邀请人向外国公民提供住所、交通工具或其他服务。

第 7 条　凭借相应签证自己抵达土库曼斯坦的外国公民可以在签证规定的期限内留在土库曼斯坦。

第 8 条　土库曼斯坦国家外国公民登记局、国家边防局、外交部与内务机构和国家安全机构协作，监督外国公民、无国籍人以及官员和其他公民遵守本条例的要求。

第 2 章　外国公民出入土库曼斯坦

第 9 条　外国公民通过土库曼斯坦国界上开设的用于国际交通的边防检查站出入土库曼斯坦时，凭有效的出国护照，无国籍人凭其常住国主管机构签发的证明其身份的有效证件，如果持有土库曼斯坦外交部签发的相应签证或许可证，随后按照既定程序办理签证。入境签证根据签证签发管制委员会的决定签发。

可根据土库曼斯坦的国际条约制定出入境的其他程序。

被授予“土库曼斯坦荣誉公民”称号的外国公民，在没有获得相应签证的情况下，出示“土库曼斯坦荣誉公民”称号证书并持有有效的出国护照或替代性证件，可以经土库曼斯坦国界上的边防检查站出入土库曼斯坦。

长期居住在土库曼斯坦的无国籍人凭出境签证出国以永久居留。

第 10 条　外国公民进入土库曼斯坦的签证（入境签证）由土库曼斯坦外交代表团或领事机构按照既定程序在国外签发。

第 11 条　外国公民进入土库曼斯坦的签证（入境签证）由土库曼斯坦外交部根据签证签发管制委员会的决定在土库曼斯坦境内签发。

进入土库曼斯坦工作、学习或因私 3 个月以上的外国公民，须出示检测人体免疫缺陷病毒（HIV）的体检证明方可获得签证。

第 12 条　根据土库曼斯坦接待单位的请求可以向外国公民发放进入土库曼斯坦的多次入境签证。签发多次入境签证的程序由土库曼斯坦外交部确定。

第 13 条　以简易程序抵达土库曼斯坦的外国公民的证件办理程序由土库曼

斯坦国际条约规定。

第 14 条 签发土库曼斯坦入境签证和延长其有效期的依据是：

对于有土库曼斯坦接待单位和常驻外国代表团而抵达土库曼斯坦的外国公民，凭这些单位和代表团的书面申请。

对于因私入境土库曼斯坦或进入土库曼斯坦永久居留的外国公民，凭这些公民申请签发的许可证。这些许可证由土库曼斯坦外交部签发。

土库曼斯坦外交部给外国公民办理的入境土库曼斯坦的邀请函一式两份，以便在入境土库曼斯坦时出示第二份。

土库曼斯坦国际条约规定的其他依据。

只有护照上带有在土库曼斯坦国家外国公民登记局根据以往签证登记的标志时，才允许延长外国公民签证的有效期。

第 15 条 根据土库曼斯坦《外国公民在土库曼斯坦法律地位法》第 25 和 26 条规定的理由，不得允许外国公民出入土库曼斯坦。

第 16 条 如果签证丢失，外国公民应立即通知土库曼斯坦外交部。

第 3 章 临时抵达土库曼斯坦的外国公民的登记

第 17 条 临时抵达土库曼斯坦的外国公民根据本条例和其他规范外国公民登记程序的规范性法律登记的外国护照在土库曼斯坦境内居住。

第 18 条 外国公民应在土库曼斯坦国家外国公民登记机构中进行登记：

在设在土库曼斯坦国界的边防检查站；

在各州、市的登记部门。

以简易程序抵达土库曼斯坦 5 日（含）以内的外国公民只能在边防检查站进行登记。以简易程序抵达土库曼斯坦的外国公民应从进入土库曼斯坦的边防检查站出境。

在土库曼斯坦领土过境的外国公民，如果在土库曼斯坦停留的时间不超过 5 日，则只能在边防检查站进行登记。

第 19 条 抵达土库曼斯坦的外国公民需支付在土库曼斯坦停留的登记费 10 美元。土库曼斯坦经济和财政部与土库曼斯坦中央银行确定收取登记费的程序。

从在土库曼斯坦停留的登记费中获得的资金将划拨到土库曼斯坦国家黄金时代发展基金中。

下列人员无须支付登记费：

（1）外国国家元首、议会和政府首脑，国家、政府和议会代表团成员，政府间组织和国际组织代表团团长和成员以及这些代表团的工作人员及其家属；

（2）持外交和公务护照以及联合国签发的护照抵达土库曼斯坦的人员；

（3）根据土库曼斯坦国际条约以简易程序入境土库曼斯坦并按照土库曼斯坦立法的程序支付越境费用的人员；

（4）根据国际条约和协议等同于外交人员的人员；

（5）根据土库曼斯坦国际条约或土库曼斯坦立法可免收税费、关税和手续费的抵达土库曼斯坦的国际组织的工作人员；

（6）驻土库曼斯坦外交部的外国记者及其家属；

（7）应土库曼斯坦国家机构邀请抵达土库曼斯坦的外国国务活动家和社会活动家及其家属，以及驻土库曼斯坦的外国外交代表团和领事机构成员及其家属；

（8）按照既定程序抵达土库曼斯坦的外国军舰和飞机的机组人员，以及外国非军用海（河）船、国际航空公司民用飞机、国际铁路列车的机组人员；

（9）授予"土库曼斯坦荣誉公民"称号的外国公民；

（10）根据土库曼斯坦内阁批准的方案以及土库曼斯坦总统和土库曼斯坦内阁决议和命令规定的情况抵达土库曼斯坦的外国公民；

（11）7 岁以下儿童。

7 岁至 16 岁儿童收取登记费的 50%。

第 20 条　抵达土库曼斯坦的外国公民必须在 3 日内（节假日和周末除外）在土库曼斯坦国家外国公民登记机构进行登记。

第 21 条　下列人员可免于在住宿地登记：

（1）应土库曼斯坦总统、议会和内阁邀请抵达土库曼斯坦的外国国家元首、议会和政府首脑，国家、政府和议会代表团成员，以及这些代表团的工作人员及其家属。

（2）应土库曼斯坦总统、议会和内阁邀请抵达土库曼斯坦的政府间国际组织代表团团长和成员，以及这些代表团的工作人员及其家属。

（3）按照既定程序抵达土库曼斯坦的外国军舰和飞机的机组人员。

土库曼斯坦港口（驻军）的高级海军（军事）指挥官根据抵达船只（军用飞机）的接待计划允许军舰（军用飞机）机组人员上岸和在土库曼斯坦境内迁移。

（4）外国非军用海（河）船只船员，在土库曼斯坦港口和港口城市逗留期间以及组织这些人员前往该国其他城市旅行期间。

根据这些港口现行的规则和细则，土库曼斯坦国家外国公民登记局的代表允许上述人员上岸。

（5）国际航线民用飞机和国际铁路列车机组人员。根据港口和火车站现行的规定和细则，土库曼斯坦外国公民登记局代表允许外国飞机和火车机组人员离开机场和火车站。

（6）授予"土库曼斯坦荣誉公民"称号的外国公民。

第 22 条　下列人员的出国护照需在土库曼斯坦外交部进行登记：

（1）外国外交代表团和领事机构负责人、外交工作人员、领事官员、外交代表团和领事机构的行政技术和服务人员、武官处和贸易代表团工作人员及由其供养的配偶、子女、父母，以及外国外交代表团和领事机构负责人的来宾，如果这些来宾居住在上述代表团和机构内的官邸。

（2）外国外交机构因公务抵达土库曼斯坦并持有外交或公务护照的工作人

员及其家属；

（3）根据组织章程或相应的国际条约享有外交特权和豁免权的因公务抵达土库曼斯坦的国际组织官员、这些组织驻土库曼斯坦办事处的工作人员以及总部设在土库曼斯坦的国际组织的各国办事处的工作人员及其家属；

（4）持联合国签发护照抵达土库曼斯坦的人，如果他们在土库曼斯坦的停留期限超过 5 日；

（5）驻土库曼斯坦外交部的外国记者及其家属。

土库曼斯坦外交部向上述人员签发相应的派驻证或直接在出国护照上做登记记录。

本款所列人员可免于在土库曼斯坦国家外国公民登记局的机构进行登记。

第 23 条 必要时，在土库曼斯坦的接待单位、外交代表团和领事机构提出申请的情况下，土库曼斯坦外交部有权对抵达土库曼斯坦的外国国务和社会活动家及其家属的出国护照进行登记，并有权对本条例第 21 条中未做规定的国际组织工作人员的外交护照进行登记。在这些情况下，外国公民可免于在土库曼斯坦国家外国公民登记局的机构进行出国护照的登记。

第 24 条 因旅游抵达土库曼斯坦的外国公民须在土库曼斯坦国家体育旅游委员会机构登记。

本条例第 22 至 24 条规定的部委应立即将外国公民在当地登记的情况通知土库曼斯坦国家外国公民登记局。

第 25 条 本条例第 21 至 24 条中未指出的外国公民须在土库曼斯坦国家外国公民登记局的机构进行登记。

登记应根据土库曼斯坦接待单位、土库曼斯坦常驻外国代表团的书面申请进行。外国公民应在将出国护照提交至接待单位之日的不晚于 3 日（节假日和周末除外）向土库曼斯坦国家外国公民登记局的机构提交申请。

除土库曼斯坦国际条约对入境土库曼斯坦的程序另有规定，因私抵达土库曼斯坦的外国公民须依据其现有签证，到土库曼斯坦国家外国公民登记局的机构进行登记。

从与土库曼斯坦签订国际协议的国家以简易程序抵达土库曼斯坦的外国公民，须到其居住地的土库曼斯坦外国公民登记局的机构进行登记。

在土库曼斯坦的教育机构学习的外国公民的注册期限为 1 个学年，并在其所学习的教育机构提交了申请和文件后，将其注册期延长至下一学年。

外国公民是从事国际货物运输和乘客运输的外国车辆的车组人员，当他们在运输路线上（包括目的地）的居住点时，并且在土库曼斯坦的停留期限超过 5 日，则应在其居住地的土库曼斯坦国家外国公民登记局的机构进行登记。

第 26 条 土库曼斯坦的外国公民的出国护照，在其初次抵达的地方进行登记。

第 27 条 外国公民登记的延期，须在土库曼斯坦国家外国公民登记局的机构进行。登记延期须在签证有效期延长后进行。

第 28 条　在土库曼斯坦外交部登记的外国公民登记的延期由该部进行。

第 29 条　抵达土库曼斯坦 6 个月以内的外国公民的个人和公务车辆，须在土库曼斯坦国家海关总署机构登记。进入土库曼斯坦超过 6 个月的外国车主的车辆，须在土库曼斯坦国防部国家公路监督局机构登记，并更换国家车牌。

国际驾驶执照适用于在土库曼斯坦境内驾驶车辆。符合《道路交通公约》要求的国家驾驶执照，在具有经认证的翻译的情况下在土库曼斯坦境内有效。向外国公民发放在土库曼斯坦有效的驾驶执照，或更换不符合公约要求的国家驾驶执照，须按照土库曼斯坦公民同等规定的程序进行。

外国车主车辆的国家技术检查也须按照土库曼斯坦公民同等规定的程序进行。

将属于其他公民（土库曼斯坦或外国）的车辆提供给外国公民使用，须进行公证。外国公民按再出口义务进口的车辆，在规定期限届满后应当出口到国外，不得在土库曼斯坦境内转让。

第 4 章　外国公民在土库曼斯坦境内迁移及其在土库曼斯坦居住地的选择

第 30 条　外国公民可以在向公众开放的土库曼斯坦境内迁移。

立法已规定了进入和停留程序的个别区域，由土库曼斯坦总统决定。

通过土库曼斯坦接待单位暂时抵达土库曼斯坦的外国公民应在 2 日内书面通知接待单位的管理部门有关这次旅行的情况，这些机构再以书面形式通知土库曼斯坦内务部。

因私抵达土库曼斯坦的外国公民以及在土库曼斯坦长期居住的外国公民，应在预定离境日期前的 2 日书面通知登记局机构，而通过外交渠道和因公抵达的人员须通知土库曼斯坦外交部。

抵达目的地后，外国公民须在酒店或登记机构或接待单位进行其临时停留的登记。

拥有“土库曼斯坦荣誉公民”称号的外国公民可在出示“土库曼斯坦荣誉公民”称号证书和有效出国护照或替代性证件的情况下，在土库曼斯坦境内向公众开放的区域自由迁移。

第 31 条　外国公民进入对外国公民不开放的地区和迁移，必须有登记机构的允许：应土库曼斯坦接待单位邀请抵达土库曼斯坦的，根据这些单位按照既定程序提出的书面申请；常驻外国代表团或因私抵达或在土库曼斯坦长期居住的外国公民，根据其个人的书面申请。

应土库曼斯坦接待外国公民单位的要求，可向这些公民提供多次入境和迁移的许可证。

第 32 条　在土库曼斯坦外交部登记的外国公民，在土库曼斯坦境内的迁移程序由该部确定。

此程序也适用于在土库曼斯坦获得永久认证的航空公司、银行、工商业公司以及其他外国办事处的工作人员。

驻土库曼斯坦外交部的外国记者及其家属的迁移程序由土库曼斯坦内阁确定。

第 33 条 违反本条例在土库曼斯坦有居住地的外国公民，有义务应登记机构的要求返回其原居住地或前往其选定的目的地。

第 5 章 外国公民通过土库曼斯坦领土过境

第 34 条 外国公民通过土库曼斯坦领土过境，须持有出国护照、过境签证和入境土库曼斯坦并进一步前往土库曼斯坦邻国的通行证件。

进行国际运输的司机的过境签证由土库曼斯坦驻外的外交代表团和领事机构签发。

在未经允许的情况下，通过土库曼斯坦领土过境的外国公民，不得在土库曼斯坦领土上停留或偏离指定路线。

土库曼斯坦驻外外交代表团和领事机构，在工作日次日 15 时之前向土库曼斯坦外交部领事处提交已获得过境签证的外国公民的资料，并提供完整的、规定的护照资料、目的地国和预定路线。

第 6 章 违反本条例的责任，缩短外国公民的停留期限和将其驱逐出境

第 35 条 外国公民违反本条例的规定，将根据土库曼斯坦《外国公民在土库曼斯坦法律地位法》和《土库曼斯坦行政违法准则》追究责任。

有义务遵守本条例的人（包括因私邀请外国公民到土库曼斯坦或为其提供服务的人）违反本条例的要求，将根据土库曼斯坦立法追究责任。

第 36 条 缩短在土库曼斯坦的停留期限和将外国公民驱逐出土库曼斯坦，须根据土库曼斯坦《外国公民在土库曼斯坦法律地位法》规定的理由进行。

第 37 条 关于缩短在土库曼斯坦的停留期限和将外国公民驱逐出土库曼斯坦的决定由登记机构做出。

第 38 条 如果外国公民通过土库曼斯坦接待单位抵达土库曼斯坦，那么在土库曼斯坦立法规定情况下，将其驱逐出境的申请应由接待单位立即向登记机构提出。

第 39 条 根据按照既定程序做出的决定，将外国公民从土库曼斯坦驱逐出境将由登记机构根据土库曼斯坦《外国公民在土库曼斯坦法律地位法》进行。

驱逐的有关费用将由被驱逐的外国公民、接待单位和邀请外国公民到土库曼斯坦的个人承担。

第 40 条 外国公民有权根据土库曼斯坦立法规定的程序，对将其驱逐出土库曼斯坦和缩短其在土库曼斯坦逗留期限的决议提出上诉。

第五部分

乌兹别克斯坦共和国
边防出入境法律法规

一、乌兹别克斯坦共和国国籍法

（2020年2月28日修订）

第1章 总则

第1条 本法的目的

本法的目的是调节获得和终止乌兹别克斯坦共和国国籍的关系。

第2条 乌兹别克斯坦共和国国籍的立法

乌兹别克斯坦共和国国籍法由本法和其他法律文件组成。

如果乌兹别克斯坦共和国签署的国际条约做出了与乌兹别克斯坦共和国国籍法不同的其他规定，则应适用国际条约的规定。

第3条 基本概念

本法使用下列基本概念：

申请人，是指向乌兹别克斯坦共和国国籍管理局递交申请的乌兹别克斯坦共和国或外国成年公民，或无国籍成年人；

儿童，是指未达到18岁的人（未成年人）；

同胞，是指在乌兹别克斯坦共和国境内出生或曾在乌兹别克斯坦共和国境内居住的，目前在乌兹别克斯坦共和国境外居住的非乌兹别克斯坦共和国国籍的人员和其直系卑亲属，其直系尊亲属必须是在乌兹别克斯坦共和国境内居住的乌兹别克斯坦共和国公民；

单亲父（母），是指抚养儿童的父（母），如果儿童出生证明中未写明父母另一方的信息，或抚养儿童的父（母）口头证实未有另一方的消息；

合法的生活来源，是指工资和类似报酬、经营活动或财产收益、退休金、奖学金、赡养费、社会福利、金融储蓄或家庭成员和其他人员的资金援助，以及其他合法收入；

无国籍人，是指长期居住在乌兹别克斯坦共和国境内，不是乌兹别克斯坦共和国公民，也没有证据证明拥有外国国籍的人；

改变国籍，是指获得或终止乌兹别克斯坦共和国国籍；

外国公民，是指不拥有乌兹别克斯坦共和国国籍，而拥有外国国籍和证明有外国国籍的人；

定居在国外的乌兹别克斯坦共和国公民，是指注销乌兹别克斯坦共和国户口并获得国外永久居住权的乌兹别克斯坦共和国公民；

居住，是指某个人合法住在乌兹别克斯坦共和国境内或境外；

居留证，是指向无国籍人或外国公民颁发的，证明无国籍人或外国公民有权在乌兹别克斯坦共和国境内长期居留的文件。

第4条 乌兹别克斯坦共和国国籍

乌兹别克斯坦共和国国籍规定了公民与国家间的政治法律关系，反映为一系列的相互权利、义务和责任，并以承认和尊重公民的尊严、基本权利和自由为基础。

乌兹别克斯坦共和国规定乌兹别克斯坦共和国境内实行单一国籍制度。卡拉卡尔帕克斯坦共和国公民同时拥有乌兹别克斯坦共和国国籍。

乌兹别克斯坦共和国国籍对每个公民都是平等的，不取决于获取它的依据。

乌兹别克斯坦共和国公民在法律面前一律平等，不分性别、种族、民族、语言、宗教、社会出身、信仰、个人和社会地位。

在乌兹别克斯坦共和国，每个人都享有国籍权。除本法规定的或有权改变国籍的情况外，任何人都不可能被剥夺乌兹别克斯坦共和国国籍。

乌兹别克斯坦共和国通过其机构和负责人员对乌兹别克斯坦共和国公民负责，而乌兹别克斯坦共和国公民同样对国家负责。

乌兹别克斯坦共和国保护其公民在乌兹别克斯坦共和国境内外的权利、自由和合法权益。

关于加入、恢复、放弃或丧失乌兹别克斯坦共和国国籍的决议由乌兹别克斯坦总统以法令形式通过，自签署之日起生效。

第5条 乌兹别克斯坦共和国公民

乌兹别克斯坦共和国公民是指：

（1）自1992年7月28日起长期居住在乌兹别克斯坦共和国，希望成为乌兹别克斯坦共和国公民、没有外国国籍的人；

（2）在乌兹别克斯坦共和国境内居住，1992年7月28日前出境继续学习或服兵役，并在毕业后或兵役期满后一年内返回乌兹别克斯坦共和国境内且永久落户的、没有外国国籍的人；

（3）至本法生效日拥有乌兹别克斯坦共和国国籍的人；

（4）根据本法获得乌兹别克斯坦共和国国籍的人。

本条第（1）项及第（2）项中，在乌兹别克斯坦共和国长期居住的事实由永久落户证明确定。

在缺少证明文件时，申请人可以以司法程序确定以上事实。

确定适用本条第（1）项及第（2）项所述情况的乌兹别克斯坦共和国公民身份时，应适用在确定是否具有乌兹别克斯坦共和国公民身份时有效的乌兹别克斯坦共和国签署的国际条约和法律文件。

第6条 承认无国籍人为乌兹别克斯坦共和国国籍

1995年1月1日之前到达乌兹别克斯坦共和国并在乌兹别克斯坦共和国境内

永久落户的，在本法生效之前未接受外国国籍，而是根据无国籍人居留证居住在乌兹别克斯坦共和国的，表示希望成为乌兹别克斯坦共和国公民的无国籍人，可被承认为乌兹别克斯坦共和国公民。

儿童的父母（或单亲）为乌兹别克斯坦共和国公民，根据本条第 1 款规定的依据，该儿童被认为是乌兹别克斯坦共和国公民。

第 7 条　证明乌兹别克斯坦共和国国籍的文件

证明乌兹别克斯坦共和国国籍的文件是乌兹别克斯坦共和国公民护照或其他表明乌兹别克斯坦共和国公民身份的文件。

证明 16 岁以下儿童的乌兹别克斯坦共和国国籍的文件如下：

（1）父母一方出示乌兹别克斯坦共和国护照或其他指明国籍的文件，儿童出示出生证或出生证明（无论儿童在哪里出生）；

（2）父母双方（单亲）出示无国籍人在乌兹别克斯坦共和国的居留证，儿童出示出生证或出生证明（儿童必须在乌兹别克斯坦共和国境内出生）。

第 8 条　在缔结和解除婚姻时保留乌兹别克斯坦共和国国籍

乌兹别克斯坦共和国公民与外国公民或无国籍人缔结或解除婚姻，不要求夫妻双方改变国籍。

夫妻一方改变乌兹别克斯坦共和国国籍不要求另一方也改变国籍。

解除婚姻不要求婚内所生子女或夫妻所收养的子女改变国籍。

第 9 条　居住在境外的人保留乌兹别克斯坦共和国国籍

乌兹别克斯坦共和国公民在境外居住不要求其终止乌兹别克斯坦共和国国籍。

第 10 条　国家保护在境外的乌兹别克斯坦共和国公民

乌兹别克斯坦共和国向在境外的乌兹别克斯坦共和国公民提供保护和庇护。

乌兹别克斯坦共和国应通过其外交代表处和领事机构采取措施，保障乌兹别克斯坦共和国公民能完全享受逗留国法律、乌兹别克斯坦共和国与逗留国签署的国际条约、公认的国际法准则和国际惯例所规定的所有权利。乌兹别克斯坦共和国的领事机构和外交代表处领事司（以下简称领事机构）也应采取措施保护乌兹别克斯坦共和国公民的权利，并在其权利受到侵犯时予以恢复。

第 11 条　禁止将乌兹别克斯坦共和国公民引渡到外国

除非乌兹别克斯坦共和国签署的国际条约另有规定，否则不能将乌兹别克斯坦共和国公民引渡到外国。

第 12 条　不承认乌兹别克斯坦共和国公民的外国国籍

乌兹别克斯坦共和国不承认乌兹别克斯坦共和国公民的外国国籍。

在乌兹别克斯坦共和国总统决定放弃或丧失乌兹别克斯坦共和国公民的乌兹别克斯坦共和国国籍前，同时拥有外国国籍的乌兹别克斯坦共和国公民不得逃避乌兹别克斯坦共和国公民应履行的义务和责任。

第2章　乌兹别克斯坦共和国国籍的获得

第13条　获得乌兹别克斯坦共和国国籍的依据

乌兹别克斯坦共和国国籍的获取方式如下：

（1）按出生；

（2）按收养；

（3）加入和恢复乌兹别克斯坦共和国国籍；

（4）按乌兹别克斯坦共和国签署的国际条约和本法规定的其他依据获得乌兹别克斯坦共和国国籍。

第14条　按出生获得乌兹别克斯坦共和国国籍

儿童按出生获得乌兹别克斯坦共和国国籍（无论在哪里出生），如果儿童出生时：

（1）父母双方（单亲）均为乌兹别克斯坦共和国公民；

（2）父母一方有乌兹别克斯坦共和国国籍，而另一方为无国籍人或失踪或其所在地不明；

（3）父母一方有乌兹别克斯坦共和国国籍，而另一方是外国公民。

在本条第（3）项所述的情况下，只有在身为乌兹别克斯坦共和国公民的父母或其他法定代理人提出申请的情况下，子女才能获得乌兹别克斯坦共和国国籍。

在乌兹别克斯坦共和国境内出生的儿童，如果其父母（单亲）是无国籍人，儿童在出生时即获得乌兹别克斯坦共和国国籍。

在乌兹别克斯坦共和国境内出生的，父母均不详的儿童为乌兹别克斯坦共和国公民。

如果父亲或母亲是乌兹别克斯坦共和国公民的儿童，其父子关系或母子关系得到确认，则无论儿童在哪里出生，都可获得乌兹别克斯坦共和国国籍。

第15条　确认父母不是乌兹别克斯坦共和国公民的儿童的乌兹别克斯坦共和国国籍

在乌兹别克斯坦共和国境内出生的儿童，其父母（单亲）在儿童出生时是外国公民，或父母一方为外国公民，另一方为无国籍人，不按出生获得乌兹别克斯坦共和国国籍。

第16条　儿童按收养获得乌兹别克斯坦共和国国籍

作为外国公民或无国籍人的儿童，被乌兹别克斯坦共和国公民收养后，可获得乌兹别克斯坦共和国国籍。

作为外国公民或无国籍人的儿童，被一方是乌兹别克斯坦共和国公民，另一方是无国籍人的夫妻所收养，可获得乌兹别克斯坦共和国国籍。

作为外国公民或无国籍人的儿童，被一方是乌兹别克斯坦共和国公民，另一方是外国公民的夫妻所收养，经养父母双方同意，可获得乌兹别克斯坦共和国国籍。

第 17 条　儿童被收养时保留乌兹别克斯坦共和国国籍

在乌兹别克斯坦共和国收养的有乌兹别克斯坦共和国国籍的儿童，可保留其乌兹别克斯坦共和国国籍。

拥有乌兹别克斯坦共和国国籍的儿童，被一方是外国公民，另一方是乌兹别克斯坦共和国公民的夫妻所收养，根据养父母的申请，可以放弃乌兹别克斯坦共和国国籍。

第 3 章　加入和恢复乌兹别克斯坦共和国国籍

第 18 条　加入乌兹别克斯坦共和国国籍的方式

加入乌兹别克斯坦共和国国籍的方式有：

（1）普通程序；

（2）简易程序；

（3）特殊程序。

第 19 条　以普通程序加入乌兹别克斯坦共和国国籍

外国公民和无国籍人可按普通程序加入乌兹别克斯坦共和国国籍，如果他：

（1）办妥放弃外国国籍的手续；

（2）从获得无国籍人居留证到申请乌兹别克斯坦共和国国籍日连续 5 年居住在乌兹别克斯坦共和国境内；

（3）有合法的生活来源；

（4）必须遵守乌兹别克斯坦共和国宪法；

（5）掌握交流所需的国家官方语言，确定国家官方语言掌握程度的程序由乌兹别克斯坦共和国内阁规定。

本条第（2）项规定的条件不适用于与乌兹别克斯坦共和国公民缔结婚姻并在婚后与配偶连续 3 年居住在乌兹别克斯坦共和国境内的无国籍人。

同时，如果无国籍人一年内出境时间累计不超过 183 天，在乌兹别克斯坦共和国境内居住的期限视为连续。

第 20 条　以简易程序加入乌兹别克斯坦共和国国籍

外国公民或无国籍人的同胞，可按简易程序加入乌兹别克斯坦共和国国籍，如果他：

（1）至少一名直系尊亲属拥有乌兹别克斯坦共和国国籍并居住在乌兹别克斯坦共和国境内；

（2）有合法的生活来源；

（3）必须遵守乌兹别克斯坦共和国宪法；

（4）掌握法定程序规定的交流所需的国家官方语言。

本条第（1）项规定的条件可以不适用于在科学、技术、文化和体育方面具有很高成就，具有乌兹别克斯坦共和国感兴趣的职业或技能的同胞及（或）其家庭成员。

乌兹别克斯坦共和国总统下属的国籍问题委员会审议有关材料，并就是否应给予本条第 1 款和第 2 款所述人员乌兹别克斯坦共和国国籍问题向总统提出建议。

根据上述人员做出放弃所在国国籍的决定，将向其颁发给予乌兹别克斯坦共和国国籍的保函。

保函有效期为 1 年。根据乌兹别克斯坦共和国总统下属的国籍问题委员会的决定，保函有效期可再延长 1 年。

保函由内务机构或领事机构移交给申请人或其法定代理人，或通过邮件发送。

在申请人提交放弃外国国籍的文件后，根据总统令办理加入乌兹别克斯坦共和国国籍事宜。

第 21 条 以特殊程序加入乌兹别克斯坦共和国国籍

乌兹别克斯坦共和国总统出于国家利益，可授予外国公民和无国籍人乌兹别克斯坦共和国国籍，而不适用本法第 19 条和第 20 条的规定。

第 22 条 乌兹别克斯坦共和国国籍的恢复

以前拥有乌兹别克斯坦共和国国籍，且不是根据本法第 25 条第（1）项和第（4）项丧失乌兹别克斯坦共和国国籍的人，有权申请恢复乌兹别克斯坦共和国国籍。在申请中必须说明其终止乌兹别克斯坦共和国国籍的原因。

恢复乌兹别克斯坦共和国国籍的申请文件按本法第 19 条、第 37 条和第 38 条规定的程序办理。

乌兹别克斯坦共和国国籍的恢复不得超过一次。

第 4 章 乌兹别克斯坦共和国国籍的终止

第 23 条 乌兹别克斯坦共和国国籍终止的依据

下列情况下，乌兹别克斯坦共和国国籍终止：

（1）退出乌兹别克斯坦共和国国籍；

（2）丧失乌兹别克斯坦共和国国籍。

第 24 条 退出乌兹别克斯坦共和国国籍

退出乌兹别克斯坦共和国国籍，应根据乌兹别克斯坦共和国公民退出乌兹别克斯坦共和国国籍的申请，按本法第 37 条和第 39 条办理。

第 25 条 丧失乌兹别克斯坦共和国国籍的依据

下列情况下，乌兹别克斯坦共和国国籍丧失：

（1）正在外国服兵役和在安全机关、执法机关、国家权力机关或国家管理机关服役的人；

（2）永久居住在乌兹别克斯坦共和国境外，无正当理由 7 年未进行永久领事登记的人；

（3）故意提交虚假资料或伪假证件加入乌兹别克斯坦共和国国籍的人；

（4）从事有利于外国的活动，或从事危害和平与安全的犯罪活动，给社会或国家利益造成重大损害的人；

（5）自愿加入外国国籍的人；

（6）按出生获得外国国籍或未成年时因父母为外国公民而获得外国国籍，年满 21 岁时仍未放弃外国国籍的人。

乌兹别克斯坦共和国国籍的丧失不要求其配偶及子女改变国籍。

第 26 条　确定乌兹别克斯坦共和国公民正在外国服兵役和在安全机关、执法机关、国家权力机关或国家管理机关服役的事实

为查明正在外国服兵役和在安全机关、执法机关、国家权力机关或国家管理机关服役的人员的身份，领事机构应核查有关部门、国家委员会及部委资料，并审核自然人和法人发来的声明。

在确认本条第 1 款所述事实后，乌兹别克斯坦共和国外交部（以下简称外交部）应得出结论，与材料一起送交乌兹别克斯坦共和国总统下属的国籍问题委员会。

第 27 条　确定乌兹别克斯坦共和国公民常住境外，未进行永久领事登记的事实

为了查明常住乌兹别克斯坦共和国境外，且 7 年未进行永久领事登记的乌兹别克斯坦共和国公民的身份，领事机构应：

（1）核查公民亲自向领事机构提交的申请或核查通过外交部转到领事机构的信息；

（2）审查外国对此人是否属于乌兹别克斯坦共和国国籍的查询；

（3）登记被关押在领事辖区国服刑地的乌兹别克斯坦共和国公民；

（4）按乌兹别克斯坦共和国内务部（以下简称内务部）的季度查询，根据永久领事登记名单核查出境永久居住的乌兹别克斯坦共和国公民。

一旦查明本条第 1 款所述事实，外交部应得出结论，并将其与材料一起送交乌兹别克斯坦共和国总统下属的国籍问题委员会。

长期居住在境外，且无正当理由 7 年未进行永久领事登记的乌兹别克斯坦共和国公民，有权向领事机构申请永久领事登记。领事机构应确定申请人身份，核实丧失乌兹别克斯坦共和国国籍的人员名单，并审查其未及时进行永久领事登记的原因。同时，应向申请人解释本法第 25 条的规定。

如有正当理由，领事机构可做出决定接收乌兹别克斯坦共和国公民的永久领事登记文件。正当理由可以是：疾病、居住国没有领事机构以及其他公民无法控制的原因。乌兹别克斯坦共和国公民永久领事登记的信息应送交外交部。

第 28 条　确定故意提交虚假资料或伪假证件加入乌兹别克斯坦共和国国籍的事实

一旦查明故意提交虚假资料或伪假证件加入乌兹别克斯坦共和国国籍的事实，内务部或外交部应将材料移交给乌兹别克斯坦共和国检察机关。

故意提交虚假资料或伪假证件的事实由法院依法裁决。

做出裁决的法院应将裁决副本送交内务部或外交部。

内务部或外交部根据法院的裁决得出结论，并与材料一起送交乌兹别克斯坦

共和国总统下属的国籍问题委员会。

第 29 条 确定从事有利于外国的活动，或从事危害和平与安全的犯罪活动，给社会或国家利益造成重大损害的事实

从事有利于外国的活动，或从事危害和平与安全的犯罪活动，给社会或国家利益造成重大损害的事实由法院依法裁决。

做出裁决的法院应将裁决副本送交内务部或外交部。

内务部或外交部根据法院的裁决得出结论，并与材料一起送交乌兹别克斯坦共和国总统下属的国籍问题委员会。

第 30 条 确定乌兹别克斯坦共和国公民自愿加入外国国籍的事实

为查明加入外国国籍的乌兹别克斯坦共和国公民的身份，内务机构和领事机构应核查有关部门、国家委员会及部委资料，并审查自然人和法人发来的声明。

一旦查明本条第 1 款所述事实，应向乌兹别克斯坦共和国公民解释本法第 25 条的规定。内务部或外交部应做出结论，与材料一起送交乌兹别克斯坦共和国总统下属的国籍问题委员会。

第 31 条 查明按出生获得外国国籍或未成年时因父母为外国公民而获得外国国籍的乌兹别克斯坦共和国公民

为查明按出生获得外国国籍或未成年时因父母为外国公民而获得外国国籍，年满 21 岁时仍未放弃外国国籍的乌兹别克斯坦共和国公民的身份，内务机关和领事机构应核查有关部门、国家委员会及部委资料，并核查自然人和法人提交的陈述。

一旦查明本条第 1 款所述事实，应向乌兹别克斯坦共和国公民或其法定代理人解释本法第 25 条的规定。

如果个人年满 21 岁仍未提交终止外国国籍的文件，内务部或外交部应做出结论，与材料一起送交乌兹别克斯坦共和国总统下属的国籍问题委员会。

第 5 章 父母改变国籍或被收养时儿童的国籍

第 32 条 父母改变国籍时子女国籍的改变

如果父母双方（或单亲）获得乌兹别克斯坦共和国国籍或退出乌兹别克斯坦共和国国籍，未满 14 岁的儿童可以改变国籍。

在父母双方（或单亲）改变乌兹别克斯坦共和国国籍时，作为乌兹别克斯坦共和国公民的儿童可以改变国籍，前提是儿童不会成为无国籍人。

丧失父母权利的儿童父母改变国籍时，儿童的国籍不变。如果要改变儿童的国籍，无须丧失父母权利的儿童父母同意。

第 33 条 受监护或保护的儿童保留乌兹别克斯坦共和国国籍

如果居住在乌兹别克斯坦共和国境内的儿童父母双方（或单亲）放弃乌兹别克斯坦共和国国籍，但不参与抚养受监护或保护的儿童，按经公证的父母声明或监护人、保护人的申请，儿童保留其乌兹别克斯坦共和国国籍。

第 34 条 父母一方获得乌兹别克斯坦共和国国籍，则儿童获得乌兹别克斯坦共和国国籍

如果父母一方获得乌兹别克斯坦共和国国籍，另一方仍是外国公民，则子女不论在哪里出生，均可按获得乌兹别克斯坦共和国国籍一方的申请获得乌兹别克斯坦共和国国籍。

如果父母一方获得乌兹别克斯坦共和国国籍，另一方仍是长期居住在乌兹别克斯坦共和国的外国公民，则未满 14 岁，在乌兹别克斯坦共和国境内出生并长期居住的子女可获得乌兹别克斯坦共和国国籍。

如果父母一方获得乌兹别克斯坦共和国国籍，另一方仍为无国籍人，则居住在乌兹别克斯坦共和国境内的子女获得乌兹别克斯坦共和国国籍。

如果父母一方获得乌兹别克斯坦共和国国籍，另一方仍为无国籍人，则长期居住在乌兹别克斯坦共和国境外的子女可按获得乌兹别克斯坦共和国国籍一方的申请获得乌兹别克斯坦共和国国籍。

第 35 条 父母一方退出乌兹别克斯坦共和国国籍时儿童保留乌兹别克斯坦共和国国籍

如果父母一方退出乌兹别克斯坦共和国国籍，另一方仍为乌兹别克斯坦共和国公民，则子女可保留乌兹别克斯坦共和国国籍。依照退出乌兹别克斯坦共和国国籍父母一方的申请，经保留乌兹别克斯坦共和国国籍一方的书面同意，子女可以退出乌兹别克斯坦共和国国籍。

第 36 条 改变儿童国籍时必须经本人同意

14 至 18 岁的儿童父母改变国籍或被收养，儿童国籍的改变必须经过本人的书面同意。

第 6 章 加入、恢复或退出乌兹别克斯坦共和国国籍的程序

第 37 条 对加入、恢复或退出乌兹别克斯坦共和国国籍申请的一般要求

加入、恢复或退出乌兹别克斯坦共和国国籍的申请应由申请人本人向乌兹别克斯坦共和国总统提出。

在乌兹别克斯坦共和国境内居住的人员应向常住地的内务机关递交申请，在境外居住的人向领事机构提出申请。如有正当理由（生病、所在地没有领事机构），可通过代理人提交经公证的 14 至 18 岁儿童的申请。

加入、恢复或退出乌兹别克斯坦共和国国籍的申请及其所附文件必须由申请人签字，并注明起草日期。申请人因身体残疾、疾病或其他原因不能本人签字的，在本人和内务机关负责人员或领事机构负责人员在场的情况下，可由他人代签申请书或其他文件，并说明不能由申请人本人签字的原因。在这种情况下，内务机关的负责人员或领事机构的负责人员应在申请书上注明。

第 38 条 加入或恢复乌兹别克斯坦共和国国籍的申请所附文件

按一般程序加入或恢复乌兹别克斯坦共和国国籍的申请书附有下列文件：

（1）申请表；

（2）护照和（或）居留证；

（3）结婚证或离婚证；

（4）子女的出生证明，若有子女的居留证则在申请书中注明；

（5）证明有合法生活来源的文件；

（6）国税（领事费）缴纳证明。

除了本条第1款所列文件外，按简易程序加入乌兹别克斯坦共和国国籍的申请书还应附有下列文件：

（1）申请人的出生证明；

（2）居住在乌兹别克斯坦共和国境内的，拥有乌兹别克斯坦共和国国籍的直系尊亲属的护照，或有关部门、国家委员会及部委的申请；

（3）证明是否有犯罪记录的文件。

按特殊程序加入乌兹别克斯坦共和国国籍的申请必须附有护照（居留证）。

第39条 退出乌兹别克斯坦共和国国籍的申请所附文件

退出乌兹别克斯坦共和国国籍的申请书附有下列文件：

（1）申请表；

（2）护照；

（3）结婚证明或离婚证明；

（4）子女的出生证明，若有子女护照，则在申请中注明；

（5）国税（领事费）缴纳证明。

如果申请人的配偶、父母或抚养的子女是长期居住在乌兹别克斯坦共和国境内的乌兹别克斯坦共和国公民，则他（她）必须提供经公证的、上述人员对他（她）没有财产索偿的声明。

第40条 加入、恢复、退出乌兹别克斯坦共和国国籍的办理程序

收到申请的内务机关或领事机构应在3个工作日内对申请人提交的材料进行核实。

已查明材料不足时，内务机关或领事机构有权要求申请人提交补充文件或要求其他国家机关提供必要信息。

自申请人提交本法第37条、第38条和第39条规定的所有文件后，申请即被视为已获受理。

第7章 乌兹别克斯坦共和国国籍问题的审议期限及终止审议的依据

第41条 乌兹别克斯坦共和国国籍问题的审议期限

内务机关或领事机构在登记乌兹别克斯坦共和国国籍文件后的3个工作日内，应向乌兹别克斯坦共和国国籍跨部门数据库提交审议该文件的申请，数据库按本法第52条规定的程序建立。

审议申请、核实信息并做出结论的期限为1个月。如果有必要获取补充文件或资料，审议申请和做出结论的期限可延长1个月。

接收乌兹别克斯坦共和国国籍问题材料的领事机构应按外交邮件日程将材料

送交外交部。

内务部或外交部将材料提交给乌兹别克斯坦共和国总统下属的国籍问题委员会的期限不得超过 1 个月。

自向乌兹别克斯坦共和国国籍问题跨部门数据库提交申请日起，审议乌兹别克斯坦共和国国籍问题材料的总期限不得超过 1 年。

第 42 条　终止审议乌兹别克斯坦共和国国籍问题的材料

终止审议乌兹别克斯坦共和国国籍问题材料的依据如下：

（1）个人有对国家未履行的义务或与公民或国家机关或其他组织利益相关的财产义务；

（2）被通缉；

（3）作为被告被追究刑事责任、被判刑并在服刑；

（4）有法院的终审判决需要执行；

（5）故意提供虚假资料或伪假证件；

（6）与乌兹别克斯坦共和国国家利益冲突；

（7）已死亡。

内务机关或领事机构应将终止审议乌兹别克斯坦共和国国籍问题材料的情况书面通知申请人或其法定代理人，并说明终止审议乌兹别克斯坦共和国国籍问题材料的原因。

如果本条第 1 款第（1）（2）（3）（4）项所述情况被消除，申请人有权向内务机关或领事机构重新提出申请。

一旦终止审议乌兹别克斯坦共和国国籍问题的材料，已支付的国税或领事费不予退还。

乌兹别克斯坦共和国总统下属的国籍委员会，终止审议乌兹别克斯坦共和国国籍问题的材料 1 年后，内务机关或领事机构可受理重新申请乌兹别克斯坦共和国国籍的申请。如果出现了申请人不知道也不可能知道的新情况，可在指定时间之前受理重复申请。

第 8 章　乌兹别克斯坦共和国国籍的确定程序

第 43 条　确定乌兹别克斯坦共和国国籍

确定乌兹别克斯坦共和国国籍的申请，应送交常住地的内务机关，永久居住在境外的人则应送交领事机构。

确定乌兹别克斯坦共和国国籍的依据，是乌兹别克斯坦共和国国籍的申请书及其所附文件。

如果申请人有证明自己拥有乌兹别克斯坦共和国国籍的文件，应向申请人颁发乌兹别克斯坦共和国公民护照，或其他证明乌兹别克斯坦共和国公民身份的文件。

如果申请人没有必要文件，或对其是否拥有乌兹别克斯坦共和国国籍有疑问，负责核查的内务机关或领事机构应向有关国家机构发出询问，以进行核实。经过核查，得出结论。

一旦查明有违反本法第5、6、13至16条和第32至36条的规定获得乌兹别克斯坦共和国公民护照的事实，将根据内务机关的意见没收该公民的护照。如果被没收护照的人不同意这一意见，他（她）有权向法院申请解决他（她）是否拥有乌兹别克斯坦共和国国籍的问题。

本条第4款和第5款提到的意见，分别由卡拉卡尔帕克斯坦共和国内务部部长、塔什干市和塔什干州内务总局局长或州内务局局长批准。

第44条 非乌兹别克斯坦共和国国籍证明的办理程序

办理非乌兹别克斯坦共和国国籍证明的申请表应送交常住地的内务机构，永久居住在境外的人将申请表送交领事机构。

办理非乌兹别克斯坦共和国国籍证明的申请表附有下列文件：

（1）出生证明；

（2）护照，或其他身份证明文件；

（3）国税（领事费）缴纳证明。

内务机关审议非乌兹别克斯坦共和国国籍证明申请表的期限为自向乌兹别克斯坦共和国国籍跨部门数据库提交材料日起1个月。在审议申请表时，核查其是否拥有乌兹别克斯坦共和国国籍。根据内务机关的审议结果，颁发非乌兹别克斯坦共和国国籍证明。

第45条 承认乌兹别克斯坦共和国国籍的办理材料

承认无国籍人是乌兹别克斯坦共和国公民的申请应送交常住地的内务机关。申请书应附有下列文件：

（1）申请表；

（2）无国籍人的居留证；

（3）结婚证明或离婚证明；

（4）申请人改变姓、名、父称的证明（如有变更）；

（5）国税缴纳证明。

内务机关对承认无国籍人是乌兹别克斯坦共和国公民的申请审议期限是自提交申请日起3个月。

如果本法第6条所述情况得到确认，根据卡拉卡尔帕克斯坦共和国内务部部长、塔什干市和塔什干州内务总局局长及各州内务局局长批准的结论，承认无国籍人是乌兹别克斯坦共和国公民。

第9章 乌兹别克斯坦共和国总统下属的国籍问题委员会

第46条 乌兹别克斯坦共和国总统下属的国籍问题委员会的成立

为履行乌兹别克斯坦共和国总统解决乌兹别克斯坦共和国国籍问题的宪法权力，成立乌兹别克斯坦共和国总统下属国籍问题委员会（以下简称委员会），任期5年。

委员会是乌兹别克斯坦共和国总统下属的附属咨询机构。委员会成员由乌兹别克斯坦共和国总统规定。

委员会由主席、副主席、秘书和其他成员组成。

主席、副主席和其他成员义务参加委员会工作。

如果主席缺席委员会会议，副主席应履行其职责。

乌兹别克斯坦共和国总统下属的国籍问题委员会的议事规程，由乌兹别克斯坦共和国总统规定。

第 47 条　委员会的主要任务

委员会的主要任务包括：

（1）审议乌兹别克斯坦共和国国籍问题，并就国籍问题向乌兹别克斯坦共和国总统提出建议；

（2）对乌兹别克斯坦共和国总统就国籍问题做出决议的执行情况进行监督；

（3）分析乌兹别克斯坦共和国国籍法的执行情况，并向乌兹别克斯坦共和国总统提出建议，以解决这方面查明的问题；

（4）研究国籍问题的国际惯例和外国先进经验。

第 48 条　委员会的权力

为执行所担负的任务，委员会有权：

（1）针对正在办理的案件，要求有关国家机构提供乌兹别克斯坦共和国国籍问题的补充文件和材料；

（2）参与编写乌兹别克斯坦共和国国籍问题的规范性法案，并向乌兹别克斯坦共和国总统提出相关建议；

（3）邀请国家机关和其他组织的代表参加委员会会议，以获得乌兹别克斯坦共和国国籍问题的补充信息；

（4）委员会可依据本法第 42 条第 1 款的规定，做出终止审议乌兹别克斯坦共和国国籍问题申请的决议。

第 49 条　委员会的工作程序和决议程序

委员会应根据需要召开会议，但每月不少于 2 次。

至少三分之二的成员出席，委员会会议才具有法律效力。

乌兹别克斯坦共和国宪法法院院长、乌兹别克斯坦共和国最高法院院长、乌兹别克斯坦共和国总理和乌兹别克斯坦共和国总检察长可出席委员会会议并就讨论的问题发言。

委员会的决议由出席会议全体成员的多数票通过。如果委员会成员的票数均分，主席的表决应具有决定性意义。委员会的决议以纪要形式确定，并由参加会议的全体成员签字。

乌兹别克斯坦共和国总统办公厅的相应机构对提交委员会审议的乌兹别克斯坦共和国国籍问题进行初步研究并准备材料。

第 10 章　最后条款

第 50 条　执行乌兹别克斯坦共和国国籍问题决议的机关

长期居住在乌兹别克斯坦共和国境内的人，由内务部及其相关部门执行国籍问题的决议；居住在境外的人，由外交部及相关部门执行决议。

自乌兹别克斯坦共和国总统就国籍问题做出的决议生效日起，内务机关或领事机构应在 15 日内通知决定加入、恢复或退出乌兹别克斯坦共和国国籍的人。

第 51 条 按国籍问题的审议结果颁发的文件

按本法规定的程序获得乌兹别克斯坦共和国国籍的人，由内务机关或领事机构颁发乌兹别克斯坦共和国公民护照或其他证明乌兹别克斯坦共和国公民身份的文件。

长期居住在乌兹别克斯坦共和国境内，且终止乌兹别克斯坦共和国国籍的人，由内务机关颁发乌兹别克斯坦共和国居留证。

没有乌兹别克斯坦共和国常住户口，且终止乌兹别克斯坦共和国国籍的人在离开乌兹别克斯坦共和国时，由内务机关颁发乌兹别克斯坦共和国通行证。

允许放弃乌兹别克斯坦共和国国籍的人（包括儿童），应向其颁发乌兹别克斯坦共和国国籍已被终止的证明。

第 52 条 乌兹别克斯坦共和国国籍问题跨部门数据库

为保障有关政府机构间就乌兹别克斯坦共和国国籍问题的协作，保障文件和信息的输入、记录和监测，建立乌兹别克斯坦共和国国籍问题跨部门数据库。

乌兹别克斯坦共和国国籍问题跨部门数据库的运作程序由乌兹别克斯坦共和国内阁规定。

第 53 条 争议的解决

在乌兹别克斯坦共和国国籍方面产生的争议，按法定程序解决。

第 54 条 违反乌兹别克斯坦共和国国籍法应负的责任

违反乌兹别克斯坦共和国国籍法的人将按法定程序负责任。

第 55 条 进行修订，承认某些乌兹别克斯坦共和国法令失效

1. 对 2020 年 1 月 6 日通过的《乌兹别克斯坦共和国国税法》（乌兹别克斯坦共和国议会公报，2020 年第 1 期第 1 页）进行下列修订：

（1）在第 5 条第 6 款中，“自申请加入乌兹别克斯坦共和国国籍和退出乌兹别克斯坦共和国国籍日起”应改为“审议加入、恢复和退出乌兹别克斯坦共和国国籍的申请及承认乌兹别克斯坦共和国国籍的申请”；

（2）在第 22 条第 3 款中，“自申请加入乌兹别克斯坦共和国国籍和退出乌兹别克斯坦共和国国籍日起”应改为“审议加入、恢复和退出乌兹别克斯坦共和国国籍的申请及承认乌兹别克斯坦共和国国籍的申请”；

（3）在第 5 条第 6 款第（10）项中“送交加入乌兹别克斯坦共和国国籍和退出乌兹别克斯坦共和国国籍的申请”应改为“审议加入、恢复和退出乌兹别克斯坦共和国国籍的申请及承认乌兹别克斯坦共和国国籍的申请”。

2. 承认下列文件失效：

（1）1992 年 7 月 2 日通过的《乌兹别克斯坦共和国国籍法》（乌兹别克斯坦共和国最高苏维埃公报，1992 年第 9 期第 338 页）；

（2）1992 年 7 月 2 日乌兹别克斯坦共和国最高苏维埃通过的《乌兹别克斯

坦共和国国籍法的生效程序》决议（乌兹别克斯坦共和国最高苏维埃公报，1992年第9期第339页）；

（3）2004年10月3日通过的《修订、补充，并承认某些乌兹别克斯坦共和国法令的失效》的第一节第10款（乌兹别克斯坦共和国议会公报，2005年第1期第18页）；

（4）2015年8月10日通过的《某些乌兹别克斯坦共和国法令的修订及补充》的第1条（乌兹别克斯坦共和国议会公报，2015年第8期第310页）；

（5）2016年9月23日通过的《某些乌兹别克斯坦共和国法令的修订及补充》的第1条（乌兹别克斯坦共和国议会公报，2016年第9期第276页）；

（6）2019年5月23日通过的《某些与保障刑事诉讼参与人权利的乌兹别克斯坦共和国法令的修订及补充》的第2条（乌兹别克斯坦共和国议会公报，2019年第5期第267页）；

第56条 对本法的执行、传达和解释的保障

内务部、外交部及其他有关部门、国家委员会和部委应保障本法的执行、传达到执行者并向公民解释本法的本质和意义。

第57条 根据本法进行立法

乌兹别克斯坦共和国内阁有权：

（1）根据本法执行政府决定；

（2）保障国家管理机关修订和取消与本法相冲突的规范性法律。

第58条 本法的生效

本法自正式公布之日起6个月后生效。

本法第6条、第45条及第55条第1款自2020年4月1日起生效。

二、乌兹别克斯坦共和国国界法

（1999 年 8 月 20 日生效）

第 1 章 总则

第 1 条 本法的目的

本法的目的是调节乌兹别克斯坦共和国在国界的确定、国界的变更、国界的保卫和守卫方面的关系。

第 2 条 国界的立法

国界的立法由本法和其他法律文件组成。

如果乌兹别克斯坦共和国签署的国际条约有与乌兹别克斯坦共和国国界法不符的规定，则适用国际条约。

第 3 条 乌兹别克斯坦共和国国界

乌兹别克斯坦共和国国界（以下称国界或国家边界）是指确定乌兹别克斯坦共和国领土（陆地、水域、底土和空间）边界，以及沿此边界划定的垂直面。

第 4 条 确定和变更国界走向的原则

在确定和变更国界走向时，乌兹别克斯坦共和国的出发点是必须保证国家安全，并遵循以下原则：

（1）相互尊重国家主权、领土完整、互不侵犯国家边界；

（2）和平解决边境问题；

（3）与外国进行全面、平等、互利的合作；

（4）不干涉邻国内政；

（5）不使用武力或威胁使用武力。

第 5 条 确定和变更国界走向

乌兹别克斯坦共和国议会，根据乌兹别克斯坦共和国签署的国际条约确定和变更国界。国界应划定和标定（重新标定）。

国界走向的确定遵循下列准则：

（1）在陆地，根据特殊点、地貌线或明显的地标划定。

（2）在通航的河流，按主航道中心线或河的深泓线划定；不通航的河流或小溪，按河流或其主要支流的中心线划定；在湖泊或其他水体，按直线或连接国界通往湖或其他水体两岸端点的其他线划定。穿过河流、小溪、湖泊或其他水体的国界，不论是岸上轮廓或水位变化时，还是河床偏向某一方时都不会发生位移。

（3）在水库和其他人工水体，根据水淹前穿过的国界线划定。

（4）在穿越河流、小溪、湖泊和其他水体的桥梁、堤坝等设施，按这些设施的中线或技术轴线划定，而不考虑国界在水上的走向。

第6条　国界的标志

国界要建立明显的界标。

界标的形式、大小和设置程序，由乌兹别克斯坦共和国法律文件和国际条约规定。

为标志相邻国家之间陆地上的整个国界线及沿界河和水体划定的国界线，应设立边境地带。

（见2003年11月24日乌兹别克斯坦共和国内阁通过的《乌兹别克斯坦共和国与邻国国界标志程序》第530条）

第7条　确定、变更、保卫和守卫国界的资金保障和物质技术保障

确定、变更、保卫和守卫国界活动的资金保障由国家预算负责。

确定、变更、保卫和守卫国界活动的物质技术保障按乌兹别克斯坦共和国内阁确定的标准和程序进行。

第2章　国界制度

第8条　国界制度的建立

国界制度包括下列规定：

（1）国界设施的安装和维护；

（2）人员和交通工具穿越国界；

（3）货物、商品和动物穿越国界；

（4）人员、交通工具、货物、商品和动物过境；

（5）在国界或国界线附近从事生产或其他活动。

根据本法、其他法律文件和乌兹别克斯坦共和国签署的国际条约制定国界制度。

第9条　国界设施的安装和维护

国界设施的安装包括设置、维护和保持界碑及边境地带处于完好状态，与邻国共同勘察国界走向。

为了对国界设施进行安装和维护，应按法律规定的程序，为乌兹别克斯坦共和国国家安全局的边防部队（以下简称边防部队）划出紧邻国界的土地供它们永久使用。

第10条　人员和交通工具穿越国界

人员和交通工具应通过国际公路、铁路、航空或河流运输或在乌兹别克斯坦共和国法律文件和国际条约规定的其他地点穿越国界。

第11条　货物、商品和动物穿越国界

货物、商品和动物的过境，要在乌兹别克斯坦共和国法律和国际条约规定的

地点并按规定的程序过境。

第 12 条 过境

人员、交通工具、货物、商品和动物在设定的口岸过境。

口岸的数量、位置及过境程序由乌兹别克斯坦共和国内阁规定。

（见 2016 年 3 月 28 日乌兹别克斯坦共和国内阁通过的《乌兹别克斯坦共和国边境口岸条例》第 89 条）

第 13 条 国界的临时限制制度

为确保乌兹别克斯坦共和国安全，按照乌兹别克斯坦共和国内阁制定的程序，国界及个别地段的过境可以暂时受到限制或中止。

乌兹别克斯坦共和国境内或外国传播特别危险的传染病时，按照乌兹别克斯坦共和国内阁的决定，可在国界的个别地点对越过国界的人员、货物、商品、动物、种子、种植材料和其他动植物产品实施检疫。

第 14 条 在国界从事生产或其他活动

在乌兹别克斯坦共和国的界河、界湖和其他水体航行、利用水上设施和其他耗水活动、建造水利设施及其他工程，在国界上用地、利用动植物、采矿、进行地质调查和其他活动，都必须遵守乌兹别克斯坦共和国法律和国际条约。

第 15 条 非法越境人员

非法越境人员包括以下人员：

（1）未经口岸或经口岸却违反过境规则以任何方式穿越或试图穿越国界的人；

（2）潜入或试图潜入外国交通工具非法离开乌兹别克斯坦共和国的人；

（3）违法进入乌兹别克斯坦共和国内水或界河、界湖及其他水体的外国籍非军用船舶和军用舰船；

（4）未经有关国家机构许可或违反跨境飞行法规穿越国界的飞机及其他飞行器。

未经授权或违反既定程序的，以任何其他技术手段或其他手段越过国界的行为，均属于非法越境行为。

第 16 条 边境事件和冲突的处理

边境事件和冲突的处理，遵守乌兹别克斯坦共和国法律和国际条约。

第 17 条 边防代表

乌兹别克斯坦共和国国家安全局主席任命乌兹别克斯坦共和国边防代表，以解决遵守国界制度、解决国界个别地区边境事件的问题。

边防代表的权利和工作程序由乌兹别克斯坦共和国内阁规定。

解决与乌兹别克斯坦共和国和外国军用飞机、其他军事设施或军人有关的边境事件，应有乌兹别克斯坦共和国国防部代表参加。

边防代表或乌兹别克斯坦共和国国防部代表无法解决的边境问题或事件，通过外交程序解决。

第3章　边境制度

第18条　边境制度的制定

边境制度包括确定入境（通行）、逗留（居住）、在边境地区迁移和从事生产活动的规则，由乌兹别克斯坦共和国内阁制定。

边防部队和乌兹别克斯坦共和国内务机构在其职权范围内对边境地区遵守边境制度的情况进行监督。

第19条　边境地区和边境地带

设立边境地区和边境地带，以保障国界制度。

边境地区是指紧靠国家边界线内侧的一定区域，边境地区内实行边境制度。

边境地区应在毗邻国家边界线内侧的区、市、镇、村内设立。设立边境地区的范围还包括乌兹别克斯坦共和国内水、界河、界湖和其他水体的一定区域，以及位于这些水域内的乌兹别克斯坦共和国岛屿。

边境地带是指边境地区的一部分，直接毗邻国家边界线。

边境地带沿国家陆地界线或沿界河、界湖及其他边界水体堤岸设立。

在边境地带内，人员和交通工具出入境（通行）、逗留（居住）、迁移等补充制度由边防部队规定。

边境地区和边境地带的设立由乌兹别克斯坦共和国内阁规定。

第20条　人员在边境地区和边境地带出入境（通行）、逗留（居住）及迁移

除法律另有规定外，人员在边境地区入境（出境）、逗留（居住）应有内务机构的许可。

在边境地带出入境（通行）、临时逗留（居住）、迁移和生产作业均应有边防部队的许可。

第21条　边境防疫隔离带

为保护乌兹别克斯坦共和国境内免受危险传染病传播的威胁，在边境地带内设立防疫隔离带，隔离带内禁止饲养、放牧牲畜。

隔离带的宽度、隔离办法及隔离带制度由法律规定。

第22条　在边境地带从事生产和其他活动，举办群众性和其他文化活动

在边境地带利用土地、动植物、矿藏、水资源从事生产和其他活动，举办群众性和其他文化活动的程序由法律规定。

在边境地带，边防部队可以制定补充制度规定，以开展生产和其他活动，举办群众性和其他文化活动。

第23条　统计、保养、使用乌兹别克斯坦共和国小型船只

在乌兹别克斯坦共和国内水、界河、界湖和其他边界水体的一定区域内航行的小型船只，必须强制登记，并强制停泊在码头或其他停泊点。这些船只进出停泊点的程序由边防部队规定。

第24条　在乌兹别克斯坦共和国内水、界河、界湖和其他边界水体的一定

区域从事捕捞、研究、勘探和其他活动

在乌兹别克斯坦共和国内水、界河、界湖和其他边界水体的一定区域从事捕捞、研究、勘探和其他活动，必须遵守乌兹别克斯坦共和国法律和国际条约，且经过边防部队许可。

第 4 章　口岸制度

第 25 条　口岸制度的制定

口岸制度是指为实施边防检查、海关检查以及其他形式的检查而制定的一套规则，规定了人员与交通工具出入、停留口岸，货物、商品、其他财物和动物进出口岸、存放在口岸及在口岸从事生产和其他活动的程序。

口岸制度由乌兹别克斯坦共和国国家安全局制定，为所有在国界进行检查的机构开展业务创造必要条件。

第 26 条　外国非军用船舶和军舰进入乌兹别克斯坦共和国内水、港口（航线）及停留

外国非军用船舶和军舰进入乌兹别克斯坦共和国内水、港口（航道）及停留的程序由乌兹别克斯坦共和国内阁根据乌兹别克斯坦共和国签署的国际条约制定。

第 27 条　口岸制度的补充规定

在过境口岸，划定专门区域和建筑用于直接进行边防和海关检查以及其他种类的检查，并实行法律规定的补充制度。

第 5 章　国家管理机关、地方国家权力机关在保卫和守卫国界方面的权限，公民自治机构、企事业单位、组织和公民参与保卫国界

第 28 条　乌兹别克斯坦共和国内阁的权限

乌兹别克斯坦共和国内阁有以下权限：

（1）在保卫和守卫国界方面为采取的措施提供资金、人力和资源保障；

（2）颁布保卫和守卫国界方面的规范性法律文件；

（3）对各部门、国家委员会、地方权力执行机关在保卫和守卫国界方面的活动进行监督；

（4）行使法律规定的其他权力。

第 29 条　乌兹别克斯坦共和国国家安全局在保卫和守卫国界方面的权限

乌兹别克斯坦共和国国家安全局有以下权限：

（1）保障保卫和守卫国界方面国家政策的实施；

（2）保卫和守卫国界；

（3）管理边防部队；

（4）协调国家管理机关、地方国家权力机关、公民自治机构、企事业单位、组织在保卫和守卫国界方面的活动；

（5）按照法定程序提供威胁国界的情报；

（6）开展侦查、反侦查、调查活动；

（7）按照法定程序制定和采取措施打击走私行为；

（8）与其他国家相应的边防部门和国际组织在保卫和守卫国界方面进行合作；

（9）参与国界的划定；

（10）向乌兹别克斯坦共和国内阁提交关于乌兹别克斯坦共和国保卫和守卫国界的国家预算的建议供其审议；

（11）行使法律规定的其他权力。

第30条　乌兹别克斯坦共和国外交部在保卫和守卫国界方面的权限

乌兹别克斯坦共和国外交部有以下权限：

（1）在保卫和守卫国界方面提供对外政策和国际法律保障；

（2）进行确立国界和制定国界制度的谈判，并准备必要的文件和资料；

（3）为乌兹别克斯坦共和国公民、外国公民和无国籍人办理出入境证件；

（4）按照法定程序处理执行国界制度中出现的问题，解决边境事件；

（5）行使法律规定的其他权力。

第31条　乌兹别克斯坦共和国国防部在保卫和守卫国界方面的权限

乌兹别克斯坦共和国国防部有以下权限：

（1）保卫和守卫空中国界；

（2）保障乌兹别克斯坦共和国武装力量按法定程序参与国界的保卫；

（3）在自己权限范围内解决空中边境事件；

（4）按法定程序，协助边防部队，为边防部队保卫和守卫国界提供资源保障及其他方面的保障；

（5）行使法律规定的其他权力。

第32条　乌兹别克斯坦共和国内务部在保卫和守卫国界方面的权限

乌兹别克斯坦共和国内务部有以下权限：

（1）协助边防部队采取措施保卫和守卫国界；

（2）保证内务机构参与对边境地区遵守边境制度及口岸附近地区治安情况的监督；

（3）向边防部队通报边境地区的治安情况；

（4）保证内务部队按法律规定的方式参与对国界的保卫；

（5）根据边防机关的报告，在实施边境搜寻行动、抵抗武装入侵和阻止大规模非法入侵国境时，可对个别地段或重要目标实行临时管制或禁止人员通行；

（6）行使法律规定的其他权力。

第33条　乌兹别克斯坦共和国国家海关委员会在保卫和守卫国界方面的权限

乌兹别克斯坦共和国国家海关委员会有以下权限：

（1）协助边防部队保卫和守卫国界；

（2）确保海关机构参与对遵守口岸制度的监督；

（3）在口岸组织海关检验并为来往人员、交通工具、货物、商品、其他财物和动物过境办理手续；

（4）制定和采取措施，打击走私及其他违反海关法的行为；

（5）就设立口岸提出建议；

（6）行使法律规定的其他权力。

第 34 条　在国界进行检查的其他国家权力机关的权限

在国家边界实施卫生检疫、兽医检验、植物检疫和其他种类检查的国家管理机关有以下权限：

（1）在自己权限范围内参与人员、交通工具、货物、商品、其他财物和动物的验放；

（2）必要时在口岸设立服务机构并开展工作；

（3）在自己权限范围内协助边防部队保卫和守卫国界；

（4）行使法律规定的其他权力。

第 35 条　地方国家权力机关在保卫和守卫国界方面的权限

地方国家权力机关有以下权限：

（1）根据法律规定，提供保卫国界的条件；

（2）按照法定程序提供保卫国界所需的地段，并监督其使用情况；

（3）协助公民自愿参与国界的保卫和守卫；

（4）行使法律规定的其他权力。

第 36 条　公民自治机构、企事业单位和组织参加保卫和守卫国界的权限

公民自治机构、企事业单位和组织有以下权限：

（1）为边防部队、防空部队以及在国界进行各种检查的国家管理机构提供帮助，向它们提供必要的信息；

（2）为公民自愿保卫和守卫国界创造条件。

第 37 条　公民参与保卫和守卫国界

公民以自愿原则，作为边防部队编外人员和通过其他形式，在边境地区参与对国界的保卫和守卫。

公民参与保卫和守卫国界的程序由乌兹别克斯坦共和国内阁制定。

第 6 章　边防部队和防空部队在保卫和守卫国界方面的权限

第 38 条　边防部队的权力

边防部队在保卫和守卫国界时有权：

（1）按照法定程序在一些地段上修建必要的工程技术设施，架设通信线网，配置和使用装备和武器；

（2）安排边防执勤组在任何地段巡逻，由边防执勤组护送交通运输工具，按法定程序检查交通运输工具；

（3）进行军事、侦察、反侦察、侦搜和法律规定的其他活动；

（4）对违反国界制度、边境制度或口岸制度的人员，按法律规定的方式实

施行政拘留；

（5）将被行政拘留以及因涉嫌犯罪而被扣留的人员，按照法律规定的方式关押在专门设置的场所内；

（6）邀请知情人员到边防部队，向他们了解违法穿越国境和其他违反国界制度、边境制度和口岸制度的情况，必要时也可在其他地方了解上述信息；

（7）检查通过乌兹别克斯坦共和国国界人员的证件，在过境证件上盖相应标记，必要时按法定程序没收证件，不允许没有有效过境证件的人员通过乌兹别克斯坦共和国国界，直到他们办理正式过境文件或在国外逗留期间丢失证件的情况得到澄清并确定其身份，不允许被临时限制离境的人员通过乌兹别克斯坦共和国国界；

（8）与有关部门和运输组织共同确定车辆在口岸的停靠地点和停靠时间；

（9）必要时限制或禁止人员的活动和交通工具的运行，进行边境搜寻和边境行动时，为了保证公民的人身和生命安全，个别地段禁止人员进入，应让其停留在原地或离开这些地方；

（10）在个别地段的国界安全受到威胁的情况下，临时限制各种施工并通知公民自治机关、有关企事业单位和组织，但防御工程或与预防和消除自然灾害后果或严重传染病有关的工程除外；

（11）在抵抗武装入侵乌兹别克斯坦共和国国境、进行边境搜寻以及押送违法犯罪嫌疑人时，可以使用企事业单位、组织和社会团体的通信工具和交通工具，在特殊情况下可以有偿使用公民个人的通信工具和交通工具，按法律的规定赔偿费用和造成的损失，此项权力不适用于外国的外交、领事、其他代表处和国际组织的通信工具和交通工具；

（12）本法规定的其他权力。

第 39 条　边防部队的义务

边防部队在保卫和守卫国界时有以下义务：

（1）防止违法变更国家边界走向；

（2）制止在国家边界的武装和其他挑衅行为；

（3）防止非法越境，查明并拘留非法越境人员；

（4）对国界制度、边境制度和口岸制度的遵守情况进行监督；

（5）按法定程序放行人员、交通工具、货物、商品、其他财物和动物通过国界；

（6）按法定程序查明并扣留正在过境的走私物品及其他非法转移的商品、其他财物和动物及交通工具；

（7）防止违反国界制度的犯罪行为；

（8）本法规定的其他义务。

第 40 条　防空部队在保卫和守卫空中国界方面的权限

防空部队在保卫和守卫空中国界时有以下权限：

（1）在出现非法越境的威胁或正在非法越境时，使用现有设备对在共和国空域飞行的飞机和其他飞行器进行识别；

(2) 按法定程序召集乌兹别克斯坦共和国其他军种及国家机构的兵力和装备，查明空域情况，并采取措施预防或制止非法越境行为；

(3) 乌兹别克斯坦共和国空域的个别地段受到非法越境威胁或发生非法越境，或为了确保飞行安全，禁止或限制飞机和其他飞行器的飞行；

(4) 参与查明乌兹别克斯坦共和国空域非法越界行为。

第 41 条 防空部队在保卫和守卫空中国界方面的义务

防空部队在保卫和守卫空中国界时有以下义务：

(1) 监督飞机和其他飞行器对过境规则的遵守情况；

(2) 按法定程序制止非法越界或违反乌兹别克斯坦共和国空中国界过境程序的飞机和其他飞行器在乌兹别克斯坦共和国境内飞行；

(3) 对处于不可抗力情况下的飞机和其他飞行器提供帮助。

第 42 条 武器和作战装备的使用

边防部队、防空部队在保卫和守卫国界时，可以使用武器和作战装备：

(1) 打击对乌兹别克斯坦共和国的武装入侵；

(2) 制止在国界的武装挑衅行为；

(3) 预防向国外劫持没有乘客的交通工具；

(4) 武器和作战装备还可用于对抗使用武力或其他工具不能制止和拘留的非法越界者；

(5) 在保卫和守卫国界时，必要情况下，还可使用乌兹别克斯坦共和国其他武装部队的武器和作战装备。

武器和作战装备的使用程序由法律规定。

第 43 条 使用特种装备

为制止国家边界的非法行为，可按法定程序使用特种装备。

第 7 章　最后条款

第 44 条 违反国界法的责任

违反国界法的人员应按照法定程序追究其责任。

第 45 条 对参与保卫和守卫国界的国家机构和官员的行动（决定）提出申诉

对参与保卫和守卫国界的国家机构和官员的行动（决定）可直接向法院或其上级国家机构或官员提出申诉。

三、乌兹别克斯坦共和国外国公民和无国籍人法律地位法

（2021 年 3 月 3 日修订）

第 1 章　总则

第 1 条　本法的目的和适用范围

本法的目的是调节外国公民和无国籍人在乌兹别克斯坦共和国的法律地位。

本法适用于在其他国家领土永久居住、进入或暂时停留在乌兹别克斯坦共和国境内，以及在乌兹别克斯坦共和国境内永久居住的外国公民和无国籍人。

本法的适用不涉及乌兹别克斯坦共和国法律和国际条约规定的外国公民和无国籍人的特权和豁免权。

第 2 条　外国公民和无国籍人在乌兹别克斯坦共和国法律地位的立法

外国公民和无国籍人在乌兹别克斯坦共和国法律地位的立法由本法和其他法律法规构成。

如果乌兹别克斯坦共和国的国际条约规定了与乌兹别克斯坦共和国外国公民和无国籍人在乌兹别克斯坦共和国法律地位法不同的法规，则采用国际条约规则。

第 3 条　基本概念

本法使用以下基本概念：

无国籍人，是指不是乌兹别克斯坦共和国公民，且没有证明其属于外国公民身份的人；

外国公民，是指没有乌兹别克斯坦共和国国籍、拥有另一国国籍和证明属于另一国公民的人；

外国公民和无国籍人的身份证（以下简称身份证），是指证明身份证持有人的身份和国籍，以及在乌兹别克斯坦共和国境内的永久登记的文件，它包含一个电子芯片，其中包含其所有者输入的个人信息和生物数据；

通行证件，是指国家护照以及其他替代证件，根据乌兹别克斯坦共和国的法律和国际条约，持有通行证件的外国公民和无国籍人有权进入（离开）并在乌兹别克斯坦共和国居留。

第 4 条　拥有两个或两个以上国籍的外国公民

根据持有人进入乌兹别克斯坦共和国的某一国籍文件，拥有两个或两个以上

国籍的外国公民在乌兹别克斯坦共和国被视为该国公民。

第5条 外国公民和无国籍人在乌兹别克斯坦共和国法律地位的原则

根据国际法法规，乌兹别克斯坦共和国境内的外国公民和无国籍人享有权利和自由。他们也承担乌兹别克斯坦共和国宪法、法律和乌兹别克斯坦共和国批准的国际条约规定的义务。

乌兹别克斯坦共和国境内的外国公民和无国籍人，在乌兹别克斯坦共和国法律面前一律平等，不分性别、种族、国籍、语言、宗教、社会出身、信仰、个人和社会地位。

第6条 在乌兹别克斯坦共和国境内临时停留的程序

在其他国家永久居住的外国公民和无国籍人临时居住在乌兹别克斯坦共和国境内，可以凭有效通行证件在安置地、自己选择的其他住宿地以及医疗机构中临时居住。

在其他国家境内永久居住的外国公民和无国籍人临时居住在乌兹别克斯坦共和国境内，要在临时居住地登记。

永久居住在其他国家的外国公民和无国籍人，其按临时居住地在乌兹别克斯坦共和国境内登记的程序由乌兹别克斯坦共和国内阁确定。

第7条 在乌兹别克斯坦共和国永久居留的程序

外国公民和无国籍人可以在乌兹别克斯坦共和国境内永久居住。

在乌兹别克斯坦共和国境内永久居住的外国公民和无国籍人，按照法律规定的程序在永久居住地进行登记。

在乌兹别克斯坦共和国境内永久居住地登记的外国公民和无国籍人，应获得永久居住在乌兹别克斯坦共和国境内的外国公民和无国籍人身份证。

向外国公民和无国籍人发放身份证的程序由乌兹别克斯坦共和国总统确定。

第8条 给予政治庇护

考虑乌兹别克斯坦共和国的国家利益，按照本法和其他法规，依据国际法公认的原则和规范，向外国公民和无国籍人提供乌兹别克斯坦共和国的政治庇护。

政治庇护给予永久居住在其他国家寻求庇护和保护的外国公民和无国籍人以及他们的家庭成员，以免其因社会政治活动、宗教信仰、种族或民族属性以及国际法规定的其他侵犯人权案件而在其国籍国或永久居住国遭受迫害或面临成为迫害受难者的实际威胁。

在乌兹别克斯坦共和国给予政治庇护的程序和条件由乌兹别克斯坦共和国总统确定。

第2章　身份证的签发和注销及其有效期

第9条 签发身份证

身份证签发给以下人员：

永久居住在乌兹别克斯坦共和国境内的外国公民或无国籍人，年满16岁，或由父母、监护人（受托人）酌情决定，从婴儿出生之时起，直至年满16岁；

已获得乌兹别克斯坦共和国永久居留证的人，包括根据《乌兹别克斯坦共和国国籍法》终止乌兹别克斯坦共和国国籍但已进入乌兹别克斯坦共和国的人；

永久居住在乌兹别克斯坦共和国境内，但尚未获得乌兹别克斯坦共和国国籍或根据《乌兹别克斯坦共和国国籍法》终止乌兹别克斯坦共和国国籍的人；

根据法律规定的程序在乌兹别克斯坦共和国获得不动产的外国公民；

外国公民或无国籍人，包括外国投资企业的创始人（参与者）及其家庭成员，他们向在乌兹别克斯坦共和国境内组织生产商品和提供服务的企业投资，并符合乌兹别克斯坦共和国总统决议规定的条件；

根据在乌兹别克斯坦共和国提供政治庇护的证书，在乌兹别克斯坦共和国获得政治庇护的外国公民或无国籍人。

第 10 条　身份证的有效期

身份证的颁发对应下列有效期限：

1 岁以下的新生儿，有效期为 2 年；

年龄为 1 至 16 岁的人，有效期为 5 年；

年龄为 16 至 60 岁的人，有效期为 5 年；

60 岁以上的人，有效期为 1 年。

在乌兹别克斯坦共和国永久登记的外国公民，身份证的有效期不超过其国家护照的有效期。

本法第 9 条第 6 段规定的外国公民和无国籍人及其家庭成员，颁发的身份证有效期为 10 年，但不得超过其旅行证件的有效期。

第 11 条　注销身份证

在下列情况下注销身份证：

外国公民或无国籍人根据法律规定的程序出境前往国外永久居留；

外国公民暂时离开乌兹别克斯坦共和国，但在 3 年后无正当理由未返回乌兹别克斯坦共和国的永久居住地；

暂时离开乌兹别克斯坦共和国的无国籍人，在旅行证件到期前无正当理由，未返回自己在乌兹别克斯坦共和国的永久居住地，在国外无正当理由未换或拒绝换旅行证件，正当理由是指生病、在逗留国无领事机构和公民无法控制的其他原因；

外国公民或无国籍人个人申请，或其他人根据经公证的授权书申请或应国外有关当局的要求注销身份证；

将外国公民或无国籍人行政驱逐出乌兹别克斯坦共和国；

根据法院判决宣布外国公民或无国籍人失踪；

外国公民或无国籍人死亡，根据民事登记处关于某人死亡的证明；

永久居住在乌兹别克斯坦共和国境内的外国公民和无国籍人取得乌兹别克斯坦共和国国籍；

外国公民在自己国家护照有效期届满后 6 个月内未能换新护照，或未提交从自己国家退籍的证书；

外国公民和无国籍人根据国家管理机关、经济联合体和其他共和国级国家机构领导的申请，凭这些机构和组织的通告，获得了永久居留许可；

个人在获得身份证时提交有关自己或其亲属的虚假信息以及伪假证件。

第3章　乌兹别克斯坦共和国境内外国公民和无国籍人的基本权利、自由和义务

第12条　自由和人身豁免权

居住在乌兹别克斯坦共和国境内的外国公民和无国籍人有权受到保护，使其名誉和尊严不受侵犯，其个人生活不受干涉，住宅不受侵犯。除乌兹别克斯坦共和国法律规定的情况和方式外，任何人都无权进入住宅、搜查、检查或违反通信和电话交谈的保密性。

对于在乌兹别克斯坦共和国境内居住的外国公民和无国籍人，只能根据乌兹别克斯坦共和国法律采取诉讼强制措施和行政处罚措施。

根据乌兹别克斯坦共和国立法规定的程序被拘留或关押的外国公民和无国籍人，应被告知他们的权利以及导致他们被拘留或关押的原因。

第13条　在乌兹别克斯坦共和国境内自由迁移的权利

外国公民和无国籍人有权按照本法和乌兹别克斯坦共和国其他法令规定的程序，在乌兹别克斯坦共和国境内自由迁移。

外国公民和无国籍人在乌兹别克斯坦共和国境内的迁移，在需要乌兹别克斯坦共和国经授权的国家机构许可证的边境地区和边境地带可能受到限制。

凭乌兹别克斯坦共和国规范边境地区居民相互来往规则的国际条约确定的证件入境乌兹别克斯坦共和国的外国公民迁移的特殊性，由乌兹别克斯坦共和国批准的国际条约规定。

第14条　财产权和个人非财产权

外国公民和无国籍人在乌兹别克斯坦共和国境内享有与乌兹别克斯坦共和国公民平等的所有权，除非乌兹别克斯坦共和国法律或国际条约另有规定。

乌兹别克斯坦共和国境内的外国公民和无国籍人有权继承或遗赠属于他们的财产权，并根据乌兹别克斯坦共和国法律和国际条约规定的程序享有其他财产权和个人非财产权。

第15条　劳动权

在乌兹别克斯坦共和国境内从事劳动活动的外国公民和无国籍人，享有乌兹别克斯坦共和国劳动立法规定的权利和义务。

外国公民和无国籍人在乌兹别克斯坦共和国境内开展劳动活动的规则，由乌兹别克斯坦共和国居民就业法规定。

外国公民和无国籍人不得被任命、当选为某些职位或从事某种类型的劳动活动，如果根据乌兹别克斯坦共和国的立法，被任命为这些职位或从事这种活动与乌兹别克斯坦共和国国籍有关。

第 16 条　社会保障权

根据乌兹别克斯坦共和国立法和国际条约规定的程序，长期居住在乌兹别克斯坦共和国境内的外国公民和无国籍人有权在与乌兹别克斯坦共和国公民平等的基础上领取养老金。

长期居住在乌兹别克斯坦共和国境内的外国公民和无国籍人，如果没有达到领取养老金所需工龄，则其社会保障程序由乌兹别克斯坦共和国内阁确定。

第 17 条　医疗保健权

根据乌兹别克斯坦共和国的国际条约，长期居住在其他国家的外国公民和无国籍人在乌兹别克斯坦共和国境内时享有医疗保健权。

长期居住在乌兹别克斯坦共和国境内的无国籍人，享有与乌兹别克斯坦共和国公民同等的医疗保健权。

第 18 条　教育权

根据国际条约和乌兹别克斯坦共和国法律，长期居住在其他国家的外国公民和无国籍人有权在乌兹别克斯坦共和国接受教育。

长期居住在乌兹别克斯坦共和国境内的无国籍人，享有与乌兹别克斯坦共和国公民同等的教育权。

第 19 条　婚姻和家庭关系缔结（解除）登记权

乌兹别克斯坦共和国境内的外国公民和无国籍人有权登记结婚。

外国公民、无国籍人与乌兹别克斯坦共和国公民的婚姻登记以及外国公民、无国籍人之间、外国公民和（或）无国籍人之间的婚姻登记并无差异。

长期居住在乌兹别克斯坦共和国境内的外国公民和无国籍人，在家庭关系中享有与乌兹别克斯坦共和国公民平等的权利和义务。

乌兹别克斯坦共和国公民与外国公民或无国籍人，在乌兹别克斯坦共和国境外遵照缔结婚姻所在国法律缔结的，如果没有乌兹别克斯坦共和国家庭法所规定的妨碍缔结婚姻的情况，则在乌兹别克斯坦共和国境内被视为有效。

乌兹别克斯坦共和国公民与外国公民或无国籍人婚姻关系的解除，以及外国公民在乌兹别克斯坦共和国境内解除婚姻关系，依照乌兹别克斯坦共和国法律进行。

第 20 条　参与文化活动

乌兹别克斯坦共和国境内的外国公民和无国籍人，在文化活动领域享有与乌兹别克斯坦共和国公民平等的权利和义务。

外国公民和无国籍人有权使用本国语言，以及发展其民族文化和传统。

第 21 条　参与非政府非营利组织的活动

外国公民和无国籍人享有与乌兹别克斯坦共和国公民平等的权利，可以成为非政府非营利组织的创始人、参与者（成员），但乌兹别克斯坦共和国法律和国际条约另有规定的情况除外。

第 22 条　申诉权

外国公民和无国籍人有权根据乌兹别克斯坦共和国《个人和法人申诉法》

规定的程序，向乌兹别克斯坦共和国国家机构、组织及其官员提出申请、建议和申诉。

乌兹别克斯坦共和国的国家机构、组织及其官员在审议申诉时，要让外国公民和无国籍人知悉涉及其权利、自由和合法利益的文件、决定和其他材料，如果这些文件不包含构成国家机密或者受法律保护的其他秘密的信息，以及知悉这些文件也不损害自然人和法人的权利、自由和合法利益以及社会和国家的利益。

第 23 条 获得国家服务的权利

根据乌兹别克斯坦共和国的法律，外国公民和无国籍人有权获得国家服务。

第 24 条 限制外国公民和无国籍人参加乌兹别克斯坦共和国的选举和公民投票

外国公民和无国籍人不能参加乌兹别克斯坦共和国总统选举，不能作为选民参加国家权力代表机构的选举，不能被选举（任命）进入国家权力机构，无权参加乌兹别克斯坦共和国的公民投票，以及参加进入公民自治机构的选举。

第 25 条 外国公民和无国籍人的义务

在乌兹别克斯坦共和国境内的外国公民和无国籍人有义务：

遵守乌兹别克斯坦共和国宪法、法律和其他法规；

尊重乌兹别克斯坦共和国公民及在乌兹别克斯坦共和国境内的外国公民和无国籍人的权利、自由、荣誉和尊严；

保护乌兹别克斯坦共和国人民的历史、精神和文化遗产；

爱护自然环境。

第 26 条 外国公民和无国籍人服兵役义务

兵役义务不适用于在乌兹别克斯坦共和国境内永久或临时居留的外国公民和无国籍人。

第 27 条 外国公民和无国籍人的纳税义务

外国公民和无国籍人依据乌兹别克斯坦共和国法律和国际条约，缴纳乌兹别克斯坦共和国税法规定的税款及其规定的费用。

外国公民和无国籍人有权享受乌兹别克斯坦共和国法律规定的税收优惠。

第 4 章 外国公民和无国籍人进入乌兹别克斯坦共和国、离开乌兹别克斯坦共和国、过境乌兹别克斯坦共和国

第 28 条 进入乌兹别克斯坦共和国

外国公民必须持有效旅行证件进入乌兹别克斯坦共和国，与乌兹别克斯坦共和国建立签证制度的国家公民，须持乌兹别克斯坦共和国有效入境签证（包括电子签证），乌兹别克斯坦共和国法律和国际条约另有规定的情况除外。

长期居住在其他国家的无国籍人，须持有效旅行证件进入乌兹别克斯坦共和国，且持有有效的乌兹别克斯坦共和国入境签证，本条第 3 款规定的情况除外。

根据本法第 9 条最后一段，已获得身份证的长期居住在其他国家的无国籍人，其入境程序由法律规定。

对长期居住在其他国家的外国公民和无国籍人，进入乌兹别克斯坦共和国或过境乌兹别克斯坦共和国的签证（电子签证除外），应由下列机构办理和签发：

乌兹别克斯坦共和国领事机构及乌兹别克斯坦共和国外交代表机关的领事处（以下简称领事机构），如果所在地没有乌兹别克斯坦共和国领事机构，则由与乌兹别克斯坦共和国外交部有双边协定的其他国家的领事机构办理和签发；

具有国际机场地位的乌兹别克斯坦共和国外交部驻机场分支机构。

外交部驻国际机场的领事机构和分支机构向所有类别的外国公民颁发乌兹别克斯坦共和国入境签证。

乌兹别克斯坦共和国驻外外交使团和领事机构负责人，在特殊情况下（紧急情况，举行国事或正式访问，重大政治、经济、社会、文化、教育、人道主义和体育活动，以及实施投资项目）有权自行决定向长期居住在其他国家的外国公民和无国籍人颁发乌兹别克斯坦共和国入境签证，并在24小时内通知乌兹别克斯坦共和国外交部该决定。

被列入有权获得乌兹别克斯坦共和国电子签证国家清单的外国公民，无须乌兹别克斯坦共和国领事机构或乌兹别克斯坦共和国外交部申请，即可通过相应的电子系统办理和获得乌兹别克斯坦共和国电子签证。

长期居住在其他国家的外国公民和无国籍人的签证延期，由乌兹别克斯坦共和国外交部和内务部依法办理。

本法在乌兹别克斯坦共和国入境规则、外国公民签证的签发期限和有效期等部分不调节的关系，可通过乌兹别克斯坦共和国与其他国家在平等基础上签订的国际条约规定，也可由乌兹别克斯坦共和国总统或乌兹别克斯坦共和国内阁以单独的决议决定。

第29条　拒绝进入乌兹别克斯坦共和国的依据：

长期居住在其他国家的外国公民和无国籍人，在下列情况下可能被拒绝进入乌兹别克斯坦共和国：

为保障国家安全或保护公共秩序；

此人参与境外的恐怖主义、极端主义或其他犯罪组织活动；

此人故意提供有关自己的虚假信息或未提交必需的文件；

此人在上次逗留期间，被判有罪并按法院判决正在服刑；

此人在一段时间被限制进入乌兹别克斯坦共和国，且该限制仍有效；

此人患病或患有被乌兹别克斯坦共和国卫生部列入疾病名单上的相应疾病，会对公民安全和健康构成威胁。

做出拒绝颁发乌兹别克斯坦共和国入境签证、拒绝入境乌兹别克斯坦共和国或注销乌兹别克斯坦共和国入境签证决议的机构，无须将做出上述决议的理由告知长期居住在其他国家境内的外国公民和无国籍人及其亲属或代表。

第30条　出境

外国公民和无国籍人凭有效的旅行证件和乌兹别克斯坦共和国的有效出境签证离开乌兹别克斯坦共和国，乌兹别克斯坦共和国的立法和国际条约另有规定的情况除外。

在下列情况下，允许外国公民或无国籍人持过期的国家护照、无签证且无临时居住地登记而离开乌兹别克斯坦共和国：

根据将外国公民和无国籍人行政驱逐出乌兹别克斯坦共和国的决议，或被追究刑事责任，将外国公民或无国籍人驱逐出乌兹别克斯坦共和国（根据国家护照上的驱逐出境标注）；

外国公民或无国籍人及其随行人员免签、持电子签证、旅游签证、司机签证或过境签证抵达乌兹别克斯坦，在此期间因事故（受伤或其他严重疾病）被送入医疗机构，无法离开乌兹别克斯坦（凭医疗机构的诊断）；

驾驶车辆进入乌兹别克斯坦共和国领土的外国公民或无国籍人，因交通事故或车辆损坏无法按时离开乌兹别克斯坦共和国（凭此情况的证明文件）；

外国公民或无国籍人在乌兹别克斯坦共和国境内遭受自然和人为紧急情况，包括生活灾害（火灾、住宅或非住宅房屋倒塌、车辆起火），但他们无过错（凭证明此种情况的文件）。

在乌兹别克斯坦共和国长期居住的外国公民凭旅行证件出国，但旅行证件上须有内务机关在永久居住地登记的标注。

第 31 条　暂时限制外国公民和无国籍人离开乌兹别克斯坦共和国的理由

在下列情况下，外国公民和无国籍人不得离开乌兹别克斯坦共和国：

当事人的离境违背了维护国家安全的利益，直到阻止离境的情况终止；

受制于协议、合同义务阻止当事人出国永久居留，直到这些义务终止；

已被提起刑事诉讼的当事人，直至对该刑事案件的诉讼程序完成后就该刑事案件做出诉讼决定；

因犯罪被判刑的当事人，直到服刑期满或免予处罚；

当事人逃避履行法院对其施加的义务，直至义务履行完毕；

当事人在获得旅行证件时故意提供了关于自己的虚假信息，直到查明情况；

对当事人在法庭上提起民事诉讼，直到法庭做出决定并执行。

做出拒绝离开乌兹别克斯坦共和国决定的机构应将做出这些决定的理由通知外国公民和无国籍人及其亲属。

第 32 条　外国公民和无国籍人通过乌兹别克斯坦共和国领土过境

永久居住在其他国家的外国公民和无国籍人，在过境时，如果持有有效旅行证件和过境签证，可以进出乌兹别克斯坦共和国。

在乌兹别克斯坦共和国法律和国际条约规定的情况下，可以在没有过境签证的情况下通过乌兹别克斯坦共和国领土过境。

允许外国公民和无国籍人通过航空、铁路、公路和水路运输，通过乌兹别克斯坦共和国领土过境，但须持有入境目的地国的有效证件，并有相应的确认从乌兹别克斯坦共和国转运点出发日期的旅行证件。

永久居住在其他国家的外国公民和无国籍人持有乌兹别克斯坦共和国过境签证，在过境乌兹别克斯坦共和国时必须按照规定路线、遵守过境规则前往乌兹别克斯坦共和国国界口岸，并在过境签证规定的期限内在乌兹别克斯坦共和国境内停留。

永久居住在其他国家的外国公民和无国籍人，通过乌兹别克斯坦共和国的过境程序由乌兹别克斯坦共和国内阁决定。

第 33 条　对永久居住在其他国家的外国公民和无国籍人在乌兹别克斯坦共和国停留或者过境期间的监管

内务机构和其他授权机构，根据乌兹别克斯坦共和国法律，对永久居住在其他国家的外国公民和无国籍人在乌兹别克斯坦共和国停留或过境进行监管。

第 5 章　外国公民和无国籍人的责任

第 34 条　违法责任

外国公民和无国籍人在乌兹别克斯坦共和国境内实施犯罪或行政违法，应与乌兹别克斯坦共和国公民一样承担责任，但乌兹别克斯坦共和国批准的国际条约另有规定的情况除外。

临时或永久居住在乌兹别克斯坦共和国的外国公民和无国籍人，如违反逗留规则和有乌兹别克斯坦共和国法律规定的其他违法行为，可被追究行政责任。还可根据乌兹别克斯坦共和国法律规定的程序，对其实施行政驱逐、禁止入境及缩短逗留期限。

18 岁以下的外国公民和无国籍人，不因违反乌兹别克斯坦共和国逗留规则而承担行政责任。

第 35 条　行政驱逐出乌兹别克斯坦共和国

在乌兹别克斯坦共和国境内临时居留或永久居住的外国公民和无国籍人，因违反居留规定，即凭无效证件居住，不遵守在永久居留地或临时居留地、迁移地或选择居住地登记的既定程序，逗留期限届满后逃避离境，不遵守通过乌兹别克斯坦共和国过境规则，以及乌兹别克斯坦共和国立法规定的其他违法行为，可能被驱逐出乌兹别克斯坦共和国。

在乌兹别克斯坦共和国境内临时居留和永久居住的外国公民和无国籍人，在乌兹别克斯坦共和国境内执行完法院判决的刑期或免除刑事责任，或接受乌兹别克斯坦共和国立法规定的处罚后，将被驱逐出乌兹别克斯坦共和国，之后限制其进入乌兹别克斯坦共和国。

限制在乌兹别克斯坦共和国境内临时居留或永久居住的外国公民和无国籍人进入乌兹别克斯坦共和国的期限和程序，由乌兹别克斯坦共和国立法确定。

外国公民和无国籍人进入乌兹别克斯坦共和国的限制期限从其被驱逐出乌兹别克斯坦共和国领土（穿越乌兹别克斯坦共和国国界）之日起计算。

违反在乌兹别克斯坦共和国停留规则的外国公民和无国籍人，在授权机构工作人员的押送下被强行驱逐出乌兹别克斯坦共和国，可允许其持过期的旅行证件或签证穿越乌兹别克斯坦共和国国界。

将永久居住在其他国家因公、因私、因商务或公益事业、留学、进修、工作或旅游的乌兹别克斯坦共和国的外国公民和无国籍人驱逐出乌兹别克斯坦共和国的费用由邀请方和接待方的自然人和法人承担。驱逐其他外国公民和无国籍人的费用由内务机构承担。

永久居住在其他国家的外国公民和无国籍人被驱逐出乌兹别克斯坦共和国时，发给他们的签证将被注销。

在下列情况下，如果父母一方、监护人或受托人有权在乌兹别克斯坦共和国境内合法居住，则不得将未满 18 岁的外国公民和无国籍人驱逐出乌兹别克斯坦共和国：

违反在乌兹别克斯坦共和国的居留规则，即没有在乌兹别克斯坦共和国居留权的证件或证件无效，不遵守在临时居留地或永久居留地、迁移地或选择居住地登记的既定程序，在逗留期限届满后逃避离境，以及不遵守通过乌兹别克斯坦共和国过境规则；

对在乌兹别克斯坦共和国境内犯下的罪行执行或服满法院判处的刑期，或免除刑事责任和乌兹别克斯坦共和国立法规定的惩罚。

驱逐出境的决定可以依法律程序上诉。

第 36 条 缩短在乌兹别克斯坦共和国的停留期限

在其他国家永久居住的外国公民和无国籍人，如违反乌兹别克斯坦共和国法律，包括在乌兹别克斯坦共和国的逗留规则，可按照乌兹别克斯坦共和国立法规定的程序缩短其在乌兹别克斯坦共和国的逗留期限。

永久居住在其他国家的外国公民和无国籍人，在乌兹别克斯坦共和国的停留期限也可根据其申请及邀请的自然人或法人的申请终止与法人或教育机构的合同关系而缩短。

第 6 章 最后条款

第 37 条 违反乌兹别克斯坦共和国外国公民和无国籍人法律地位立法的责任

违反乌兹别克斯坦共和国外国公民和无国籍人法律地位立法的人应按照既定程序承担责任。

第 38 条 反制

乌兹别克斯坦共和国可对乌兹别克斯坦共和国公民的权利受到特别限制的国家实行报复性限制。

第 39 条 保证本法的实施、传达，使本法的实质和意义得到解释

乌兹别克斯坦共和国外交部、内务部和就业与劳动关系部及其他有关组织，应确保本法得到实施，传达给执行者，本法的实质和意义在民众间得到解释。

第 40 条 立法与本法保持一致

乌兹别克斯坦共和国内阁：

使政府的决定与本法相一致；

国家管理机构要确保修订和取消与本法相抵触的法律法规。

第 41 条　本法的生效

本法自正式公布之日起施行。

在本法生效前颁发给永久居住在乌兹别克斯坦共和国境内的外国公民和无国籍人的居留证，在根据法律规定的程序注销或更换身份证之前，视为有效。

四、乌兹别克斯坦共和国内阁关于外国公民和无国籍人入境、出境、居留和过境规则的决议

为进一步简化外国公民和无国籍人在乌兹别克斯坦共和国入境、出境、居留和过境规则，内阁决定：

1. 批准：

（1）乌兹别克斯坦共和国外国公民和无国籍人出入境规则，按附件1实施；

（2）外国公民和无国籍人在乌兹别克斯坦共和国的居留规则，按附件2实施；

（3）外国公民和无国籍人通过乌兹别克斯坦共和国过境规则，按附件3实施；

（4）乌兹别克斯坦共和国入境、出境和过境签证的类别（非电子签证）清单，按附件4实施；

（5）与乌兹别克斯坦共和国建立免签证制度的国家清单，按附件5实施。

2. 乌兹别克斯坦共和国财政部与有关部委应在1个月内根据国际惯例制定，并以规定的方式提交对1993年8月19日颁布的第423号内阁决议《关于国税、费用和其他非税收的外币结算率》的修订和补充。

3. 乌兹别克斯坦共和国外交部、内务部及其他部委部门应使其行为符合本法规定。

4. 宣布于1992年9月7日批准的第415-31号内阁决议《外国公民在乌兹别克斯坦共和国境内逗留的暂行规定》无效。

5. 本法的执行委托乌兹别克斯坦共和国总统国家顾问古利亚莫夫监督。

附件 1

乌兹别克斯坦共和国外国公民和无国籍人出入境规则

（2019 年 10 月 21 日修订）

第 1 章　总则

1. 根据乌兹别克斯坦共和国法律，外国公民和无国籍人可以因私、公务、旅游、休假、学习、工作、医疗及永久居留等原因出入乌兹别克斯坦共和国国境。

2. 颁发包括外国公民过境签证的乌兹别克斯坦共和国入境签证的机构有：

（1）乌兹别克斯坦共和国驻外领事机构，如果所在地没有乌兹别克斯坦共和国驻外领事机构，则由与乌兹别克斯坦共和国外交部有双边协定的其他国家的领事机构颁发签证。

乌兹别克斯坦共和国驻外领事机构包括：总领事馆、领事馆、副领事馆、领事代理处和使馆领事处。

（2）具有国际地位的乌兹别克斯坦共和国外交部驻机场分支机构。

外交部驻机场的领事机构和分支机构向所有类别的外国公民颁发乌兹别克斯坦共和国入境签证。

颁发的入境签证的期限一般不超过 1 年。在法律规定的情况下，向某些类别的外国公民和无国籍人颁发期限不超过 3 年的入境签证。

在乌兹别克斯坦共和国投资的外国公民，如果以购买经济公司的股份和股票以及以外资建立企业的形式，投资额不少于投资时乌兹别克斯坦共和国规定的基本计算价值的 8500 倍，将获得 3 年期的投资多次签证（投资签证），其有效期可以无限延长，而不必离开乌兹别克斯坦共和国。

在这种情况下，投资者的家庭成员（配偶、父母和子女）将获得投资签证期间的访问签证，并有权延长签证期限而不离开乌兹别克斯坦共和国。

获得“荣誉公民”身份的外国公民及其家庭成员（配偶和未成年子女）有权获得最长 3 年的多次入境签证，且无须缴纳国税。

3. 乌兹别克斯坦共和国外交部及其在乌兹别克斯坦共和国境内的分支机构，负责为下列类别外国公民的签证延期：

（1）外国常驻代表机构、乌兹别克斯坦共和国外交部认证的国际政府间组织和外国政府组织的代表机构、在乌兹别克斯坦共和国司法部注册的国际和外国非国家（非政府）组织的代表机构和分支机构的工作人员（及由他们赡养的家庭成员），以及经乌兹别克斯坦共和国外交部认证的工作人员及由他们赡养的家庭成员；

（2）官方代表团和议会代表团成员；

（3）具有外交地位的其他人员；

（4）应本条第（1）项所述外国公民的邀请抵达，但不超过2次。

签证延期，是指延长在乌兹别克斯坦共和国境内合法居留的许可，通过签发有效期更新的新签证来实现，在认可外国公民的情况下，还需要改变签证类型。

4. 向本规则第3条第（1）项规定的外国公民发放的多次入境签证的期限应为其派驻期，向本规则第3条第（2）（3）和（4）项规定的其他公民发放的多次入境签证的期限最长为1年。

5. 乌兹别克斯坦共和国内务部、卡拉卡尔帕克斯坦共和国内务部、各州和塔什干市内务局，向本规则第3条中未指明的外国公民发放和延期乌兹别克斯坦共和国签证（出境、入境）。

6. 乌兹别克斯坦共和国内务部，向以下类别的外国公民及其家庭成员发放3年以下的多次签证：

（1）经乌兹别克斯坦共和国国家投资委员会认证的公司和企业的常驻代表机构的工作人员，持有证明其作为代表机构委派的工作人员的文件。签证根据外国公司或企业的常驻代表机构申请签发。

（2）按法定程序在乌兹别克斯坦共和国注册的外国银行或其他金融组织的工作人员，持有证实其作为外国银行或其他金融组织在编工作人员的文件。签证根据外国银行或其他金融组织申请签发。

（3）合资企业和外国独资企业的工作人员，在乌兹别克斯坦共和国注册或认证的外国公司的工作人员，在获得对外劳务移民局的工作许可后，除非双边和多边政府间协议另有规定，签证根据企业申请签发。

（4）参与投资项目的外国公司的负责人和专家，签证根据乌兹别克斯坦共和国各部委和经济协会负责人的申请签发。

（5）为外国投资企业的创始人（参与者）及其家庭成员签发签证。

6.1　内务部向获得“荣誉公民”身份的外国公民和无国籍人及其家庭成员（配偶和未成年子女），发放为期3年的多次入境、出境签证，可无限次延期，无须离开乌兹别克斯坦共和国，也无须缴纳国税。

6.2　投资签证，由乌兹别克斯坦共和国地方内务机构向持非电子形式的商务入境签证、访问入境签证和同胞入境签证到达乌兹别克斯坦共和国的外国公民签发和延期。

如果外国公民持投资签证抵达乌兹别克斯坦共和国，其签证延期由乌兹别克斯坦共和国内政部门执行。

为了获得和延长投资签证，外国公民应带表格到临时居住地向乌兹别克斯坦共和国内务机构的地方分局提出申请，并附上其外国投资企业的申请和相关投资证明之一，并出示护照。

证明由以下机构颁发：

（1）国有企业中央证券存管处—关于收购经济公司股份的数额；

（2）乌兹别克斯坦共和国司法部下属的国家服务局或其地方局—关于收购经济公司股份的数额，以及在乌兹别克斯坦共和国境内设立外商投资企业。

获得投资签证的外国公民，有权向临时居住地的乌兹别克斯坦共和国内务机构的地方分局申请，在投资签证的剩余有效期内将签发的签证重新贴在新的（换发）本国护照上，或无国籍人的旅行证件上。

6.3　签发投资签证后，乌兹别克斯坦共和国外交部和内务部，应按月将相关信息发送给乌兹别克斯坦共和国司法部下属的国家服务局和国有企业中央证券存管处，以进行统计和相关登记。

如果重新登记与参与者股份变化有关的法定文件，乌兹别克斯坦共和国司法部下属的国家服务局和国有企业中央证券存管处将在3日内将信息发送给乌兹别克斯坦共和国内务部，以便进一步考虑缩短签证有效期或取消投资签证的问题。

6.4　无签证、持电子签证和旅游签证来乌兹别克斯坦共和国一段时间的外国公民，在此期间因事故（受伤或其他严重疾病）被安置在医疗机构，无法在规定期限内离开乌兹别克斯坦共和国，由内务部、卡拉卡尔帕克斯坦共和国内务部、塔什干市、塔什干州、各州的内务总局根据有关医疗机构为外国公民出具的就医期间结论办理出境签证，不采取行政措施。

外国公民或其法定代理人在治疗期结束后，应在3个工作日内以法定程序向属地内务机构提交申请和其他相关文件，以便办理出境（EXIT）签证。

6.5　在个别情况下，因疫情（大流行）原因对隔离区临时居留期满的外国公民以及接收他们的房主和负责人，在隔离期结束前，不适用违反居留规则的行政措施。

无签证、持电子签证和旅游签证进入乌兹别克斯坦共和国的外国公民，在隔离期满后，必须在30日内离开乌兹别克斯坦共和国，无须办理出境（EXIT）签证。

与之实行免签证制度的外国公民，以及持签证居住的外国公民，隔离期满后，可在3个工作日内通过邀请（接待）他的自然人和法人，以法定程序向地方内务机构申请延长其在临时居留地的登记。

临时居留地的登记期限自隔离期满之日起顺延。

7. 除过境签证外，乌兹别克斯坦共和国入境签证在乌兹别克斯坦共和国全境有效，但不对外国公民开放的地区、设施除外。

8. 向外国公民发放或延期乌兹别克斯坦共和国出入境签证：

（1）乌兹别克斯坦共和国各领事机构，按乌兹别克斯坦共和国总统规定的方式和数额收取领事费，并按乌兹别克斯坦共和国外交部和乌兹别克斯坦共和国各领事机构负责人或外交使团负责人规定的方式和数额收取费用，以偿付与执行领事行动有关的实际费用；

（2）乌兹别克斯坦共和国内务机构按乌兹别克斯坦共和国《国税法》规定的程序和数额征收国税。

9. 乌兹别克斯坦共和国出入境规则、外国公民签证的签发期限和有效期可通过乌兹别克斯坦共和国与其他国家签订的多边和双边协议在平等的基础上变更，或根据乌兹别克斯坦共和国内阁的个别决定变更。

9.1 乌兹别克斯坦共和国外交部有权根据给予乌兹别克斯坦共和国承运人在其境内的规定，对外国承运人在乌兹别克斯坦共和国境内的逗留期限采取适当措施，并仅出于正当理由才允许其在乌兹别克斯坦共和国境内长期逗留。

第2章 乌兹别克斯坦共和国入境签证的办理程序

10. 应外国法人或常驻代表团、国际政府间组织和外国政府组织代表处、派驻乌兹别克斯坦共和国外交部的外国公民以及在司法部登记的国际和外国非国家（非政府）非营利组织的代表处和分支机构的邀请，拟入境乌兹别克斯坦共和国的外国公民，向乌兹别克斯坦共和国驻外领事机构申请签证，在没有此类机构的情况下，向与乌兹别克斯坦共和国签订领事职能协议的其他国家的领事机构申请签证，并按规定格式填写签证申请表，同时附上邀请函、本国护照或替代性文件（以下简称本国护照）。

作为在乌兹别克斯坦共和国司法部登记的国际组织、外国非国家（非政府）非营利组织代表处和分支机构工作人员的外国公民及其家属，根据乌兹别克斯坦共和国司法部的认证卡申请获得和延期签证。

外国法人或常驻代表团、在乌兹别克斯坦共和国外交部认证的国际政府间组织的代表机构和外国政府组织，以及在乌兹别克斯坦共和国司法部注册的国际和外国非国家（非政府）非营利组织的代表机构和分支机构，只有向乌兹别克共和国外交部提交给予签证支持的申请后，才会向外国公民发出邀请函。

乌兹别克斯坦共和国外交部审议外国法人或常驻代表团、国际政府间组织和外国政府组织代表团、在乌兹别克斯坦共和国外交部认证的外国公民以及在乌兹别克斯坦共和国司法部登记的国际组织和外国非国家（非政府）非营利组织的代表机构和分支机构的书面申请，并对境外的领事机构下达相应指示。

应法人邀请入境乌兹别克斯坦共和国工作的外国公民，在确认其工作权的基础上，根据其在乌兹别克斯坦共和国工作3个月以上的合同和协议，由对外劳务移民局按照既定程序向外国公民发放工作签证。

作为乌兹别克斯坦共和国外交部认证的政府间国际组织和外国政府组织代表处工作人员的外国公民及其家属，以及在乌兹别克斯坦共和国外交部认证的新闻界代表及其家属，根据认证卡向乌兹别克斯坦共和国外交部申请延期签证。

对外国公民签证材料的审查和入境签证的办理期限不得超过10日。

11. 应乌兹别克斯坦共和国公民邀请，或长期居留而拟入境乌兹别克斯坦共和国的外国公民，应向乌兹别克斯坦共和国驻外领事机构申请签证，在没有此类机构的情况下，向与乌兹别克斯坦共和国签订领事职能协议的其他国家的领事机构申请签证，并按规定格式填写签证申请表，同时附上邀请函和本国护照。

有意邀请外国公民来乌兹别克斯坦共和国的乌兹别克斯坦共和国公民、在乌兹别克斯坦共和国临时居留（3个月以上）或长期居留的外国公民，应向居住地内务机构申请，并按规定格式填写申请表，一式两份。

应乌兹别克斯坦共和国公民邀请入境的外国公民，签证的办理期限不得超过15日。对入境乌兹别克斯坦共和国长期居留的外国公民，在特殊情况下，文件的审查期限可延长至30日。

12. 外国公民要获得旅游入境签证，应向乌兹别克斯坦共和国驻外领事机构申请，在没有此类机构的情况下，向与乌兹别克斯坦共和国签订领事职能协议的其他国家的领事机构申请签证，并按规定格式填写签证申请表，同时附上本国护照及乌兹别克斯坦共和国境内经营的旅游组织以法定程序发出的邀请函。

外国公民的旅游入境签证由乌兹别克斯坦共和国驻外领事机构办理，期限不超过3日，节假日和周末除外。

在外国没有乌兹别克斯坦共和国领事机构的情况下，允许乌兹别克斯坦共和国外交部驻机场领事机构向外国公民发放旅游出入境签证。

如果外国公民在乌兹别克斯坦共和国旅游签证规定的日期之前抵达乌兹别克斯坦共和国，允许乌兹别克斯坦共和国外交部领事机构在乌兹别克斯坦共和国国境口岸对旅游签证进行适当修改。

被列入可获得电子入境签证的国家名单的外国公民，无须向乌兹别克斯坦共和国驻外领事机构和乌兹别克斯坦共和国外交部领事法律司申请，即可通过e-visa. gov. uz门户网站的"E-VISA. UZ"系统，办理为期30日的单次、两次和多次入境乌兹别克斯坦共和国的电子签证。办理和获得电子签证的程序由电子签证条例规定。

审议办理和颁发电子签证的期限为2个工作日，不包括提交申请当日。

13. 外国公民要获得过境签证，应向乌兹别克斯坦共和国驻外领事机构申请，在没有此类机构的情况下，向与乌兹别克斯坦共和国签订领事职能协议的其他国家的领事机构申请签证，并按规定格式填写签证申请表，同时附上本国护照、目的国签证及证明其从乌兹别克斯坦共和国出发前往目的国的旅行证件。

外国公民（司机）乘个人、客运或货运交通工具在乌兹别克斯坦共和国境内过境（不超过72小时），除签证申请表和本国护照外，还必须提交目的国签证、国际驾驶执照、确认车辆所有权和技术状况的文件、确认向目的国运送货物的文件及乌兹别克斯坦共和国法律规定的其他文件。

过境签证的办理由乌兹别克斯坦共和国驻外领事机构在3日内完成。

13.1　在国外逗留的外国公民的投资签证由领事法律司及乌兹别克斯坦共和国外交部在卡拉卡尔帕克斯坦共和国和各州的地方分部办理。

外国公民在国外申请投资签证，应由外商投资企业向乌兹别克斯坦共和国领事法律司及乌兹别克斯坦共和国外交部在卡拉卡尔帕克斯坦共和国和各州地方分部提出申请，提交制式表格、外商投资企业的申请、邀请人的护照复印件及相关投资证明。

证明由以下机构颁发：

（1）国有企业中央证券存管处—关于收购经济公司股份的数额；

（2）乌兹别克斯坦共和国司法部下属的国家服务局或其地方分部—关于收购经济公司股份的份额以及在乌兹别克斯坦共和国境内设立外商投资企业。

投资签证，由乌兹别克斯坦共和国驻外领事机构通过填写签证申请表，并附上本国护照申请，或在抵达具有国际地位的乌兹别克斯坦共和国机场时颁发。

外商投资企业，在为来自乌兹别克斯坦共和国未设领事机构的国家的符合本条第1款规定的人申请投资签证时，应事先与乌兹别克斯坦共和国领事法律司和乌兹别克斯坦共和国外交部在卡拉卡尔帕克斯坦共和国和各州的地方分部，就抵达具有国际地位的乌兹别克斯坦共和国机场时办理投资签证问题进行沟通。

获得投资签证的外国公民，有权向乌兹别克斯坦共和国驻外领事机构、领事法律司或乌兹别克斯坦共和国外交部在卡拉卡尔帕克斯坦共和国和各州地方分部申请在投资签证剩余有效期内使用新的（交换）护照或无国籍人旅行证件上重贴新签发的签证。

14. 乌兹别克斯坦共和国驻外外交使团和领事机构负责人，在特殊情况下有权自行决定向外国公民颁发乌兹别克斯坦共和国入境签证，并在24小时内通知乌兹别克斯坦共和国外交部该决定。

第3章　乌兹别克斯坦共和国出境签证的办理程序

15. 无国籍人，应向有关国家的外交使团和领事机构申请签证，以获得乌兹别克斯坦共和国出境证件。

16. 在乌兹别克斯坦共和国长期居留的外国公民和无国籍人的居留证和常住户口在以下情况下将被撤销：

（1）外国公民暂时离开乌兹别克斯坦共和国，无正当理由超过3年未返回其在乌兹别克斯坦共和国的永久居住地的；

（2）无国籍人暂时离开乌兹别克斯坦共和国，其旅行证件有效期满，未换证或无正当理由拒绝换证的；

（3）个人申请或由他人根据经公证的委托书或应国外有关机构的要求申请撤销的。

第4章　对出入乌兹别克斯坦共和国国境权利的限制

17. 可能拒绝外国公民入境乌兹别克斯坦共和国的情况：

（1）为保障国家安全或保护公共秩序；

（2）为保护乌兹别克斯坦共和国公民和其他人的权利和合法利益；

（3）外国公民参与境外的恐怖主义、极端主义或其他犯罪组织活动的情况；

（4）外国公民故意提供有关自己的虚假信息或未提交必要文件的情况；

（5）外国公民在上次逗留期间，违反乌兹别克斯坦共和国出入境规则或外国公民在乌兹别克斯坦共和国的居留规则及海关、货币或其他法规的情况；

（6）外国公民患病或患有对社会安全和健康构成威胁的健康问题，或在乌兹别克斯坦共和国卫生部提及的疾病名单上的有关疾病。

根据本决议批准的《外国公民和无国籍人在乌兹别克斯坦共和国的居留规则》中的第22条规定，若做出限制外国公民入境乌兹别克斯坦共和国的决议，则应拒绝其入境。

18. 不允许外国公民离开乌兹别克斯坦共和国的情况：

（1）外国公民离开乌兹别克斯坦共和国会损害国家安全利益，直到这种情况不再存在；

（2）外国公民受合同或契约义务约束，不能离开乌兹别克斯坦共和国到境外永久居留，直到这些义务终止；

（3）已经对外国公民提起刑事诉讼，直到诉讼结束或法院对该案件做出判决；

（4）外国公民已被定罪，直到服完刑期或免除刑罚；

（5）外国公民逃避法院对其施加的义务，直到履行义务结束；

（6）外国公民故意提交有关自己的虚假信息；

（7）外国公民被法院提起民事诉讼，直到法院做出判决和判决被执行。

第5章　对拒绝出境权提出上诉的程序

19. 根据本规则第4章规定的理由拒绝其出境和拖延答复超过规定期限的，外国公民可以向上级机关提出上诉，上级机关必须在1个月内做出答复，如果对其决议有异议，可以向法院上诉。对本规则第18条第（2）项提到的限制出境权的情况，不得上诉。

附件 2

外国公民和无国籍人在乌兹别克斯坦共和国的居留规则

（1996 年 11 月 21 日修订）

第 1 章　总则

1. 根据乌兹别克斯坦共和国法律，外国公民和无国籍人（以下简称外国公民）可以在乌兹别克斯坦共和国长期或临时居留。

2. 本规则规定下列程序：

（1）外国公民在乌兹别克斯坦共和国境内的迁移；

（2）外国公民的认证；

（3）对从其他国家到达乌兹别克斯坦共和国的外国公民的车辆进行登记；

（4）缩短因违反法律和本规则的外国公民的居留期，并将其从乌兹别克斯坦共和国驱逐出境。

3. 在乌兹别克斯坦共和国临时居留的外国公民，自主选择居留在住宿设施（酒店、旅游营地和综合设施、房屋和休闲区、寄宿家庭、营地、汽车旅馆、家庭旅馆、蒙古包和帐篷营地、疗养院和其他提供酒店服务的设施-临时住宿服务，以及地面交通改建为过夜的住宿设施）、其他生活空间或医疗机构，须通知邀请他们到乌兹别克斯坦共和国的接待组织［各部委、企业和组织，无论其所有制和活动类型如何，外国常驻代表团、国际政府间组织和外国政府组织的代表机构、国际和外国非国家（非政府）非营利组织的代表机构和分支机构］（以下简称组织），以及邀请他们因私到乌兹别克斯坦共和国的人员。

4. 在乌兹别克斯坦共和国居留的外国公民，必须携带其护照或替代性文件（以下简称本国护照），并在主管机关代表要求下出示护照。

外国公民遗失本国护照，必须立即通知接待组织和内务机构。

对游客证件的核查，由乌兹别克斯坦共和国内务部规定的简化程序进行。

5. 邀请（接待）人、组织，包括旅游经营者，应及时向外国公民说明他们在乌兹别克斯坦共和国法律和本规则规定的权利和义务，准确执行与外国公民相关的既定法律规范，对外国公民做相应统计（因私在乌兹别克斯坦共和国接待外国公民并为他们提供非商业住宅空间的自然人除外），并负责通过互联网使用专门的电子自动程序（以下简称程序）通知或到相应的乌兹别克斯坦共和国内务机构，确保其在临时居留地登记，负责他们在乌兹别克斯坦共和国境内的迁移，在他们确定的逗留期限届满后，保证其离开乌兹别克斯坦共和国。

接待外国游客的旅游经营者及其工作人员，对外国游客违反乌兹别克斯坦共和国法律的行为免于承担责任，但本条第 1 款规定的责任除外。

在住宿设施、医疗机构和其他住宿区居留的外国公民（独自旅行并在帐篷营地以及地面交通改建为过夜住宿设施居留的外国公民除外），应免除违反临时居留地登记规则的责任，住宿设施和医疗机构的管理部门以及其他住宿区的所有者有义务在外国公民抵达乌兹别克斯坦共和国后 3 日内自行通知内务机构。

6. 如果外国公民应一个组织的邀请抵达乌兹别克斯坦共和国，另一个组织有权自行在乌兹别克斯坦共和国接待他（她），并对外国公民行使本规则第 5 条规定的义务和责任。

7. 不适用签证制度或适用简化签证程序、未经第三方邀请或没有作为游客被邀请入境的外国公民，在通过边防检查前应了解本规则第 5 条规定的要求和责任。如有必要，外国公民有权自主提交签证延期文件。

8. 因私邀请（接待）外国公民到乌兹别克斯坦共和国并为其提供非商业住宿的人有义务：

采取措施用下列方式确保其在临时居留地进行登记：

（1）外国公民的逗留时间不超过 30 日（含 30 日）的情况下，利用程序或亲自到地方内务机构登记；

（2）外国公民的逗留时间超过 30 日的情况下，亲自到地方内务机构登记。

协助其在逗留期满后离开乌兹别克斯坦共和国。

在明显违反乌兹别克斯坦共和国现行法律和本规则的情况下，不允许邀请人（接待人）向外国公民提供住宿、运输工具或其他服务。

9. 在乌兹别克斯坦共和国逗留的外国公民有义务遵守乌兹别克斯坦共和国法律和本规则要求。

10. 乌兹别克斯坦共和国内务机构和外交部在其职权范围内，与乌兹别克斯坦共和国地方国家权力机关和执法机关协作，对外国公民以及乌兹别克斯坦共和国官员和其他公民遵守本法的情况进行监督，其中包括利用程序。

11. 外国公民在临时居留地的登记程序及向其发放长期居留和迁移许可证的程序可能发生变更，变更由乌兹别克斯坦共和国与其他国家签订的双边和多边协议，及乌兹别克斯坦共和国外交部和内务机构根据对等的原则与乌兹别克斯坦共和国内阁商议做出。

第 2 章 外国公民的认证，外国公民车辆的备案和登记

12. 乌兹别克斯坦共和国外交部认证以下类别的外国公民：

（1）外国外交使团和领事机构的负责人、外交人员、领事官员、武官、外交使团和领事机构的行政人员、技术人员及其家属；

（2）媒体代表及其家属；

（3）因公抵达乌兹别克斯坦共和国的国际政府间组织和外国政府组织的官员、上述组织驻乌兹别克斯坦共和国代表团的工作人员及总部设在乌兹别克斯坦共和国的国际组织代表团的工作人员，根据上述组织的章程或有关条约，他们及其家属享有外交特权和豁免权。

乌兹别克斯坦共和国外交部及其代表机构向上述人员发放认证卡，并在其本国护照上直接记录其认证情况。

13. 抵达并将在乌兹别克斯坦共和国逗留 6 个月以内的外国公民的私家车和公务车须向乌兹别克斯坦共和国海关机构备案。外国车主带入乌兹别克斯坦共和国超过 6 个月的车辆必须在乌兹别克斯坦共和国内务部国家道路安全局登记，并更换国家牌照。

使用符合《道路交通公约》（1968 年 11 月 8 日，维也纳）要求的国际驾照和国家驾照在乌兹别克斯坦共和国境内驾驶车辆是有效的。向外国公民颁发国家驾照或更换不符合上述公约要求的外国公民的驾照，应按照为乌兹别克斯坦共和国公民规定的方式进行。

对外国车主的车辆进行国家技术检查，也按照为乌兹别克斯坦共和国公民规定的方式进行。

为外国公民提供属于乌兹别克斯坦共和国公民或居住在乌兹别克斯坦共和国境内的外国公民的机动车供其使用，应进行公证并通知内务机构，将机动车的国家牌照更换成为外国公民准备的适当类别。外国公民带入并有义务带回国的机动车，必须在规定期限届满后带出到国外，不得在乌兹别克斯坦共和国境内转让。

第 3 章　外国公民在乌兹别克斯坦共和国境内的迁移

14. 外国公民有义务只在乌兹别克斯坦共和国允许他们访问的范围内迁移。

外国公民抵达临时居留地后，邀请（接待）人或组织有义务利用程序书面通知属地内务机构，并向乌兹别克斯坦共和国内务机构进行临时登记。

在住宿设施或医疗机构居留的外国公民，应在这些机构进行登记。

对在乌兹别克斯坦共和国长期居留并持有居留证的外国公民，当其停留在特定居住地期间，须进行临时登记。进行为期 3 日至 6 个月的临时居留登记时，不必从永久居留地将其注销。超过 6 个月的临时居住登记时，除出差、休假、度假或就医的人员外，将其从永久居留地注销。

15. 只有在得到内务机构的许可后，外国公民才能进入边境地区和禁止外国公民进入的地区：

（1）通过接待组织抵达的外国公民，根据接待组织的书面请求；

（2）因私抵达的外国公民，根据外国公民的个人书面申请；

（3）应接待组织的要求，外国公民可以获得多次入境和迁移许可。

16. 乌兹别克斯坦共和国外交部认证的外国公民的迁移程序，由双边条约和对等原则规定，除非乌兹别克斯坦共和国加入的国际协定另有规定。

17. 外国公民在乌兹别克斯坦共和国的过境，根据外国公民和无国籍人通过乌兹别克斯坦共和国的过境通行规则进行。

18. 违法变更其在乌兹别克斯坦共和国居留地的外国公民，在内务机构的要求下，有义务返回以前的居住地或前往选择的目的地。

第4章　在乌兹别克斯坦共和国逗留期限的缩短和驱逐

19. 对违反本规则的外国公民，应按乌兹别克斯坦共和国法律追究其责任。

有义务遵守本规则要求的人（包括因私邀请外国公民到乌兹别克斯坦共和国或向他们提供服务的人）违反本规则，应根据乌兹别克斯坦共和国法律追究责任。

20. 外国公民违反乌兹别克斯坦共和国法律或本规则，可缩短其在乌兹别克斯坦共和国的逗留期限。

在缺少理由或资金继续逗留的情况下，可缩短外国公民在乌兹别克斯坦共和国的逗留期限。

21. 缩短在乌兹别克斯坦共和国的逗留期限和将外国公民驱逐出境应按法定程序进行。

22. 违反乌兹别克斯坦共和国逗留规定，即在没有居留文件或持无效文件的情况下在乌兹别克斯坦共和国居留，不遵守临时或永久居留登记程序、迁移或选择居留地的既定程序，在居住期满后逃避出境，或不遵守在乌兹别克斯坦共和国的过境规定的外国公民，可能被驱逐出乌兹别克斯坦共和国，并在之后的1至3年内，将限制其入境乌兹别克斯坦共和国。

外国公民因在乌兹别克斯坦共和国犯罪被法院判刑后，或在法律规定的情况下被解除刑事责任或处罚后，可被驱逐出乌兹别克斯坦共和国，并限制其入境乌兹别克斯坦共和国：

对社会不构成重大威胁的犯罪行为或性质不严重的犯罪行为，5年不得入境；

严重的罪行，10年不得入境；

特别严重的罪行，终身不得入境。

限制外国公民入境乌兹别克斯坦共和国的期限，从他（她）被驱逐（穿越国界）出乌兹别克斯坦共和国领土当日算起。

23. 缩短外国公民在乌兹别克斯坦共和国的逗留期限和驱逐出境的决定，由乌兹别克斯坦共和国主管机构做出。外国公民有义务在决定规定的期限内离开乌兹别克斯坦共和国。在这种情况下，逃避出境的外国公民将被依法强制驱逐出境。

驱逐出境时，颁发给外国公民的签证将被注销。

24. 邀请外国公民在乌兹别克斯坦共和国逗留的接待组织和个人，可就缩短逗留期限并将外国公民驱逐出境之事向内务机构求情。

25. 因公、因私、因商务或社会事务、学习、进修、工作或旅游而抵达乌兹别克斯坦共和国的外国公民，被驱逐出境的费用由在乌兹别克斯坦并邀请其到乌兹别克斯坦共和国的接待组织和个人承担。

驱逐其他外国人，包括在乌兹别克斯坦共和国长期居留的外国人的费用，由内务机构承担。

26. 外国公民有权按乌兹别克斯坦共和国法律规定的程序和依据，对将其驱逐出乌兹别克斯坦共和国和缩短其在乌兹别克斯坦共和国逗留期限的决定提出上诉。

27. 本规则第 19 至 25 条的规定，不适用于根据乌兹别克斯坦共和国法律和国际条约以及国际法享有特权和豁免权的人。

附件 3

外国公民和无国籍人通过乌兹别克斯坦共和国过境规则

（2018 年 12 月 15 日修订）

1. 出入乌兹别克斯坦共和国和通过乌兹别克斯坦共和国领土过境的外国公民和无国籍人，除乌兹别克斯坦共和国法律或乌兹别克斯坦共和国的国际条约另有规定外，必须持有效护照或替代性证件，并有乌兹别克斯坦共和国外交代表处或领事机构签发的过境签证。

2. 外国公民通过乌兹别克斯坦共和国领土，以航空、铁路和水路运输方式过境前往目的地国，必须有进入乌兹别克斯坦共和国相邻国家的有效证件和相应旅行证件，并在证件中确认其从乌兹别克斯坦共和国领土的转乘点出发的日期。

3. 通过国际公路乘坐客车过境旅行的外国公民，应按乌兹别克斯坦共和国内阁规定的程序及国家间协议，持进入乌兹别克斯坦共和国邻国的有效证件过境。

4. 过境签证在乌兹别克斯坦共和国境内无停留权。在特殊情况下，外国公民可获得有权在前往邻国的途中，在乌兹别克斯坦共和国境内的一个或多个地点停留的过境签证。

5. 可以免签通过乌兹别克斯坦共和国领土过境的情况：

（1）乘客乘坐直飞航班经过乌兹别克斯坦共和国领土的情况。

（2）乘坐国际航空公司运营的转机航班，乘客持有规定其有权进入目的地国的证件，以及确认从转机机场出发日期的机票，在乌兹别克斯坦共和国境内停留时间不超过 24 小时。同时，乘客无权离开指定的机场区域。

（3）与乌兹别克斯坦共和国有相关政府间协议的国家的公民。

（4）乌兹别克斯坦共和国总统于 2018 年 7 月 4 日颁布的第 3836 条“关于优化外国公民进入乌兹别克斯坦共和国程序的进一步措施”的法令的附件 2 所列国家的公民，在国际机场过境，停留时间不超过 5 日，必须持有航空公司前往第三国的机票，并及时向乌兹别克斯坦共和国国家安全局边防部队提供必要信息。

6. 以旅游为目的乘坐私家车、步行或随团乘坐巴士过境旅行的外国公民，应在抵达乌兹别克斯坦共和国之前，按法定程序向在乌兹别克斯坦共和国境内经营的旅游组织购买旅游产品，说明停留地点，并持有相应的旅游签证，但不适用签证制度的外国公民除外。

7. 在乌兹别克斯坦共和国境内过境的外国公民，遵循本规则，沿既定路线前往乌兹别克斯坦共和国的边境出境点，在乌兹别克斯坦共和国境内，只能在过境签证上注明的地点停留。

8. 乘坐机动车在乌兹别克斯坦共和国境内过境的外国公民，包括从事国际货物公路运输的外国公民，只能在开通国际公路运输的道路上，按行车日志中指明的路线行驶。

本条第1款规定的要求不适用于以旅游（非商业）目的乘坐的有旅行路线的机动车（用于过夜的改建的地面车辆）在乌兹别克斯坦共和国边境过境的外国公民。

停靠吃饭、休息和过夜只能在沿途有汽车旅馆、露营地或指定停车区的地方进行。

9. 外国公民乘坐火车入境乌兹别克斯坦共和国，包括乘坐在乌兹别克斯坦共和国境内过境的火车，有权在现行列车时刻表所示的列车停靠时间内在车站下车。

10. 持有过境签证的外国公民，如果签证上标明在乌兹别克斯坦共和国境内的一个或多个地点停留超过24小时，必须在抵达这些地点后在住宿设施和医疗机构登记，或按照《外国公民和无国籍人在乌兹别克斯坦共和国的逗留规则》规定的程序进行临时登记，并在不晚于规定的逗留期限内离开乌兹别克斯坦共和国。

11. 过境且被迫在乌兹别克斯坦共和国境内停留超过24小时的外国公民，必须在接下来的24小时内向内务机构申请在乌兹别克斯坦共和国境内停留的许可。

可能出现强制停留的情况：

（1）发生自然灾害使火车、车辆、船舶或飞机运行延误的情况；

（2）修理因任何部件损坏或道路交通事故而损坏的机动车辆的情况；

（3）在患病的情况下，根据医生的意见，继续旅行会对病人的健康造成危险，在这种情况下患者可以有家属或随行人员陪同停留；

（4）在枢纽站从一种运输方式转到另一种运输方式的过程中出现延误的情况。

外国公民只能在被迫停留的城市或其他居民点停留一段时间，直到被迫停留的原因被消除。

停留的办理和签证的延期由外国公民本人提出申请，并提交有关组织或机构的证明，确认途中延误的原因和时间。

12. 外国公民在停留期间的居住地可以是：

（1）（已失效）

（2）按法定程序在乌兹别克斯坦共和国境内经营的住宿设施和医疗机构；

（3）经认证的外国代表处的房舍，要有外国代表处的书面申请，说明在该代表机构中停留的过境乘客的具体身份。

在停留期间，只有在特殊情况下，并经内务机构许可，才允许外国公民在宿舍或私人公寓居留。

13. 被迫在乌兹别克斯坦共和国境内停留不超过24小时的外国公民，可获准离开乌兹别克斯坦共和国，无须由内务机构延期其过境签证。

14. 在乌兹别克斯坦共和国境内过境的外国公民，如果希望改变旅行路线和离开乌兹别克斯坦共和国的过境点，必须获得乌兹别克斯坦共和国内务机构的许可。

15. 在明显违反本规则的情况下，不允许乌兹别克斯坦共和国公民向外国公民提供住宿、运输工具或其他服务。

在向外国公民提供住宿和运输工具的所有情况下，其所有者有义务在 24 小时内向内务机构报告。

16. 对违反本规则的外国公民，应按乌兹别克斯坦共和国法律追究其责任。

外国驻乌兹别克斯坦共和国的外交使团和领事机构的负责人和工作人员的责任问题应以外交途径解决。

为外国公民在乌兹别克斯坦共和国过境提供保障或为其提供服务的人，违反本规则时，应按乌兹别克斯坦共和国法律追究其责任。

附件 4

乌兹别克斯坦共和国入境、出境和过境签证的类别（非电子签证）清单

序号	类别	定义
1	D-1	外交入境签证（针对长期派驻人员） 颁发给经乌兹别克斯坦共和国外交部认证，常驻乌兹别克斯坦共和国的外国外交使团、国际政府间组织和外国政府组织代表机构的工作人员及由其赡养的家属（持有外交护照），期限为认证期限。
2	D-2	外交入境签证（临时逗留） 为在乌兹别克斯坦共和国外交部认证的、临时驻乌兹别克斯坦共和国外交部的外国外交使团、国际政府间组织代表处、外国政府组织代表处的工作人员及由其赡养的家属（持有外交护照）颁发最长 3 个月的签证。
3	DT	外交入境签证（外交护照持有人的旅游签证） 签发给以旅游为目的入境乌兹别克斯坦共和国的外国外交人员、国际政府间组织和外国政府组织代表机构的工作人员及由其赡养的家属（持有外交护照），期限最长 1 个月。
4	S-1	公务入境签证（针对长期派驻人员） 颁发给在乌兹别克斯坦共和国外交部认证的外国外交使团、国际政府间组织代表处和外国政府组织的工作人员及其家属（无外交护照），以及在乌兹别克斯坦共和国司法部注册的、常驻乌兹别克斯坦共和国的国际组织代表处和分支机构和外国非国家（非政府）非营利组织的工作人员及由其赡养的家属，期限为认证期。
5	S-2	公务入境签证（临时） 颁发给在乌兹别克斯坦共和国外交部认证的、临时在乌兹别克斯坦共和国的外国外交使团、国际政府间组织和外国政府组织的工作人员及由其赡养的家属（无外交护照），以及在乌兹别克斯坦共和国司法部注册的、临时在乌兹别克斯坦共和国的国际组织的代表处和分支机构和外国非国家（非政府）非营利组织的工作人员及由其赡养的家属，期限不超过 3 个月。
6	S-3	公务入境签证（应乌兹别克斯坦共和国国家机关邀请） 应乌兹别克斯坦共和国国家和经济管理机构、依法成立，以及在乌兹别克斯坦共和国总统和政府的倡议下成立的非营利性非政府协会的邀请，入境乌兹别克斯坦共和国的外国公民，向其颁发为期不超过 1 年的签证。

续表

序号	类别	定义
7	O	官方入境签证（在官方和国事访问的框架下） 颁发给在官方活动期间，应乌兹别克斯坦共和国总统、议会和内阁邀请抵达乌兹别克斯坦共和国的官方代表团成员，期限为官方活动期间。
8	B-1	商务入境签证（在乌兹别克斯坦共和国的相关部门和机关认证） 颁发给外国商业组织代表处，以及在乌兹别克斯坦共和国境内的外国银行或其他金融机构的工作人员，期限为认证期。
9	B-2	商务入境签证（商务签证） 颁发给在乌兹别克斯坦共和国临时逗留的商界代表，有效期最长为 1 年。
10	T	旅游入境签证 颁发给以旅游为目的访问乌兹别克斯坦共和国的外国公民，有效期不超过 1 个月。
11	TG	团体旅游入境签证 颁发给以旅游为目的访问乌兹别克斯坦共和国的外国公民，旅游团人数不少于 5 人，有效期不超过 1 个月。
12	PLG	朝圣之旅入境签证 应旅游活动主体和乌兹别克斯坦共和国内阁下属的宗教事务委员会的申请，向外国公民颁发有效期不超过 2 个月的签证，以研究乌兹别克斯坦共和国的文化、历史、宗教精神遗产和传统。
13	E	工作入境签证（根据乌兹别克斯坦共和国就业和劳动关系部下属的对外劳务移民局的许可证） 颁发给乌兹别克斯坦共和国就业和劳动关系部下属的对外劳务移民局授权进行劳动活动的外国公民，期限为确认外国公民工作权利的有效期。
14	J-1	媒体代表入境签证（长期派驻乌兹别克斯坦共和国外交部） 颁发给长期派驻乌兹别克斯坦共和国外交部的外国媒体代表及其家属，期限为派驻期间。
15	J-2	媒体代表入境签证（短期派驻 Dunyo 新闻社） 颁发给临时派驻乌兹别克斯坦共和国外交部的外国媒体代表，期限为认证期。
16	PV-1	访问入境签证（应乌兹别克斯坦共和国公民通过乌兹别克斯坦共和国内务部移民和国籍办理总局邀请） 颁发给应乌兹别克斯坦共和国公民邀请入境访问的外国公民，有效期不超过 1 年。

续表

序号	类别	定义
17	PV-2	访问入境签证（应外国公民邀请） 颁发给应在乌兹别克斯坦共和国长期派驻并注册的外国公民邀请入境访问的外国公民，有效期不超过 1 年。
18	VTD	同胞入境签证（应乌兹别克斯坦共和国公民通过乌兹别克斯坦共和国内务部移民和国籍办理总局邀请） 颁发给在乌兹别克斯坦共和国出生的人及其家属，有效期为 2 年，但须经其具有乌兹别克斯坦共和国公民身份并在其境内长期居住的亲属邀请。
19	STD	学生入境签证（基于校际交换，期限为短期学习期间） 颁发给在乌兹别克斯坦共和国境内的教育机构（高等教育机构）短期学习的外国学生（基于大学校际交流或作为大学间合作框架下的短期学习），有效期不超过 1 年，应乌兹别克斯坦共和国教育机构、有教育机构的部委、部门和组织的申请颁发。
20	A-1	学习入境签证（基于教育期间的长期学习） 颁发给在乌兹别克斯坦共和国境内教育机构学习的外国公民，有效期不超过 1 年，应乌兹别克斯坦共和国教育机构、有教育机构的部委、部门和组织的申请颁发。
21	A-2	教师入境签证（在乌兹别克斯坦共和国境内长期就业） 颁发给外国公民——乌兹别克斯坦共和国人民教育部和高等及中等专业教育部教育机构的教师，以及外国教育机构在乌兹别克斯坦共和国境内的分支机构的教师，有效期不超过 1 年，应乌兹别克斯坦共和国教育机构、有教育机构的部委、部门和组织的申请颁发。
22	A-3	学术入境签证（临时） 根据乌兹别克斯坦共和国科学院、研究机构、乌兹别克斯坦共和国高等教育机构、各部委的申请，为希望在乌兹别克斯坦共和国进行科学研究（收集学位论文和科研论文材料）和教学（短期访问讲座）的外国公民颁发有效期为 3 个月至 2 年的签证。
23	MED	医疗入境签证 颁发给应医疗和预防机构邀请进入乌兹别克斯坦共和国就医的外国公民，有效期不超过 3 个月。
24	C-1	机组成员入境签证 颁发给飞机和火车机组的外国机组成员，有效期不超过 1 年。
25	C-2	司机入境签证 颁发给外国货车司机，有效期不超过 1 年。

续表

序号	类别	定义
26	EXIT	出境签证 在入境签证逾期的情况下，向外国公民颁发有效期不超过 1 个月的乌兹别克斯坦共和国出境签证。
27	TRAN	过境签证 颁发给在乌兹别克斯坦共和国境内过境的外国公民，有效期不超过 3 日。
28	INV	多次投资签证 颁发给在乌兹别克斯坦共和国以购买经济公司的股份和股票以及以外资建立企业的形式，投资额不少于投资时乌兹别克斯坦共和国规定的基本计算价值 8500 倍的外国公民和无国籍人的 3 年期多次入境投资签证。其有效期可以无限延长，而不必离开乌兹别克斯坦共和国。

附件5

与乌兹别克斯坦共和国建立免签证制度的国家清单

永久签证：
1. 阿塞拜疆共和国；
2. 格鲁吉亚；
3. 亚美尼亚共和国；
4. 白俄罗斯共和国；
5. 哈萨克斯坦共和国；
6. 摩尔多瓦共和国；
7. 俄罗斯联邦；
8. 乌克兰。

60日签证：
9. 吉尔吉斯共和国。

30日签证：
10. 澳大利亚联邦；
11. 奥地利共和国；
12. 阿根廷共和国；
13. 波斯尼亚和黑塞哥维那；
14. 梵蒂冈城国；
15. 卢森堡大公国；
16. 匈牙利；
17. 文莱达鲁萨兰国；
18. 以色列国；
19. 希腊共和国；
20. 爱尔兰；
21. 冰岛共和国；
22. 意大利共和国；
23. 加拿大；
24. 安道尔公国；
25. 列支敦士登公国；
26. 摩纳哥公国；
27. 比利时王国；
28. 丹麦王国；
29. 西班牙王国；
30. 荷兰王国；

31. 挪威王国；
32. 瑞典王国；
33. 拉脱维亚共和国；
34. 立陶宛共和国；
35. 马来西亚；
36. 蒙古国；
37. 新西兰；
38. 阿拉伯联合酋长国；
39. 葡萄牙共和国；
40. 保加利亚共和国；
41. 印度尼西亚共和国；
42. 塞浦路斯共和国；
43. 大韩民国；
44. 马耳他共和国；
45. 波兰共和国；
46. 圣马力诺共和国；
47. 塞尔维亚共和国；
48. 斯洛文尼亚共和国；
49. 塔吉克斯坦共和国；
50. 克罗地亚共和国；
51. 智利共和国；
52. 罗马尼亚；
53. 新加坡共和国；
54. 斯洛伐克共和国；
55. 大不列颠及北爱尔兰联合王国；
56. 土耳其共和国；
57. 巴西联邦共和国；
58. 德意志联邦共和国；
59. 芬兰共和国；
60. 法兰西共和国；
61. 黑山；
62. 捷克共和国；
63. 瑞士联邦；
64. 爱沙尼亚共和国；
65. 日本国；
66. 安提瓜和巴布达；
67. 巴巴多斯共和国；
68. 伯利兹；

69. 格林纳达；
70. 多米尼加共和国；
71. 墨西哥合众国；
72. 危地马拉共和国；
73. 洪都拉斯共和国；
74. 哥斯达黎加共和国；
75. 古巴共和国；
76. 尼加拉瓜共和国；
77. 巴拿马共和国；
78. 特立尼达和多巴哥共和国；
79. 萨尔瓦多共和国；
80. 圣文森特和格林纳丁斯；
81. 圣卢西亚；
82. 巴哈马联邦；
83. 多米尼加联邦；
84. 圣基茨和尼维斯联邦；
85. 牙买加。

7 日签证：

86. 中华人民共和国，包括中华人民共和国香港特别行政区。

注释：

1. 在双边国际条约和平等的基础上，乌兹别克斯坦共和国与阿塞拜疆共和国、格鲁吉亚、亚美尼亚共和国、白俄罗斯共和国、哈萨克斯坦共和国、摩尔多瓦共和国、俄罗斯联邦、乌克兰、吉尔吉斯共和国（不超过 60 日）和塔吉克斯坦共和国（不超过 30 日）建立了双边免签证制度。

2. 对本注释第 1 款未列出的其他国家，乌兹别克斯坦共和国单方面实行为期 30 日的免签证制度。

3. 免签证制度适用于计划访问乌兹别克斯坦共和国的，持有各类护照（外交、公务和公民）的，无论其旅行目的如何的上述国家公民。为入境乌兹别克斯坦共和国，公民必须持有效护照或在外国旅行时使用的其他替代文件，证件有效期不少于 6 个月。

免签证制度不适用于长期居住在这些国家境内的无国籍人。

30 日和 60 日的免签证制度自跨越乌兹别克斯坦共和国国界起实施，一旦到期，外国公民必须离开乌兹别克斯坦共和国。

如果需要在乌兹别克斯坦共和国逗留超过 30 日或 60 日，外国公民应提交必要文件，以便向他（她）签发本决议附件 4 中规定的乌兹别克斯坦共和国入境签证类别之一。

4. 自 2020 年 1 月 1 日起，对名单所列的第 66 至 85 中的国家公民，实行 30 日免签证制度。

5. 自 2020 年 1 月 1 日起，将建立中华人民共和国（包括中华人民共和国香港特别行政区）公民凭往返机票经国际机场进入乌兹别克斯坦共和国的 7 日免签证制度，承运人应及时向乌兹别克斯坦共和国国家安全局边防部队提供旅客初步信息。

6. 自 2020 年 1 月 1 日起，阿拉伯联合酋长国公民进入乌兹别克斯坦共和国的 30 日免签证制度也适用于已获得阿拉伯联合酋长国侨民身份的外国公民。已获得阿拉伯联合酋长国侨民身份的外国公民，在入境乌兹别克斯坦共和国时，应提交侨民签证原件，证件有效期不少于 90 日。

五、乌兹别克斯坦共和国总统关于优化外国公民入境乌兹别克斯坦共和国的进一步措施的决议

（2019 年 11 月 29 日修订）

根据 2017—2021 年国家发展五大优先方向行动战略，乌兹别克斯坦共和国实施综合措施，旨在优化外国公民入境乌兹别克斯坦共和国的签证签发规则，将入境旅游转变为国民经济的重要部分之一，并广泛宣传乌兹别克斯坦共和国的文化、历史遗产、自然资源和传统，以及旅游条件和潜力。

要进一步完善外国公民入境乌兹别克斯坦共和国的规则，就必须通过引入办理和签发电子入境签证的互动服务，为一系列外国公民和未满 16 岁的外国公民实施短期免签入境规则，以简化外国公民获得入境签证的规则。

为确保落实 2018 年 2 月 3 日颁布的《关于为开发乌兹别克斯坦共和国旅游潜力创造有利条件的补充组织措施》的第 5326 号总统令第 3 条的要求：

1. 通知，自 2018 年 7 月 15 日起，电子入境签证的办理和签发系统（以下简称“E-VISA. UZ”系统）将投入使用，规定：

（1）取消外国公民向乌兹别克斯坦共和国驻外外交使团、领事机构申请办理入境签证的强制性规则；

（2）缩短外国公民申请入境签证的处理时间；

（3）使用现代信息和通信技术办理入境签证；

（4）通过建立统一电子入境签证数据库，创建电子入境签证集中处理系统。

2. 根据附件批准《乌兹别克斯坦共和国电子签证条例》。

3. 乌兹别克斯坦共和国财政部应确保根据合理计算，从乌兹别克斯坦共和国国家预算中向乌兹别克斯坦共和国内阁下属的国家个性化中心、内务部、外交部、国家安全局和乌兹别克斯坦共和国国家安全局边防部队拨出必要资金，用于进一步实施引入“E-VISA. UZ”系统的计划。

4. 规定对“E-VISA. UZ”系统联网的部门系统的进一步技术支持和开发由乌兹别克斯坦共和国国家预算承担。

5. 乌兹别克斯坦共和国内阁下属的国家个性化中心，与乌兹别克斯坦共和国外交部、内务部和国家安全局以及其他有关部委和部门，应在 2 个月内向乌兹别克斯坦共和国内阁提交一系列组织和技术措施（“路线图”）供其批准，对签发电子签证的部门系统进行升级，为一系列外国的公民和未满 16 岁的外国公民实施短期免签入境乌兹别克斯坦共和国的规则，以进一步落实外国公民入境乌兹

别克斯坦共和国的电子签证办理和签发系统。

6. 向外国公民入境乌兹别克斯坦共和国办理和签发电子入境签证的领事费用如下：

（1）20 美元—单次入境；

（2）35 美元—两次入境；

（3）50 美元—多次入境。

收到的资金将被记入外交部的外汇账户，用于进一步资助乌兹别克斯坦共和国驻外外交使团和领事机构的活动。

7. 同意乌兹别克斯坦共和国国家旅游发展委员会的提议，乌兹别克斯坦共和国财政部从乌兹别克斯坦共和国国家旅游发展委员会下属的预算外旅游支持基金中拨款 3 亿苏姆，作为对乌兹别克斯坦共和国国家安全局边防部队的无偿财政援助，用于资助软件升级工作，以识别签发的电子入境签证。

8. 在 2021 年 1 月 1 日前，对在进一步实施“E-VISA. UZ”系统下进口的非乌兹别克斯坦共和国生产的设备、软件、备件和材料按规定方式形成的清单免征关税（海关费用除外）。

9. 自 2018 年 7 月 15 日起，制定通过口岸免签入境乌兹别克斯坦共和国、临时逗留和出境的规则如下：

（1）对于在乌兹别克斯坦共和国境内过境的相关文件所列国家的公民，在持有前往第三国机票的情况下，在乌兹别克斯坦共和国国际机场停留不超过 5 日，承运人应及时向乌兹别克斯坦共和国国家安全局边防部队提供乘客的初步信息；

（2）对于未满 16 岁的外国公民，在其法定代理人的陪同下，只要他们持有出国护照或生物识别旅行证件，在陪同者护照上的入境签证有效期内，但自入境乌兹别克斯坦共和国之日起不超过 90 日；

（3）外国公民在乌兹别克斯坦共和国境内逗留期间年满 16 岁，由内政机构的移民和国籍办理部门按照既定规则签发出境签证。

10. 乌兹别克斯坦共和国总统下属的安全委员会第一副秘书阿塔耶夫、副总理阿齐兹·阿卜杜哈基莫夫和乌兹别克斯坦共和国国家安全局副主席乌斯马诺夫负责：

（1）与外交部、国家安全局、内阁下属的国家个性化中心和乌兹别克斯坦共和国国家旅游发展委员会合作，至 2018 年 10 月 1 日前提交关于为访问乌兹别克斯坦共和国的各类外国公民引入补充签证制度的建议（“丝绸之路”——针对前往丝绸之路国家的游客，可承认其他国家的签证印章；“Vatandosh”——为出生在乌兹别克斯坦共和国的公民及其家属提供的 5 年期签证；“黄金签证”——为大型外国投资者提供的 10 年期签证）。

（2）与乌兹别克斯坦共和国国家安全局边防部队合作，在旅客初步信息系统启动后，确保通过陆地口岸对在乌兹别克斯坦共和国过境的外国公民实施免签入境、临时逗留和出境规则。

（3）与乌兹别克斯坦共和国外交部和乌兹别克斯坦共和国国家旅游发展委员会合作，至 2019 年 3 月 1 日前提交关于扩大对其公民实行乌兹别克斯坦共和国过境、入境、临时逗留和出境免签规则的国家清单的建议。

11. 于 2018 年 2 月 6 日颁布的乌兹别克斯坦共和国第 3509 号总统令《关于发展入境旅游的措施》的第 2 条应视为无效。

12. 乌兹别克斯坦共和国国家电视广播公司、乌兹别克斯坦共和国国家新闻社和其他媒体应确保广泛宣传本决议的规定。

13. 乌兹别克斯坦共和国外交部应通过乌兹别克斯坦共和国驻外机构广泛宣传，自 2018 年 7 月 15 日起，向外国公民实行办理和签发入境乌兹别克斯坦共和国的电子签证规则、为一系列外国国家的公民实施短期免签入境规则、为未满 16 岁的外国公民实施免签入境乌兹别克斯坦共和国的规则。

14. 乌兹别克斯坦共和国外交部与内务部和国家旅游发展委员会及有关部委应在 2 个月内按照既定规则向内阁提交因本决议的出台需要修订和补充法律的建议。

15. 本决议的执行委托乌兹别克斯坦共和国总理阿卜杜拉·尼格马托维奇·阿里波夫、乌兹别克斯坦共和国总统下属的安全委员会秘书马赫穆多夫、乌兹别克斯坦共和国副总理阿齐兹·阿卜杜哈基莫夫监督。

附件

乌兹别克斯坦共和国电子入境签证条例

第 1 章　总则

1. 本决议规定了电子入境签证（以下简称电子签证）的办理、签发和使用规则，以及乌兹别克斯坦共和国电子签证的办理和签发系统（以下简称“E-VISA. UZ”系统）的运行规则。

2. 通过“E-VISA. UZ”系统向外国公民办理和签发电子签证，供其在乌兹别克斯坦共和国入境和居留。

3. “E-VISA. UZ”系统的用户为申请电子签证的外国公民。

4. 向外国公民签发的电子签证，有效期自入境之日起在乌兹别克斯坦共和国境内停留时间不超过 30 日。允许外国公民使用电子签证单次入境、两次入境和多次入境乌兹别克斯坦共和国：

（1）单次入境是指允许持有人从越过乌兹别克斯坦共和国国家边境口岸之日起，单次入境乌兹别克斯坦共和国，停留期限不超过 30 日，无权再次入境和延期。电子签证在离开乌兹别克斯坦共和国后即刻失效，无论停留期限结束与否。

（2）两次入境是指允许持有人自第一次入境之日起 30 日内再次入境乌兹别克斯坦共和国（30 日内可以入境、出境和再次入境），无权延期。电子签证在第二次出境后即刻失效，无论停留期限结束与否。

（3）多次入境是指允许持有人在首次入境之日起 30 日内无限次入境乌兹别克斯坦共和国，无权延期。

外国公民在乌兹别克斯坦共和国境内居留的规则由现行法律规定。

5. 签发的电子签证自签发之日起 90 日内有效。在电子签证到期的情况下，外国公民应以一般理由申请电子签证。

6. 申请办理和签发电子签证的审议期限为 2 个工作日，不包括提交申请当日。

7. 签发的电子签证将发送至外国公民在“E-VISA. UZ”系统官方门户网站（以下简称门户网站）上提交申请时指定的电子邮箱。

8. 门户网站根据分配给申请的唯一识别号码，提供关于申请状态和所签发的电子签证的信息。

9. 门户网站和“E-VISA. UZ”系统中央数据处理系统的运行，由乌兹别克斯坦共和国内阁下属的国家个性化中心确保。

各部门系统的运行，由乌兹别克斯坦共和国外交部、内务部和国家安全局（以下简称参与者）确保。

"E-VISA. UZ"系统内部门间信息交互规则由乌兹别克斯坦共和国内阁规定。

第2章 "E-VISA. UZ"系统的主要目标

10. "E-VISA. UZ"系统的主要目标如下:

(1) 取消外国公民向乌兹别克斯坦共和国驻外外交使团、领事机构申请办理入境签证的强制性规则;

(2) 完善向外国公民签发乌兹别克斯坦共和国入境签证的规则;

(3) 通过建立统一电子入境签证数据库,创建电子入境签证集中处理系统;

(4) 缩短外国公民申请入境签证的处理时间;

(5) 使用现代信息和通信技术办理入境签证;

(6) 提高信息处理效率;

(7) 通过门户网站接收和总结外国公民对乌兹别克斯坦共和国旅游业的反馈意见;

(8) 在申请入境文件时为外国公民创造有利条件。

第3章 "E-VISA. UZ"系统联网用户的协作

11. "E-VISA. UZ"系统联网用户的信息协作是为了确保:

(1) "E-VISA. UZ"系统的全面运行,无论部门信息系统和资源的组织、行政、技术和其他变化如何;

(2) "E-VISA. UZ"系统联网用户与现有或新实施的信息系统和资源的相互连接和一致性;

(3) 遵守法律法规的要求,通过使用经过认证的软件和软硬件工具,确保数据处理过程中信息的完整性;

(4) 提高审议电子签证申请的信息交流效率;

(5) 提供服务和系统运行的透明度;

(6) 通过减少时间成本和必要的文件清单,提高信息处理效率,提高服务质量;

(7) 使用现代技术对"E-VISA. UZ"系统的所有参与者的活动进行功能性、持续性的开发和改进。

12. "E-VISA. UZ"系统联网用户的主要任务如下:

(1) 开展旨在完善与"E-VISA. UZ"系统整合的部门信息系统的功能活动;

(2) 确保与"E-VISA. UZ"系统整合的部门信息系统和资源运行的可持续、不间断和安全;

(3) 迅速采取有效措施,及时排除与"E-VISA. UZ"系统整合的部门信息系统和资源运行中出现的故障和失误,并确保软件和设备的稳定运行;

(4) 根据本条例规定的规则立即处理信息;

(5) 确保所处理的信息的完整性、真实性和保密性;

（6）对与“E-VISA. UZ”系统整合的部门信息系统和资源的运行进行系统控制和监测；

（7）完善与“E-VISA. UZ”系统整合的部门内信息系统和资源；

（8）在与“E-VISA. UZ”系统整合的部门信息系统和资源中开展预防、维修和其他技术工作；

（9）为进一步完善“E-VISA. UZ”系统提出建议。

第 4 章　电子签证的申请、签发和使用规则

13. 申请电子签证的准备工作，应通过门户网站以个人或团体（5 名及以上成年外国公民）规则进行。

除签证类型的选择外，申请团体签证的规则与申请个人签证的规则相同。

14. 门户网站的信息资源，支持乌兹别克语、英语、俄语和其他语言。

15. 电子签证的申请，必须在计划入境乌兹别克斯坦共和国当日前至少 3 个工作日提交。

16. 在申请电子签证的过程中，可以通过电子邮箱（E-mail）或其他标识符（手机号码、社交媒体账户）对申请人进行授权。

17. 外国公民在申请电子签证时，应按照乌兹别克斯坦共和国外交部和国家安全局确定的、与乌兹别克斯坦共和国内阁下属的国家个性化中心和乌兹别克斯坦共和国国家旅游发展委员会商定的格式输入个人资料。

18. 门户网站对提交的信息进行初步处理并确认收到数据后，应通知外国公民可以支付电子签证的办理和签发费用。

办理和签发电子签证的付款应通过与门户网站整合的国际支付系统以电子方式进行。申请人不必是国际银行卡的持有人。

19. 根据乌兹别克斯坦共和国签署的国际协议，有权免签入境乌兹别克斯坦共和国的外国公民，在开始为其办理电子签证之前，门户网站会中断申请过程，并通知申请人无须申请签证。

20. 付款完成后，将向外国公民的电子邮箱发送通知，说明其申请已被接受，并注明申请的识别号码。

21. 在乌兹别克斯坦共和国法律规定的情况下，可以通过向外国公民的电子邮箱发送拒签通知的方式，拒绝外国公民的电子签证申请。

在拒绝签发电子签证的情况下，领事费不予退还。

22. 在对外国公民的电子签证申请的审查得出正面结果后，由乌兹别克斯坦共和国外交部和国家安全局确定的、与乌兹别克斯坦共和国内阁下属的国家个性化中心和国家旅游发展委员会商定的电子入境签证将被发送到申请人的电子邮箱。

23. 电子签证是根据有效的旅行证件（护照）签发的，如需更换旅行证件（护照），必须重新办理电子签证。

重新申请签发电子签证时，应再次缴纳国税。

如果旅行证件上的信息与电子签证上的信息不一致，或在办理过程中出现3个以上的技术印刷错误，外国公民将被拒绝入境乌兹别克斯坦共和国。

24. 电子签证不贴在签发签证的外国公民的旅行证件（护照）上。

25. 签发的电子签证的真实性和有效期，可以通过门户网站的咨询服务进行查询。在电子签证到期的情况下，所有关于电子申请状态的信息应从门户网站的信息资源中删除。

26. 在通过乌兹别克斯坦共和国国境口岸时，外国公民应提交以其姓名签发的有效的纸质或电子形式的电子签证。

乌兹别克斯坦共和国国家安全局边防部队的工作人员，可以独立检查以外国公民名义签发的电子签证的真实性。

第5章　最后条款

27. 对违反本决议规定的人员，应按照法定程序追究其责任。